图书在版编目（CIP）数据

青春解惑手册 / 中兴通讯公益基金会编著 . -- 北京：当代中国出版社，2023.4
ISBN 978-7-5154-1256-6

Ⅰ . ①青… Ⅱ . ①中… Ⅲ . ①青春期—健康教育—手册 Ⅳ . ① G479.2-62

中国国家版本馆 CIP 数据核字（2023）第 058554 号

出 版 人　冀祥德
责任编辑　陈　莎
责任校对　康　莹
印刷监制　刘艳平
封面设计　马　帅　鲁　娟
出版发行　当代中国出版社
地　　址　北京市地安门西大街旌勇里 8 号
网　　址　http://www.ddzg.net
邮政编码　100009
编 辑 部　（010）66572180
市 场 部　（010）66572281　66572157
印　　刷　北京润田金辉印刷有限公司
开　　本　710 毫米 ×1000 毫米　1/16
印　　张　32.25 印张　2 插页　441 千字
版　　次　2023 年 4 月第 1 版
印　　次　2023 年 4 月第 1 次印刷
定　　价　128.00 元

感谢以下公益伙伴与我们一起收集学生的真实成长困惑：

无锡灵山慈善基金会

深圳吉尊玛慈善基金会

感谢以下个人或团体参与了学生困惑的解答及经验分享：

陈祉妍，中国科学院心理研究所教授，中科院心理所国民心理健康评估发展中心负责人

刘学兰，心理学教授，华南师范大学心理学院副院长，广东省中小学心理健康教育指导中心专家

杨健，美国正面管教导师、鼓励咨询师，芬兰儿童技能教养法引领师，资深律师

周莉斯，鲁东大学教育学博士在读研究生，澳大利亚邦德大学心理咨询与行为管理硕士，国家二级心理咨询师

潘新凌中小学生心理健康研究室

深圳市途梦教育公益事业发展中心

中兴通讯股份有限公司爱心员工

北京大学学生爱心社

复旦大学拓客科技教育协会

华南师范大学心理学院青年志愿者协会与红十字会联合会

序 言

习近平总书记曾在全国教育大会上指出，教育是人类传承文明和知识、培养年轻一代、创造美好生活的根本途径，是国之大计、党之大计，要从党和国家事业发展全局的高度，培根铸魂、启智润心。积极参与这项功在当代、利在千秋的德政工程，我们公益组织责无旁贷。

中兴通讯公益基金会自 2012 年成立以来，聚焦教育扶贫和医疗创新公益领域，积极开展弱势救助和精准扶贫等工作，践行企业社会责任。乡村教育是我们尤为关注的领域，从最初的资助困难学生开始，我们已扩展到了兴华助学、蔚蓝阅读、兴火计划、兴天使一对一资助、筑梦万里行夏令营、科普课堂等多个系列化、持续性的教育项目，我们一直在探索一条“经济资助 + 成长陪伴 + 发展赋能”的行之有效、系统化的乡村教育助学道路。

在多年与乡村学校、受助学生交流的过程中，我们总是听到乡村的孩子还有众多的困惑：对外面世界的好奇，对专业选择的疑惑，与老师、父母、同学沟通不顺的烦恼……但在急剧变化的社会和激烈的学业竞争中，这些困惑、疑虑与烦恼往往被忽视、被压抑。同时，由于乡村心理健康资源的缺乏、心理健康教育专业教师的缺位，乡村孩子的心理健康问题可能更加严重。

我们希望能以中兴所能，尽绵薄之力，帮助这些乡村的孩子。

我们联合了无锡灵山慈善基金会、深圳吉尊玛慈善基金会，收集了3709个乡村孩子的成长困惑，并从中精选出59个具有代表性的问题，邀请了心理及教育等领域的专业人士，中兴员工，北京大学、复旦大学和华南师范大学的大学生，分别从专家、师长、朋辈的角度，分享他们的经验、他们的阅历、他们的成功、他们的挫折，以此为孩子们解惑，提供借鉴，最终形成这本《青春解惑手册》。

教育不是灌输，而是点燃火焰。

我们希望以身作则，让乡村孩子的困惑和愿望得到整个社会的尊重和珍视；我们希望通过这本书和我们所有人持续地努力，为读到这本书的小读者破除心中的迷雾；我们希望乡村的孩子散发出心中太阳的光芒，即使面对未来的挑战，亦能迎难而上，带着梦想勇敢远航！

顾军营

中兴通讯股份有限公司执行董事、执行副总裁

中兴通讯公益基金会理事长

推荐序

感谢中兴通讯公益基金会的邀请，让我得以优先阅读本书并为之作序。

翻开这本书的目录，你会看到这是一本非常贴近学生生活的书，因为每一案例都来自学生在学习、人际、生活、梦想、情绪、行为等方面真真切切的经历。由此可以知道，这本书的背后中兴公益团队和其他很多志同道合的伙伴们做了许多的实际工作。我相信，正是因为本书的每一案例所讨论的问题都非常贴近学生的现实生活，同学们阅读本书的时候一定会觉得亲切而又能引起共鸣。

翻开这本书的任何一案例，你都会看到它的结构是立体的。面对同学们提出的各种问题，有“学长学姐说”“师长说”“专家说”三个部分的回应，而且在每一部分里都可能会有多人从不同的角度给出建议。你能想象这样一幅画面：一个遇到了困惑或烦恼的青少年，来到一群热心人中间，大家围绕着他、关怀着他。这个画面是温暖的。这样做的好处是拓宽了一个人分析问题和解决问题的思路。事实上，许多问题都可以从多个不同的角度切入，并无唯一标准答案。而且，当一个人得到如此丰富的建议时，他可以从中选择最适合自己的一种或几种。

在三个部分的回答中，我最喜欢的是“学长学姐说”。学长和学姐也许是因为年龄和经历上的接近，他们的很多建议非常有参考价值。我感觉到，这些来自名校的大学生们在用亲身经历或身边案例关心体谅着青少年的烦恼，热情地鼓励着学弟学妹，坦诚地分享着自己的切身经历。例如，开篇的文章“想完整听懂一节英语课怎么这么难”，欢玺的回答在我看来是非常好的，不仅在学习方面支着儿，也能在心理上支持提问者。

作为一名心理健康工作者，我和我的团队深切关注中西部欠发达地区儿童青少年的心理成长。因为，在我们历年来的全国调查中，他们都是心理健康风险最为突出的群体之一。他们会遇到更多成长的烦恼、学习的困境、情绪与人际交往方面的问题，他们需要更多的支持和引导。这本书和它背后的工作就是实实在在的支持和帮助，希望更多的同学、家长、老师可以看到这本书，让它发挥更多的作用。

德不孤，必有邻。我也相信本书会促进公益助学工作的交流，让更多的人走在这条路上。

陈祉妍

中国科学院心理研究所国民心理健康评估发展中心

目 录

? 困惑 1

想完整听懂一节英语课怎么这么难

您好，我是一名高一的学生，能考上高中非常不容易，因为我有一个非常大的短板——英语。大概是从初一开始，我就渐渐地听不懂英语课，写不出英语单词，考场上看着英语答题卡，常常一脸懵。这样的情况一直持续到了初三，我无数次下决心改变这样的状况，但是都失败了，于是临近中考的时候，我近乎放弃了英语。凭借着其他科还不错的成绩，我升入高中。同样升上来的，还有那糟糕的英语。我在尖子班，可是英语成绩离普通班的平均分都差了好多，我不想这样。我真的想改变现状，但是我甚至不知道从哪里开始学起。我很想完完整整地听懂一节英语课，写出一句漂亮的英文句子，能自己独立做完整张英语试卷。我到底该怎么做才能让这糟糕到无法形容的英语不再成为我的短板？

——山丹一中 波波

学长学姐说

波波：

你好！我是来自复旦大学英语专业的大一学生。我的情况和你几乎完全相反，我在初高中的英语成绩一直都是所有学科里最好的，反而是数学、物理这些理科总是拖后腿，不过最后我也战胜了它们，在高考中取得了不错的成绩，进入了复旦大学。希望我在英语上的学习心得和克服短板学科的经历能对你有所帮助。

先不谈英语，我想给你一些信心和底气。读了你的描述，你在英语成绩不太如意的情况下依然凭借其他学科不错的成绩考上高中，进入尖子班，这足以证明，你有还不赖的学习方法和学习能力（从我一个理科“学渣”的角度来看甚至觉得你超级聪明）！凭借这些好的学习方法和学习能力，相信你一定可以把英语也学得很好。其实，我能读到这封信，也证明你有决心、有毅力改变现状。这个过程注定会痛苦，你需要比身边的同学在英语上花费更多的时间，付出更多的努力，但有志者事竟成，我相信你一定能坚持下来！痛苦意味着你在努力、在成长、在蜕变，我也一直信奉这一点，就像现在，我也在自己的专业上碰到了令我很痛苦的困难，那就让我们一起努力，一起蜕变吧！

下面就来聊聊英语。学习英语，我觉得最根本的方法就是“积累”，换句话说，就是“背”。因为这毕竟是一门外语，我们没有沉浸式的语言环境，只能通过额外的背诵来了解它。还有一种说法，有足够的输入才能有输出，想要读懂句子甚至自己写出漂亮的句子，想要听懂英语听力，就必须背一定量的单词、看一定量的句子、听一定量的听力。

我想对你来说目前一个很大的问题在于，想补的太多，又不知道从哪里补起。

我的建议是，从背单词开始。背单词有几种层次，首先是看到英文单词能知道它的常见中文含义，其次是看到中文能反应出英文，再次是熟悉这个单词的用法，这样你就可以用它造句了，最高层是知道一个英文单词的所有中文义项，当然这个要求比较高，在目前阶段可以不考虑。前两层你可以选用自己最熟悉最习惯的背单词方法，或者可以试一试我喜欢的两种方法：第一种方法是最朴素的抄写法。拿出一张白纸，对折折出一条折痕，按照要背的单词列表一边抄英文，一边抄中文，抄完后再外翻对折起来，只看英文或只看中文，把对应的翻译写在另一张纸上，不会的空着，写完后对答案，错的、不会的就把答案写三遍，之后对没掌握的单词重复操作。第二种方法是借助手机 App。我最喜欢的是“不背单词”App，不过不确定你们是否允许用手机，如果不能每天使用的话就不考虑这种啦。

具体背什么单词，要看你的需求了，最基本的就是中考和高考的考纲单词（提中考考纲是因为你说自己在初三时英语就已经落后了，如有冒犯请见谅，但如果中考考纲单词还不够熟悉，还是非常有必要重新背一遍的），只有掌握了考纲词汇，我们才能进一步背其他的词汇。针对考纲单词，既需要死记硬背，也需要用语境辅助记忆其用法。我读高中时学校会发“高考考纲词汇手册”，大部分词汇都有用法的示例，如词组搭配和例句，如果你也有那就再好不过了。如果真的做到把这本手册“吃透”，看文章、写句子也就不是难事了。当然如果没有词汇手册（或者还觉得不够背），可以用你们的课文或试卷里的文章作为例文，找出里面不认识的单词，结合语境去记忆中文意思，也可以查一查具体用法。不过这种方法不可贪多，自己去找单词、查单词很浪费时间精力，可以给自己定一个上限，如每天拿出一篇文章作为例文精读，挑出 10 个重点单词学习。

词汇是基础，下一步就该考虑如何把词汇组合成句子，即语法。语法自学比较难也不推荐，所以寻求老师或同学的帮助是最好的。首先，要努力听懂课内教的语法知识，如各类从句、虚拟语气、倒装句等，这些也是高考将会重点考核的内容。如果听不懂，一定要问。而且语法规则也是需要“死记硬背”的。其次，可以通过做语法填空这类题查找自己的盲点（比如时态、语态、分词结构、从句等），要做到填进去的每个词都是有理可依的，弄不懂这“理”就向老师或同学请教。最后，如果明确了自己的盲点或弱点，还学有余力，可以买一本高中语法书，找到相应的章节进行练习，但不要只刷题不过脑子，宁愿一次只做 10 道题也要把错题全都搞明白。

除了词汇和语法，我们还需要积累的就是“语感”，它会在无形之中帮助你，而这只能靠多读。可以读的材料很多，除了课本、教辅，还有每一张练习卷、考卷、模拟卷，里面的阅读题都是你的学习材料。在考试的紧张情境下做完这些阅读题，可以在之后静下心来再读一遍。如果有手机自己听听力，也可以找一些如 VOA 慢速英语来“磨耳朵”，未必苛求一遍听懂，其实让英语一直在耳边播放也会潜移默化地提升语感。

如果想写出好句子，也一定是从模仿开始的。前面提到的各种学习材料中那么多句子，可以摘录一些你喜欢的句子进行仿写；或者可以用今天新背诵的考纲单词造句。写英语日记也是一个锻炼英语思维的好方法，你可以试一试，不过我自己没有坚持下来，如果你也坚持不了就不必强求啦。

最后，我还想推荐你专门拿一本本子作为积累本，单词、词组、句子、语法都可以记，但是要记得每次标明记录日期，定期回头翻看，这样写下来的东西才有用。

高中的学业压力不小，可自己支配的时间并不多，建议你把每一次做题当成检验自己学习的机会，通过在题目中发现问题的方式逼着自己专项攻破弱点。不要觉得以应试为目的太功利，其实说到底考试也是在检验英语技能，它能有效扫描出你的弱点所在。当然也不必为自己想补的东西太多而焦虑，就按照你发现它们的顺序写在纸上，一项一项解决，总能逐渐完成的。

另外，不要放过任何一个问题！在高中，我们要学会向老师或同学求助，这个道理无论哪个学科都适用。前面提到过，我的理科很差，但我就是这样不放过任何一个不懂的地方，抓着身边同学和老师去问，最后也一点一点赶上来了。我记得我高三的班主任就一直鼓励我们"多跑跑办公室"、多问老师问题。从现在就可以开始养成这个好习惯——不放过问题，多问问题！

高中很累，但值得你拼搏。两年多的时间，说长不长，说短也不短，从你读到这句话开始就行动起来吧！拿出考纲词汇手册，给自己定下每日的背诵目标和总体计划。拿起最近的一张英语试卷，分析每一道题里给你带来困难的点在哪里，是词汇、语法的问题，还是做题方法的问题，找出问题并开始解决问题。波波，相信你可以做到的！加油！

最后祝你生活顺心，学业有成！

——复旦大学　欢玺

师长说

波波同学：

我曾经当过英语老师，所以深知学生在英语学习方面的痛苦。在学习之前，我想告诉你的是，任何一门语言，其实是这门语言的本土使用者思考与表达的逻辑。而任何一种逻辑，比如物理、数学、地理的逻辑，都可以用一个知识结构的框架展示出来。英语也是如此，你要先自己去了解，或者找个机会跟老师约好时间，把英语所有的成分全部列成一个知识体系：英语有哪些词性（如名词、动词、形容词等），它们的变化逻辑是什么；英语有哪些句型（主谓宾、主系表），它们之间的区别与联系是什么。

当你掌握了最基础的体系，你就已经学会了英语的"公式"，就像物理一样，接下来要做的就是把系数填进公式，也就是往句子里填单词。比如你想表达自己很喜欢看书，想一想这句话的主谓宾分别是什么？

第一时间可能想到的是：主语——我，谓语动词——看，宾语——书，但是这样的话，你会发现，“喜欢”不知道该如何表达。

那么，如果灵活一点去运用公式，你会发现：我们可以把看书当作名词，这时“read books”就变成了“reading books”，由一个动词和一个名词变成了一个“动名词”，而前面的谓语动词就可以变成：“like”。

这就是句型变化的一种逻辑。

当你掌握了所有的逻辑，剩下要做的，就是想办法认识那些“该死”的单词。背单词对于像你我这种脑子灵活但记忆力受懒惰限制的“大聪明”来说当然很枯燥，所以你要尝试几种记忆方法联合使用。

第一种是分类法，把不同的单词分类成：读写单词 / 只读单词。读写单词是必须记忆它们怎么书写的，而只读单词只需要你认识它们就可以了。

第二种就是溯源法，把复合单词用词根进行记忆，比如 microwave（微波）就是由 micro（微型的）和 wave（波）组成。这时就需要多用手机（如果有的话）或者字典进行查找，加快查找速度。

最后，英语成绩不代表英语水平，英语的学习也不仅仅是为了高考，它也在一定程度上决定着你以后工作的上限。我的很多同事，因为对很多国家的语言有充分的学习和积累，他们分布在各个国家和地区，为公司的业务添砖加瓦。而这些人的工作，外语不好是无法胜任的。

加油！希望能够 10 年后在公司见到你。

——中兴通讯　唐博强

波波：

我曾经经历过这样一件事：一个只能蹦出几个英语单词的同事和我一起出国际差旅，大概 6 个月后他可以流畅地与客户用口语进行交流。根据过往经验，我经常给初中、高中、大学的学生提关于学习英语的建议，归结两点：一个是语感 / 熟练度，一个是基本功。对于语感，具体的方法可以是每天留出 20—30 分钟的英语文章阅读时间；每学期选择词句比较优美的 10 篇课文或者文章，反复读，最好能背诵下来。对于基本功，主要指单词积累、记忆并造句。试着给自己制订一个目标任务，比如每天 10—20 个单词，第一次记忆后第 2、5、10、30 天分别再拿出来考一下自己，如果有同学以游戏、竞技的方式配合，共同提高，效果更佳。

你是一个优秀的学生，如果可以建立并坚持自己的英语学习习惯，相信会有好的结果。

——中兴通讯　宋汉增

所有语言类学科的学习都是积累的过程，就如我们的母语中文学习也不是一蹴而就的，这个你一定深有体会。其实一段时间里我的英语也不是很理想，大学英语六级一直没勇气去考，甚至那段时间很讨厌英语，但后来还是在研究生的时候考过了英语六级（虽然低分飘过），就我的经历总结一些小经验供你参考：

一、尽可能地营造语言环境

我们可以说好汉语，是因为我们周边的语言环境，亲朋好友、电视报刊及互联网都在使用中文。你可以尝试在空闲时间多看英美电视剧、美国电影，无聊的时候挂着耳机听英语音频、听力素材等。尽管你可能根本不知道他们在说啥，但是耳濡目染会让你渐渐有所谓的“语感”，这对你很有帮助。

二、去逼着自己背课文

这个很痛苦，我承认，但是当你背多了之后你就会发现很多时候你在做英语选择题的时候会自然而然地知道选什么，这个对于提升写作和选择能力非常有帮助。

三、背单词

这是个老生常谈的话题，是每个学外语的人绕不过去的坎。词汇量决定了你能否看得懂阅读题，尽管阅读有很多技巧，但词汇量依然是硬指标，投机取巧没用。背单词也是有技巧的，首先你要用词根、词缀的方法背单词；其次是你要明确词性地背单词，名词、形容词、副词这些都是不同的，不能混记；最后你要学会看音标，读着去背单词，切忌哑巴英语。

四、语法

语法学习很枯燥并且难懂。且英语语法还和中文语法不同。但是语法是能让你受益一辈子的东西，因为无论是高中英语还是托福雅思，语法这个东西没有任何变化，就比如我复习考研英语时甚至翻出了我的高中笔记。语法也有很多书，当然老师也会讲，跟着老师好好学习，学会了就是一辈子的知识，相信我！

综上，英语学习需要一点点去积累，不要放弃。尽管你可能不喜欢英语，但英语是人生各个阶段的敲门砖，考大学需要、考研究生需要、找工作需要（大型企业都要求至少英语四级），很多外企甚至需要雅思成绩，所以逼自己学一学，一辈子受用！加油呀！

——中兴通讯　姚惟瀚

英文曾经也是我的短板，分享几个经验：

（1）阅读《21 世纪英文报》（这个报纸和时事连接很紧密，对高考有好处。在微信上有小程序，可以免费阅读和锻炼听力）；

（2）空闲的时候，看英文电影（学习英美国家本土的表达方式）；

（3）单词背诵是有一定方法的，如词根联想等，可以在百度找一找方法；

（4）背诵经典文章也是英语学习的好方法。最后在高考写作文的时候，可以套用经典句式外加一些经典名言。

——中兴通讯　李馨

专家说

一、语言与考试

（一）语言的组成部分

1. 语音，语言声音系统的知识

2. 词法，说明单词怎样由语音构成的规则

3. 语义，对黏着词素、自由词素（或单词）以及句子意思的理解

4. 句法，说明怎样组合单词以形成句子的规则

5. 语用，说明在不同社交情景中怎样使用语言的规则

（二）通向高分的途径

1. 通过长期积累提高英语水平

2. 通过大量做题和研究习题，明确考试的要求，了解不同题型的答题技巧

3. 运气也是影响考试的因素，但运气是不可控的，尽人事听天命是更好的选择

二、学好英语的方法

以下经验供参考，你可以在此基础上探索自己学习英语的小技巧。

（一）选择适合自己的英语学习难度

对于高一、高二的学生来说，一上来就做高考的习题确实是有些困难，一旦感到英语高不可攀，就会产生挫败感，丧失继续学习的勇气。因此我们可以选择比自己当前水平稍高一点的材料来学习（自己的英语水平 +1 点学习难度），摘“跳一跳就能够得着的桃子”，充满信心地逐渐进步。如果你还没有学习英语的基础，就可以从学习最简单的材料开始，比如参考小学和初中的教材。不要因为它们是低年级的教材就对自己的能力失望。所有

人都是从零开始一点点进步的，只要比昨天的自己更棒一些就是成功。

（二）如何提高我们的英语水平

1. 将英语学习当成像弹奏乐器的技能一样重复地练习

学英语需要每天练习，不断积累。如果觉得自己在上课时听不太懂或者发现基础的语法、短语、单词有遗漏，可以参考初中教材中常用的短语和单词，日常坚持进行听写和默写。不用幻想短期冲刺飞跃，也不用被现在的困难打败，要相信日积月累会有成效。

2. 备考：掌握核心原则以后，大量的输入和输出

（1）听力。进行适当的听力练习，并朗读听力材料，高一高二选择泛听，高三选择高考题型进行精听练习。可以先从慢速、中速的材料听起，逐渐熟悉高考听力语速和难点（弱读、连读）等。

泛听：把握全文整体意思，如果有个别词句听不懂不用在意，关键是培养英语语感。

精听：捕捉每一个词句，对照题目抓取关键信息；精听后对照听力原文找自己错漏之处。

（2）阅读。可以每天找 1—2 篇适合的阅读材料，材料的来源可以是低年级的课本。做阅读题时要给自己计时，模拟考试感觉。如果遇到不会的词可以先圈画并根据语境猜测，不在做题期间查询词典，等批改后再仔细查阅。

（3）词汇。制作单词清单。

积累动词短语（动词 + 介词，比如 take off）和固定搭配。

滚动背诵：每日复习前一天学习的单词，每周末复习本周所有单词。

（4）语法。制作错题集，将做错的题目收集并根据出错原因分类。找出语法薄弱项，再去学习语法书对应章节。

时间允许的情况下，可以结合老师上课内容和语法书对几大语法项（省略和倒装、定语从句、状语从句、名词性从句）进行解读，整理出自己独有的语法笔记。

（5）写作。临摹字帖是提高印象分的好办法，可以参考意大利斜体/手写印刷体，字好不好看决定了阅卷教师对整篇作文的第一印象。不需要追求华丽，关键是要干净整齐、一目了然。

从写作内容上，可以收集范文并制作范文集。对每篇范文进行分析，首先分析全文结构和行文思路，其次背诵范文中的好词好句、固定搭配，特别优秀的范文可以全文背诵。

自己练习或考试写的文章争取请教师帮忙细致批改并给出意见，时间允许的情况下，每篇文章都要根据教师意见进行修改甚至重写。

（三）在校外提升英语

首先鼓励同学们在家里自学，找到适合自己的材料并坚持下去；去上免费并且质量好的网课，大家需要多多锻炼自控能力才有更好的效果。不过需要注意的是网络资源质量参差不齐，这也可能是同学们面临的阻碍。

在家学习可以听音频跟读或者默写单词与句子。

学习是一件需要信心和意志力的事情，遵循科学的方法，持续不断地努力，相信你一定可以提高英语成绩！

——中兴公益助学团队

真正产生兴趣。

观察要有针对性。同学们在广泛观察的基础上，应该重视观察与已学的知识有关的物理现象。例如，初中学习了“压强”这个物理概念，我们就要注意观察物体间相互作用时产生的压强与作用力、受力面积的关系。像载重拖拉机的履带，载重汽车的后轮变成四个，刀磨快了才好切东西以及钉图钉、缝衣服、在沙地上行走等，应该注意这些日常现象，并能将这些现象与“压强”这一概念联系起来。久而久之，大脑中就能积蓄大量的物理现象以及与之有关的物理知识。

观察还必须目的明确。俗话说“外行看热闹，内行看门道”，对于看到的现象，不应专注它的好看与新奇，而应当找出这些现象背后所隐藏的物理原因、物理规律。例如，纺锤形的圆锥滚轮沿V形轨道向上滚。我们不应被其表面现象所迷惑，滚轮放在斜轨下端是不会自动向上滚的。我们只要知道滚轮向上滚时，重心是不断下降的，那么滚轮上坡的道理就可以理解了。另外，看到硬币浮在水面上，应该与液体的表面张力联系起来；看到肥皂泡上五颜六色的花纹，应该与光的干涉联系起来……只有这样，我们观察的目的才算达到了。

千万不要对周围的一些现象漠不关心，不观察，不思考，这对学习物理是不利的。其实，物理上许多定律的发现和重大的发明都是建立在观察的基础上。大家比较熟悉的、著名的物理学家牛顿发现万有引力定律，就是建立在仔细观察苹果落地这一现象的基础上。瓦特在烧开水时，观察到水蒸气产生的力量推开了壶盖，从而发明了蒸汽机等。过去一些同学进入中学后往往觉得物理越学越难，这和他们长期困于书本之中，不注意观察周围的生活现象，对一切都漠不关心恐怕不无关系。

二、要重视实验，勤于实验，在实验的基础上掌握物理规律

物理学是一门以实验为基础的科学。许多物理规律都是从模拟自然现象的实验中总结出来的。多做实验可以帮助我们形成正确的概念，增强分析问题、解决问题的能力，加深对物理规律的理解。宋代诗人陆游曾说："纸上得来终觉浅，绝知此事要躬行。"要获得知识，仅靠书本上的知识是不够的，还必须亲身实践，把知与行、脑与手结合起来。

中学阶段，学校十分注重学生动手能力的培养。因此，课堂上老师会演示很多的实验，学生会做许多分组实验。对于这些实验，同学们要认真观察和分析实验现象，弄清每个实验的目的、原理，了解一些仪器的性能与使用方法，明确实验的步骤。做实验时，要遵守操作规程，依据步骤，认真实验，仔细纪录，通过正确的处理和分析，从而得出正确的结论。

另外，同学们自己也应尽量创造条件，多做一些简单的实验。例如，学习了"重心"这课后，可用不规则的木板通过"悬挂法"找出其重心所在；学习了"摩擦力"这课后，可将橡皮筋系在木块上，通过改变放在木块上物体的质量，观察水平面上摩擦力与重力间的定性关系……这些实验对我们掌握物理原理是十分有益的。教育工作者可能会发现这样一个不争的事实：近十几年，我国中学生在国际一些著名的竞赛上都取得了非常好的成绩，但是一些重要的科技发明与发现却与我们无缘。其中一个非常重要的原因就是我们在教育教学的过程中，对实验教学的重视力度不够，没有充分挖掘学生的动手操作潜能。

物理学习忌讳不重视实验，甚至不做实验，只凭主观臆断。这往往会"失之毫厘，谬以千里"。作为实验性很强的学科，"大概""差不多""估计"等词是不应该出现在物理中的。自己亲手做的实验往往印象深刻。通常人们认为触电是与电势有关的。如果亲自做过人体带电的实验，就会发现人体带上几十万伏的电势也不会触电，从而知道触电是由于有电流通过人体而发生的。

不依据实验，只凭主观臆断去学物理知识，这些知识必然是“无源之水，无本之木”，同学们必然觉得这些物理概念与物理知识非常空洞与抽象，也必然会觉得物理难学。

三、要勤于思考，注意培养自己的逻辑思维能力

物理学研究物质运动最基本、最普遍的规律，它的规律性很强，单靠死记硬背是学不好物理的，一定要勤于思考，掌握其规律。

勤于思考，首先要善于思考。善于思考最根本的方法是在具体的实际中加以培养和训练。每学过一个概念，要力图弄清：这个概念是怎么得来的？如何定义？物理意义是什么？和其他物理量之间有什么关系？每学过一个规律，要力图搞清：这个规律是如何得来的？适用条件和范围是什么？和其他规律之间有什么关系？每做一道习题，要力图搞清：这题描述的是什么物理现象？物理过程如何？该用哪个规律去解题？只要同学们能够改变“上课记笔记，复习背笔记，考试全忘记”的机械学习方法，摆脱“为交差而作业”的被动状态，克服做作业“依葫芦画瓢”的做法，勤于思考，善于总结，就一定会由“勤思”而“善思”，由“善思”而“善进”，不断提高我们分析、判断、推理、归纳和想象的能力，从而更好地学习物理。

实际学习中，有的同学解题时从容不迫，灵活自如，单刀直入，十分简洁；有的同学则迷茫混沌，步履艰难，费了九牛二虎之力得出的答案往往繁杂冗长。剔除学生天资的因素，主要还是“思”与“不思”、“勤思”与“惰思”的原因。俗话说“刀子越磨越锋利，脑子越用越灵活”。富兰克林也曾经说“勇者的钥匙永远光亮”，正是说明了思考的重要性。相信同学们只要坚持独立思考，认真理解，物理会越学越轻松。

物理学习切忌张冠李戴。不注意规律的应用范围和条件，拿起题目就去“套公式、套类型”“依葫芦画瓢”，结果往往会出错。做物理题目要想到它的物理过程，不能把物理题简单当作数学题去解。

四、要善于总结，把所学的物理知识、物理规律理解清楚，切忌一知半解，模糊不清

各种物理规律总是寓于力学、运动学、电学、光学、原子物理等形形色色的物理现象之中，它们联系密切又千变万化。因此，学习物理除了要勤于思考、善于分析外，也要学会总结，提纲挈领，把“厚”书变“薄”，更要学会能举一反三，联系到与之相关的知识，再将“薄”书变“厚”。这样，将知识系统化、纲领化，就如同渔网一样，收得拢，撒得开，张网撒一片，收网几条线。物理知识必然井然有序，条理分明。

对于每一章的复习，勤于总结，首先要学会写一个“知识结构小结”，可以包括：全章有几个部分？分别讲了些什么？各部分之间的关系如何？哪些是重点？这章学了哪些物理现象、概念、规律、公式？这些规律是如何得来的？各概念的物理意义是什么？它们与规律之间有什么关系？知识小结应当提纲挈领，层次分明，内容准确。小结的形式可以多样化，文字型、方框图、表格式、树形结构等均可以采用。

其实，小结的过程，也是认识再提高的过程。每认真做完一次知识小结，就如同登上了一个新的高峰，立足高处，统揽全局，奇观异景，尽收眼底。经过总结的知识，既易融会贯通，又便于理解和记忆。

物理学习最忌讳的就是对所学的知识模糊不清，各知识点混淆在一起，变成了一锅糊粥。遇到题目，觉得是这个知识点的，又觉得是那个知识点的，分不清楚，犹豫不决。现在有些同学觉得拿起题目无从下手，我想大概就在于不善小结，各知识点模糊不清的缘故吧。

五、将理论与实践联系起来，在实践的基础上学好物理

很多物理知识都来自生产生活，反过来又指导我们更好地生产生活。因此，我们不应把物理当作一门自然科学，其知识与实际生活有着非常密切的联系。可以这么说：作为一门纯理论来学习与研究，那样自然就觉得枯燥无味；如能将理论知识与实践活动结合起来，则更能激发自己的学习兴趣，收到更好的学习效果。

——中兴公益助学团队

困惑 3

让我崩溃的化学

您好，我是高一的学生。步入高中的我深知高中学习的艰难，但我也明白这3年也是我人生中的一个重要阶段。我们也进行了走班制，我下定决心选了化学。上个学期学习化学时常常让我感到崩溃，因为对比初中化学，高中化学的学习对我而言实在有些难。一连串的化学方程式，陌生的离子方程式，认真做的练习题却只对两三道题，偶尔我也会难受得想哭。但后半个学期我好像不是很害怕化学了，甚至想要努力学好它。我知道以后的课只会越来越难，但我得克服一系列困难，一步一步来，请问是否有一些学习化学的好方法？

——平坝一中　丁同学

学长学姐说

丁同学：

你好。非常开心能够解答你的问题。

其实化学这个科目呢，说难不难、说简单也不简单。我看到你是安顺市平坝第一高级中学的，贵州原来应该使用的是全国二卷，现在应该也高考改革了吧？我也不是很清楚你们现在是不是自选科目，所以对于题的难度也不能很好地把握，我就按照之前自己上高中的时候全国二卷的那个难度来跟你讲吧。

如果掌握好学习方法，化学比数学、物理都简单。我是理科生，学的理化生。化学没有物理那么理性，没有那么多计算，但是又没有生物那么多需要背的内容，也就是说，化学要算，也需要背，相对比例来说的话，我觉得五五开吧。不要觉得化学是理科的科目，计算的就会非常多，算不明白；同时也懒得背，因为觉得是理科科目，不需要背也懒得背，这些都是不行的。现在学必修一必修二的时候，其实算的不算多，真正需要算、比较难算、容易出错的，在我们当时是选修四化学反应原理。刚开始学的时候我也学不明白，但是到高三后一个学期做的题多了，真的就一点一点明白了，慢慢地做题的量上来之后就会从量变产生质变；需要背的就主要是一些仪器的操作方法、一些实验的描述方法、一些常用的模板答题套路（有很多题都会问你产生某个现象的原因是什么？但是这个原因其实都是大同小异的，很多题你都见过，就可以根据这些题，总结出一个模板来）等，当然这些我认为到一轮复习开始的时候，再总结也是来得及的，如果从现在开始就把平时做的题积累起来，当然更好。这个背主要就是针对那些很长的填空题，需要你用描述性语言去填写，很多时候你会发现你知道怎样去用这个仪器做实验，但是你写不出来，或者说你写出来是不标准的答案，总会这漏一点儿、那漏一点儿的，这个时候就需要根据答案进行总结整理，记下来，背下来，下次考试你就会了。

学习方法我认为主要有五点：

第一，也是最关键的，就是心态。心态一定要调整好，不要因为我这个不会那个不会，就放弃了。放弃了，那怎么能学得好呢？一定要有信心，相信自己能学会。哪里不会就去克服它，多利用课后时间钻研，一定要搞清楚想明白为什么是这样的。现在还是高一，你还有两年多的时间，时间还很长，足够你慢慢地去搞清楚所有的内容，所以不要焦虑。

第二，我觉得要做题，一定要多做题。我是河南的考生，相对竞争压力比较大，所以我觉得“小镇做题家”就是对我的一个很完美的概括吧。你是贵州的考生，竞争压力会比我们小，但是也不能懈怠，不能不做题。我到高三后期最深的感悟就是量变真的会产生质变，其实我高二的时候学习不是很好，数学物理有很多题我都搞不明白，老师讲过之后，我真是不知道原理是什么，然而随着高三后期题量的增加，慢慢地那些不会的题一遍一遍做完之后就发现自己竟然慢慢地会了，在那之后再看到同类题的时候就真的会做了。你现在只是高中的开始，到后面随着题量的增多，就会从量变产生质变。所以一定要多做题，对于自己不会的知识点一定要找题来做，通过做题来加深自己的理解。

第三，要注重积累总结，一定要有纠错本、积累本。我记得高中有句话是做题不积累等于白做。刚刚说要做题，但不是盲目一味地做题，做完题之后必须要积累总结，给自己留时间去反思一下。对照标准答案，找出自己正确和错误的地方，错误的地方，想明白自己哪里错，为什么错？然后在纠错本上写下来，用黑红蓝三色笔，黑笔写题，红笔纠错，蓝笔写感想。对于积累本，就主要是积累那些描述性的题和自己不会的知识点，那些长篇大段要填的内容，不会的话你就对照答案，看答案是怎么写的。分析答案为什么要这样写，这样写的话这几分每一分都给在哪里？给分点在哪里？一定要分析清楚，这样下一次写的时候才会更有目标。

第四，一定要注重看教材。高考教材是第一位的，教材是唯一的参考资料，一定要把教材吃透，教材上尤其是边边角角的所有的字都要看到，想想这里会不会出题？每次做到自己不会的题的时候，想一想这道题，它对应的知识点在书上有吗？一切都要回到课本，所有的高考题的母题都来源于课本，都是课本知识的变形。

第五，一定要去问问题。我高中的时候，因为胆子比较小不敢问别人，也不敢问老师，但是后来我发现问完别人之后，自己真的就豁然开朗了，很多题的原理，自己想很长时间都不会，但是一问完别人，别人给你讲之后，你就会了。老师在课堂上讲一遍，我没有听懂。然后我就去问，我也不太敢问老师，我就问的同学，同学讲完之后，自己就会了，那种感觉真的特别好。所以一定要多问别人，不会的地方就要问，不要把不会的都积压在那儿，到后面你会发现你不会的越来越多，你就越来越不想学了。

对于现阶段的你来说，就是要跟着老师的节奏一步一步走，哪里不会就要有勇气去攻破它，不要在心态上出问题，一定要学扎实了，把现在的基本功打牢，然后之后的学习就可以在上面像盖房子一样盖得越来越高。

希望你在剩下的高中生活中，努力学习，扎扎实实地一步一步向前迈进，取得优异的成绩，考上复旦，我在复旦等你来。加油！！！

——复旦大学　高嘉远

师长说

化学是一门很有趣的课程，放在古代，可是名副其实的炼金术。

我的经历跟你很像，初中时，对化学有浓厚的兴趣，也拿到过化学金钥匙竞赛的二等奖。到了高中，原先学习化学的思维模式完全无法应对更高难度的学习，作业只对三两题。但是，阴差阳错，我报名参加学校的化学奥林匹克竞赛班，起初学习像听天书般，但是讲课老师绘声绘色

"吹牛"，讲述各类物质变化的美感，题干上也有很丰富的知识，让我越来越沉迷化学。幸好，化学也回应了我的热爱，最终竞赛获得一等奖保送名校。

学习任何知识，或者完成任何工作，其实都只需要具备三个要素：认同、能力、付出。学习化学也是一样。其中最重要的是从心底认可这门课对自己的益处，欣赏它，热爱它。从你的字里行间，我能看出你对化学已经有了初步的认同，但还是有一些担心，担心这门课越来越难，担心自己无法应对。这里我可以负责任地告诉你，化学跟其他科目有一些区别，并不会越学越难。这是因为化学的特性造成的，它是一门实验学科，进行实验，得到数据，汇总分析大量数据，总结规律，用规律指导下一次实验。总结规律的过程是艰难的，而高中阶段学习的内容，正是在这个总结规律的过程中，所以一开始接触，会令我们感觉到异常艰难。相信经历过这个阶段之后，热爱化学的你会一路坦途。

化学学习时，首先要接受实验结果，接受事实，这是需要记忆的部分，哪怕是题干上提到的知识，也要充满兴趣地学习，尽可能地记忆。同时要牢牢记住，任何化学反应，都是有条件的；物质（原子、电子）是守恒的，不会凭空出现和消失，能量是守恒的，键能从高变低，那就会释放出能量。

其次是分析数据，总结经验。擅长使用控制变量法来学习和分析不同因素对化学反应过程的影响。同时要习惯使用数形结合的方式来看待一个反应，深入观察，想象随着反应的进行，物质球棍模型的变化，以及这些变化产生的原因或者后果。

最后是把数学和物理基础也打扎实。数理化不分家。

祝丁同学顺顺利利！

——中兴通讯　朱文鑫

认真看了下你的问题，你身上的情况也很符合一个"化学人"常见的情况，你能够努力克服说明你很优秀！

很多人因为化学这门学科“看起来”很难，所以一般不去选择它。我本人在高中选的是化学和物理，而我当时选择化学的原因也仅仅是喜欢，因为在我看来想学好任何一门学科，不能从心里去排斥它或者对它存在畏惧感，这是很重要的一点。所以在学习过程中要不断为自己鼓劲，让自己不断地自信起来。

很幸运我的化学高考成绩也是取得了一个最高的等级 A+，可能因为这个成绩让自己略微有点膨胀，在大学期间又毅然地选择了化学工程这门专业，当然可以想到的是，研究生期间依旧学习的化学。所以，自己在化学这个领域也算摸爬滚打了好多年。不敢说有多了解这门学科，但是对于你目前遇到的问题，我有一些想法和建议可以供你参考。

首先，像上面我提到的，要自信，化学真的不难。在我看来，你既然选择了化学，说明你已经成功了一半，因为你有异于常人的勇气。

其次，要注重夯实基础！你要明白一件事，那就是化学作为一门理科类学科，它本身是很注重学生的逻辑能力和理解能力，加强这方面的锻炼没有问题，但是千万不要忽略基础知识的重要性。尤其在你刚开始接触较为复杂的内容时，一定要夯实基础，建议你平时可以加强一下基础内容的积累和记忆，将一些重要的知识点、典型的各类方程式等重点内容反复进行复习，最好能够达到下笔如有神。其实，我理解中的学习和考试，在很大程度上就是考学生基础知识是否夯实。

再次，整理反思！我知道你们每天就是学习新知识、刷题……如此反复。当然，我也是这么过来的，我可以想象你现在手里的试卷已经小山高了。但是你回顾一下，是不是经常遇到这样一种情况，上次做错的题目，这次依旧会错，上次不会的题目，老师讲完之后感觉自己会了，下一次又做错了。这就是我想表达的反思和推敲。在我看来，刷题能够让你在一门学科上获得成长和进步，但是我认为效果更好的是在你每一次刷题纠错后的那一段自我总结和反思，想一想自己错题的原因是什么？这题考的知识点是什么？对于这个知识点，我不熟悉的部分是什么？我需要加强哪些知识点的巩固？想要学好任何一门学科，一定要学会总结反思。我一直认为错题集是每一位学生的宝库，建议按照不同题型进行总结，尤其是针对常错易错题进行汇总分类。当然，汇总只是第一步，事后一定要时常进行回顾和推敲，仔细推演正确的解题思路。到后面，你会发现通过自己不断温故，即使遇到再难的题目，你也能够发现其中的解题脉络。在我的理解里，培养整理错题的习惯，一是能够发现自己的薄弱点，然后对症下药；二是对于提升解决难题能力能够起到非常好的锻炼作用。

最后，高中的生活很枯燥，学习内容也很多，但是也要记得按时吃饭，劳逸结合！

大鹏一日乘风起，扶摇直上九万里！加油！！！

——中兴通讯　袁杰

专家说

高中化学是一门很有魅力的学科。但由于高中化学具有“繁、难、乱”的特点，所以不少同学对学习高中化学学习感到吃力，那么如何才能学好高中化学呢？ 6 个学好化学的方法，供你参考学习。

一、认真听课，做好笔记

好的笔记是教科书知识的浓缩、补充和深化，是思维过程的展现与提炼。 由于化学学科知识点既多又零碎、分散，所以，课堂上除了认真听课、积极思考外，还要在理解的基础上，用自己的语言记下老师讲的重点、难点知识，以及思路和疑难点，便于今后复习。

二、及时复习

复习并不仅仅是对知识的简单回顾，而是在自己的大脑中考虑新旧知识的相互联系，并进行重整，形成新的知识体系。所以，课后要及时对听课内容进行复习，做好知识的整理和归纳，这样才能让知识融会贯通，避免出现越学越乱的状况。比如，学习了 SO_2 的漂白性就跟氯水的漂白性进行比较，找出两者的不同之处。

三、学会巧记

由于要记的化学知识点比较多，仅靠死记硬背是难以记牢的，所以应学会巧记。化学上常用的记忆方法有：比较法（常用于容易混淆、相互干扰的知识，如同位素、同素异形体、同系物、同分异构体四个相似的概念，可以通过比较，加深理解，记忆牢固）、归纳法、歌诀记忆法、理解记忆法和实验记忆法。

四、勤练习

练习是理解消化巩固课堂知识的重要途径。但练习要有针对性，不能搞题海战术，应以掌握基本方法和解题规律为目标。在解题过程中，要注意一题多解和归纳总结，这样才能达到做一题会一类的效果。如化学计算中常用的技巧法有：守恒法、关系式法、极值法、平均值法、估算法、差量法等。

五、备好错题本

做题的目的是培养能力、寻找解决自己的弱点和不足的有效途径。所以，对平时出现的错题，应做好修正并记录下来。记录时应详细分析出错的原因及正确的解题思路，不要简单写上一个答案了事。同时，要经常翻阅复习，这样就可以避免以后出现类似的错误。

六、重视化学实验

化学实验不但能培养学生观察、思维、动手等能力，还能加深对相关知识的认识和理解，所以必须重视化学实验。平时做实验，要多问几个为什么、思考如何做、为什么要这样做、还可以怎样做，从而达到“知其然，也知其所以然”的目的。

——中兴公益助学团队

困惑 4

怎么才能学好生物

我是一名高一年级的学生，也是 2024 届贵州首批新高考考生。对于新高考改革，也不知道对我们是有好处还是坏处，因为我所有成绩较好的科目都属于文科，但如果全选文科的话，又不好考大学，能选的专业也很少。所以我选了一门理科（生物）作为搭配，我的生物真的很差，只能考 20 多分，但我还是选了生物，请问一下学好生物最好的办法是什么？

——平坝新一中　胡同学

学长学姐说

胡同学：

你好！我是复旦大学大二学生，我高中时也是参加第一届新高考，我选的科目是物理、化学、生物，但跟改革前也没什么区别。

一、关于新高考

在谈生物的学习之前，先跟你讲一讲新高考吧。新高考是从六科里面任选三科，高考的时候全省选了同一科目的所有同学参加该科目的考试，因此有必要跳出你所选择的课程组合，在全部六个副科中考虑自己的竞争力（也就是说考虑“某个组合选的人少”是没有意义的）。生物这个课程是需要一定的物理和化学基础知识的，你如果想对生物知识有深刻的认识，就至少要对生物体中可能发生的化学变化有一定的了解，这样才能在生物这个学科上拔高。不过对物理和化学知识的补全完全可以留到高三总复习的时候再开始进行，现在暂时还不用担心。

另外，由于你们是改革第一年，一定要注意新高考的副科考试满分都是 100 分，和以前文理综合卷子的题量完全不同，因此一定要提前适应。我高考的时候生物是 30 分十道选择题加上 70 分五道大题（你们可能不一样），时间很紧，更要求基础知识要扎实。

二、关于生物学习

（一）学科介绍

接下来正式开始说明一下生物这个学科。首先我想给你介绍一下高中阶段的生物都会学到什么：

1．必修一讲生物学的基础知识

包括生物体的微观结构及其内部发生的生化反应、生理过程等，可以说后面相当多的一部分都是以这本书中的内容作为基础，因此必修一是重中之重。

2. 必修二讲解遗传相关知识

你在学习这本书的时候可能感觉到困难，这是很正常的，遗传题是高考中难度最大的题目之一，需要大量的课后练习和积累（尤其要注意积累），具体的学习方法我在后面再讲。

3. 选修一讲稳态

包括人体三大调节和植物激素，属于需要理解和背诵的部分，也是常考的点，一定要侧重于理解，很多实验题会根据这部分来出。

4. 选修二讲种群、群落和生态系统

内容比较简单，以简单背诵为主，多见于选择和简单的填空。

5. 选修三讲现代生物工程

其中细胞工程和基因工程是常考的点，也是经常会出现在实验题中的知识点，这部分主要偏应用，需要仔细区分不同情形下的操作细节，理解记忆。总的来看，最难的部分就是高一下学期学的遗传，我当时直到高三复习的时候还在补充遗传知识，有很多基因型和表现型的对应关系书上根本不会讲，但是考试会考；后面的知识相对来说好学一些，主要靠理解和记忆。

（二）学习方法

接下来我会分享一些生物学习的方法：

1. 勤做笔记，多画图

我整个高中阶段记的生物笔记在70页左右，建议拿出一个空白的本子记，多用流程图、示意图等总结知识点（例如细胞有丝分裂、减数分裂的几个过程用图示记笔记效果最佳）。一个清晰的示意图能够极大地提高学习和复习的效率。笔记的详细程度大概是能够完全不看书就能回忆起书上所有的知识点。一定要画图，因为平时可能就是用图片出的题。

2. 笔记分类

记笔记需要有条理，这样能够减轻复习时的负担。课本知识用黑色笔，补充知识用蓝色笔之类的。建议画图用铅笔，这样比较容易改。

3. 有效刷题

生物是可以靠刷题涨分的，但是高三之前没有必要大量地刷题。高三前刷题的目的主要是加快对知识的理解和掌握，把知识点放到一个情境里，能够有效地加深记忆。高三之后刷题你就会发现生物有很大一部分填空的问法和答案是一对一的，把它们全部刷一遍并且背下来就能保证简单填空题一分不落。

4. 注意总结错题

就像我之前说的，考试考到的某些知识点根本不会出现在书上，因此在刷题的时候一定要有一个错题本。错题本上记的是你错题对应的知识点，没必要把整个题目记下来。但是要注意不要因为错的题很简单就不记，粗心丢分是一定要避免的，记错题是很有效克服粗心的办法。

5. 注意细节

生物这个学科特别注意细节，老师提到的每一个细节都可能成为考点。如果刷题遇到没记住的细节一定找错题本记下来，这样算是对笔记的查漏补缺（例如我以前记的“观察胞质环流时可以给予刺激或升温，使现象更明显”，考试的时候可能问你胞质环流现象不明显怎么办）。

6. 理解记忆和系统思维

做题是要把书上的知识“应用”到题目中去，因此在学习的时候需要知道每一个过程的前因后果，如观察藻类，选取绿藻的原因是其含有叶绿体，不用染色。另外系统性思维有助于你记忆和做题时快速检索知识，例如呼吸作用发生在真核细胞线粒体中，其原料、反应条件、产物、供能对象等可以形成一个系统，如果题目提到线粒体，那么就应该把这一系列的知识全部回忆起来。系统思维可以靠多画示意图来培养，或者把《5 年高考 3 年模拟》等资料上的示意图搬到笔记本上。

7．合理使用教辅

教辅主要推荐《5年高考3年模拟》，我记忆中它是最好的资料，没有“之一”，重点看每节的知识梳理。

（三）学习建议

接下来针对你目前的成绩提一些建议：

首先对一张生物试卷进行一下难度拆解：60%是基础题，这部分只需要把书上的知识点背下来基本上就可以拿到；30%的拔高题，可能需要一定的练习和答题技巧；10%的难题，可能会考察从材料提取信息及逻辑思维等能力。

你说的生物考20分，说明你最基本的概念题也对得很少，因此要从平时的知识梳理入手，争取先把简单的分拿到。不管你现在拿什么记的笔记，我都建议你找一个空白笔记本，把以前的笔记重新梳理一遍，把书上的图画到笔记本上，把定义抄下来，如果定义看不明白就把书上的解释用自己的话概括下来，再把图画下来。如果有其他你觉得有助于自己记忆和理解的信息，也可以记下来，比如一个例子、图例等。注意有些东西是不用记的，比如密码子的所有碱基排序，这种东西绝对不会考背诵。考试前要把笔记全部背下来（理解）。

注意记笔记要有整理的意识，如顺序是数字章节名、大标题、小标题、知识点内容以及补充。

例子：

2.3.2 遗传信息的表达

一、基因控制蛋白质的合成

1. 转录：定义为××××

a. 模板链：……

b. 编码链：……

绘制示意图，建议拿那种没格子全空白没线的笔记本，铅笔画图更清楚；也可以参考我现在写的这篇文章，就是按照类似的格式写的。

每次错题（不管考试还是平时练习）先去看看书上有没有原话，如果有，那你就该反思一下这个题为什么做不出来，是没背住还是笔记记漏了，然后写到错题本上，笔记漏了补笔记，背漏了补背，争取下次做对。

错题本是每次做错了题目都要把知识点记上去，不管多简单都得记！你要是觉得知识太杂了可以单独拿一张纸记比较难的知识点，但是不要不记简单的知识点。

勤刷题，刷到所有书上出现过的概念题都不会错为止。刷题不要光看着，一定要动笔把答案写上去，这样能加深记忆，也才能达到训练的效果。做完题后还要多思考，了解一个操作背后的前因后果。总之，刷题的时候要多写、多想。

上课的时候一定认真听讲，认真做笔记。上课的时候学新知识是效率最高的，边听边记笔记效率比课后自己补高多了，不懂的地方记得下课就去问老师。

三、难题对策

注意：在你搞定基础题之前就别想难题的事了。

整个生物卷子中最难的题就是遗传题和实验题。

遗传题需要多刷题、多思考、多总结。遗传题的基本原理是书上都讲过的，但是问出来的问题可能千奇百怪。例如，两个由一对等位基因 ab 分别控制的性状，两个 AaBb 杂交后代表现型书上写的是 9 ∶ 3 ∶ 3 ∶ 1，但是实际题目中给出来的数字可能是 870 ∶ 390 ∶ 120，需要套用书上原理进行变通处理（这里是近似 9 ∶ 4 ∶ 1，即 9 ∶（3+1）∶ 3，9331 的变种）。很多变种比较复杂，需要平时积累之后才能比较熟练地运用，因此要多刷题，多理解，把题目的思路变成自己的。

实验题的关键在于把握题目的思路。实验题的情景是研究一个问题，一定有研究的对象、假设、实验方法、实验结果、假设验证等过程，其下的每一个小问题都是实验整体思路的一部分，可以按照小题梳理实验思路。

实验题往往涉及“实验目的”“假设”等逻辑推断，这时候就需要对实验的思路有很精确地把握，这类答案是不能抄书的，需要根据书上知识点进行应用。另外还有一类难题是实验遇到困难的解决方案，例如实验结果和原假设不符，如何调整试验方案，这时候就需要你识别实验哪里出了问题，可替代方案有哪些，这时候系统性思维就很有用。同样对实验题思路的把握需要练习，去刷题吧。

总之，当你没办法提升的时候，可以试试刷题并理解题目的思路，单纯刷量是没有太大意义的。

本来我应该把我笔记翻出来对照着写一点，但是我现在在学校，笔记在家里，我也没找到以前笔记的照片，就只能就着手里的错题本（部分）写一些。

你目前提分最简单的方法就是把书上的知识点整理一遍，可以看书，可以找老师谈一次，可以找网上的视频，也可以去公众号（给我以前做的公众号打个广告，叫“民附帮帮糖”，里面有教材上所有黑体字的总结），但是无论怎样一定要画图！！接下来把笔记全部记下来，理解记忆的话应该不算太难，更何况你是文科的，背东西肯定比我强。

总之，你选生物肯定是可行的，生物确实在选专业的时候有一定的优势（但其实选物理才是绝对的选专业优势，不过物理可能比生物难一点？看个人吧），只是你可能需要费点功夫在基础知识上。

最后，我想提醒你，每个人都有自己所偏好的学习方法，我的方法到你这里可能并不会百分百契合，因此可以根据自己的情况进行一定的调整，更应该在学习的过程中改进自己的学习方法，探索出让自己学得最舒服、最有效率的一套方法。我的笔记体系和错题本也是在学习过程中不断总结出来的经验。

胡同学，祝你学业有成，留下一个无悔的青春！

——复旦大学　李岚昱

师长说

就我的经验而言，生物是属于定义和概念比较多、公式比较少的理科专业了，可以通过背诵加理解来学习。

多进行知识的横向比较和纵向比较，将几个类似的知识点放在一起，总结它们的相同点和不同点。比如，真核细胞和原核细胞、植物细胞和动物细胞、几种营养物质的来源和去路等。

也可以将知识点串联起来看，有的章节讲解蛋白质的组成元素、基本功能，有的章节讲解蛋白质如何在人体消化、吸收，有的章节讲解蛋白质的合成受到的影响，可以串联起来看，让知识更加系统化。

我其实总感觉兴趣引领学习，才能乐于学习、学得深入。生物书中其实有很多有趣的实例，而且很多的结论也是由实验故事得出来的，比如孟德尔的豌豆实验、染色体变异导致的许多病症等，从这些有趣的故事开始，进而激发出对生物这门课程的喜爱，学习这些现象背后的生物知识。

——中兴通讯　魏艺璇

生物因为其学科特殊性，既需要有解题能力、实践能力，又需要记忆大量的知识点。因此我们在学习的时候可以养成每天（大约 30 分钟）阅读生物课本的习惯，以便加强基础知识记忆。基本概念及理论的复习在整个生物学习中起着奠基、支撑的作用；在全面学习基础知识的同时，还要重点“攻坚”，突出对重点和难点知识的理解和掌握，以及对作业、考试中出现的差错要及时反思，及时纠正；在掌握了基础知识点后，我们需要弄清楚生物学规律，着重理解生物体各种结构、群体之间的联系，注重知识体系中纵向和横向两个方面的线索。这样我们就能够轻松应对考试，祝你学业进步！

——中兴通讯　刘凡

专家说

一、在谈论学习方法之前，首先要明白的三个观点

（一）学习生物要有兴趣

兴趣是学习的动力，是学习的第一位老师，有了兴趣，才会积极而愉快地投入学习，不会觉得学习是一种负担。歌德说：“哪里没有兴趣，哪里就没有记忆。”而生物是需要记忆的。兴趣从哪里来？所谓生物就是有生命的物体。人类就是一个个活生生的生物体，你知道多少关于它的知识呢？DNA亲子鉴定、DNA指纹鉴定、DNA基因身份证，DNA到底是怎么回事？现在科技可以使树发光，使植物体内含有动物蛋白，人吃了这样的植物既能保证人的营养全面，又不会使人发胖。这到底是怎么回事呢？

（二）要亲其师

古人云：亲其师，信其道，如果一个学生喜欢这个老师，那么这个老师所教的这门功课成绩肯定不会差。同学们虽然有些方面没有你好，但他可以成为你学习上的引路人、生活上的知心人。作为老师他肯定希望自己的学生好，正如你们的父母希望你们好一样，但老师又不同于你们的家长，你把老师当作你的好朋友，我想你们学习成绩的提高肯定没有问题。

（三）要从高一抓起

高一是起点，是基础。打好基础，循序渐进，学习就不会感到困难，就像登一座塔，看上去很高，有些怕，等到沿着阶梯一步步上来，其实并不困难。良好的开端是成功的一半。一步一个脚印，最后功到自然成。

二、怎样才能学好生物

（一）掌握规律

规律是事物本身固有的本质的必然的联系。生物有自身的规

律，如结构与功能相适应、局部与整体相统一、生物与环境相协调，以及简单→复杂、低等→高等、水生→陆生的进化等。掌握这些规律将有助于生物知识的理解与运用，如线粒体学习就应紧抓结构与功能相适应的规律：有双层膜，内膜向内折叠形成嵴，扩大了膜面积，有利于有氧呼吸酶在其上有规律地排布，因而线粒体是有氧呼吸的主要场所。这样较易理解并记住其结构与功能。

（二）观察比较

观察是一种有目的有计划的感知，不仅可以获得新的知识，也能验证已有知识。生物学是实验科学，观察是获得生物知识的重要环节，如观察生物的形态结构、生活习性、生长发育等，要有效地发挥观察在生物学学习中的作用。生物学的原理、规律都是在观察实验的基础上得来的。

比较是认识事物的重要方法，有比较才有鉴别，生物中能比较的东西很多，如动物细胞与植物细胞、光合作用与呼吸作用、冬眠与夏眠等。比较时注意对比较对象全面了解，然后确定比较项目，并做到简明扼要，如光合作用与呼吸作用这两类生理过程，可从场所、条件、过程、结果、意义等进行全面了解。通过比较有利于理解光合作用、呼吸作用的实质。中学生物概念多，易混难记，比较是有效的方法之一。

（三）综合归纳

教师授课尤其是新授课，一般是分块的，但各块各知识点之间有内在的本质的联系，各年级生物知识是连贯的，是一个整体。学习时要将分散的知识聚集起来，归纳整理成为系统的知识，这样易理解、好记忆。 综合归纳要做到“三抓”。一抓顺序、二抓联系、三抓特点。抓顺序就是要将各知识点按照本身的逻辑关系将其串联，如高中遗传的物质基础知识可按中心法则这一主线串联。抓联系，如神经细胞与脑、脊髓联系点在于神经细胞分细胞体、突起两部分，细胞体组成：脑、脊髓灰质等。抓特点，就是要抓重点抓主流。综合归纳不是眉毛胡子一把抓，不是大杂烩，应该将次要的东西简化甚至取消。

（四）灵活运用

这是学好学活生物的关键，认识的目的全在于应用。灵活运用知识才能记得牢，学了才真正有用。运用知识解理论题或解决生产、生活中的实际问题，尤其是后者正是中学生薄弱环节，必须高度重视。如高中学了有丝分裂、减数分裂，弄清了这两种细胞分裂过程中染色体形态、数目行为的变化，运用这些知识就可用来判别有丝分裂与减数分裂图。学了生态学等知识可以在自家尝试建设生态小区，发展庭院经济等。只要有心，生物无处不在、无处不用，也定能学好、学活。

（五）掌握好的记忆方法

记忆是学习的基础，是知识的仓库，是思维的伴侣，是创造的前提，所以学习中依据不同知识的特点，配以适宜的记忆方法，可以有效地提高学习效率和质量。

记忆方法很多，下面仅举生物学学习中最常见的几种：

简化记忆法，即通过分析教材，找出要点，将知识简化成有规律的几个字来帮助记忆。例如，DNA 的分子结构可简化为“五四三二一”，即五种基本元素，四种基本单位，每种单位有三种基本物质，很多单位形成两条脱氧核苷酸链，成为一种规则的双螺旋结构。

联想记忆法，即根据教材内容，巧妙地利用联想帮助记忆。例如，记微量元素：铁锰硼锌钼铜这六种元素，可以用谐音记忆铁猛碰新木桶，这样就记住了，而且不容易遗忘。

对比记忆法，在生物学学习中，有很多相近的名词易混淆、难记忆。对于这样的内容，可以运用对比法来记忆。对比法即将有关的名词单独列出，然后从范围、内涵、外延乃至文字等方面进行比较，存同求异，找出不同点。这样反差明显，容易记忆。例如，同化作用与异化作用、有氧呼吸与无氧呼吸、激素调节与神经调节、物质循环与能量流动等。

衍射记忆法，此法是以某一重要的知识点为核心，通过思维的发散过程，把与之有关的其他知识尽可能多地建立起联系。这种方法多用于章节知识的总结或复习，也可用于将分散在各章节中的相关知识联系在一起。例如，以细胞为核心，要衍射出细胞的概念、细胞的发展、细胞的学说、细胞的种类、细胞的成分、细胞的结构、细胞的功能、细胞的分裂等知识。

（六）要形成良好的学习常规

形成良好的学习常规，是学好生物学知识的重要保证。我们所说的学习常规，指我们学习过程中必须注意的几个步骤，包括预习、听讲、复习和作业、总结等步骤。

——中兴公益助学团队

困惑 5

无法理解的数学

我是一名高一的学生。进入高中后，科目数量和内容都增加很多，我感觉难以合理分配时间顾及每个科目，如何保质保量完成每天的作业成了大问题。不做觉得对不起老师，同时怕自己不能掌握好知识；想做好却力不从心，我该怎么做？

另外，进入高中后，我的科目优劣势更加鲜明了。我的文科成绩突出，但理科相对较弱。我的数学基础不好，进入高中后感觉数学更抽象了，更加需要抽象思维和想象能力，一些概念我感觉不好理解，很多公式、定理的运用也变得更灵活了。我有时跟不上数学老师的节奏，课上有地方不理解，我也怕打断老师的节奏和同学的思路，不敢提出问题。我该怎么学好这个重要的学科？

——镇雄县第三中学　唐同学

学长学姐说

唐同学：

你好！

从初中到高中必然要经历一个阶段，从你的来信中感受到你对现在自己的学习情况并不满意，其实我觉得，想要改变这种情况，首先要保证你听课的效率。或许以前的知识让你感觉力不从心，但是你不能在该学习新知识的时候再度出现问题，不要有太多的顾虑。每一天上课应该不至于每一个科目都上一遍，一些不紧急的科目或许可以先放一放，该掌握的就要果断地下功夫。

你可以这样想，如果老师在上新的知识点的时候你可以完全掌握，那么你肯定也不会被作业困扰很久，如若真的有难题，大可以先放着，毕竟考试并不是所有的题目都是难题，再放下一些不紧急的作业，你就会轻松很多；而如果是作业遇到了新的知识点不理解或是需要用到之前的知识但是你并没有熟练掌握，也可以先放一旁，等其他紧急作业处理完，用心花时间去弥补自己遗漏的不了解之处。

记住，所有高考之前的错误都是可以被原谅的，但是力不从心绝不能成为你的借口。

在分配科目上，其实有所偏重也是无可避免地，明确了分科方向，抓准着力点确实有利于你现在的情况，不过你不能完全不管其他科目或是放弃它，起码应该以基本掌握不求难题为标准。对于一些记背或者简单填空等题，如果你确认自己掌握，直接看答案我觉得无妨，这样反而有利于巩固知识点，当然遇到比较陌生的题可以换支带颜色的笔标记，方便复习。数学，其实敢不敢在课堂上提问并不影响，如果一直纠结，我觉得大可不要提问。首先，提问了不一定就能懂；其次，老师不一定明白你不懂的点在哪里。所以我的建议是，哪道题不懂就原原本本从头到尾看详细解析，经典的题目网上肯定会有，找不到的话指出哪一步你不理解，可以自己花时间， 也可以寻求帮助，但是前提是，你必须先去完完整整看一遍详细解析。数学的等级，和思维能力有关，但是思维能力跟你的做题和理解有关，只要愿意去研究经典的题，做好错题集，记好笔记，先将经典题弄懂，做基础题巩固，中等题训练，终有一天你的数学会有大提升。

还有一个建议是，老师所认为的难题或者所提供的思路等不要太过执着，特别是难题、错题；你的错题集、你的本子，需要记下的，是专属于你的错误，专门针对你的难点，你的错误或许很不常见、奇奇怪怪，你的理解或许异于常人，但那就是你的问题，是你需要克服和挑战的有缺点的你自己，不要去害怕面对老师、面对其他人，先要正确地对待你自己，给自己信心，越是迷茫越不能慌乱，越要脚踏实地，每个人都在打一场属于自己的仗，希望你能赢得漂亮。

希望以上对你有帮助。

——复旦大学　罗同学

唐同学：

你好。从你的来信中我觉得你是一个非常有上进心的孩子，发现问题并积极寻求帮助，这是很好的品质哦！我在高中时也经历了一些迷茫，现在回头看，可能每个人都要度过这个焦虑期，希望接下来我的 tips 可以给你带来一些启发。

高中的知识虽然比较多，但是脉络还是比较清晰的，所以从高考的角度来说，高一高二时能紧扣教材理解基本概念并熟练运用，就很优秀了。你感到自己在数学方面好像跟不上，可能是你自己在这方面想得不够深或下的功夫比较少，而不是你缺乏这方面的能力，所以要对自己充满自信。

可能听完我的话之后你已经摩拳擦掌准备大干一场了，却不知道到底从哪儿去弥补自己这方面的差距，其实这答案就藏在你每天都会遇到的人身上——你的老师。毕竟老师是我们的引路人，他带了一届又一届的学生，在这方面的经验肯定是非常丰富的。所以我们的主要任务就是跟紧老师。相信老师的力量可以把我们从泥沼拉起，重新看见前路的光芒，那么怎么去落实这个要求呢，我觉得可以分为以下几个方面。

一、听懂老师讲的每一堂课

听懂老师说的每一句话，比如老师这节课上讲三角函数，那你要提前看看这方面的内容，比如课前5分钟看看，让自已提前进入状态，然后老师开始上课，讲了正弦函数和余弦函数，说 $\sin(x)^2+\cos(x)^2=1$，你得记住，等课后你做到了一个题 $\sin(x)=\frac{\sqrt{2}}{4}$，x在（$-\pi$，$\pi$）之间，求 $\cos(x)$，你上课听了这个公式，把它深深地记住了，看到这个题，就会立刻反应过来用这个公式！然后就算出来了 $\cos(x)=\frac{\sqrt{14}}{4}$ 或者 $\cos(x)=-\frac{\sqrt{14}}{4}$，那么到底是哪个呢？你翻翻笔记拍拍脑袋说，这个老师上课讲过，对的，这个就涉及角度、该角度的正弦值和该角度的余弦值三者关系了，或许是上上节课老师讲过的东西，如果你上上节课没有听懂，可能这里就不会了，所以一定要每堂新课的内容都要听懂。为了保证这一点，你可以记笔记，把老师讲的东西记下来，加深印象，听不懂时或者看不懂时就去问老师或者同学，一般老师是非常喜欢同学问问题的，因为这是他的工作，这说明有同学认真听他课了，他帮助他的学生提高了成绩，他是一名优秀的老师，他会很开心，所以不要害羞和胆怯哦，下课后追上老师离开的步子问问题超酷的！

二、认真完成老师布置的作业

要用心去做老师布置的作业，这里的用心指的是每道题独立完成，遇到有点儿印象但是记不住的去翻翻课本或笔记，这样印象就加深了。不要盲目刷题，作业与老师的上课内容是配套的，只要老师上课的内容听懂了完成作业才是有意义的，此时你的脑中已经有了一个关于老师上课内容的印象，然后写作业就是你运用这些上课讲的知识的过程，运用的越多就越熟练。记住这里的有效运用指的是动脑子，自己计算，自己主动核对答案，当你把作业都完成了，得出所有正确答案之后，就会收获满满的成就感！

三、主动整理自己脑中的知识（进阶）

当你把以上的两点都做到之后，恭喜你，已经进入了高阶阶段，此时此刻的你一般的考试已经可以考到 110 分以上了（150 满分）。倘若要继续前进的话，你需要成为一个有一套自己体系的人。前面两点是让我们紧跟老师的节奏，此时你需要自己描述自己的知识体系，虽然你描述出来的知识体系可能跟老师的知识体系很相似，但是这里面已经包含了你自己的意识。如何做？拿出一张白纸，围绕一个主题，尽可能有条理地绘制出自己关于它能想到的所有东西，比如三角函数，你可以写你所知道的公式，此时你想的每一个公式不是单纯的公式，里面有你的理解，你知道这个公式实现了什么方面的转化，围绕这些转化会出什么题，你心里非常清楚，因为你已经无数次独立地运用了这个公式，对它烂熟于心，此时你已经可以成为其他同学的老师啦！

任何的规划只有付诸行动才能转化为成果，所以唐同学要努力呀。最后送你一句话，“爱你所爱，行你所行，听从你心，无问西东”。

祝你高中愉快，学业进步！

——复旦大学　夏世杰

师长说

唐同学：

你好。首先说一下，我来自山区中学，也不是学霸，但靠着一份毅力和努力，高考满分 150 分的数学我考了 143 分，和优秀的同学没法比，但我个人很满意。因此这里就牵扯到了第一个问题，你如何定义“学好”？每个人的想法不一样，哪怕是全校第一，也有自己的“学好”标准，因为高考是千军万马过独木桥，是省内所有考生的竞争。因此，我建议你要做的第一步是，给自己订一个初步的“学好”标准。国家有宏伟的五年计划，你可以给自己制订短期的“五周计划”“五月计划”等。在问题中看到你说自己数学基础不好,而文科成绩突出,不知未来想要选择文科还是理科?这其实涉及我的第二个建议：学习的思维方式问题。不仅仅是针对数学，文综和理综的思维方式不太相同，但请记住最高效的思维方式：书山有路勤为径。你提到抽象思维欠缺，但对于中学试题来说，这些都可以经过训练加强。公式记不住？那是因为记得少！同一套公式，比如三角函数，独立完成至少100题，不断重复其公式规律，相信你一定记得住。那么刷完这100道题就结束了？远远没有，这里来到第三个建议：错题集。错题集的分量，在每个高考生、高中老师看来，都是极其重的。错题集并非只记录你的错题，还要记录你认为精华的题目、自己偶然获得的解题妙法等。错题集会让你在题海中见多识广，但考场上一定要做到“遇熟不喜，遇生不忧”。勤奋、刷题、归纳总结是实际落地的建议。书本之外，你还要练习考试心态，不可因一道题或者一场考试而波及整场成绩。行动消除恐惧，这是适合所有科目的方法。别想太多，加油!

——中兴通讯　陈鑫

专家说

一、认真听每一堂课

有的同学上课不听讲，不看课文，不做材料，考试前拿着课本在那记公式，总结知识点，考试成绩一塌糊涂。中学数学为什么会考得好，现在却不行了，因为初中知识简单，结构单一，高中数学灵活多变，不是靠死记硬背，而是靠课堂讲解的思维方式。在小学，数学叫作算术，在初中是代数，用字母来代替数字操作。

中学阶段较多地使用指数、对数、三角函数、矢量、排列组合、算法等载体提高人类的计算能力。一道解析几何题比较复杂的运算过程可以达到几十步，只要错了一个正负号或一个小数点，错误就会满天飞，整个大题就会失分，因此离开一个强大的计算能力是不能说数学的。所以，从备考开始，到拿满分还差多少呢?十万八千里!

要提高计算能力，更要在笔算的基础上心算。学习数学要把算术放在首位，这也是高考对数学首要也是最重要的要求，历年的高考题更是这一点的佐证。算术是能力的提升，没有什么捷径可以走，就是要拿出你的耐心和细心大量的练习，亲自动手将每一个得数算出来。

二、准备数学改错本

记下平常易发生错误的知识或推理，以防再犯。努力做到：找错、分错、改错、防错。达到：能从反面着手，深入了解；能使果溯因，找到错误原因，使问题得到解决，以便对症下药。我们要积累的东西是课堂上老师讲的典型例题及解决典型例题的思维方法。

要学会快速记课堂笔记，课下详细整理，补充详尽。另外还要整理试卷，高中各科的试卷多得惊人，而这些试卷常常有很多精彩的题目，索性直接把笔记记在卷子上，每隔一段时间就看一遍，特别是考前这么做效果最好。

三、学会归类总结

如果有几节数学课没有听，有几节课的题目没有做，有几节的练习没有跟上，再继续听就会有困难。这说明数学的一个重要特征就是先学的知识完全掌握后再进行后继的学习。前面谈到数学的一个重要特点就是抽象，用字母和符号来表现内容，这就要求学生必须不断地把所学的东西反复记忆运算，这样就把抽象的东西内化，最后形成直觉。

可是数学题太多了，大家都把它比作题海，都记不住它的类型。牵牛要牵鼻子，想问题办事要抓关键，抓主要矛盾。中学数学的这个关键就是好题：有代表性、通过这道题能掌握几个重要知识点、能掌握解决一类问题的通法、可以一顶十的题目。

高中学习压力很大。每一个学生都要全身心投入，制订一个长期而实际的学习目标和计划，例如第一学期结束时，你计划完成这门课程的平均成绩；第一年……第一个三年级等。另外，还要为自己制订学习计划，给自己零散的时间做详细的安排，并及时做出合理的小调整。

——中兴公益助学团队

困惑 6

考试过于紧张怎么办

您好，我是一名高二学生，每次考试的时候总是感到非常紧张，越是擅长或者分数越高的科目就越紧张，害怕考不好，导致简单题目往往耗费大量时间，并且错误频发，要么题目看错，要么计算出错。即使试卷简单，有多余的时间检查，仍没有多大用处，在错误之处上多次扫过，验算，却无法查明错误。试卷简单时，简单题丢分严重；试卷难时，简单题错得又多，难题又做不出来。每次看到成绩，总想着下一次一定考好，不要紧张，事后却依旧如此。希望您能给我一些考试适当放松心态的建议。

——柘荣一中　一位同学

学长学姐说

同学你好！几年前的我也是一名高中生，也有着和你一样的烦恼。

首先你要知道每个人考试前都会紧张，并且适度的紧张是有助于你完成当下的任务的。可以给你几个小建议：

一、关于如何从物理上减弱紧张情绪

如果同学是每次考试前的很多天都会紧张得复习不下去，紧张得影响学习效率，可以尝试增加一些体育运动（例如慢跑，以少量出汗、有氧为宜），每天锻炼10—20分钟，多给自己积极的心理暗示，从身体和心理两方面同时调整。同时若是影响了学习，可以多制订一些纸质版的学习计划，将计划罗列在纸上，井然有序地去完成，可以缓解紧张带来的影响；如果同学指的是考试前/考试时的紧张，同样可以通过"洗脸"、喝一些功能饮料或吃一些甜品（如可以帮助你保持镇定的巧克力）来缓解。考试前后和两科考试之间减少和同学的聊天、讨论，也能一定程度上减弱你的紧张情绪。

二、关于提到的简单题目费时间，错误频发

我觉得这一点要从两方面来分析，同学可以客观地分析导致题目出错的原因究竟是什么？考试结束后，拿到试卷，逐题分析自己的丢分点，多问自己，真的有很多分数是由于"紧张"造成的吗？可能会有很多的类型题是自己未见过的，也可能有些题目是掌握得不够牢固，平时在练习时可能会做，考试时稍加"压力"便会失误，这种失分情况不一定是"考试压力"的问题，也可能是知识点掌握的问题，同学可以仔细思考问题出在哪儿，像是"1+1=2"这样的题目，即使在睡觉说梦话时也不会做错。提高自身的解题能力同样是应对考试压力的一个重要办法，要把基本功打牢，基础知识掌握牢固，刷题刷得滚瓜烂熟。如果做的题足够多，好多题目甚至能一眼看出答案，根本不存在简单题都要做好久的情况（你还是对自己的答案不自信，要多练习）。

三、摸索适合自己的考试做题方法

我在高中考试时曾有过的苦恼就是每次都没有时间检查。每次考场上自己试卷的第一面还没有做完，同考场的其他同学就已经翻页做到背面了。看着其他人的做题速度，自己也会很紧张与焦虑。后来我试着提高自己的做题速度，效果反而并不是很好。对于你说的“无法查明错误”，和我当年一样。你可以试着每做一道题，就保证一道题的正确；每做完一个题型（比如选择题），就重新再仔细检查一下。找到适合自己的做题方式也很重要！如果发现自己多余的时间怎么检查都无济于事，不如做的时候就保证正确率（不一定适合你，也可以摸索如何能更高效地查出错误，这些方法还是要靠自己总结，自己总结出的方法一定是适合自己的，每次考完试要多反思、多思考）。

最后，一定要多反思，多思考，多总结。总结学习方法，总结考试方法，总结所学知识，总结错题，多静下心来审视自己，相信你一定会有所收获！祝你好运！高考加油哦！

——北京大学　小蜗

同学你好，我是北京大学法学院的一名本科生。如果想要解决考试紧张的问题，首先应该知道出现问题的原因是什么。基于你的论述：越是擅长的科目、分数高的科目，你反而没有办法发挥得令人满意。我会想：是不是因为你自身过于在意考试的结果呢？看重结果并不是一件错误的事，而且周围的人检验我们的成绩也只是通过分数，事实上我们是不得不十分在意结果的。但我想在我们拿到一张试卷的时候首先应该做的是专注与投入，想要追求满意的结果没有错，想要考高分也是正确，但更重要的是你在面对一道试题时认真、严谨的态度，正是这种态度能让你扎扎实实地做好每一道题，从而获得满意的结果。换言之，比起先去害怕结果不好会怎么样不如转移注意力到当下的学习中，在考场上多关注试题本身而不是“我做不好这道题会怎么样”。

基于上文对于心态转换的建议，我想再介绍一些具体的方法给你。（1）如果考前仍然觉得紧张影响正常发挥，建议深呼吸，放空自己。期间不要思考考试会出什么题，考砸了会怎么样之类的（你要在内心明白：很多事前的预测与担心都是多余的），只要专注于当下，很快你就能让自己平静下来。（2）考试中失误频发的状况其实大部分情况下可能是不够熟练造成的，熟能生巧，这在考试中是存在的。因此可能需要更多的练习。如果同学认为失误仍然来自紧张，那么可以给予自己积极的心理暗示（类似于：只要我认真都可以做的），集中注意力于当下，脱离紧张的情绪。（3）检查试卷时难以找出错误往往因为我们难以跳出自己原来的思路来计算，有时候同学可以试试通过反推等方法进行逆运算，也许可以提高正确率。

祝你一切顺利！

——北京大学　学长学姐

同学你好，了解到你对于考试感到紧张，我想分享一些对于我来说比较有用的方法，希望能够帮到你。

我想你可以首先调整你对于“考试”的看法，你可以想想考试是为了什么，是因为一个好看的成绩或排名会让你感到自豪吗？是因为考差后会受到老师、同学的嘲笑，然后内心烦闷吗？或许也有其他的原因，但我也想分享一下我的看法：考试其实不过是一个检验你学习成果的工具而已，它反映的是你对于知识的掌握程度、你在学习中还存在哪些漏洞。一场考试之后，我们关注的不应该只是考试最终分数的高低、在考试中取得的排名，以及同学之间的比较、老师的批评这些外在的东西，我们更应该仔细分析我们在这场考试中收获了什么、哪些知识点是有漏洞的，以及它可以给我们之后的学习带来哪些经验、我们应该对我们的学习方法有哪些调整。

我们可以从这两个角度重点想想：一是知识的漏洞，二是答题时的过失。

现在你可以拿出一张试卷，然后找到一道对你来说有难度的题目，请你仔细想一想当你考试解答这道题的时候，你是毫无思路呢？还是有思路但是受阻了呢？

如果是毫无思路的话，请你梳理一下老师的答题过程和答题思路，学习并总结一下老师是怎么样切入这道题的（他从题目的哪些条件、信息、关键词、关键句入手），为什么要从这些方面入手来答题呢？这种切入点后面是哪些答题思路和知识点呢？面对这种同类型的题目，是不是有一些可以共通的答题套路和共通的知识点呢？这种答题套路和知识点你足够熟悉了吗？

反思完这些问题，我相信你可以更好地面对一道之前对你来说有困难的题目，我们应该看到题目背后的知识点和答题思路，并进行总结，好好反思，理清自己的答题思路，为之后遇到同样的知识点和思路做充足的准备，积累足够的经验。

如果你是答题时出现过失，比如题目看错、计算出错、检查不出错误这种类型的话，我建议：（1）可以放慢审题速度，对题目中的关键信息进行圈划，认真理解题目，理解清楚之后再答题，小心题目中的隐藏陷阱；（2）计算的时候要集中注意力，密切关注当下做的题目；（3）检查的时候可以先盖住答案，重新面对题目，假装自己在面对一道新题，不要过度受到之前思路的影响，而是再次仔细挖掘题目中的信息，再次认真组织思路。

以上是针对考试的一些具体办法。除此之外，或许还有一些其他调整心态的办法，希望能够帮到你。

一、充足的睡眠是非常必要的

不必因为考试而连夜复习，这会大大影响第二天的考试状态，甚至优势学科也会频频出现不必要的错误。保持正常的作息、足够的睡眠，能更好地让你恢复精力和放松心态。

二、适当的放松娱乐也是很必要的

包括在合适的时间和同学们聊聊天、打打球等（我当时的一个娱乐方式是晚上睡前看十几分钟的经典小说，其实完全不影响学习，相反，还能为心灵提供一点慰藉，也顺便积累了作文素材）；可以找到一个合适的时间，做你喜欢的事情，全身心地放松自己，这样你在收获快乐的同时也能更好恢复体力。

三、多和老师交流

这种交流一方面是学习上的，一方面是生活上的。

在学习上，我个人感觉在一场考试后和老师的交流是非常重要的，你可以先自己好好总结对自己来说思路受阻和知识不清的题目，仔细反思自己的思路有什么不足、知识点哪里不明白，再去找老师补充拓展相应的答题方法和知识点，老师的经验是非常丰富的。

在生活上，你可以找到一位你最喜欢的老师，在心态不佳的时候找他聊聊天，把自己的困惑都讲出来，或许老师可以帮你缓解紧张情绪。

以上就是我个人放松心态的方法，同学加油呀！其实我最想说的还是考试不过是一个检验知识的工具，你应该利用它弥补自己的知识漏洞，更好地调整之后的学习，而不必过度在意考试的卷面成绩和他人对你的影响。加油吧！

——复旦大学　郑名萸

师长说

同学：

你好，作为过来人，我也有过同样的焦虑，但是也有一些克服焦虑的方法。首先要对考试有一个正确的认识，它是我们人生路上都会经历的一种考验。期中期末考试、中考和高考、大学的专业考试等，各种各样的考试带给我们最深刻的感觉就是考前会紧张。所以，我们要明白考试不仅仅考核的是知识内容，也是考核我们的心理素质。心理素质不好，往往会直接影响成绩，如简单题目出错、难题没有思路等，都会导致成绩不理想。所以，备考前不但要对专业知识准备充分，还要对自己的考试心态做相应的调整和疏通，这样才能保证在考场上发挥出真实水平。

在这里，我大概总结了 6 种有效克服考试紧张情绪的办法，供你参考：

一、尽可能地高效学习

首先就是专业知识要过硬，平时上课要认真听课，下课及时做作业巩固知识点。切记，千万不能偷懒，欠的功课迟早会在考试中体现，所以切不可大意偷懒。往往大部分的紧张来自知识不牢固，所以一定要好好利用有限的时间，尽可能地多学习巩固，制订详细的学习计划，这样才能最大强度地减少紧张的情绪。

二、听轻音乐或者重金属音乐来缓解压力

听音乐需要针对不同人群，比较内向的考生试着听听激烈的重金属音乐，可以让你的情绪有一定的缓解；外向的学生则可以选择轻音乐来缓解焦虑感，可以的话多听听竖琴的声音会更有帮助。

在考试前紧张的状态下，听音乐可以让自己暂时地忘记压力。在每次考试前戴着耳机听自己喜欢的音乐，准备进考场就收起耳机并深呼吸几次。这些小细节都可以让自己大幅度缓解紧张情绪，可以适当尝试。

三、考前一周需要保证充足的睡眠

考试前一周要保证充分的睡眠，这样才能让大脑保持灵活和清醒。这样做的前提还是平时都保持学习的状态，切不可临阵磨枪。如果考试前一天还在熬夜学习或者做别的事情，那么第二天的考试状态一定不会太好，而且睡眠不足会让大脑更加紧张。每天学习有规律、睡眠有规律，学习时间和生活时间安排得井然有序的话，这样考试才会顺顺利利。

四、培养运动的好习惯

多运动可以在紧张的学习之余起缓解压力的作用。比如每天可以在操场跑步。考试前也可以多做交替高抬腿动作来缓解压力。如果每天都在学习其实也是不好的，可以在学习一段时间后进行体育运动，比如打篮球、打羽毛球和跑步等。经常运动也对提高学习效率有一定的辅助作用，所以该动起来的时候还是要动起来。

五、选择合适的宣泄情绪的方式缓解考前焦虑

学习压力大和考试紧张感增加，在这双重压力的前提下可以选择合适的方式进行情绪释放。比如选择和自己聊得来的同学聊天谈心，把自己的感受都说出来是一个不错的缓解焦虑的方式。再比如自己可以每天坚持写日记，把自己的所感所想都记录在纸上，这也是把紧张感转移到纸上来释放的一种方式。每一名考生都应该寻找适合自己的情绪宣泄方式，这样才能让自己的情绪达到一个平衡，也是为了避免考试的时候因为紧张产生心跳加快和腹泻等尴尬情况。

六、考前独处进行自我心理疏导

考试即将到来，这是一场一个人的战斗，这也是对自己的一个考核。那么考试前也就需要自己为自己加油打气，选择一个时间段让自己一个人待着，比如 30 分钟内让自己在一个没人的空间里进行自我心理疏导。自己和自己说话，让自己积极正面应对考试。经过自我调整后，考试紧张感也就没那么明显了。而且考试前记得不能喝太多水，也不要带太多的文具。一些细节的事情准备的简单点，也可以让自己的大脑简单明了。

综上所述，考试紧张情绪是很多学生都会出现的情况，比较稳妥的解决办法就是加强平时的学习，提高自己的知识储备，直视自己的内心，让自己内心逐渐强大，从而慢慢建立自信心，减少焦虑和紧张感。

最后，希望对你有所帮助，希望你可以克服考前的紧张情绪！

——中兴通讯　魏俊豪

专家说

一、什么是考试焦虑

当我们身处需要自我表现的场合且对自身表现有所期待时，就可能会受到焦虑困扰。考试焦虑是表现焦虑的一种，它是人由于面临考试而产生的一种特定的心理反应，它是在应试情境刺激下，受个人的认知、评价、个性、特点等影响而产生的对考试成败的担忧和情绪紧张为主要特征的心理反应状态。

考试焦虑有以下一些常见的表现：

考前一晚睡不好，甚至失眠；

考试前容易发火，很难和人好好相处；

考试前总担心自己没有复习到位或感觉时间不够；

考试过程中会大脑空白，原本记得的知识点也会想不起来；

出汗、心跳加速，甚至感到恶心想吐；

……

二、考试焦虑的形成原因

（一）知识经验及能力

知识经验和能力储备不足，知识提取困难，难以应付考试，再加上本来就有点紧张，两者碰在一起时就会使焦虑水平逐渐升高。

（二）认知方式影响

我们对于很多事不恰当的情绪反应与我们对这件事的认知方式有极大的关系。如果把某次考试的结果与自己的人生紧密关联，那它自然会增加你的焦虑程度。

（三）应试技巧

如果缺乏考试经验，且具有较少应试技巧，在考场上极易产生慌乱现象，不能有效分配时间，抓不住重点，从而增加考试焦虑程度。

（四）身体状况

身体疲劳、经常失眠的人在临考时容易产生较强的情绪波动，导致过度焦虑。此外，家庭、学校的期待和社会环境的压力也是造成学生考试焦虑水平过高的重要原因。

三、考试焦虑会产生什么影响

其实我们在遇到重要的考试前都会有焦虑、紧张感，只是不同的人可能对焦虑的敏感度不一样。

心理研究的结果早已证明，焦虑水平与工作效能呈倒U型发展。适度的焦虑对于考试而言是最能发挥自己的水平的，过度的焦虑则会对自己形成一种抑制作用，可能会出现坐立不安，食欲不振，睡眠失常，甚至影响身心健康。因此，我们需要正确认识考试焦虑，避免因过度焦虑影响自己水平发挥。

四、应对考试焦虑的方法是什么

（一）调整自己的认知

焦虑发生时，在心中告诉自己，这不是一场决定人生的考试，而是对这一阶段学习成果的检验。

（二）学会放松自我

如果你紧张、恐慌、出冷汗时，不妨自我放松。如呼吸放松：深呼吸然后慢慢吐气；肌肉放松：紧紧地捏住拳头，再慢慢松开。这些放松训练可以有效帮助你缓解焦虑。

（三）学会自我暗示

我们可能经常听到身边同学说“完了，我要挂科了”“怎么办，我什么也不会”等消极的语言。当自己不断这样进行消极的自我暗示时，结果可能会更糟。这时，我们需要用积极的方式暗示自己，转移注意力，可以经常对自己说“我可以的”“我一定没问题”。

（四）适当运动锻炼

当我们感到焦虑不安的时候，不妨尝试进行适当的运动。适当的运动是消除大脑疲劳的有效方法，同学们可根据自己的实际情况，听听音乐、散散步、打打球等。

——中兴公益助学团队

困惑 7

当不问问题已经成了一种习惯，我该怎么做

我是一名高一的学生，不知不觉间我已经开学一个星期了，经过这一个星期的学习，我觉得我的状态比上个学期好了一些，但仍感觉有些不足。偶尔上课会困倦，虽然不会到打瞌睡的地步，但是能听进去的内容很少。有时候上数学课，总感觉有些知识点会被自动屏蔽掉，所以会错过很多知识点，但是课后又不敢去问老师。也不能说是怕，好像不问问题已经成了一种习惯。我的性格比较内向，有时上课老师提问题我都不敢回答。请问我该怎么做才能改掉我的这个坏习惯？

——平坝第一高级中学　焦同学

学长学姐说

亲爱的焦同学：

你好！很荣幸能通过这次机会和你分享一些自己的经历和感想，也非常感谢你能够给予我这份信任，将你的问题坦诚地告诉我。在收到你的信件之后，我感到很开心，因为你的这些困惑都是我曾经经历过的，所以我希望能用自己的亲身经历给你一些启发和帮助，希望能够帮助到你。

首先，我要表扬你能够发现问题，有心解决问题，我也相信你对其重要性一定有所感悟，所以本封信里我将避免空谈大道理，尽量结合自己的例子和你分享一些有用的干货，如果能帮到你，我将会万分荣幸。焦同学你主要有两个困惑，第一个是上课容易困倦，听不进去知识点，我将其归结为课堂专注度和课堂效率不高；第二个困惑是不敢提问和回答，比较内向，这点和我本人很像，在后面我会具体展开。

第一个是关于课堂专注度的问题，我认为这是十分常见的。作为一个高一学生，有可能因为不适应高中高强度的学习而难以集中注意力，或者由于缺乏充足的睡眠而导致上课走神、遗漏知识点。就拿我个人来说，我高中时期就是特别容易犯困甚至经常上课睡觉的学生，对此问题我尝试了很多的方法，也咨询了很多的人，现在和你分享一些我亲身实践过比较有用的方法。

一、心理暗示

想必你也很清楚课堂学习的重要性，我们可以来算一笔账，如果你课堂上好好听讲，掌握老师讲的大部分知识点，那么试想你在完成课后练习的时候，你会发现每一题都是老师讲过且你理解了的，然后你会收获巨大的成就感，越做越开心的同时还进一步巩固知识点，这是一件百利无一害的事。因此，你要在头脑中树立一个“课上好好学，课下好好玩”的概念，为了课后能有更多时间做自己想做的事情而认真听讲，是不是想着也更轻松了点。

二、一些具体的方法

在课堂上，老师为了吸引你们的注意力，通常会经常进行一些口头的提问，或者引导你们说某一个词，这个时候你只要经常回答老师的问题，就会发现自己的思路是紧跟着老师的。而这个回答问题并不是指你一定要站起来或者大声地说出什么，因为我个人也很不喜欢回答问题，也害怕当众说话，所以可以一开始默默地在心理回答，逐渐小声地发出声音回答。这应该难度不大，你可以尝试一下。

三、数学课上的做法

我一般会把草稿纸打开放在旁边，老师一边说的同时我也会一起进行计算，有的时候很难一心二用，有时会跟不上速度，你可以一边眼睛看老师的讲解过程，一边用手偶尔写下几个重点步骤即可，或者你可以一边默默地跟着老师说，重复老师的话，如果你发现老师还没说到或者写到下一步，而你已经知道接下来是什么的时候，恭喜你已经完全跟上老师的节奏并且有了自己的思考。

四、还有一些比较极端的例子

因为我本人上课不只是打瞌睡而是会直接睡着，所以有的时候为了让自己清醒，我会选择站着听课，或者买一些风油精等刺激性气味的物品让自己保持清醒，还可以让同桌提醒我，打我一下什么的，这些你可以视情况而定，如果你的情况没有像我那么糟糕，就可以不采取。

第二个关于不敢提问和回答问题的情况，我也是感同身受。首先你需要明确回答问题的目的是展示自己的想法，那么有的时候你不必想太多，不要想"我这么说是不是不对，我的想法是不是不正确，他们会不会笑我，他们……"你需要做的就是把对别人的注意力转到自己身上。我的建议是，你先大胆尝试一次，在你有想法、很想表达的时候，大胆举手一次，只要有第一次，你就会发现老师也没有那么凶，同学们也不会很关注你，其实这个过程，仅仅是你的表达，与他人无关。这么说可能有点空谈，那么请你试想一下，如果有一位同学勇敢地站起来回答问题，你心里是羡慕和敬佩还是不屑；当他回答问题没有那么贴切或者有点紧张结巴时，你是更敬佩他的勇敢还是会嘲笑他的自不量力。当你有了答案，你也可以是那个勇敢的人，同时通过一次次的磨砺，你可能会从最初回答得磕磕绊绊声音很小，到后来清晰准确地回答问题。如果你永远都不迈出第一步，那么你也无法收获最后的成果。请记住，不要让自己一直处于懊悔、烦恼的状态中而不行动不去改变。

还有你提到不问问题成为一种习惯，而我认为这才是你目前最大最急需解决的问题。我其实是一个非常内向的人，高中时期我基本没有主动举手回答过问题，也不是那些课上积极提问的同学中的一员。但是焦同学，我希望你明白的是，不主动回答问题不代表不知道这个问题怎么回答，不主动提问不代表不会把问题弄懂。为什么说不问问题很可怕？就我个人而言，我可以上课不回答老师的问题，但是我会自己先想一遍，并认真听同学和老师的讲解从而完善自己的思考。我也可以课上不主动提问，但是如果遇到问题，我一般会先问周围的同学，可以是你的同桌、你的好朋友，如果我还是不懂，我可以私下里去办公室请教老师，课堂上人多你可能会不好意思，但其实课下老师非常欢迎你问问题，同时也会更加温柔，没有那么严厉。如果你懒得或者不想跑办公室，那么课间 10 分钟老师一般会提前来，或者老师下课后，抓紧时间去问问题。甚至，如果你实在害怕当面找老师，你可以悄悄给老师留一张小纸条，把不会的问题放在办公室老师桌子上。不管怎么样，你的最终目标就是搞懂问题。当然也不是说需要你没有问题还一定要去提问，但是如果你真的有困惑，那么可以通过同学、老师甚至网络等手段去解决。

不知不觉，已经和你聊了这么多，不知道我的话是否对你有所帮助。最后，我只强调一点——迈出第一步，我知道走出舒适圈是多么令人难受的事情，但如果你想要改变现状那么就必须实践。希望你能够在不断地尝试中找到适合自己的学习方法和学习节奏，充实而快乐地度过高中生活！

祝学业进步，天天开心！

——复旦大学　张玉

师长说

焦同学，你好。听了你的描述，想建议一点，就是做好课前预习。因为上课之前的提问，决定学习的方向。有一种心理学研究成果叫“鸡尾酒会效应”，在喧哗嘈杂的鸡尾酒会现场，还是可以很自然听见自己的名字或感兴趣的内容。向自己提问“我最想知道什么”，启动这项“选择性注意”功能的关键是把学习目的安装至大脑中，然后带着这样的预置去听课，就不会错过你最关注的内容。至于不敢回答问题的情况，问问自己，你在害怕什么呢？害怕答错丢人，害怕老师批评，还是……把你害怕的点列出来，这些害怕的事会导致什么“严重”后果也可以列出来，看自己能否承受那个结果。或许等你列出来后就会发现，其实根本没有什么不能承受的严重后果，做就是了，有人说你，就当面澄清自己，别人在心里怎么说你，那就跟你无关了，你也管不了。

——中兴通讯　邓晨

不敢回答问题的原因是什么？无非：（1）知识不牢固，基础不扎实；（2）害羞，胆子小。针对第一点就不用再提了吧，多看书学习就好了，课前预习、课后复习、上课认真听讲，这些老师应该都经常讲的吧。至于第二点，大家都生活在一个环境里，你们天天低头不见抬头见的，嬉笑打骂成一片，害羞的点在哪儿呢？你现在是在学校面对熟悉的人，你可以害羞，可以退缩，可你出了学校的门，害羞退缩会让你错过很多机会。小到不敢向路人问路求助，大到错过面试（甚至更大），想想回答问题是不是比饿死要好多了呢？所以我觉得你可尝试着勇敢地去回答一次，等到第二次的时候你会发现比第一次要简单，等到第三次的时候，你会觉得这也不是什么完成不了的事情。

——中兴通讯　张凯

专家说

孩子，讲到上课困倦，而且在课堂上会不自觉地去屏蔽掉一些知识点，这说明在上课的时候，有时你做不到注意力集中，那么在这种情况下，就要去审视一下，如果是睡眠不足的原因，那么就要保证自己晚上能够更好地休息，或者在白天可能的情况下增加短暂的休息时间，确保在上课时候的精力充沛、精神集中。

课堂上老师们所讲的都是在知识点中最重点的部分，在你容易走神的那些课，上课前可以做一些“我这节课一定能够专心听讲”的积极的心理暗示；也可以通过觉察自己的注意力，当你发现自己有屏蔽知识点或者走神的现象时，把自己再拉回到课堂上，通过这种方式提升你注意听讲的时间。

通过这样的调整，相信你在课堂上的效率会提高，之后你不会的问题就会减少，这样再去请教需要解决的题就会更畅通。

如果你觉得自己的性格比较内向，不敢问问题。可以问一下自己，为什么不愿意开口去问老师，是害怕老师批评，害怕老师觉得自己的问题幼稚，还是感觉问老师问题会显得自己很笨，或者是其他的原因。查找一下自己不敢问老师问题的根源在哪里。在这里想跟你说的是可以随时向老师去请教。

你要明白，对于老师来说，教书育人、解惑答疑的他们的职责，老师一定是很希望能够快速地去解决你的问题。所以，对于老师来说，他们对于喜欢提问的孩子都比较在意，因为老师们喜欢思考的孩子。

每个人的基础不一样，不用担心你问出来的问题会过于幼稚，但是一定要把问题搞清楚，你不会的时候除了问老师之外，还可以去问同学，问班上的好朋友，大家相互探讨，都是解决问题之道。

对于习惯的改变，可以从自我一小步的突破开始，如果觉得自己表达不好，可以先尝试把问题写下来，然后交给老师，请老师回答。当有过一次尝试之后，你会在这个过程中有新的体验，这种体验就是老师对你非常热情，而你从中会有很大的收获，这种比较好的体验是会增强你的信心的，让你未来更愿意去向老师请教。所以从突破开始，哪怕从很小的一步开始，逐渐在这种突破的过程中体验到收获之后，自然而然地就会形成一种良好的习惯。像你今天能把你的问题提出来，我们用这样的方式进行交流，就是你突破自己很好的一个例证。加油，孩子！

——潘新凌中小学生心理健康研究室

困惑 8

为什么明明很努力了，成绩反而一直倒退

我是一名高一学生，我想知道为什么努力学习了，平时成绩在班里都是在前10名这样，可是一到考试就考不出好成绩，这是为什么呢？我中考的时候发挥正常，进入这里最好的一个班。刚开始压力还蛮大的，因为初中的时候班级里我也是前几的学生，到了这个班，全是各个学校的精英学生，思维都比我活跃，感觉我比他们要低一个档次，一下子无法适应，心里很难受。不过在月考之后就已经适应了这种环境，在这之后我不断要求自己做得更好，勤奋一点儿，多吃点儿苦，将来分班的时候还可以待在这个班里继续学习。就这样我每天挤出大量的时间来做题、背诵……可是很奇怪的是我都这样努力地学习了，可成绩不但没提高反而后退了。拿到试卷发现平时测验没出错的题，这次竟然做错了。我以为是自己学的知识太浅了，没有掌握其中的深刻含义，就继续钻研，了解根本，在这段时间里，每次测验我都考得很好，我就觉得期末考试稳了。结果在期末和五校联考的时候又比上一次考试排名下降了20个名次。看到成绩的时候我真的很崩溃，感觉

自己的努力白费了，学习没有效果。和家人们一起分析原因，但还是没有找到问题所在（考试之前或期间，我并没有感到过紧张和焦虑）。还有一个月就要分班了，对我来说真的很重要，我真的好想考一所985高校，希望可以给我提供处理问题的方法，谢谢。

——古浪三中　陈同学

学长学姐说

同学你好，很高兴能帮你解答问题。

我在高三的时候也遇到过和你一样的问题，明明自己已经很努力了，成绩却没有提升，甚至不进反退。其实这个问题并不是能力上的问题，而是心态与方向的问题。看到你所说的“感觉我比他们要低一个档次，心里很难受”，我想你应该也是因为初高中名次的变化产生了不太好的心理变化，于是你想用更加努力、更加勤奋来弥补差距，从而能“追上他人甚至超越他们”，高三的我也有这样的心理，于是我也像你一样每天用大量时间刷题、记忆，牺牲所有时间只用来学习，认真听老师的建议，对每一个问题深入分析，尝试深度思考。但是后来我发现自己超越别人的地方不过是教辅资料上犄角旮旯里的一个结论或者是一种偏难怪题的解法，这些知识对于那时候追求成绩提高的我来说并没有用，我感觉自己白费了时间和精力，只能投入更多的精力，从而陷入恶性循环。

后来我发现，或许自己做的很多努力并不能解决自己的主要问题，我不需要把自己压抑至此，当心理状态不佳的时候，努力和勤奋或许不是这时候的我最需要的。

回到你的问题，首先我想告诉你，任何努力都不会白费，努力是需要时间变现的。不过，或许你该想想自己的努力是否真的有效，努力不意味着牺牲所有时间学习，这会降低持续学习的效率，你的大脑也不一定能在短时间接受这么多信息。因此，我想提出的第一个建议是学会有效地努力，抓住现阶段学习的主要问题，制订合理的学习计划，通过考试反思自己存在的问题，找到它，解决它。你可以先找到现阶段学习的这个科目的主要方向，适度地深入探索，不要求自己接受看到的所有信息，通过做题和总结掌握最主要的方法和教材想要告诉你的思考方式，掌握这两点后，再进行思维的拓展和深入，不要本末倒置。我想提出的第二个建议是调整心态，不要急于求成。看到你因为分班着急，我想告诉你，慢慢地你会发现，有很多事情着急不会改变什么。若要说高中生活教会了我什么，或许是学会冷静地面对一些问题。分到最好的班不意味你一定就能考上 985、211，分到不那么好的班也不意味着你就上不了 985、211。无论在什么班、面对什么问题，只要你做出了自己能做的所有努力，就去面对结果就好。我想提出的第三个建议是给自己适当的休息时间。学习不是埋头苦干，而是高效地利用时间。哪怕在高中或许真的有人通过刷题进入好的学校，然后呢，继续刷题，继续没日没夜地看书吗？这样的学习是不合理的，不要让自己成为虚无的满足感的奴隶，而是要学会高效地学习，每周给自己留一些时间用来做自己想做的事情；但休息不是放纵，不是熬夜打游戏之类更加消耗精力的事情，好的休息比如培养运动爱好或者看看自己喜欢的剧，让大脑和自己的心灵放空一下，也许效率和记忆都会提高很多。

通过你的描述我能感觉到你是一个很努力很要强的弟弟 / 妹妹，希望我的建议可以帮助你。多反思、多思考、有效努力、提高效率、维持好的人际关系和心理状态，相信你一定能通过自己的努力进入心仪的大学，祝好。

——北京大学　学长学姐

陈同学，你好！其实我在高中的时候也有过与你相似的经历，平时花很多时间努力学习，平时成绩也非常不错，可关键性的大考总会有科目掉链子，成绩和名次都不十分理想。依我个人的体会来看，有以下几点想要与你分享：

首先，从你通过勤奋学习适应了“大佬云集”的班级的学习氛围来看，你一定是一个有上进心并且有行动力的人，这点对于长期的高考备战非常重要，只要保持着足够的动力与良好的学习习惯，哪怕暂时排名没有那么靠前，这也绝不代表努力的白费和学习的无效，坚持下去总能看到成绩的提升，毕竟在应试教育中勤奋真的非常重要。

其次，针对平时测验比大考排名要好这个问题，我认为有时你不必将错归结于自己。以我自己的经验来看，当时我们班有一些平时上课不好好听、考试成绩不好却很聪明的同学，他们会在大考之前抽出大量时间临时抱佛脚，最终在大考中考出好成绩。因而，相对排名的下降很可能不代表你自己知识掌握程度不够，只是那些同学临时抱佛脚成功罢了。不过，你当然不必与这些同学比较，更不必学习他们的方法，掌握科学学习方法前提下的脚踏实地一定会带来突破，你只需将关注点聚焦在自己的学习状态和知识掌握程度上就好了。当然，我认为你也可以思考一下自己大考和平时考试的心态与考试状态有没有区别，剖析一下自己错误的原因是知识点没有掌握还是粗心，然后对症下药，避免下次考试犯类似的错误。

最后，与你分享一些我的学习方法，或许能对你有所帮助。在学完新的章节后，我一般会不看笔记进行知识的再梳理与复盘，确保自己掌握了每个知识点及应用。在我看来，盲目追求刷题量的效果可能并不那么显著，亦可能造成自己心态上的崩溃，而且高三也会有大量时间给你复习刷题的。可以适当地找难度合适的题来练手，重要的是举一反三，发现自己知识点上的漏洞并攻克它。另外，错题本真的很重要，通过整理作业、考试中遇到的错题，可以发现自己的知识盲区，再根据薄弱知识点去找相应的题，这样对成绩的提升更有效。我不太建议每天熬夜学习，一定要保证充足的睡眠，这样第二天听课效率才会高（考试周更是这样，好好睡一觉才能保证考试时头脑清醒）。

希望我的分享能够对你有所帮助！相信认真的你一定能在未来的考试中取得自己想要的成绩！

——复旦大学 Elyn

师长说

陈同学：

你好，关于努力和名次、成绩之间的关系，提供个人的一点体会给你。我高中时是在江苏省一所很好的高中就读，我所在的班又是当时全年级最好的班，我们班优秀的同学一大堆，后来出国读博的就有五六个，其中还有耶鲁的博士。他们中有 2 个人回国了，一个现在为清华博导，另一个为南大博导。在当时那么优秀的班级中，我的考试成绩其实是很不稳定的，考的好的时候，全班前 10 名；考不太好的时候，全班 20 多名。

其实，我后来自己体会，学习是自己跟自己比，不是去跟其他人比名次。学习和考试，是自己一次次去发现自己的不足和需要提升的地方，然后一次次进步。举个例子，高三时，我们会模拟考试很多次，语文是我的短板，其中语文的作文又是我短板中的短板。我经常在语文考试中出现作文偏题，你应该了解，语文作文偏题的话，拿到的分数是很低的。我记得我们语文 150 分的总分，作文占了 60 分，我如果偏题，可能仅能拿到十几分，想想看，总分会拉下多少，在班上尖子云集的情况下，可能差 20 分，就差 10 多名了。我虽然也会关注排名，但更重要的是，要发现自己的不足，自己跟自己比，让自己一次次进步，一次次去发现问题，改进和巩固提高。当时，我是怎么解决作文偏题的问题的呢？我发现，我作文偏题，主要的原因是，考试时，一开始做前面的题，作文往往是最后一道题来做，做到后来，时间就比较紧张了。这时，由于时间紧张，审题就很仓促，就很容易偏题。发现这个问题后，我就考虑怎么解决它。我想到一个方法，语文试卷发下来后，我先看作文题，先好好审题，构思好，再开始做前面的题，就通过这个方法，把偏题问题解决了，语文成绩就维持在一个比原来好很多的分数上。高考也是如此操作的，我高考的分数很高，因为强项都发挥好了，短板语文成绩也可以，这样总分就很高，顺利进入一所211学校就读。

所以，归根到底一句话，自己跟自己比，让自己一次次进步，不要太去在意平时名次，名次是暂时的，自己的进步才是最重要的。

——中兴通讯　贺海艳

你好，我是个刚毕业的“新打工人”。偶然间看到这个邮件，看到你的问题，想起了我高中时的一些事情，与你分享。

我也是初中考得好，进了高中最好的一个班。高一的时候，一开始就跟不上班里同学的节奏，感觉上一节课好累呀，整个人都紧绷着。等第一次考试后，果然成绩很差，当然我们那会儿没分班。我的情况比较糟糕，因为一直觉得是自己努力不够，就一直逼自己，给自己好大的压力，以至于后来经常生病，失眠，陷入了恶性循环。最后的结果就不言而喻了。

另一个故事是我的一个好朋友，初中的时候我一直比他考得好，甚至是在高三前，我状态不好的时候都比他考得好。后来我回想起来，有一点是很关键的，那就是他很冷静，没有我这么焦虑，甚至高考前三天他还去玩了一趟。高考他超常发挥了。

每个人都是不同的，但每一个经历高考的人面对的压力都是实实在在的。能看得出来你是一个优秀的人，只要做好自己就好了，和自己比就好了，不要把自己逼得太紧。找到自己的节奏，这很关键。每个人的学习方式都是不同的，当你进入自己最好的学习状态时，结果自然而然就好了。

——中兴通讯　赵德强

专家说

一、努力反而成绩下降的原因

（一）学习方法始终不对

按理说，如果是学习方法不对的话，通过努力，学习成绩也不会下降，顶多是止步不前，但是如果别人都在进步，那么你的成绩自然就会后退的。另外一种分析方法就是，自己一直很努力地学习，而其他同学不怎么学习反而成绩很好，就会产生心理负担和压力，情绪上也会有变化，影响学习，导致成绩下降。

（二）压力太大没法缓解

如果一直长时间学习，会让自己感到很压抑，没有办法及时发泄和放松，影响学习心情，自然就会降低学习效率。尽管你比别人花费了更多的学习时间，但是可能并没有别人的学习效果好，所以你只是看起来很努力，其实并没有真的那么努力，成绩下降也是很正常的事情。

（三）做题和复习比较盲目

也有不少同学在很努力地去做题目、看书，但就是没效果，有时甚至成绩会下滑。这种情况是因为每次考试试题测试范围不同，成绩忽高忽低很正常。而针对盲目做题这种情况，主要是因为学生不知道自己哪些题会做、哪些题不会，做完题也不反思，不总结错题，所以每次考试错题基本一致，这种努力其实是在做无用功，重复无效劳动。

二、成绩下降的改善方法

针对以上一些导致成绩下降的诱因，我们可以总结出几个改善方法，比如转变学习态度，调整学习方法，转变学习策略，让努力逐渐有所成效。具体做法就是有针对性做题训练，提高学习效率，让自己在规定的时间内完成相应的习题，对错题进行整理，并回归教材。

在学习过程中，如果压力过大，也要学会释放压力，给自己减负，有不懂的问题先自己多琢磨、思考，实在不会再去问老师，不要一遇到难题就躲，要尝试着自己去探讨，从书本中找到解决问题的答案。

——中兴公益助学团队

困惑 9

制订的计划，总是坚持不下来，怎么办

您好，我是一名高一的学生，现在刚进入高一下学期，在学习上会有很多烦恼。我感觉我在文科上兴趣更高，可是常听网上还有身边的父母说理科更好就业，所以一直以来我都想选理科，可是我理科成绩不太好，尽管每天花在理科上的学习时间很长，可就是感觉不如周围同学。这让我很焦虑，因为这学期一过就要面临选科问题，我害怕选不好会影响以后的就业。可能这个问题现在担心是有点早，我应该花更大的心思在学习上，我也反思过，是不是自己的学习方法不对？可是事后思索，其实就是我自律性不强，我每天晚上都会反思自己的不足，也会安排好第2天的计划，可是，我又经常不按计划来。周末给自己安排的学习时间也会一拖再拖，要不是自己喜欢拖延，中考肯定能考上自己理想的学校。因为吃了中考的亏，所以高中我不希望再做让自己后悔的事，也很讨厌自己有时候的惰性，可就是改不了。我有时候觉得很迷茫，有时候又觉得自己目标很明确，感觉很矛盾，希望您能给我一点建议。

——仓颉中学　欣怡

查知识点、易错点的设计（最好能做到读完题目就大概猜出这题所考察的知识范围），同时总结自己容易犯的错误。知己知彼，百战不殆。还可以尝试跟成绩好的人交朋友，在生活中多学习他们对问题的思考角度，进而提升自己。近朱者赤，近墨者黑。其次是拖延问题，焦虑可以有，成绩刚开始低迷也可以有，但一定要对自己有信心且落实行动（5次计划落实4次就算不拖延），不断的自我进步（一定是先和自己对比，在和他人对比）。最后关于心态问题，可以订一个稍高的目标，想的简单一点、做的多一点，然后和你的好朋友一起全力冲刺就行了。

——中兴通讯　王浩宇

欣怡：

你好，看了你的困惑，我发现我们的经历很相似。我上高中的时候也是对文科更感兴趣，而且文科成绩要好于理科，但是我的父母和长辈们都在劝我，理科更好就业，和你听到的理由一模一样。但是我并没有听他们的话，在选文理科的时候，我果断选择了文科。戏剧性的是，班主任居然联系我父母，把我叫到办公室训斥，就这样在学校和家庭的双重压力下，我被迫弃文学理。那之后，理科也能学得进去，就是很吃力，可想而知的结果，第一年高考我落榜了。后来，我选择了复读，在复读的那一年里，我发现我也是可以学好理科的，那年高考我考上了一本，上了大学也是继续选择了理工科专业。毕业后，我从事软件开发的工作，也就是程序员。但是我身边选择文科的同学，毕业后工作也很好，比如是公务员、老师等。

所以我有几个问题要反问你：

（1）你是因为喜欢文科还是觉得文科好学点，所以才不想选理科？

其实在分科后，文科也很难学，政治、历史要背的内容特别多，不比理科容易。

（2）你有梦想吗？你以后想从事什么职业：是当医生，救死扶伤，守护大家，就像现在很多医护工作者那样，新冠肺炎疫情期间应该更能有所感触？还是要当科学家？教师？会计？新闻媒体从业者？

医生、科学家更多需要的是理科人才；新闻媒体，要的是文科人才。如果你有坚定的目标，那就请你坚持下去，毕竟实现目标的路上总是困难重重，学啥都不容易。

关于你说的自律性问题，我可以很直接地告诉你，没人能做到那么自律，人不是机器，偷懒是人的天性。你不必因为这个责怪自己，也不必安排细致的计划，想必你也很有感触，列得满满的计划，能按时完成的寥寥无几，就算有些按时完成了，效果也不怎么样，很多时候都是在自欺欺人，你只需要做到心中有数，自己把握好分寸，每天都有在学习就好。

举个具体的例子：比如你计划一个晚自习要完成今天的作业、订正错题、写好错题集、再复习今天的上课内容、预习明天的上课内容。但是往往计划赶不上变化，由于诸多原因，计划无法完全执行，你的内心便有些小小的内疚和自责。这样的做法有个很大的弊端：过分执着于计划，会导致完成质量下降，看似学习了很多，但是效率低下。文科还好，背一背就过去了，理科要是不理解，不是计划的时间里能解决的，有些题目不会，会卡很久或者你感觉你会了，下次再考试还是不会做。

这样的计划我读书的时候也做过，经过事实验证，我的成绩并没有多大提高，而且学得很累，后来我改变了方法，是这样做的：

以数学为例，比如函数这块儿我不太会，我会花上晚自习一整节课去琢磨，从书上最基本的概念、定理，到例题、练习题，再到考试的题目，我会把类似的题目放在一起对比，然后思考，一步一步去理解解题的步骤，一次一次地问我自己，为什么我想不出来，别人可以，我到底是哪一个环节出了问题。此时，你会发现，隔壁的同桌或其他人已经完成了很多内容、很多作业。So What！那又怎么样呢！他们有可能属于做无用功，绕开了自己不会的内容，一直在做自己会的内容，下次考试他们还是不会。但是你不一样，你经过上述的反复思考，已经彻彻底底弄清楚了一类题目，下次就不会错了，就像加减乘除，你明白了原理就不会再错，没人会把 1+1 真的算错吧！

所以，有时候“慢才是快”，你看似很用功很刻苦，花在学习上的时间比别人多，成绩却不如那些整天抄作业的人，尤其是理科学得好的男生，玩得比你多，学得比你好。

我出生在一个落后且不重视教育的农村，很多同龄人读完初中就去工厂里打工了，而且他们还会笑话你，“读书有什么用，你看我现在多快活”。当时，内心里也确实有点羡慕，有点儿动摇，但我还是坚持下来了。后来，我上了大学，凭借着自己的努力，通过读书在大城市立足了，读书真的可以改变命运。如果你也希望走出你现在所处的环境，到更广阔的天地去，希望你再接再厉，好好为自己的未来奋斗。加油！你可以的！

还有一点相似的地方，我的妹妹也叫作心怡，不过是同音不同名。希望我的回答能给予你帮助。

——中兴通讯　武文强

首先，很高兴有这样的机会来为你解答学习或者称之为成长中的困惑。

看到你所描述的状况，我想大多数的人都是这样子的，不论中学、大学，甚至是进入社会后参加工作，也不论是学习成绩好的学生还是工作能力强的人，都或多多少存在这样的问题。

自律这种习惯分程度来讲，不同的人可能自律的程度不同，有的人强，有的人弱，极端自律的人极少。

从你的描述来看，你有两个很优秀的品质，一是经常反省自己，而且知道自己的不足之处。所以，像你这样的同学，意识到了自己的问题所在，也就可以着手来解决自己的问题。解决问题的第一步就是意识到自己的问题。如你所说，反思自己的不足，也会制订相应的计划，这两点非常好，只是无法按计划完成，略有缺憾，但并不是不可改变。

我们简单分析一下无法按计划完成的原因。一方面可能是计划太过激进，前一天晚上反思后，下定决心对自己要狠一点，制订了一个超级励志的计划；另一方面可能是计划太过激进，导致第二天不是焕然一新的状态下，望而生畏，没有有效的切入点，导致没有动力去完成前一天制订的计划。从这两个原因来看，罗马不是一天建成的，建议你制订计划的时候，不要太激进，简单一点，一点一点积累，慢慢才会由量变到质变，比如每天解决一道题，弄得明明白白、彻彻底底，或者一个知识点、一个物理模型，比如经典的曲线运动、圆周运动、加速度等。这样的话，第二天执行起来也不太困难，即使自己自觉性不高，也可以稍微克服一下，走出第一步，迈开步伐，才有登顶高山的可能。切记，学习知识就是一点一点进行的，不可能一蹴而就，一下就把一个科目全学完，也不可能一天就超越全校第一名，重要的是开始，是日积月累，是日拱一卒的精神加行动。

至于选择学什么科目，曾经的我跟你一样，文科年级第一，理科较差，但是最终考虑到就业等未来发展的问题，选择了不太擅长的理科。刚高二分班后成绩也不是很理想，但是，经过不断努力，一个知识点一个知识点地“啃”，做到了日拱一卒，最后理科成绩也是很好的，也考上了理想的大学，找到了理想的工作。确实大多数人会考虑先选理科，但是也要结合自身条件，如果自己不喜欢，那就不要强求，选自己喜欢的挺好。

学习任何科目都是我们认识这个世界的过程。有的人认识的快，有的人节奏较慢，快的人可以用相对较少的时间进入更深层次的学习，慢的人需要投入更多的时间和精力。不管什么样的人，都无法把这个世界认识透彻，得到的知识越多，越觉得自己不知道的更多。学习是一种习惯，学到更多知识才能更好地认识这个世界，才能更好地处理现在、将来生活中的问题、事情，才能在未来的生活中用你的知识避开一些障碍，走出一些困境，较少地为俗事烦恼。学习是一种好习惯，要培养终生学习的习惯，活到老，学到老。日拱一卒，日积月累。

希望对你有所帮助。

——中兴通讯　吕文晋

选文科还是理科对就业的影响实际上可能没像你想的那么大，真正影响就业的是你的专业知识和能力，或者说是你大学期间的努力程度。我身边的一个例子是英语专业的一个朋友，在工作几年后考研进了南京某学校的计算机系，属于是文科直接跨到理科了（当然也不是说文科就不好，只是这几年相关行业确实不太景气），未来如果要在计算机行业就业应该能拿到很不错的待遇。当然如果想节约几年摸爬滚打的时间，那么考进一所好大学还是很关键的，所以你现在选文科还是理科应该从自己的兴趣和成绩出发，尽量选自己成绩好的以及感兴趣的，兴趣能让你更加主动地学习，从而拿到更高的成绩。然后到了大学，再好好思考自己的职业规划，并且努力去学习相关的知识。

——中兴通讯　杨雷

我是本科和研究生都是在 211 大学学习，而且学习成绩一直还可以，希望我的回答对你有用。初中是三观成形的时候，我很感激我当时的班主任，用他的话和你分享一下。成功人士有三个阶段，第一，你知道自己的目标是什么？第二，你愿意为之努力吗？第三，你愿意为这个目标付出一切吗？学霸之所以是学霸就是他们能清楚地知道自己想要什么，并且能够全力以赴、心无旁骛地去做一件事情。很难得你第一步已经跨过了，我在研究生毕业一年才意识到这一点，你已经比我强很多了，你清楚自己的问题在哪儿，只是缺乏了驱动力。从我的角度上看，社会上一部分人的驱动力是不工作不做事就会饿死。而你不一样，你的驱动力是自己给的，而不是社会强行施加给你的，所以你一定要坚持和努力，咬咬牙发狠读书，若千年后你一定会感激当年用功的自己。

——中兴通讯　刘诗涛

专家说

你在信中提到自己每天晚上都会反思不足和制订第 2 天的计划，说明你在学习中是一个井井有条的人，能够有反思和规划意识，对短期内要完成哪些任务都有清晰的认知，这是你的优点。那为什么制订了计划，总是完不成呢？

那就需要反思自己的计划是否存在问题？想一想自己制订的计划是否符合自身的情况、是否在自己能力范围内可执行？

计划存在问题，就好比照着一张错误的建筑图纸去建大楼，大楼肯定是建不起来的。

心理学上有一种现象“规划谬误（Planning fallacy）”，它指的是人们通常会低估完成未来任务所需的时间。悉尼歌剧院的建设就是一个说明这一谬论的著名案例。它最初预计于 1963 年完成，耗资 700 万美元，但该项目最终在预期日期后的 10 年内完成，耗资 1.02 亿美元。

这里分享一些制订学习计划的技巧：

首先，先复盘自己过去的学习能力。合理的学习计划目标应该是略高于自己的能力，如果任务要求太低，没有挑战性会懈怠；如果任务要求太高，完不成，则会沮丧。举例来说，如果按照你的正常学习节奏，每天你只能完成两页练习题，但是你制订计划时信心满满地写上要完成四页练习题。你想，最后这计划能完成吗？

第一，计划要突出重点。这里的重点指的是自己学习中的弱项以及高中知识体系中的重点内容。学习内容是无限的，但学习时间是有限的，我们制订计划时，要集中时间和精力来攻下重点。

第二，安排好常规学习时间和自由学习时间。在学校规定的学习时间内，认真听课，“消化”当天所学的内容，完成当天学习任务。在自己自由支配的学习时间内，针对自己学习薄弱部分进行查缺补漏，对优势部分进行提高。我们制订学习计划时，要把自由学习时间作为重点，掌握学习主动权。

第三，长计划和短安排。每一个学年、每一个学期都应当有一个长计划，明确学习目标和大致安排；同时还要有短安排，把大的任务分配到每周、每天去完成，形成具体的、可操作性强的行动计划。

第四，学习计划要遵循自然规律。什么时候该做什么事，计划中要予以充分的考虑，总的原则是各科交替、体脑结合，这样的计划执行起来才是高效的。尤其要提醒的是，学习不能以牺牲身体健康为代价。

第五，允许学习计划调整。在实际的学习过程中，有很多因素比如每天课程的难度各异、每天老师布置的作业量和作业难度不同（导致花费的时间不同）、每天的心情或身体状况都会影响到学习计划的执行。这就需要我们允许变通，根据实际情况来灵活修订和调整计划。

其次，如果排除了学习计划不合理的原因，计划完不成还可能是因为你没有好好地去行动。这里也分享几个提高计划完成率的小技巧：

第一，制定规律的时间表。固定的学习项目规划好固定的学习时段，形成规律，养成习惯，用于克服不自律。

第二，立刻行动。计划制订好了就一定要立刻实施，到了计划的学习时间，不要想着“等会儿再去做”“再看看”，而是马上开始学习，一旦进入学习状态，你会发现完成任务并不难。

第三，制定计划检查表，完成一项划掉一项。用表格列出每天的学习任务，每完成一项就划掉，这样可以直观看到任务完成情况，也能增强自己学习的信心和成就感。如果能够提前完成当天的任务，还可以给自己安排一些放松的活动，算是对自己的奖励。

第四，把自己的目标和计划公开，让大家监督你。如果不想大范围公开，也可以将自己每天的学习任务列一张清单交给自己比较信任的同学或老师，请他们在每天学习结束后来帮忙检查你的计划完成情况。

第五，和身边的同学组成学习小组。正所谓“独行者速，众行者远”，与志同道合的同学一起学习是践行学习计划的有效助推器。

第六，避免完美主义。有时候，我们遇到计划执行不下去了，就觉得不完美了，干脆就不执行了。我们要避免这种想法，即使计划执行得不那么顺利，也要尽可能地执行下去，过后再进行反思，总结经验就好。

最后，想和你分享一句话“积跬步以至千里，积怠惰以致深渊”。祝你学业顺利。

——中兴公益助学团队

困惑 10

我该如何合理安排时间

您好，我是一名高一的学生，很感谢您抽出时间来看我的烦恼。进入高中之后，我一直很迷茫，确定不了一个好的目标，在临近考试的时候，我会因为怕辜负父母而努力学习。但是，我发现这样做压力非常大，因为不知道如何管理时间，久而久之，这种做法就会造成很大的损失。在平常老师讲课的时候，我发现自己每次都在埋头写笔记，没有认真听老师的课。我也经常需要花很长的时间才能完成老师安排的背书任务。我发现自己从来不会合理安排时间，也没有一个明确的目标，这些都让我一直很烦恼。我不知道怎样才能合理安排时间，减少自己的压力，希望您能给我一些建议，谢谢！

——玉树二高　卓玛

学长学姐说

卓玛同学你好，看到你的来信，我几乎立刻回忆起我的高中生活。几年前的我和你有着相似的焦虑、相似的困惑，现在回过头来看，似乎大多数人都会经历这样迷茫的阶段，很高兴你愿意和我分享你的烦恼，希望下面的解答能对你有所帮助。

关于合理安排时间。首先你要知道你的时间是如何花掉的，你可以挑一个星期，每晚睡前 5 分钟简单记录一下当天做的事情，然后进行一个分类（例如，总结整理课堂内容、作业、读书、和同学聊天、发呆等）和统计。要想进步，必须先了解现状。在一周结束之后，分析反思一下，这周应该如何提高效率？在这一基础上，我们再统筹安排个人学习规划。你可以尝试一下做周学习时间安排表和这一周内的日学习时间安排表。日学习时间安排应包括学校常规大规划和个人自由小规划。学校常规大规划包括消化当天新学的知识、完成老师当天布置的任务，个人自由小规划包括根据个人自身情况的定期系统预习、复习功课，查缺补漏对短板进行强化训练和进行课外阅读等。这里我想插说一下，你提到的花很长时间才能完成老师的背书任务问题，如果你的记忆力极限只能达到这个水平，我觉得坦然接受就好。每个人都有自己的短板和长处，做到自己的最好就很棒了，不需要不切实际地要求自己。但是，你才高一，我觉得这个问题很可能是因为你没有找到适合自己的记忆方法，你可以试着回想一下，背书的时候你是机械地直接背诵呢？还是先阅读理解内容和逻辑，然后记住主干要点，再添加枝叶和细节？你可以上网搜索一下公认的记忆方法和技巧，多尝试，找到适合自己的方法。合理安排时间除了做好规划外，还可以利用一些小技巧，比如运用二八原则以及灵活运用零碎时间。二八原则说的是人们如果利用最高效的时间，只要 20% 的投入就能产生 80% 的效率；如果使用最低效的时间，80% 的时间投入只能产生 20% 的效率。充分了解自己，将一天中最清醒的时间花在最困难的科目和最需要思考的学习上。你还可以利用早读前、课间、午饭后、路上等零碎时间学习一些必须熟记的生词、公式、定义、定理等，反复记忆更容易加深印象哦。

关于考前焦虑而短时间高强度学习。学习是一段长期的旅程，短时段的高强度学习对于需要大量记忆的学科自然有效，但大部分知识是需要循序渐进地吸收的。适度焦虑有利于提高效率和专注力，但是过度焦虑是绝对不可取的。想清楚焦虑的来源，是自我的要求还是父母的期待？可以和父母敞开心扉谈谈，你想要成为怎样的人，他们想要你成为怎样的人，父母永远都是你最坚强的后盾，大胆开口，不要羞于交流。

关于目标。卓玛可以想想有没有想去的大学或者想从事的事业，3 年的时间，只要肯努力，你想去的远方都能到达。或者，有时候没有特定的目标也是一件好事，不必为了自己与理想的差距而焦虑，可以先以高考为导向，分数越高，两年后在自己的能力范围内考上最好的大学，学一个最有兴趣或前景最好的专业，虽然说不提倡成为“卷王”，但是在高中这样一种学习氛围下，“卷”是一种最轻松的取胜方式，而且“卷”的时候，你不会想太多而过度焦虑。

一些小问题的建议。你在来信中说上课埋头记笔记而不能认真听课，这种行为我个人认为是不可取的。课堂的笔记重点在于大的知识框架和那些少见的例子，剩下时间用来认真听讲效率更高，课后趁着新鲜的记忆相信你一定可以补充得七七八八。我觉得知识学习重点在于理解，考试时表达清楚就好，没有必要强求和老师的板书或 ppt 一模一样。当然，有的时候的确需要学会模仿老师的一些专业术语，你可以和老师沟通一下，自己拿 u 盘将老师的课件拷贝回家再复习补充，相信老师是不会拒绝的。

“追风赶月莫停留，平芜尽处是春山。”这是我很喜欢的一句话，在这里和卓玛分享，希望能给卓玛带来一些激励。祝一切顺利！

——北京大学　学长学姐

卓玛同学：

你好！

虽然我们的地理距离相隔千里，但是读到你的来信，我却非常能理解你的处境和心里的困惑及压力。虽然我没有把握能给你开出一方"灵丹妙药"，迅速而有效地解决你目前学习上的压力，但我希望我的信能多多少少地帮助你，让你慢慢探索出自己的学习节奏。

首先，我想表扬你，你是一个懂得自省、对自己有要求、认真生活的人。在面对压力时，你会反思压力的来源，慷慨地承认自己做得不够好的地方，还懂得积极寻求他人的帮助——你真的非常棒！

亲爱的卓玛，你已经发现问题了，而认识问题是解决问题的第一步，现在让我们一起梳理一下你的困惑吧。在你的来信中可以看出，你发现自己因为没有明确的目标，因此无法规划自己的学习任务和时间。同时，你也发现，仅仅因为担心辜负父母的期望而学习，并不能说服你自己，反而带来了更多的压力。最后，在实际学习中，因为缺乏明确的学习目标，你感到有些无所适从，不知应该怎么学，也有了一些具体的学习方法上的疑问。

我很赞同你对自己的分析，同时我也认为，明确的学习目标是学习的动力，制订了目标，而后一步一步完成，能让人安定而富有成效。可学习目标又应该怎么确立呢？为什么会感到如此迷茫呢？也许，这是因为你来到了人生中的下一个阶段，面临了更多的选择，也对自己的未来有了模糊的憧憬，却不明晰未来的目标到底为何。曾经的我，也是如此。当时，我时常会为自己为什么要学习、学习意味着什么而感到困惑——我花了很多时间考虑，甚至到了大学，我还在思考。我想，这是个非常普遍而又私人的问题，也许你可以先参考一下大家的意见，结合参考一下我过去的经验，然后在自己的生活中，慢慢找到属于自己的答案。

一、广泛的意见

好好学习，能在高考中获得更好的成绩，拥有上大学的入场券，并因此去往更高学府，获得更多认可，最后凭借学历和能力找到好的工作，过上比较好的生活。

好好学习，可以使自己成长，增长自己的见识，并且，去往更高学府，见识更丰富的世界。

二、我的经验

我希望能拥有更多的能力，做自己希望做的事情，比如“让世界变得更美好”，而学习能充盈我的心智，并为我创造机会（特别是应试上的学习）。所以为了获得更多人生的可能性，我应该把握好高中的时间，认真完成课内的学习任务，研究应该怎么考试、怎么考出好成绩。

你也许可以总结出，学习的目的可能并不是学习本身，而是它可以带来的类似于“实现终极愿望”的机会。因此，我建议你可以多多的探索，和书本、同学、学长学姐、老师、长辈对话……在拥有了各种各样想法之后，也能逐渐明确自己的“终极愿望”。当然，这个“终极愿望”并不是一成不变的，它会随着你的逐渐成长而改换模样。但是，我相信，它给你带来的动力永远都在。你也别担心为何自己花了几个礼拜都没找到，怎么办？认识是逐渐积累的，它的面孔也许一开始很模糊，但是经历年年岁岁，你会越来越明白的。说起来，我现在也还不是很确定自己的“终极愿望”呢。但是，心怀期待，总会向着光明的前方而去。

你或许迫切地想问，具体又应该怎么学习呢？明确的学习目标又在哪里呢？结合高中学习的特点，我想我可以为你提供以下两种制订学习目标的策略：

第一种，在平时，也就是没有考试压力的时候，争取能在当日吸收老师新讲授的知识。上课的时候，专注于老师的课堂讲解，以获得最多的知识。而课上不理解的部分，积极在课后思考并请老师再讲解。最后，认真完成老师布置的作业，并且及时订正、弄懂错题的原理。

第二种，在考试前，特别是考试前一个礼拜，梳理考试内容，温故知新。你可以先全面地复习一遍，然后在复习过程中找出薄弱的知识点，再看课本或习题重新思考，或者问问同学、问问老师，将薄弱的知识点掌握好。

我认为，这两种方法若能坚持，卓玛会变成大学霸哦！因为高中考察的知识都在课堂教授范围内，所以如果你认真弄懂了课上的一个个知识点，那么面对考试就不会慌张！此外，一天没有完全弄清，或者一次没有复习完，是不要紧的，关键是在高中 3 年的学习过程中，把它们一点儿一点儿弄清楚、掌握好。一开始就非常厉害，考得很好，坚持到最后，是有的；但一开始学得不是那么好，过了 3 年，渐渐地越来越进步，甚至超过了前一种人，也是有的。我想，这里面的奥秘就在于一个认认真真对待学习、对自己负责任的态度。而我相信，卓玛是可以做到的。

关于管理时间，这也是一个非常重要的能力。卓玛也许会想：一天要做的事情那么多，我该怎么办？我想分享给你我自己的时间管理方法：在一个小本子上，列出每天想做的事情，估计一下每一件事情大概需要的时间，然后从最想做、最应该做的事情开始，为它们划分时段（比如，晚上 7 点到 8 点，做数学作业）。完成就打个钩，没做的也可以留个标记。这样，小本子上就记录了每天的学习任务完成情况，你可以根据前几天的情况调整今天的事项，也可以在一周的开始，就大致安排自己想做的事情。方法很多，只要用着顺手就好。

最后，关于背书问题——我想，这是一个“唯手熟尔”的训练。我直到初一才开始学英语，因为是在山区读初中，英语老师的水平也很普通。从“Hello，I am Kangkang”开始，我开始了英语学习之路。但是高考时，我的英语拿了满分，超过了很多从小学就学习英语、一直接受好老师训练的同学。我觉得，我考得这么好，除了高中遇到了一位好老师外，还有我坚持不懈地重复背诵单词、用法、例句等英语素材的原因。而背诵这件事，最讲求的就是反复和长期坚持。比如一篇课文，你读了一早上，可能只能勉强背几句。但是如果你每天早上都花一些时间去记忆它，不用两周，一定能把它记得滚瓜烂熟。背诵没有捷径，方法看起来也笨笨的，但若是坚持，你会惊讶于自身能力的提高。总之，希望你有这样的决心和毅力。

说了很多，还有一点很重要，那就是当自己不能达成自己给的目标时，你可以感到有些气馁，但别对自己灰心，因为人的潜力是无穷的，目标没有达成，并不一定是你的原因：比如，今天没有背课文，但是，它可能是因为今天做了很多作业，没有精力了；或者心情不好，并不想做这件事。我觉得，这些理由都是可以接受的。感到焦虑烦躁时，最好出去走走（我未去过青藏高原，但是一直听说那里风景很美，也很向往呢），和朋友老师聊聊天、散散心。成长急不来，你也要对自己有信心、有耐心哦！

匆忙写就，我不知道能帮到你多少。但愿你能有收获！加油哦！

祝学习进步，天天开心！

——复旦大学　黄怡琳

师长说

卓玛同学：

你提的问题其实有几个，我尽我所能来分开回答下，供你参考：

一、关于学习想到父母且感到很有压力

这点，你可能需要改变下心态，你想下，站在你父母的角度，他们是希望你幸福快乐，还是希望你学习是为了他们？学习不是为了父母，是为了自己。就像我自己当年初高中学习，没有想过学习是为了父母，同样，我父母养育我，他们是希望我能够幸福快乐，而不是希望我给他们带来什么。包括我现在养育儿女，我也希望孩子们是为了自己。我一直说，学习是给自己学的，包括给孩子们报兴趣班，都是征求他们意见，让他们自己选择。

二、关于管理时间

有个很好的方法，就是在当下专注和坚持并养成习惯。比如，在上课时，专注认真听讲；在背书时，专注背书；在课余活动时，非常投入地玩耍。在学校学习，每天有相应课程和作业，每天也有活动时间，那么在这些时间段，专注当下，然后坚持，慢慢养成习惯，就会形成一个高效管理时间的方法且这个方法能让人终身受益。对于我而言，专注也是我这些年最大的收获之一。

三、关于目标

目标也是我这几年非常重要的体会和感悟。现在每天做事，我都有自己的目标，每天要完成哪几项事情非常明确。而且个人体会是，目标越清晰越坚定，越能让自己专注投入其中。其实，我每天的目标，是当天要完成的小目标，是具体的一件件事情。对于个人的大目标，其实自己也在探索中，但没有关系，让我们先从小目标做起，做好当天该做的那些事情，投入其中，在小目标一个个完成的同时，有时大目标也会逐渐清晰起来。这是个人的一点体会，分享给你。

——中兴通讯　贺海艳

卓玛同学：

你好。首先，想送你一句很老套的话“不要为未来的不确定性而焦虑”。因为未来是由太多因素构成，而站在当下的我们，对未来唯一负责任的态度，就是尽量做好当下可以做到的，至于未来的结果，交给未来吧。别忘了中国人的老话，“谋事在人成事在天”。

其次，试着用正面的语言来描述你对未来的期待，而不是“怕辜负……”这样的负面词汇。只有正面的目标，可以为你指明道路；负面的目标，只会让你更迷茫。

最后，看了你的表述，我觉得你不一定是时间安排问题，而是要找到自己的学习节奏，或许背书对你来说，就是需要花费较多时间的工作，那就在这上面多安排些时间。另外，课前预习，是个不错的学习办法，能让你更好地跟上老师的讲课节奏，试试看，尤其是预习时发现问题，带着问题去听课，往往可以事半功倍。

——中兴通讯　邓晨

卓玛同学：

从描述可以看出你的时间分配应该是有一点问题的，建议调整如下：

预习环节。当天要学的课程内容，至少前一天预习完。预习完指的是理解文中之意，课后习题基本可以做出来。如果做不出来，直接在书上进行标记。

课堂记笔记环节。不要把记笔记作为一项主要任务，要把听课特别是听自己预习时不明白的部分作为听课的重点任务。笔记本里如果来不及记录，就记录到课本上，简单记录要点，不要记录太多，记录太多容易错过老师的讲解。

课后复习。当天内容要及时复习，不要堆到一起。可以结合艾宾浩斯遗忘曲线的规律去做记忆和重复记忆计划。

过度学习。有一个150%的过度学习理论，你可以去搜一下。不要学到刚刚好，要稍微过一点点，也不用过太多。

——中兴通讯　云丽娜

一些个人经验，供你参考：

一、合理安排时间

推荐《高效能人士的七个习惯》和《时间管理》这两本书，学习时间管理的“四象限图”：第一步，我们把事件放在象限图里对事件进行分类。第二步，做事顺序按照以下安排时间A）重要&紧急，B）重要&不紧急，C）不重要&不紧急，D）不重要&不紧急。请参考应用。

二、上课抄笔记耽误听课

这里有个小技巧分享，上课认真听讲非常重要，为了让自己能记住，可以进行课前预习，老师上课讲的时候就是在给自己的答疑解惑。第二个需要关注的是速记和联想法，用一些自己熟悉的符号，这样上课只要记符号，回头整理的时候将代表意思整理就好了。第三个分享就是，借鉴别人的笔记，进行补充。

三、心理压力大的问题

你是个善良的孩子，爱自己的父母，试着转换一个观点，调整一下心态，可能会缓解一下压力。人这一生很长，也很短：学习、工作、成家都是“自己”的人生。爸爸妈妈在人生不同的阶段，给予我们的是帮助和支持，在我们呱呱坠地的时候，她们最美好的愿望都是希望孩子一生平安喜乐。所以，集中精力、尽自己最大努力学就好了，父母看得见你的付出。任何事做到自己问心无愧就是对父母最大的回报，所以专注学习内容、考点、方法应用就不用太担心父母的期望。记住她们的愿望：希望我的孩子一生平安喜乐。

——中兴通讯　李馨

没有安排好时间其实是你对自己缺乏掌控感，深层次原因是缺乏目标。对于一名高中学生，目标就是考取大学，不管你现在的成绩如何，都不要放弃继续读书的念头。在此基础上，结合自己成绩情况适当拔高订下目标，如果你的成绩够二本分数线，目标就要定为一本分数线；如果够一本分数线，目标就可以定为 211、985 的分数线等。记住只有目标明确，才能知道努力的方向，接下来再考虑如何实现。关于时间安排，建议区分学习时间和休息时间。会休息的人才会学习，休息放松不要有罪恶感，好像浪费时间了；恰恰相反，这是为了调整好自我状态，更好地投入学习，休息好了，学习才会事半功倍。对于学习时间的安排，建议和老师一起，分析自己的短板在哪儿，看看现有的学习方法和习惯有哪些可以改善。记住，不要一个人闷头学，老师是最好的领路人。希望以上建议对你有帮助，也希望你能够实现自己的目标。

——中兴通讯　宋侠

专家说

孩子，这是一个非常具体的、很好的问题。

关于目标：在高中时期确实会进入自我探索的阶段，如果有目标，就会有一面旗帜在引领自己，方向会很明确。反之，当没有目标的时候，就会时常感到迷茫。

所以在这里给予的建议是，哪怕没有好的目标，或者是看上去很完美的目标，但是至少要有一个目标，这个目标可以很长，也可以很短。在老师给孩子们的建议中，最经常出现的是你首先可以去想一想，你终极的目标是什么？也就是未来你想成为什么样的人，由此，以终为始，可以向后倒推，比如说倒推到现在的三个月之后，倒推到现在的半年之后，倒推到现在的一年之后，倒推到现在的两年之后……你应该确定什么样的目标，你应该做些什么，这样的话你就有总的目标，然后再把总的目标具体化。

有总的目标之后，把目标阶段化，就比较适合一步一步向前进。然而，当目标过远、过大的时候，会给你造成前进方面的困难；目标太小，又不足以激发动力。所以，要给自己定一个挑战适中的目标。

关于临近考试才开始学习，这种突击的情况不可取。学习是长期的行为，“突击”的情况下，知识掌握的不会很牢固，也会因为任务太重而引发压力过大的问题。

所以，在这里一定要明确：学习最重要的是为自己而学，而不是为其他任何人学。功夫在于平时，在平时的日积月累。我看到你能够记笔记，这是一个好的习惯。但是在课堂上，建议你还是能够带着思考，一边思考，一边有重点地去记录，不一定要把所有的东西都记录下来，这样的话可能就会影响你听老师讲解的效果，连贯性、逻辑性也会受到影响。建议在关键的时刻，把一些东西记下来，然后在下课后，可以快速地在脑海里复盘，进行整理，相信这样会比你现在的效率更高。

关于时间的安排，对你提出以下的几项建议。

一、早睡早起

如果感觉到复习时间不够用，那么你很可能牺牲晚上睡眠的时间来看书和复习，虽然短期你会发现有效果，但是时间久了会影响身体健康。所以熬夜看书对身体不好，也不建议熬夜看书学习。经过一天的学习后，身体已经很疲惫了。如果这个时候还要加班加点的学习，那么身体健康受到影响，到头来还是会影响到整体学习效率的。

如果你还是希望可以多一点时间来复习，那么可采用每天早起一个小时的方法。这样的学习效果会远比熬夜看书的效果好。比平常早起一小时来复习和背诵课文，你会发现你重复几遍就可以记忆很牢固了。当然，最关键的是要高效。

二、上午上课注意认真听课、记笔记和课后回忆

高中生一天的时间大部分都在学校里面度过，所以，一天上午和下午的上课时间安排就显得尤为重要。不过上午和下午侧重点不一样，要注意区分。上午更多的是侧重听课、记笔记和课后回忆。上午课程只要完成这三个关键学习任务就可以保证基本的学习效果了。

所谓课后回忆，就是在每节课结束后的10分钟课间时间，用两三分钟时间快速回忆和翻看上一节课学过的知识点和笔记，让刚刚学过的知识在大脑里面形成一个模糊的记忆块，然后在心里面重点标记一下这节课学习的重点和难点。这个课后回忆是为了之后复习做铺垫。看似只有两三分钟时间，其实对加强记忆和提高学习效率很有帮助。

三、注意合理安排中午的“三个30分钟”

所谓中午“三个30分钟”就是吃饭不要超过30分钟、午觉30分钟、睡醒后再进行30分钟上午学习内容的复习。而且午饭不要吃太多，不然会很容易犯困。平时多喝白开水少喝碳酸饮料，不然身体健康会大打折扣。中午这“三个30分钟”保证完成后，那么下午的学习效率也会大大提高。

四、下午注意自习整理课堂笔记、完成作业和及时预习

每天的下午时间可能会出现犯困的情况，所以下午的时间可以安排对已经学过的知识进行总结和整理。而且尽可能地在学校就把当天的作业完成，因为还需要抽出时间来预习第二天的知识。要注意学习是一件连贯的事情，如果有一个学习环节出了问题，那么影响的就是整体的学习结果。所以每一个学习细节都不可以马虎大意，认真用心对待自己的学习，才能获得丰厚的回报。

五、睡前30分钟回忆一天的知识

每天的课程结束后，除了进行正常的复习任务外，另外需要做的就是利用睡前30分钟进行从早上学习开始到晚上复习结束的一整个时间段快速回忆。这个过程就像看电影一样，快速地过一遍今天学了什么和做了什么。特别是要重点回忆哪些知识点是重点和难点以及第二天的预习内容。

不要小看这30分钟的回忆，如果你每天坚持做了，那么你会对你学习的知识印象十分深刻。这30分钟的复习对提高学习成绩是很有帮助的。总之，学习的过程就是每天自我提高的过程。只有真正学到了知识，学会了知识，到运用知识的时候你才会运用自如。

——潘新凌中小学生心理健康研究室

困惑 11

我该如何平衡学与玩

开始分班了，庆幸之余在面对不同于之前老师水准的新老师时，又颇有一些无奈。我现在才高一，一进校，老师们就反复强调高考的重要性，似乎这 3 年都只是为了那一次考试。我是在 985 班，身边人的优秀总会不断反射到自己身上，在我背后留下一道深深的阴影。我在学习上抱着一种佛系的态度，但最终被老师的一句“所有的无所谓来源于心底的不自信”而被彻底击碎，于是仓皇而逃，向着那个咫尺天涯的目标，一天一天、一步一步跌去。或许是儿时看过太多动漫的缘故吧，我对高中一直很是向往，我期待在我 16 岁、17 岁、18 岁这些个最美好的岁月里，勇敢地绽放自己。但实际上朝六晚十二，我不敢抱怨，因为我知道我做得还不够好，还没有达到可以找借口放弃的地步，我还必须向前走，因为“他们”还没有喊停。身边几乎所有同龄人都是这样的，我还没有资格喊累。高一上学期临近期末的时候参加的活动有点多，成绩下滑了快 100 名。在这样一个班有时我真的好害怕，我怕一不小心就屈于人后，我太要强了，我也不甘心这样，我只能继续走。我觉得这个问题几乎无解，只看我的取舍，请问我该如何平衡学与玩之间的秤？

——平坝一中　小穆

学长学姐说

亲爱的小穆同学：

你好呀！我现在是复旦大学本科二年级的学生。读到你的来信，我仿佛看到了5年前的自己，迷茫而不甘，柔软而要强。希望这封回信能给你带来信心，伴你渡过这段艰难而珍贵的成长旅途，勇敢绽放，展现自己！

首先，你现在的大多数困惑可能源于：你满怀热情进入高中，希望开启崭新的生活，实现美好的理想。但来自周围同学的压力、初高中衔接的落差、超负荷的学业任务、不见起色的成绩，让你感觉曾经的理想越来越远，几乎没有实现的可能了。于是你选择用所谓的“佛系”态度来掩饰自己内心的无奈，希望让自己好过一点。但是，你的内心深处还燃烧着一团火，你不肯认输，你不想停留在原地，还抱有实现理想的热情，只是不知道该从何做起……亲爱的小穆，不知道上面这段话是否梳理出了你的挣扎和彷徨，会不会让你清醒一点儿，好过一些。如果这是你目前的真实处境，那么我想先祝贺你，生活的“冷雨”没有浇灭你的火苗，潜力的火把将助力你的燃烧！其实，这也正是我曾经的心态和经历。下面，我想分享一些自己的调节方法供你参考，希望能帮助你激发潜力。

首先，你不妨先找一小段时间，静下心来和自己对话。可以在纸上写下你进入高中前对“16岁、17岁、18岁这些个最美好的岁月”具体的期待和目标。这些目标可以是一些宏大的理想，比如考上×××大学，也可以是一些很细微的期待，比如交到一两个知心的朋友，参加一次校园的文艺活动，等等。接下来，你可以写下当前实现这些目标的难点——有能力改善的部分——还需要哪些能力或帮助。最后，将自己3年的高中生活分为几个阶段，在每个阶段里有重点地分配需要实现的小目标，或列出大目标在各个阶段需要重点推进的层次。相信通过这个整理，你会对自己的高中3年有更全局性的认识，明确自己的节奏。

下面再分享一些“平衡玩与学”的实用小技巧供你参考，希望对你有所帮助：

一、合理安排时间

可以每周列一个学习和文娱活动的任务清单，安排一下大概哪些时间段完成。需要注意的是，每天的任务不要排得太满、太紧、太死，可以留出一些灵活机动的时间，填充比较琐碎的活动安排，避免因为临时活动打乱学习计划而烦闷、苦恼。

二、专注、高效、心无旁骛，“学要学得认真，玩要玩得尽兴”

在参加文体活动时，千万不要想着“我现在没有学习，可是我的同学们都在学，怎么办？”首先，学习远远不是高中生活的全部，参加文体活动是同样必要的部分。其次，这段时间本就是安排给活动和放松的，它不会影响我们在学习时段的认真专注，也不会成为我们学习退步的直接原因。再次，每个同学有自己的时间安排，我们要保持自己的节奏，不被外界因素干扰。在学习乃至备考时，同样要认真专注，全力以赴、尽力而为。

三、在你的来信中提到上学期临近期末考时参加了较多的活动，成绩下滑明显

首先，我想“玩”和“学”不一定是绝对矛盾的，参加活动不一定是造成学业出现困境的直接原因，你不必在潜意识里给自己施加太多压力。其次，在重大的考试前参加过多活动可能确实会影响时间安排，干扰心态。因此，这里确实需要我们舍弃一些不必要的活动。如果是学生会或者社团的工作，也可以尝试提前和负责人说明自己复习备考的安排，及时拒绝会带来过多压力的任务，这样的主动交流也有助于负责人协调安排工作。

四、“在学中玩”，“在玩中学”

“在学中玩”，指你可以将学到的知识或技能迁移到参加的文体活动中。比如，可以在语文/英语的应用文写作训练中，积累文体活动的组织、宣传中必备的文案编辑能力。“在玩中学”，就是将在活动中积累的智慧和经验带到学习生活中，和在活动中认识的伙伴相互交流、鼓励、进步。比如，在活动的策划中，有意识地锻炼自己统筹协调的能力、分类思维能力等。总之，“玩”与“学”不是矛盾和割裂的关系，可以相互助益，统一于你精彩的高中生活中。

希望这封回信可以点燃你潜力的火把，呵护你梦想的火苗。祝你勇敢绽放，展现自己！

——复旦大学　林同学

师长说

小穆你好，建议其实并不是很多，也不一定对，是我之前的经验。

不知道你是怎么看待学习和高考之间的关系的。对我来说，刚毕业的我面对与往常在学校截然不同的生活，开始的时候其实很不习惯。不习惯早上起床赶去上班，不习惯在工位待到下班，不习惯和工友的相处方式。我能做的就是，让自己不要想这么多，就是去做，没有什么很奇特的手段。我认为，你不用管人生到底是为了什么，你做这些事情的意义是什么，就是去做就可以了，做你想要做的事，做你需要做的事，不用顾及思虑这么多。

高考就是那两天，高中才是你的青春，我们说量变引起质变，高考是你青春的结尾，说实话，有一种浪漫蕴含其中。就像是一篇文章的句号，高考也是一个句号，在我所经历的 24 年的人生当中，还没有另一个如此鲜明的句号。

所以我想说的是，去学习，去复习，去享受青春，让行动在计划之间波动，然后去经历高考，感受自己青春的结束，感受波动离迷的自己。还有很重要的一点，要知道自己需要休息，无休止的事情总是让人感到疲惫。

其实，学习是让人感到快乐的，被学习才会痛苦。不用想那么多，努力去做就行，从概率上讲，总有人考试成绩不行，也总有人考试成绩很棒，一如《热爱生命》最后那句，“只要热爱生命，一切，都在意料之中”。

——中兴通讯　陆嘉辉

可以先跳出高中这段时间，好好思考一下你未来几十年准备怎样过自己的人生。可以拿你认识的身边人，哥哥姐姐叔叔阿姨，来做个对比，思考下你想过哪样的人生、想做哪样的人。

高中阶段是玩还是努力，取决于你想要什么样的未来？未来可不可以接受自己的平庸，会不会回头埋怨自己高中时的不努力？其实你的选择，主要还是要对得起自己。

感到迷茫，是因为目标和方向不够清晰，如果你能够找到你的目标，这个问题就有答案。

可能这个阶段确实也无法完全明确自己想要去哪里，想做什么事情。但是现在努力，是基础；是为了能够在有了明确目的之后，有能力去达成；是为了日后有选择且能够去做选择。而不是发现了自己想要做什么之后，发现已经没有选择余地了。

屈于人后其实不是问题，是心态。人外有人，天外有天。在外部找压力，不如找到自己努力的内生动力——可以是你的梦想，可以是你的目标，可以是你的家庭，可以是争一口气。学会将压力转换为动力。

——中兴通讯　周晴

同学你好，作为一名刚刚博士毕业步入职场的新人，看到你的问题，关于青春的美好回忆瞬间涌上心头。

根据我的理解，你遇到的问题大概是步入高中后学习压力大，自己很要强但没有取得理想成绩吧，有时候想放松玩玩又很有愧疚感，所以陷入矛盾？根据你的描述，这是无解的问题，其实我想说这是中国大部分孩子的写照，我也是这么过来的！和你相比，我的优势就在于生得早，提前熬完了这段艰苦但充实的路程，已经读完了本科和研究生，所以根据高中后的学习经历，给你一些小建议、小感悟，供你参考。

首先，关于优秀这个话题，你很不错了，作为 985 班的苗子，让 211 的我很是羡慕。是啊，生活中总是存在那么多优秀的人，让人有时难以想象他们是怎么做到的。根据我的经验，我们归根结底还是要超越自己，他人的优秀更多应该成为我们的榜样，而不是压力。现在你们只关注成绩，评价标准单一。等以后走上工作岗位，评价人的元素太多了，有人情商高，有人智商高，有人运动好，有人极具艺术修养，没有人能够全面领先，每个人都有自己的优势。到这时候你会发现，传统意义上成功的人往往不需要那么出众，他们反而是那些衷心欣赏他人优点、团结大家、善于学习的人。当然你也不能太差哈。所以建议你始终把超越自己作为目标，从现在起就培养欣然接受他人优点的心态，向他们多取经，我觉得这对你日后是大有裨益的。

其次，关于压力的问题，学习确实是枯燥的，这与我们的教育环境有关。但作为过来人，我想告诉你，学习真的是有用的！高中数学的知识，三角函数导数等，那可是 18、19 世纪最伟大人物的思想结晶，就是靠着这个我们有手机网络可用。如果换种思路，对这些知识多一些敬畏，会不会压力就小点呢。之所以玩很少有人说累，那说明你兴趣在那里。你也要努力发现学习的乐趣，我周围的职场“大牛”大多是那些对问题始终抱有兴趣的人。

最后，我想说，人生的旅途始终是充满挑战的，在上完大学以后你会发现一个合格的大学生的生活比高中时更累！这才是正常的逻辑，你学的东西越来越难，攀登人类智慧的高峰怎么会越来越轻松呢。所以从现在起就调整心态吧，发现学习的乐趣，转换压力为动力。当然也要劳逸结合。

衷心祝愿你不断收获学习的乐趣，不断超越自己，在打好基础的前提下，发挥你的聪明才智，为整个人类的进步作贡献。到那时，再有人问你累和压力的事情，你也会涌现出美好的回忆吧。

——中兴通讯　禹宏康

小穆同学：

你好！感谢你的来信，看到你的困惑，我仿佛也回到那段青葱岁月。

我发现我们身上有很多相似的地方，我也在 985 班，身边也有很多优秀的人不断反射到自己身上，高中生活的那段压力确实很大，似乎不拼命去学习就不算一个正常的学生该有的样子，复习、考试，再复习、再考试，周而复始。我也曾焦虑过，彷徨过，我内心也很要强，初中时的天之骄子，到了高中就屈居人后，心有不甘，我也想要有丰富多彩的青春。然而，现实是残酷的，高中 3 年是人生最宝贵的 3 年，也是人与人产生分水岭的 3 年。你或许觉得佛系也很好，但是，你熟读历史的话，就会发现，生于忧患，死于安乐，小到个人，大到一个朝代。每个人都有自己的价值观，我信奉“有志者，事竟成”，“苦心人，天不负”。年少的时候多读点书，不是坏事，身边优秀的人是你的榜样，可以催发你进步。多年以后，进入社会，你会发现比你优秀的人比比皆是，当然也有不如你的人，你是希望自己年轻有为呢？还是被人瞧不起呢？这取决于你当下是否付出过。学习是比较枯燥的，但我们可以尝试苦中作乐，课间的休息也能玩出花样，玩出精彩，比如诗词接龙，比如唱歌比赛，也可以和同学畅想未来，谈谈理想与抱负，青春同样可以多姿多彩。如何化解学习上的压力，我建议先端正一下态度，不要太看重分数，而要专注自己是否把该掌握的知识点都学会了，看看自己的失误在哪，有针对性地改进。高三就像一场马拉松比赛，你要有自己的节奏，学和玩之间确实要实现平衡，该放松的时候放松，该学习的时候学习，尽量不要熬夜，让自己的身心能跟得上节奏，适应当前的状态。这样，在未来的人生中，你都能从这段艰苦岁月的所收获经验中获得成长。这是一段非常宝贵的经验，祝你成功！

——中兴通讯　龙发明

小穆同学：

你好。仔细阅读了你的疑问，个人理解你的问题不在于如何去平衡学与玩之间的秤，而是如何正确地排解自己压力、如何探索成长过程中躁动的心中各种迷茫以及如何正确认知到什么是学习、什么是玩？

小穆同学是一个很优秀的学生。可以进入985这个班说明你就比同龄人优秀了不少。虽然你因为老师某些言语的影响，在学习积极性上有所削减，但是你并没有因此放弃学习。这种十分要强的心理也是一个优秀的人所具备特性之一。

高中高强度的学习压力、学习成绩不理想的压力、来自升学的压力，还要面对成长过程中遇到的内心迷茫的困境，整个高中生活基本上处于一种高压状态。学会如何正确排解压力就显得尤为重要。如何排解内心的压力呢？每个人身处环境不同，可以采取的解压方式也不一样。这个时候若是身边有一个很好的引导者，就会帮助同学找到适合的解压方式。具体怎么解压？例如，看到小穆同学喜欢参加活动，这个参加活动过程本身可能就是帮助你解压的一种很棒的方式。

探索如何处理青春萌动期内心无限的躁动和迷茫？首先要客观地认知这个年龄段正是青春无限好的时期，内心有迷茫有躁动是一件很正常的事情。要学会与人沟通这些迷茫与躁动，一方面沟通是解决问题的最佳途径，另一方面沟通分享这些经历也是一种很好的解压方式。至于与谁分享和沟通，这个就要看小穆同学如何选择了。沟通分享后一定要有一个明确的结果吗？往往是没有的。但你可以享受这个探索过程，以及获得探索所带来的一些好处。毕竟如何处理内心的躁动和迷茫是我们成长过程中要不断经历和面对的事情，如何走出来是我们一生都为之奋斗的命题。

如何正确认知什么是学习？什么是玩？其实两者没有很明确的界限，可能都是结果论，对当下有好的影响就是在学习，从经验上来说对当下没有什么好的影响就是在玩。基于小穆同学的描述，参加活动导致一时间的学习成绩下降，个人观点是参加活动并非去玩，而是在学习/收获书本以外的知识。不是很清楚当前小穆同学的成绩是否已经奋起直追了回来，但是我相信你一定可以再次站在属于你的位置。除课本以外，你可能要比学习成绩在你之前的人更优秀。

希望小穆同学可以在后续的高中生活中，在稳住当前学习成绩的同时，多参加一些有意义的活动。让自己在努力中蜕变为更优秀的自己。不忘初心，方得始终。

——中兴通讯　杨海涛

专家说

小穆：

你好。首先，明确自己高中3年最重要的目标是什么。

参与课外活动，对提升沟通交流能力、活动组织能力，甚至是领导力都非常有帮助，这是不可否认的。但同时，就像你所说的，参加这些活动也会耗费大量的时间。

你才上高一，学习上的压力应当算是高中3年里最小的时候，这时候适当参加一些课外活动提升自己的综合素质是不错的选择。但随着升入高二，学习压力会逐步加大，想要获得好的成绩，或者仅仅是在班级中处于中等偏上的水平，都要付出更多的努力和时间，因为每个人都在更努力地学习，追逐自己心中的目标。

这时候，再回到最开头的那句话：自己高中3年最重要的目标是什么？成为一个活动达人、学生会主席是你最重要的目标，还是考取一所理想的大学是最重要的目标？

人生之路上会面临许多取舍和抉择，“高中3年最重要的目标是什么”这个问题可能需要花很多时间去思考，在反复的纠结和徘徊中，才能逐渐弄清你最想要的是什么。高中正是人生迷茫的阶段，也许一时很难想清楚这个问题，甚至在我上学的时候，也并不是很清楚自己为什么要学习、要考一个985的大学，只知道没想清楚的时候就继续去学。

不论你是否在这个问题上纠结，持续、认真的学习一定会是正确的选择，切忌在迷茫纠结时通过参加更多活动或者娱乐来麻痹自己，那样只会让学习成绩更加一落千丈。高中的学习时间像金子一样宝贵，一旦浪费了想追上来就会非常困难。

对于来自同学和老师的压力的问题，我想说的是每个人的对手只会是自己。今天的你比昨天的你少错了一道题，多学会了一种解法，在考试中没有犯之前犯过的错误，这就是进步和超越。适度的竞争有助于提高个人能力，但如果这种压力已经使你没法只专注于学习本身，那么大可不必那么关心别人怎样。另外，对于你的老师说的“所有的无所谓来源于心底的不自信”我是不认同的，当你走出高中校园，进入大学，就会发现很多不一样的人、不一样的人生追求的人。如果老师说的这句话不能激励你，反而非常严重地挫伤了你的自信，请对她的这句话不予理会，持续学习，通过努力和考试成绩证明自己。

思考如何平衡学与玩，不如将眼光放长远一点，是否只有高中 3 年可以玩呢？当然不是。用我们以前的话说，高中毕业，进入大学，才是美好生活的真正开始。在大学里，有更多可以自己支配的时间，可以参加的活动也更加丰富多彩，以后会有更多玩的机会，不必执着于在高中阶段玩。

最后想说的，还是那句话，一定要明确自己高中 3 年最重要的目标是什么，然后一切为了这个目标而努力，相信你会走得更加果断和坚定！

——中兴公益助学团队

? 困惑 12

知道自己的问题但改变很难

我的问题在于自己的惰性和懒散的生活、学习习惯。一整天都在装模作样地学，假装努力地学，却不知道整天学什么，为谁所学。看起来很努力，实际上都是无用功。我在学习的时候从来没有真正努力过，我感觉不到学习的乐趣所在，也疑惑过自己是否在为了自己学习。

从小到大我都很讨厌别人问我未来的理想是什么，我从不去想自己将来做什么，因为我惧怕自己确定了目标之后原地踏步，不思进取。我也很讨厌在做某件事情的时候制订计划。我的潜意识里已经告诉自己：反正你不会按计划完成的，不如得过且过，走到哪算哪吧。

虽然我知道自己的问题在哪，但我改变不了自己得过且过的惰性，我也改变不了走一步看一步的态度，我更改变不了每次看心灵鸡汤就会热血沸腾，但不久就把“雄心壮志”忘到九霄云外的三分钟热度。

看，正如现在这样，还没开始我就否定了自己。这样一个自己都讨厌自己、看不起自己的我，你会帮助我吗？

——古浪三中　新时代高中生

学长学姐说

新时代高中生：

你好。

通过你对当前困惑的描述，我能从字里行间中感受到你的迫切和无奈，以及些许的“通透感”。这是一个我现造的词语，大意是“清楚了解自身所存在问题的感觉”，然而，从一个旁观者的角度进行分析，我不认为你真的“知道自己的问题在哪了”，或者说，知道问题的根源和解决的关键点在何处。因此，接下来我会尝试对你的问题进行归纳和分析，并给出一些解决的方法，希望你能有选择地进行采纳，因为不能保证完全符合事实。

问题分析：

问题 1，懒惰、散漫、学习习惯不好，具体表现为：学习的过程中不专注（假装努力）、不喜欢制订计划、三分钟热度。

问题 2，回避对理想的探索、对未来的规划，缺乏学习的动力。

问题 3，将问题 1 归因于问题 2，如认为没有真正努力是因为缺乏动力；又将问题 2 归因于问题 1，如逃避对目标的思考是因为害怕不能坚持；继而形成逻辑的闭环，实际表现为一种恶性循环，最终指向对自我的否定，即在问题相互交织又得不到解决的时候，最终归因于自身，即“否定了自己”。

看到这里，应该不难发现，对于问题 1 和问题 2，如果想要通过找到因果关系，着手解决“因”，进而改善“果”的思路来解决这一问题的话，最终还是会陷入问题 1、问题 2 相互交织的死结，因此，不妨将问题 1、问题 2 同样视为“因”，而把问题 3 视为果，这样一来，问题解决的思路就清晰了。以下是我的建议：

一是小计划，好习惯。道理是很浅显的，执行起来却不容易，关键在于我们往往只在雄心勃勃时才有制订计划的冲动，而此时的我们，难免具有高估自身的倾向，因而制订的计划本身也常常“忘乎所以”，而这样的计划，坚持下去的可能性是可想而知的。因此，制订好的计划需要注意两点：（1）从小的计划和容易实现的目标开始，先养成行动的惯性，再慢慢考虑提高难度；（2）让制订计划本身成为一种习惯，而不是每次“热血沸腾”时才去做。

二是勇探索，不回避。目标一定要实现才有价值吗？我的看法是，绝非如此，一个人的目标和理想的价值不在于实现其本身，而在于追逐目标和理想过程中的努力和收获。取乎其上，得乎其中，缺少目标和理想，又怎么会有坚持的动力呢？所以，如果非要问我是习惯和坚持更重要还是理想和目标更重要，我一定会毫不犹豫地选择后者，因为后者是前者的根本动力。老实说，从初中到大学，理想和目标似乎每过一段时间就会有所改变，有哪些实现了，有哪些将要实现，有哪些是我明知道摸不着、说不清的，唯一能确定的是，我不曾后悔过，也不觉得这是些无用功。相反，我很享受这些中二的、异想天开的、迷茫的、烟消云散的、紧紧追寻的时光，少了这些，我就看不清现在的自己。所以我想，尽管你可能在逃避，在犹豫，在害怕些什么，但我恳请你务必大胆一回，因为无桎梏地发白日梦兴许是年轻人的独有权利。

三是高中是一个充满可能性的时间节点，前提是立刻行动起来。

——华南师范大学　区仕培

师长说

首先，这个问题是同龄人的通病，每个人都会有迷茫懵懂的阶段，这个很正常，不是一个人两个人的问题，不需要过于自责和自我否定。

其次，关于目标建立，其实人生中很多事都是做了不会立即看到结果的，有目标是好事，不过制订一些不切实际的目标却是有害无益，可以先从一些能够完成的目标开始，完成一个再进行下一个，慢慢加码，探索能力的边界。走一步看一步和雄心壮志并不矛盾，应该有长远的目标和志向，但是更重要的是实现目标的每一段小小的旅程。

再谈谈自信，真正的自信是对自己的优点和缺点能够正确的认知，不会盲目尊大觉得自己天下无敌，也不能妄自菲薄而错失一些能力范围之内锻炼自己的机会，要多发扬自己的优点，也要能接受自己的缺点，不要让自己陷入自我消耗的情绪舒适圈。你还在高一，有这份自省的勇气，勇敢地表达自己的心声已经是很难能可贵的事，慢慢前行，稳中求进，才能让自己渐渐靠近目标，必要的时候可以跟老师、家人还有朋友沟通一下，做做运动发泄一下。

最后，谈一下学习的意义，我们国家目前对于高考还是很重视的，对于每个人的成长和成才都很关注和关心，有一个好的文化底蕴获得一个好的学历文凭，你可以在未来有更多的选择。不管是进大城市闯荡还是回乡服务，一个好的学历都能给你更大的助力，不要觉得将来很远，觉得未来做什么不知道，通过好好学习，你在未来某一天也许就知道了自己的兴趣和热情所在，在这一天到来之前，好好准备吧，多行动，少空想，你的人生才刚刚开始，要对未来满怀希望。

——中兴通讯　王佳亮

你好，我曾经有一段类似的刻骨铭心的经历供你参考。20 年前，我刚考上心仪的大学，由于缺少监管，沉迷于无节制的电脑游戏及篮球运动，大一第一学期多门主课挂科，开始我也难下决心、左右摇摆，后来痛定思痛、下定决心，每天 6：30 至晚上 11：30 在自习教室度过，除了疯狂补习文化知识，也偶尔在图书馆借一些名著来调剂黑色生活，远离电脑，偶尔打一次篮球，经过努力，成绩迅速提升至班级前列，最终虽然顺利本科及研究生毕业，但多年后经常噩梦到自己当年大学留级、被众人嘲笑，想想就一脊背冷汗。

因此我的建议是：（1）完全放弃电子或娱乐产品，可交给家人保管；（2）给自己设定一个大目标（考上心仪大学）和若干小目标（某课程提升多少分）；（3）分阶段补习文化知识，有问题多请教老师或其他学习好的同学，别怕丢人；（4）可以找一些课外书籍来调剂学习并转移对电子或娱乐产品的注意力，但不要超过学习时间的10%。希望上述描述能促使你进行深入到灵魂思考，不要做出令自己抱憾终身的选择，祝心想事成！

——中兴通讯　吕闻

你好，既然不知道为什么学，那就先多花点时间想清楚自己为什么而学习。可以从多个角度分析，比如说个人学习对于社会的作用、应试教育的必要性、高中及往后的学习对于实现个人奋斗目标的作用、个人学习的必要性等，这种分析并不一定要弄个分析报告，可以自己去搜集资料什么的，不过对于讨厌计划的人来说，这也只是一种方式而已。对于一个人来说，不管自己怎么选择，总会有一个确定的生活路径，总是会走一条路出来，也就是说，不管你选不选，你的生活都会像串在烧烤上的五花肉一样串起来，你可以选择让自己往后的生活串起来好看好吃，也可以选串起来无人问津。

三分钟热度也可以设置三分钟的目标，对于三分钟热度的自己就不要设置过高的目标了，不要在自我怀疑的心态里沉浮太久，三分钟的目标可以让自己坚持四分钟，毕竟才高一，毕竟你没有十年前就开始种树，那么现在就是最好的种树的时候。

加油！

——中兴通讯　陆嘉辉

你能清楚表达自己的意愿也知道自己的问题，这已经比很多人强了。也许等10年后再回想你会发现一个问题，就是很多人穷极一生都等不来一个机会，一个投入就有回报的机会，一个投入越多回报就越多的机会。

而高考恰恰就是一个拼搏点。你当然可以选择自己想要的生活和学习方式，若干年以后你可能会在工厂里打螺丝累死累活赚3000元，或者是坐在办公室里喝咖啡拿着年薪几十万元，这完全取决你现在是否努力。你很聪明，也很有主见，但是现在恰逢拼搏点的你真觉得学习不是为自己吗？

——中兴通讯　刘诗涛

Make a plan and do it. 如果自己罗列的计划都完不成，还能完成什么呢？学习很多时候都不是一个乐趣所在，99%的人工作也不是乐趣所在，但是你可以通过学习该变自己，让自己成为那个1%。你愿意用现在的3年努力换以后的几十年轻松，还是先痛快这3年，再痛苦几十年？

——中兴通讯　李忠海

其实大多数人都会有的你说的这个阶段，并不是只有你这样，所以不要否定自己。其次，还是要对自己有一定的要求，你应该对自己也是有要求的，如果真的得过且过，也不会因为自己的状态而讨厌自己。要敢于去改变，看到自己每天在进步就够了，不要觉得自己什么都做不到，其实你已经做到了。

——中兴通讯　张荣芳

第一，在不同的人生阶段要做不同的事情，学生阶段的主要任务就是学习。其他都是为学习服务的。

第二，学习是人生积累的一个重要手段，积累的越厚，后续自由选择的空间越大，否则你就只能被动选择。现在的不自由是为了将来的自由。

第三，懒散的习惯是要不得的，给自己列一些计划吧，可以不用列得太紧张。给自己的目标比当前能做到的稍微高一些，给自己一个努力一下就能达到的目标，一点点的进步。可以不用很忙碌，但是一定要有计划。

——中兴通讯　田旌熙

专家说

知道问题但改变很难的原因可能包含但不限于以下几条：

一是改变令人恐惧，不管是朝哪个方向改变。

旧模式也许是病理性的，但毕竟是一个好不容易才达成的平衡。曾经的自己建立起这个防御，是为了不被痛苦吞噬。改变，就是要放弃这个防御，直面痛苦本身，这并不容易。

旧模式是熟悉的，要改变，就要走向未知，而未知令人恐惧。

二是有时改变需要我们采取具有严重后果的行动，比如：离开一段糟糕的关系，可能招致对方的报复；不再配合家人的情感勒索，可能遭到家人怨恨。

三是执着于自己的痛苦，希望造成痛苦的人来弥补，来道歉，实际是在用愤怒和怨恨逃避哀悼，因为哀悼意味着一个人必须体验和处理比愤怒和怨恨更令人痛苦的情绪。

四是当痛苦的根源可以回溯到童年时期所遭受的重大缺失时，这种痛苦就会产生一种身份上的认同，似乎自我只能用这种痛苦来定义。

五是痛苦有时也能给人带来次级获益。保持痛苦，也许能持续获得关注和关怀，一旦这些关注被抽走，个体就会感到孤独。

改变本身就是件很难的事情，仅仅意识到还不足以促成改变。单纯的反复思索若没有实际的经历就达不到效果。若问题是面对自己内心的恐惧没有勇气迈出去第一步也是徒劳。也许改变也需要一个契机、一件事、一个人、一个机会。意识到问题仅仅是解决问题的第一小步，让问题得到解决才是最重要的部分。既然你提出了“在意识到自己的问题之后仍然很难有所改变？”这个问题，我建议你针对这个提出另一个问题：“如何让自己真正的做出改变，即便是微小的一步？”希望对你有所启发。

——中兴公益助学团队

? 困惑 13

怎么戒掉手机

使用手机上网不受时间、地点的限制，其便捷性让我可以随时随地浏览网页、聊天、看视频、玩游戏等。我把本该写作业、休息的时间都用来玩手机，这也导致我的成绩下降，学习成绩怎么也提不上去，或者提高不明显。我应该怎么办呢？

——安化二中　刘同学

学长学姐说

刘同学：

你好。我想手机对人的影响应该是现代人的通病吧，每个人都或多或少会看手机浏览网页。你疑惑为什么我们会喜欢刷手机，从人本身出发，我们就是会选择更简单易得的快乐，玩手机和学习、锻炼身体、工作相比，当然是手机的吸引力大。从 App 的设计角度来看，开发者的目的就是希望你多花时间在这款软件上，所以会通过大数据的方式推送你喜欢的内容，这样看来是不是发现喜欢看手机也不全是你的原因。不过没有节制地看手机不仅浪费时间还会导致拖延行为的发生，严重的会影响我们的学习甚至社交，就像你所知的玩手机影响到了你的学习。

那我们能通过什么方式控制自己玩手机的时间呢？我这里也有几个小建议，这也是姐姐在考研的时候用到的方法，毕竟在准备考研的过程中我也深深感到手机占用了我很多的学习时间。

第一，认知到你现在的首要目标和手机对这件事的影响。回想一下自己每天学习的时间和玩手机的时间，还有自己的学习效率。

第二，养成好的习惯：在学习的时候不使用手机，可以在学习时把手机交给家长管理，或放到另一个房间关上门，或者放到书包里拉上拉链。目的是学习任务完成前不拿手机，并让手机远离自己，越远越好。

第三，强制戒除：回想一下最喜欢的软件是什么？花费时间最长的软件是什么？把它们卸载了。

第四，和好友相互监督：找一个自律的好友或同学，邀请他一起学习几次，你们可以互相监督，相约学习时不要玩手机。

第五，如果真的觉得自己做不到，并且需要和家人保持联系的话，可以把手机换成老人机。

姐姐觉得既然手机就在那儿，不来不去，那我们只能从自身出发，隔绝诱惑的源头，希望我的建议能给你一些启发，祝你学习进步！

——华南师范大学　王晓咏　路柯明　李幸凤

师长说

刘同学：

你好！开头说句题外话，我是安化二中毕业的2011级学长，很幸运能够分享我的一些经验。

爱玩是人的天性，如今手机的功能越来越强大，我们难免会对手机产生依赖感，有时候原本是拿手机出来查资料，但突然弹出某个感兴趣的消息，结果就忍不住点进去看；又或是在做作业，突然朋友给你发了个消息，跟你讨论其他有意思的事情；或者是心情不好的时候，打开手机来听音乐、刷抖音等放松一下……这些都是我们经常会遇到的情况，下面我来谈谈我的一些看法，希望能对你有所帮助。

首先，要明确的一点是，高中是人生中最重要的阶段之一，努力奋斗3年，考上一所好的大学，可能人生就会发生翻天覆地的变化。如果将这么宝贵的时间浪费在玩手机上，或是其他与学习无关的事情上，我想是得不偿失的。

其次，人都有惰性，贪玩，喜欢找一些借口，这个时候就需要有人来监督你，当然我们不希望父母每天在我们耳边唠叨，因此我给你的建议是找一个自制力较强的人，两个人一起努力，互相监督，总比一个人单打独斗要强。

再次，认清自己，找准定位，了解自己的优势与不足，同时高中的时间很宝贵，学的知识又多，所以要制订好目标和计划。目标要清晰，具有可行性；计划要具体，根据对自己的了解，找到适合自己的学习方法，力求在高考时取得好成绩。

最后，我想说的就是千万别半途而废，不到最后一刻千万别轻言放弃，机会总是留给有准备的人！

——中兴通讯　杨玉杰

刘同学好。

先说原因：现在的娱乐项目都是追求用户黏性的，不管是游戏、短视频，还是各种娱乐 App，因为只有你停留的时间越长，商家才越赚钱。不客气地说，有些游戏和短视频就是在培养用户“瘾”的习惯。这种现象自古有之，古代说书的，临到最后总有一句：“欲知后事如何，且听下文分解。”这跟手机的娱乐软件是一个道理，是用来吊你胃口的。

再说办法：控制使用手机的时间，卸载掉冗余的软件。你已经意识到玩手机开始影响你学习，成绩下降了，说明你已经发现问题。把用手机设定成自己奖励的一部分，比如：规定数学小测满分奖励用手机 1 小时等。严格执行，非常考验自制力。

——中兴通讯　张植茂

喜欢刷手机是因为缺少学习的目的和自律。所谓的自律、自控，其实就是在和自己做斗争，说白了，就是要对自己狠一点。思考一下自己学习的目的，再想一想娱乐能给你带来的东西。最好的做法就是消灭这些影响你自控的根源，比如上交电子设备或者删除娱乐软件。如果你做不到，那你就尝试一下控制娱乐的时间，比如限定每天何时可以玩电子设备、玩多长时间，同时提升娱乐的质量，少看一些没有营养的视频，多去看看一些历史、科普类的视频，你会发现有一天这些视频里的内容可能会帮到你。

——中兴通讯　王晨光

任何电子产品都是一把双刃剑，用得好可以提升技能，用得不好就是祸端。电子产品会紧跟时代的潮流，但是不能让电子产品害了自己。作为一个学生，第一任务就是学习。只有努力学习，考上一所好的大学，才可以更加从容地面对复杂的社会。玩游戏、看电视，在任何时候都可以实现，但是，错过学习的时间，可能这一辈子都没有机会了。不要认为现在学习的时候很轻松，可以肆无忌惮地享受生活。学习的时候不吃苦，走向社会就得吃社会的苦。自己的目标要明确，考上大学，考上“985”，这个是学校的目标，更是自己努力的方向，不要因为电子产品的娱乐，让自己迷失了方向和目标。以后的生活需要靠自己，而不是靠别人，这样才能体验生活中的五味杂陈，才能让自己更好地体验社会，为自己撑起一片天。

——中兴通讯 华烜

因为现在是一个信息爆炸的时代，手机符合了所有人的快节奏生活，同时也散失了最底层的沉淀。教育和成绩的本质是对个人的智力和学习习惯、学习方案的筛选，但本身是不冲突的。我也会刷抖音，但是我关注的是一些知识科学博主，这样获取知识的效率大大提高了，刷手机和下降成绩没有必然的联系。正如一把神兵利器一样，在坏人手里无恶不作，但是在好人手里就可以保护弱小。希望你可以利用这种快节奏工具帮助自己学习，而不是只打游戏。

——中兴通讯 刘诗涛

首先使用手机并没有问题，通过手机获取信息或是社交游戏，这是技术带给我们的便捷。你的问题在于没有控制好用手机的时间和关注的内容。你提到本该写作业的时间用来玩手机，说明你已经意识到使用手机时间过长了。我想你把手机用在了一些娱乐活动上，这没错，但娱乐并没有让你快乐，这就说明我们没有把用手机和自己的目标结合起来。你的目标是提高成绩，手机可以是很好地帮助你提高成绩的手段，如果你控制不住去看别的，那就在学习的时候把手机放到看不见的地方或者让父母替你保管。当完成学习任务或取得进步时，把手机作为一种奖励手段，玩一会儿放松一下。另外，我建议你把用手机的时间和看的内容记录下来，看看哪些是可以不看的，索性把 App 卸载。总之，不要完全不看手机，用手机也不要过度。

——中兴通讯 宋侠

专家说

首先你能意识到自己上网玩手机存在问题，说明你是很想改变的，所以这个时候你需要利用你的理性思维去克制你的感性思维。你很想去玩手机，但是正确的做法应该是不玩，那么你就要在玩与不玩之间坚定地选择不玩，因为这对你的成长是更有利的。每个人都会有放松的、想玩的心理，这对这个阶段的你来说是很正常的。但是你既然想要改变，就给自己植入一个信念，就是我在玩与不玩纠结的过程中，我就要坚定地选择不玩。

在该学习的时候，你可以把手机放远一点，比如说关机，或者说找同学、家长、老师来配合、监督你。你不需要把手机就放在口袋里不关机考验自己的自控力和自律性。你的做法应该是让手机远离你，或者让别人监督你，这就从源头上杜绝自己玩手机的念想和可能性。

另外，如果你真的做到了在很长时间内很自律地把手机和自己隔离开，那么也可以适当地给自己一些奖励，比如制订一些奖励制度，让自己能够在某段时间里玩手机。一定要先制订计划，然后理性地安排，这是最有效的措施。

——潘新凌中小学生心理健康研究室

困惑 14

我该如何变得自律上进

您好，我是一名高一的学生，成绩不错，但是我发现自己的自控力越来越差，对于电子产品的依赖性越来越强，导致我在学习上的时间越来越少，而在娱乐上的时间越来越多。在娱乐之后，我常常感到一阵空虚与迷茫。每当我痛定思痛，下定决心改过自新，却在第二天就将之抛诸脑后。而且我发现自己对于学习的积极性也在下降，课外阅读也显著减少。真的很担心自己现在的状态会导致成绩下滑，我很想变得自律，但又觉得自己做不到，我该如何变得自律上进？

——宁化一中　落叶知秋

学长学姐说

To 落叶知秋：

自控力差是一件很常见的事情。即使写下这段文字的我，身为大学生，也依然会受这个问题困扰，为此不必有过多的心理负担，也不必苛求完美。从字里行间能得知你是一位素质优秀的学生，因此你要相信自己，相信自己的学习能力和行动力。下面是根据你的需求提出的几点锻炼自控力的小建议，希望能给你带来帮助：

一是在你开始学习时，将电子产品放到你看不见的地方，这样能让你更好地集中精力。如果还是抑制不住去找它，那不妨借助外力，将你手头用于娱乐的电子产品暂时交到父母或者朋友手中，告诉他们等你完成学习任务后再还给你。

二是一旦有了想学习的念头，拿起笔立刻就开始。拒绝“从明天开始”和“下次一定”。

三是计划不要太琐碎，也不要企图“狮子大开口”。根据自身能力去制订能够完成的计划，避免计划进度太低带来的无力与厌烦。

改变的过程可能是漫长的，也可能会是痛苦的。自控力被认为是一种有限的、可能被损耗的资源，而自律也不是让你不知疲倦地制造时间收益最大化，而是希望你能够合理地分配精力和时间，充实生活。所以在你计划变得自律的同时，也希望你能劳逸结合，放松心态，不要给自己太大压力。期待有朝一日你能看到自己的坚持与改变。

——华南师范大学　庄熙媛

师长说

你希望解决的问题是如何减少花费在电子产品上的时间，而把更多的时间用在学习和课外阅读上。你自己把这个问题的根本原因归结为“自控力差”，所以希望通过提高自己的自控力来解决这个问题。我觉得这种思路是不可行的。

首先，向你推荐一本书，英文名是《Switch》，中文名是《瞬变》。这本书介绍了一些快速改变个人或者群体行为的方法。其中提到一个很有价值的观点：要改变一个不好的状态，很多时候不应该去寻找导致目前这种状态的所谓“根本原因”。一来，现实世界很复杂，有些事情的根本原因不是那么容易找到的；二来，很多时候，你找到了根本原因，对于解决问题也没什么帮助。

以你的情况为例，姑且不论你对于“花费太多时间在电子产品”的根因定位是否准确，就算你的定位是准确的，让一个十几岁的高中生在短时间内大幅提高自控力，如果没有突然的、重大的人生变故，这几乎是不可能的。

当然，我并不是说自控力不能提高。自控力（或者说意志力）确实是可以像肌肉一样锻炼的，这有一些心理学研究作为佐证。但这肯定是一个需要花费较长时间的过程。

我觉得你现在更需要考虑的是，如何改变自己的行为。

要改变自己的行为，有很多方法。

我简单说几个，更多详细的介绍或者相关书籍，其实网上有很多。

第一个方法是改变环境。曾经有一个人在网上介绍了他如何在一年之内读了 50 本书（具体数字我也不确定了，总之是很多本书）。他做的第一步，就是在所有他活动的地方放上书，比如床上、沙发、餐桌、马桶，总之，家里到处都是书，这让他随时随地都能拿起一本书来看。以你自己为例，如果你想减少花费在电子产品上的时间，一个方法就是为自己创造一个没有电子产品的环境，不一定是一整天都没有，让一天中大部分时间都没有就可以了。比如，平时不要使用智能手机，只使用功能机；把各种电子产品交给父母或者其他人保管，只能在特定的时间段去找他们借出来玩。

第二个方法是给自己制订特别具体的、可以实际执行的方案。比如，你希望增加课外阅读，那你就确定最近读哪本书，在每天的哪个时间段，读几分钟。一定要特别具体，这样才能指导自己的行动。

第三个方法是从自己感兴趣的内容入手，而不要过分强调“坚持”“意志力”这些东西。比如学习、阅读，这些事情都可以从自己感兴趣的内容入手，一旦进入状态，就是心理学上所谓“心流”的状态，人本身也是很满足很愉悦的，自然能够长时间专注地做这件事。

第四个方法是培养习惯。习惯的力量是巨大的。要培养习惯，可以先从简单的、容易的习惯下手。比如你提到的课外阅读，一开始可以给自己定个目标，就是每天晚上睡前读 5 分钟课外书。就算你自制力再差，“读 5 分钟书”这件事情，在内心挣扎几下之后，总还是可以完成的吧。一旦养成习惯，其实可能远不止读 5 分钟。

其他方法应该还有不少，你可以自己看看“习惯养成、行为改变”这方面的书和文章，毕竟我也不是专家。

最后，再说说自控力。现代社会，娱乐产业空前发达，指望完全靠自己的自控力对抗外界的种种诱惑，别说对一个高中生，即便是成人，也是极其困难的。我记得著名作家李敖有一次在一个电视节目上说，他平时是不看电视的，一个原因就是现在的电视节目太好看了。以李敖的努力和自制力（李敖一生写了 90 多本书，还办过多本杂志），都觉得不能抵挡电视的诱惑，更不用说大多数普通人了。而电子产品、电子游戏的诱惑力，又哪是电视可以比的，多少游戏行业的专业人士整天都在研究如何让玩家更沉迷于他们的游戏。

所以，也不要对自己的自控力有太高的要求，更不要奢望你的自控力短时间内就可以强到能够抵抗各种电子产品诱惑的程度。更实际的做法是逐步改变自己的行为，逐步培养良好的习惯，进而让自己的时间分配更合理，也让自己感觉更充实。

推荐一本书：《自控力》，你有空可以阅读。

——中兴通讯　张奇

自控力与年龄无关，别说学生，成年人和老人同样有电子产品上瘾问题。一是物理隔离，即不带手机；二是转移注意力，比如感兴趣的课程；三是限定玩的时间并逐日减少，在这过程中感受自我掌控和玩与学习两不误的成就感。只要目标明确，相信你一定会慢慢改变。

——中兴通讯　刘军妮

专家说

落叶知秋同学你好。其实有没有想过，没有人是天生自律的？因为惰性是人的天性，也就是人的本能。按照进化心理学的观点，惰性是进化选择的结果，是人类几百万年历史演化中保留下来的一种保护性措施，被刻印在基因代码里代代相传。所以不需要为自己的惰性感到羞耻，想成为一个自律的人，是需要一次又一次循环往复的训练和调整的。以下结合相关方法论，为你列举一些建议：

一、制订计划，合理分割时间和精力

（一）细化计划

周计划、月计划甚至年度计划固然重要，能够帮助你有更长远的打算，但其实较长时间段的计划还需要细化至每天，甚至每一个小时，否则内心的惰性就会跟你自己对话："还有明天，明天再说吧。"倘若你有几个月之后的学习任务要准备，那你也要把它拆分为每一天必须完成的任务。

（二）事无巨细地记录计划

不要只把最困难最重要的那几件事写进你的计划本里，这些难度系数大的事需要你有动力去驱动完成。而动力就来源于你计划本上绝大多数事情的完成。这“绝大多数事情”就是那些容易做到的，精力花费小的事情。并且当你再返回到以前的计划中去回顾时，你会发现你完成了很多很多的事情，这样你就会有更多的动力去制订并完成计划。并且在这个过程中，你也就悄悄地变得自律了。写一些“小事”到你的计划中，能够帮助你更好地去完成你的大事。不要认为“小事”不值得被写入计划本，完成任何一件事，都是你能力的彰显。

二、劳逸结合的学习方法——番茄学习法

番茄学习法是简单易行的时间管理方法，是由弗朗西斯科·西里洛于 1992 年创立的一种微观的时间管理方法。使用番茄学习法，选择一个待完成的任务，将番茄时间设为 25 分钟，专注工作，中途不允许做任何与该任务无关的事，直到番茄时钟响起，然后在纸上画一个 X 短暂休息一下（5 分钟就行，这 5 分钟你可以任意玩电子产品，但仅限于 5 分钟），每 4 个番茄时段儿休息一会儿。番茄学习法极大地提高了学习的效率，还会有意想不到的成就感。

由于人的精力有限，不可能集中精力太久，所以需要我们合理地安排工作和休息的时间。这样看起来休息时间要长很多，但是集中精力的时长也会无形增加，避免假努力带来的不良影响。只有尽量避免身体的疲倦感，你才能学会自律。毕竟自律要的是你能自我管理，而非是自找苦吃。

三、提高目标和效果的颗粒度

没有哪个人能够沿着一条看不到结果的路一直走下去，没有

效果的努力谁都难以坚持。你可以尝试着把每个阶段的目标细化，每个阶段都有稍微踮踮脚就能够得到的“果实”，例如考试在年级排名中就往前提升几名。有些看似很长远的事情难以坚持，但是被分成一个又一个小目标之后，就显得没有那么难了。以后就会发现，这样一路走来，你会拥有丰收的青春。

——中兴公益助学团队

困惑 15

可能我不是一个很好的班干部

一直以来我都在班级中担任班干部一职，大多数时候是副班长一职。这也培养了我的管理能力，但是在班级中仍然有一些同学让人很烦恼。所以有时候对于他们的一些问题我表示非常生气，但是又不想与他们闹得太厉害。我总是将自己的一些心事或者一些想法隐藏起来，或者在没人的时候独自一个人发泄。长期以来我感觉自己特别压抑，可能我还不是一个很好的班干部？

——古浪三中　维哥

学长学姐说

维哥：

你好！通过你的描述，我了解到你在班里担任副班长一职，但班级中部分同学的不良表现让你感到很苦恼，这些想法又被你藏在心中，你感到更加压抑。

首先，我想先回答你在文中提到的问题“我不是一个很好的班干部？”我可以很肯定地说，你是一个很好的班干部。作为一名班干部，你努力去管理班级的事务，提高自己的管理能力。更重要的是，你认真思考了自己在任职期间存在的问题，并因此感到困惑，这不正是你负责任的体现吗？如果你对此仍抱有怀疑，不妨将目光投向班级中的其他事务。除了那些令你烦恼的同学，你是不是已经管理好了班级中的大部分同学和事务呢？你过去的所有努力和付出，都值得被肯定，读到这里，请先给自己点个赞。

其次，班级中存在一些令人恼怒的同学并不是你的责任。在管理班级过程中，如果少数同学出于个人的原因不愿意配合班干部工作，不愿主动维护同学间的和谐关系，那么在极大程度上，班干部也是无能为力的。我有非常多当班干部的经历，小学、初中、高中，在每一阶段我都曾当过班长或是副班长。所以我也遇到过非常多不服管教的同学，连老师都拿他没办法，我们又能怎么办呢？比如，在自习课上，某位同学一直在制造噪音，影响周围的同学，我们用了各种办法与他沟通却毫无效果，这时除了求助老师让这位同学离开教室，似乎也没有更有效可行的方法了。我们尽力去沟通劝阻了，但是当事人不愿意接受意见，这一定不是班干部的责任，你在平时管理时遇到的问题也可以类比于此。如果在这个过程中，我们毫无作为，任其吵闹，那么就是我们的失职。但如果我们努力过，尽力了，那我们问心无愧！

而且在管理班级过程中，不仅仅是你一人在努力，其他的班干部和班主任也在做着相同的事情，不用将所有的责任揽在自己的身上。如果遇到班级管理上的问题或是不良的情绪，可以和你的同学比如和你们的班长，一起吐槽下，发泄出来后心里会舒服很多。当然，如果你们的班长是属于那种不负责任、不管事的，确实也没什么好说的，那就向班主任反映一下同学们的近期情况总是没问题的吧。你可以去请教一下班主任，在遇到难以处理的问题或是面对某些不听劝告的同学时具体该怎么做。如果你的班主任很有经验，那么他可能会告诉你具体的解决措施；如果他也没有办法管住这些同学，他也会理解你在管理过程中遇到的问题，至少你不会感觉自己是在孤军作战。如果班干部和班主任都不能听你倾诉，但找同班的同学又怕会得罪别人，那也可以找家人，或是不同班级、不同学校的朋友，总归是不要永远憋在自己心里。

我不知道你只是在班干部的事情上习惯将心事和想法藏在心中，还是面对所有的事情都是相同的处理方式。每个人的心理容量都是有限的，适当的倾诉有利于身心健康。生活偶尔也要有些吐槽，只要控制分寸，是不会引起他人反感的。

希望上述内容可以对你有所帮助，你是一个很好的班干部，但在关心他人的同时别忘了自我关怀，照顾自己的情绪也很重要。祝愿你在今后的班级管理中顺顺利利，天天有好心情！

——华南师范大学　邱可仪

师长说

需要理解的是，班主任让你当副班长是为了分担自己的工作压力，而不是成为他，更不用为了争取所谓的威信站在同学对立面，没有人喜欢被束缚管理，主要是自身学习和成长，兼顾同学相处好的同时再达成班主任的减少班级事务精力投入的目标。坦诚和同学沟通你的想法会更好。

——中兴通讯　王圆升

上学的时候有同学很烦，上班的时候有同事很烦，这都是无法改变的事。就算你在公司当老板也不可以，因为各种人有各自的长项，自己喜欢与否也不是判断人能力的标准。你有个很好的机会现在就开始做管理，你也可以尝试找找那些所谓的“让人烦恼的同学身上的闪光点”或者把他们当作磨炼自己的素材，岂不是更好？换个角度考虑，这些事你都搞定了，那你以后上班岂不是比其他从零开始的人更容易成功？祝你顺利，你当然是一个很好的班干部啦！

——中兴通讯　赵星星

如果你喜欢管理的过程，那么你要考虑如何提高管理效率，改进管理方法，这可能会影响到你之后从业的能力；如果你目前当班干部只想为大家服务，帮大家处理一些事务，那你就要想着如何让大家的需求尽可能得到满足，更好地为大多数人提供帮助。不管你是班干部，还是以后的学生会干部，甚至以后的 CEO，你都会面临有些人不服从管理的情况，那么最好的办法是多试试，总结一下，想当一个好高管就要解决问题而不是积累问题。

——中兴通讯　郭枭龙

专家说

维哥同学：

你好。首先，我想跟你说的是能够胜任副班长一职，说明你是一个非常优秀的人，所以你说自己不是一个很好的班干部是不对的。而且，你也发现了当副班长培养了你的管理能力和其他一些能力，这些都是你的综合能力，在未来社会竞争中肯定能够帮助你走得更远更好。

其次，我看到你说班级里仍然有一些同学很让人烦恼，我想你应该是一个尽职尽责的人，期望着所有的同学都能够成为更优秀的自己，这非常好，而且大多数同学都正跟着你的步伐向前走。我想一方面我们要看见事物积极的一面，譬如你做副班长的过程中大部分同学都很服你，愿意听随你的倡议，只是有小部分人让你比较烦恼；另一方面我们要从已经达成的事情中去发现达成的前提和原因，譬如，我们要去追问大部分人服你的原因是什么？是因为老师任命了你所以他们才不得不跟随吗？还是你个人能力（包括成绩、个人德行、服务意识）比较强而令人信服？我想即使是因为老师任命了你也完全是因为你是一个堪当大任的人，因为班级的管理者如同一个年级、学校、区、市、省、国家的管理者，你扮演的角色更多是一个为你的同学提供服务的支持者，而不能用手中的权力无端要求或者制约他人。

再次，我看见你说对于少部分同学的一些问题表示非常生气，你的生气是因为他们做的事情不对，还是因为事情是他们做的？如果是前者说明你针对的是事情，如果是后者说明你针对的是人，这一点你要注意，因为大多数情况下我们说对事不对人的时候，其实可能说了谎话……如果是针对事情，你非常生气的时候可以向同学表达你的情绪，但是更重要的是你要把自己的期望告诉他们，这是表达情绪的目的，譬如“你们这么做让我非常生气，我希望你们下一次能够 ×××（这里需要描述你具体的期望）”。表达情绪并不意味着制造冲突，只要你抱着解决问题的心态去真诚地处理问题，我相信你的同学会理解。

最后，也是最重要的一点，当心情压抑的时候一定要找到一个情绪的出口，这个出口你可以自由选择，如果你是一个喜欢独处的人，那你可以听音乐、阅读、写作；如果你是一个外向喜欢表达的人，那你可以告诉你的父母请他们帮忙出出主意，或者告诉你的好朋友。我比较提倡你去找那些能够帮助你出点子的前辈，如果是同辈很有可能演化成吐槽大会，最后问题也没得到解决；如果告诉老师的话也一定从解决问题的角度去寻求帮助，否则很有可能会在同学那里落一个喜欢告状的“坏名声”，也要跟老师达成一致不要老师插手。

你在这个年纪就体验了做一个管理者的不易，这是很难得的体验，并不是人人都有这样的机会。在这个过程中，你可以了解人与人之间的差异，了解不同的人需求不同，沟通方式也不同，你可以多一点观察和反思，有机会也可以学习一些管理学的知识。通过做一个管理者你会更理解自己的父母，理解自己的老师，自己也会越来越优秀。加油维哥同学！

——途梦教育教研团队

困惑 16

怎么做好班长？班级工作和学习有冲突怎么办

我是我们班的班长，因为我们是奥班，成绩比较顶尖，班里同学们也比较散漫，我发现管理班级非常费力，还常常吃力不讨好。班主任也经常教我如何管理班级，可是我还是很为难，做不好班长，可以说没有威信吧，然后当班长跟学习也会有点冲突，我该怎么办呢？今天还有一个同学偷藏我已经做了好几道大题的试卷，我从下午找到晚上，最后在其他人桌兜里发现了试卷，我该怎么处理这件事？该不该调监控？

——山丹一中　付同学

学长学姐说

亲爱的付同学：

你好！首先自我介绍一下，我是来自复旦大学英语专业的一名大二学生，巧合的是，我在大学也是一名班长。除此之外，我在大学也在公益社团、学生会等很多组织担任管理者的角色，可以说，学生工作在我大学生活中占据很大的一部分；然而，在高中，我其实完全没有认真参与任何学生工作，也几乎没有参与过什么班级活动，可以说，正是高中这方面的缺失让我想在大学进行一些新的尝试。因此，从高中毫无经验到初入大学进行尝试，我也不止一次为自己肩负的职责感到迷茫，但是也在不断适应的过程中得到成长。高中的班长当然与大学中的各种学生工作有非常大的不同，但我相信，作为一名优秀的学生，你以后还会有很多机会担任类似的职位，而学生时代的工作本质都是一样的，我希望能用我个人高中的观察与大学的一些感悟给你一些粗浅的意见。

首先，最重要的还是怎么看待学生工作。甚至，在讨论学生工作意味着什么之前，还有一个元问题，就是学生工作真的重要吗？我相信，对学生工作的态度会决定学生工作能带给你的收获。很多人会说，学生时代，最有用的永远是成绩，学生工作，不做也罢。我同意，从升学角度，最重要的肯定是成绩；但是在个人的发展上，不论是学习还是学生工作，抑或是其他学生时代的经验，对于不同人必然有着不同的意义。在这个层面，或许你可以想清楚自己想要担任班长最真实的愿望，不是竞选时说的口号，而是真正希望从这份经历获得的成长。对于有的人，或许是成为一个更善交际的人；对于偏内向的人，其实能够观察到更多人与人的沟通也是一件有意思的事情。中学时光很短暂，学习又占很大一部分，如果对于自己为何想要担任班长并没有想清楚，或是仅仅出于虚荣，不如把时间花在更有意义的事情上。

就我个人而言，在对于自己的审视中，我会觉得自己在中学人际交往方面并没有花很多功夫，我会希望自己能够在这方面有更充足的经验，和各种人打交道，甚至最好碰上各种麻烦事——碰多了，自然也就处事不惊了。更进一步说，从社会学的角度，我也会对权力的结构以及社会组织的运转感兴趣，学生工作也是观察和体验这些问题的好机会。从这个视角出发，学生工作对于我就仿佛是在未来真正工作步入社会前的试炼，能够给我带来学习外的思考。我不清楚学生工作对你意味着什么，但是我看到你也在审视自己曾经做过的工作是否有何不足，我相信你也是希望当好班长的，那么或许你也可以在想清楚自己究竟想要获得什么的基础上，认清学生工作对你的意义，并做好你认为最重要的事情。

我刚刚也说到我非常喜欢观察学生工作中人与人的交流，所以接下来我想谈一谈，不论学生工作对你意味着什么，怎么样才更可能做好它。学生工作对不同人有不同的意义，但如果是为了虚荣或是权力本身去做，不如放弃，这是因为学生工作和社会中的工作不一样，上对下没有真正的强制力——有的学生连班主任的话都不听，怎么会听班长的话呢？各类绩效的考核也不像在社会中，企业如果竞争不过其他企业就吃不到饭，员工如果达不到要求就可能被开除；学生干部对学生本来就不存在真正的强制力，如果认清这一点，你就可以意识到没有必要把学生干部这个名号太当回事。事实上，即使是工作中，只靠权威压迫和强制下级的领导也是不得人心的，好的领导手段也需要下级真心愿意配合；学生工作欠缺了或是仅仅虚构了一个强制力，那么反而是真正锻炼领导力的好机会。

铺垫了这么多，是希望遇到具体问题的时候能够让你有更深入的思考。就拿你已经遇到的具体问题来说，首先，同学比较“野”难以管理，以至于吃力不讨好，这让我想起我高中班级也是一个非常“野”的班级，因为我们学校本来也很“野”，但是这种“野”是什么样的野呢？是所有的“野”都需要管理吗？吃力不讨好，那有时候是不是适当地不要吃这个力？我相信身为班长需要把控好管理的度，并不是让班级像军事化管理一样井井有条，而是在真正需要的时候能让班级收住。

说到威信，我认为班长是需要有威信的，但是威信是一个结果，而不是一种手段。身为好班长的前提应该是一个好的同学，首先在和所有同学的日常交往中能够做到真心相待，不把班长挂在嘴边，而是真正互相尊重，然后在完成班级任务的时候能考虑同学们的想法，并且在平时同学们遇到困难时积极帮忙他们解决问题，这时就会自然而然拥有威信。威信绝不是靠喊全班安静喊得响或者威胁打小报告获得的，那只会适得其反，不仅让你当不好班长，还会失去中学时代宝贵的友谊。

在班主任方面，我觉得班长和班主任有好的关系是非常重要的，班长其实是班主任的助手，两人的合作方式是非常多样的，对于有的班主任管得较多的班级，可能班长可以管得少一些；对于班主任管得较少的班级，班长可以发挥更多的作用（但并不是像班主任一样管大家，而是在组织和参与集体活动时更主动站出来）。我相信你可以根据自身班级的情况，和班主任找到好的合作方法，也可以和班主任交心谈一些个人情况和感悟，相信得到班主任的帮助是可以当好班长的。

在成绩方面，我还是相信，中学时代，不论学生工作能给你带来什么，还是最好不要以牺牲成绩为代价。当然，这并不是发现当班长有些影响成绩就马上不干了，这其实是一个锻炼时间管理能力的好机会，因为你会发现进入大学乃至社会，事情会多很多，而且很难在许多事情上找到某一件事情和中学的成绩一样有压倒性的重要性，所以时间管理的能力是非常重要的。在我们的回信中已经有很多关于时间管理的建议，我个人就学生工作和学习之间的建议就是和班主任保持及时的沟通，每日的工作尽量当日完成，如果无法完成要给对方一个预期完成时间，每日固定学习时间不要被学生工作打扰；如果这样还是发现学生工作太多，可能要考虑还是以学习为主。

关于你遇到的那件事，因为我不是很清楚具体情况，不知道你认为那位同学可能是因为私人恩怨还是认为你不是称职的班长而心存芥蒂，但是无论如何，我个人的建议是，不论是处理日常的人际交往还是遇到日常的一些困难，最好不要以班长的身份去处理，哪怕班长是可以在班级出现一些冲突时作为旁观者帮助裁决的，也不适宜在利益相关时当作权威来使用。或许你可以先与他谈谈，看看他对你有什么看法，如果冲突一直无法解决，再求助老师。监控还得慎重使用，以免大家把监控和举报视作一种常规的手段，以至于每日在学校都感到受到监视。

我谈的都是一些个人的想法，希望能对你有所帮助，祝你能成为一个好的班长！

——复旦大学 K

师长说

付同学：

先简单介绍下自己，我是一名硬件电路设计工程师，工作已经快15年了，看到你的困惑，我表示非常理解，现在来谈一下我的想法，希望能对你有所帮助。

从时间上推算，你当班长可能有半年多，可以先回头想一想当初当班长的初衷，我认为你应该是一个有担当、有责任心且肯为大家服务的好同学，既然选择好了就不要轻言放弃，要坚定信心！学生时代，能被委以重任的孩子，可能很多会有这样的烦恼吧。作为班长，不知你对自己角色是如何定位？在我看来，班长是老师教学管理的助手，也是同学们学习和生活的伙伴，如果你可以做好自己，那么他们会很幸运地拥有一个榜样，而作为一个有光芒的人，你身边会吸引很多同样优秀的同学，成为一个大家相信且拥护的好班长，威信也会随之提升。

管理沟通方面可以使用一些技巧和策略：（1）协助班主任制订规则，让同学们的行为有章可循；（2）对于班主任，汇报工作只陈述事实，不主观评论，对事不对人，可以让同学们感受到你的公平与正义；（3）对于同伴，做一个真诚的助人者，要相信，和谐的人际关系是一切工作开展的基础。针对同学藏匿试卷的行为，让他知道你的宽容却非懦弱，得饶人处且饶人方显处事的智慧，比如可以在班会上当着大家的面隐晦地宣布：“有位同学很想学习我的做题方法，但又不好意思，所以把我的试卷拿去研究了，如果看完了请尽快归还，本人更希望能和他面对面交流。”

当班长是人生非常宝贵的经历，对以后的工作和生活会很有帮助，这是实力和运气共同作用的结果，不是每个人都能获得的，所以一定要抓住机会。以上是我的一些浅见，希望能帮助到你。望安好！

——中兴通讯　王大朋

专家说

付同学：

你好！我想先和你分享一个故事：在电影《闻香识女人》中，年轻的学生查理无意间目睹了几个学生准备戏弄校长的过程，校长让他说出恶作剧的主谋，否则他将被予以开除处罚。查理带着烦恼来到退伍军人弗兰克中校家中做周末兼职。弗兰克中校曾经是巴顿将军的副官，经历过战争和许多挫折，在一次意外事故中双眼被炸导致残疾。一个生活的强者突然变得生活不能自理，他开始自暴自弃，整天在家里无所事事，对谁都掀桌子发脾气，也逐渐失去了生活下去的勇气和信心。他准备用尽最后的精力享受一次美好的生活。他带着查理出游、吃佳肴、开飞车、跳探戈、住豪华酒店，然后想结束自己的生命。查理竭力阻止了中校的错误行为，从此他们之间萌生了如父子般的感情，弗兰克也找回了生活下去的勇气和力量。

后来当校长组织纪律委员会和全校师生大会，准备逼迫查理告知恶作剧的主谋时，中校出现，他在学校礼堂为查理进行了精彩的辩护，其中有一段话非常精彩，分享给你："我不知道查理的沉默（不出卖朋友）是对还是错，也不能告诉你佐治躲在他老爸背后对不对，但我可以告诉各位，一个真正的领导人不会为保全自己的前程而出卖朋友，因为这叫作忠义！叫作勇气！这才是领导人的素质！"

所以，你的同学藏起了你写了几道大题的试卷，而且你对他也只是猜测的时候，为了维护同学的尊严，我想你假装不知道会是更好的选择，不是因为你懦弱为了息事宁人选择这么做，而是为了保护一个同学，这更能体现你作为一个管理者的大义。

下面我再来回答你关于当班长吃力不讨好的问题。作为班长，要按照班规校纪维持班里的秩序，协助老师安排各项工作并跟踪进展。并不是所有同学都能理解并支持班长的这项工作，而且这种情况是比较普遍的，所以，我很理解你处在这个位置的感受。这里有两点建议供你参考：

第一，我想告诉你的是，没有一个管理者是不受委屈的。虽然只是一班之长，但你就是班级的管理者，你获得权利的同时也承担着更大的责任，所以如果遇到问题别急着委屈，先想办法解决问题，独自解决不了就利用自己拥有的资源，这个资源可以是你的老师、你的父母、你的长辈或者你的朋友，或者网络学习资料，但凡你觉得能够帮助你解决问题的都可以用。

第二，关于你说的"学习也会有点冲突"的问题，我想说的是，作为班长，协助老师做好班级的管理工作，毋庸置疑需要腾出一些精力来。关于这点，你要想好你最想得到的是什么？当班长的经历，对于一个人来说非常宝贵，不是人人都拥有这样的机会。与此同时，当班长所积累的管理经验对你未来进入大学社团，甚至职场，也会有一定的帮助。目前你还在高一，是否在现阶段就跳出管理的工作，放弃这方面锻炼的机会以增加学习文化知识的时间，这需要你自己来做决定。

祝愿你早日解决自己的烦恼和困惑，顺利度过高中阶段！

——途梦教育教研团队

困惑 17

如何适应严格的学校管理

学校总是把我们的时间压榨得很紧，每天有一大堆作业，把老师布置的作业做完已经晚上 11 点了，但这并不包含纠错与复习的时间。而且每天晚上我们都要进行测试，等到白天利用下课时间抓紧把作业提前做完时，真的心力交瘁，再去复习什么的都被磨到没脾气。更郁闷的是在这样复习机会极少、做题极多的学习生活中，我并不能发挥主观能动性、高效率地去收获相应的知识。当然我可以选择熬夜，但这就意味着我要拿第二天的精神状态去换，就挺不划算的。我该怎么办呢？

——山丹一中　念先生

学长学姐说

听你的描述，我恍惚又回到了高三备考的那段时间，紧张、忙碌却仍觉得还差得很远，总是想再给自己省下时间，赶赶进度。在高三阶段，严格意义上不是我们一个人的奋斗之路，这路上有学校统一的安排，有老师复习的计划，还有我们自己的进度。那现在我们遇到了一些安排上的冲突，目前学校老师的安排留给我们自己利用的空间不多，我们如何去取舍呢？因为我们的共同目标是保证高考顺利，或许我们可以以这个目标来调整和优化我们自己的计划。

首先，不可否认学校的安排是经过老师们对学生的了解以及过往的经验来实施的，因此大方向上是符合高三学生普遍的复习进度，且能满足复习需要的。换句话说，大部分学生跟着老师进度走是不用额外花时间去再增加复习量的，所以这里我们会感受到自己的时间被安排得差不多了。理清楚这一点后，我们得去权衡自己的复习计划与老师规定的复习任务和内容之间的关系，在老师节奏的大框架中补充有利于自己提高的部分内容，找到最适合的节奏。当我们认可目前的计划安排并相信对咱们高考有效，同时我们每天都能完成，我想对于未复习知识的焦虑会不会缓解一些呢？

其次，从你的描述中我感受到了急迫和焦虑感。是的，随着高考的临近，我们有时会受倒计时影响，担心自己的知识还不够，担心自己在考试来临前没有准备好，所以我们就会希望一天做的事尽量多。这样似乎会感觉更有把握些。其实这也正说明我们做的额外任务的功能之一可能是舒缓我们的焦虑感，也许也不太能真正提高学习效率。因此我们真得好好想想额外任务对我们学习效率的作用了。

通过文字，我感受到了你的能量和学习的动力，也感受到了你的迷茫和焦虑，我相信当你做了决定，并坚定地执行它，现在的焦虑和迷茫都能转化为你学习的动力，助你努力拼搏。

——华南师范大学　谢国棋

师长说

作为高中毕业已近30年的人，没法直接来解惑。在我看来现在的学校从小学到中学普遍学业压力偏大，作业缺少区分度，这是一个事实，不独高三存在。我的建议：一是保证充分的休息是必要的且是首要的，没有好的精神，课堂的效率就不会高。二是要分析自己的薄弱点。学校布置的作业是否可以和老师进行协商，如果能连续多少天确保基础不出错，减免部分作业，这样时间就充裕一点。

高三很辛苦，也很关键，还是要靠毅力去坚持，给自己一个不留遗憾或少留遗憾的结果。

——中兴通讯　刘静

我觉得应该有舍有得。首先，明白每个科目的重点内容，且重点是否已经学会和掌握。有些附加的、过于复杂的内容可以舍弃，学好课本95%以上的知识点已经很不错。当然自己要学懂那5%，那就看自己的时间安排。这样自己可以稍微轻松一点，不用那么劳累。加油!

——中兴通讯　佩佩

进入高中阶段意味着需要开始学习自我计划或是培养独立学习能力，也是开始学会自己做判断或是选择，而不是仍像初中那样，需要老师、家长告诉你要做什么。高中开始要学会对自己的能力做出判断，哪些科目是自己的优势科目，哪些是劣势科目。对于已经学得很好的科目要会做减法，即投入较少的精力，更多的要把注意力放在自己不擅长的科目上。对于高中老师来说，每一门科目老师都认为自己是主科，需要加大学习量。而对于学生来说，是要学好所有科目。那就需要在平时海量的作业任务中做出选择，哪些作业对于自己成绩提升帮助较小，那就完成就好。而这样做有一前提，就是要做好自我分析，做好“选择”！既然做不到所有都做完学好，不如有的放矢地去主攻可以提分很多的科目。这样精力集中，效果明显，有利于成绩显著提高。高中了，尤其高三了，要以提升成绩为前提的，对于投入精力可以提升 20 分和精力分散也不见得能得升 2 分的选择还是很容易做的！当然也有极端的选择，就是劣势科目已经很差了，怎么提也提不上去，那该放弃时就放弃。偏科已经不是到了高三能纠正过来的，高三阶段是想尽一切办法提升总分。

总结一句话：人的精力是有限的，将有限的精力投入有效的事情上。加油！

——中兴通讯　何玲

我觉得要根据自身学习情况判断是否跟随学校安排。在自身成绩较为优秀，对于课本内知识点掌握较深、理解较透彻的情况下，可以发挥自己的主观能动性。因为学习并非只有往前走，更重要的是回头看，有重点地针对自己的问题查缺补漏，能比学校的整体安排更加恰当。若学习成绩一般，对于课本上的知识缺乏整体的认知，这种情况跟随学校的整体安排可能是更好的选择，这样做的好处是不至于取得太差的结果。

——中兴通讯　胡源

如果你是今年即将参加高考的高三学生，此时此刻，我认为重要的不是完成作业而是巩固知识。根据你的描述，老师的复习节奏不能很好地满足你的需求，最后关头题海战术也不是最佳选择，我觉得你完全可以按照自己的节奏，适量减少老师布置的作业（比如老师安排每天做两套题，你可以选择做一套保持手感即可），给自己留一部分时间去巩固基础知识，去复习错题，去发挥自己的主观能动性。最后冲刺阶段了，加油啊！

——中兴通讯　张佳

我觉得最后关头还是要抓大放小，查缺补漏，明确自己的优劣势。在时间紧张的情况下，适当地将更多的时间投入到相对薄弱的学科，因为优势学科可能短时间内无法取得大的提升，但是劣势学科搏一搏或许还能有提升的空间（内心也会变得踏实）。例如很擅长数学，在完成数学作业的时候，可以“偷点懒”，大题可以少写一点步骤，但心里一定要“写全”；不擅长英语，就可以把前面省下的时间用来多研究阅读题等。最后的时间，还是要保证休息，调整好心态。

——中兴通讯　王玉杰

一是学校管理制度是大框架，因人而异，可根据自身具体情况适当调整。

二是每门学科的掌握情况可根据自身情况分为难、较难、容易三大类，做到能保证容易部分百分百的正确率，将较难部分加深巩固，相比会有大幅提升空间，难的部分可以挑选经典例题多看看。

三是每个人的学习方式方法、逻辑思维是不一样的，可以根据自己的特点去学习，现在做作业只是辅助你学习巩固知识点，自己已经掌握的没必要在作业上花时间。

四是一样的考试节点，你和每一个学生的时间都是相同的，所以在时间长度上大家都一样，只有在这同样的时间里，能人所不能，忍人所不能忍，才能比别人更接近成功。学习的苦是可以得到更大馈赠的，学习的苦都吃不了，生活的苦更是夹杂了心酸与无奈。学习确实很费精力，在饮食上注意营养的补充，早上尽量跑跑步可以缓解压力并能够使自己更加精神。预祝你金榜题名。

——中兴通讯　陈甜

正如你所说，我上学的时候也觉得，学校总是用“作业”“测试”“复习”把我“压榨”得很疲惫，总觉得压力非常大，这些压力不仅仅来自课业、成绩的排名，更多的是心理的那种紧张感。你听过“涅槃重生”这个词吗？用来形容高三这个阶段真的太合适了，自己拼尽全力一搏，然后笑对生活和结果。一定要给自己鼓劲，压力太大哭一场，眺望远方大声呐喊，释放完，记得恢复正轨，用饱满的情绪继续学习。除了心理上的勇气，也要更科学地进行复习，抓大放小，对薄弱的项目重点系统去复习。同时，你说的做题很多，那我们就从做题中去复习，今天的错题有没有可能就是今天的复习内容，如果时间允许，能否再拓展同类题型去练习，把每日的考试和复习相结合。说实话，没有更好的办法，每一个人都得经过这个阶段，相信只要全身心投入，你就不会懊悔，加油，念先生！

——中兴通讯　李芳

我非常理解你的处境，数年前我也是一名高三学生。回望“没脾气”的高三生活，说实话我也不想再来一遍了。好在大部分人的高三只有一年，这一年会过得很快，再回首就只有怀念了。那么如何高效地度过这一年呢？假如再回到高三生活，我会秉持两个原则。

一是确实要注重复盘，这点上我与你想法一致。参考木桶原理，一个人成绩的上限其实是由他的短板学科决定的，高三这一年时间紧任务重，确实要有的放矢。与其盲目的完成作业，不如压缩机械性抄写的时间用来复盘，保证脑子始终在思考状态（复盘也不要大量的抄错题，要高效的复盘）。

二是放平心态，奋战高考的这段光阴只要自己回首时不后悔就好。任务太重的话可以跟老师聊聊。我总觉得再难的任务拆解下来也都是简单的动作，没什么好焦虑的。那么多人都能充实地度过这一年，为什么你不行呢？你一定可以的！

年少时我总觉得“我只跟自己比”这句话很非主流，如今我却把这句话视若珍宝。假如很多道理能提前明白，就能避免很多缺憾吧！

——中兴通讯　杜玥

专家说

面对题海战术，学霸和非学霸之间差了一个“系统评估和科学训练”。面对繁重的作业，有的人能保证8小时睡眠，而有的人只能熬夜奋战；有的人能刷出好成绩，而有的人不进反退。面对如此高强度的训练，仅仅“走量”是远远不够的。

2021年东京奥运会上，中国选手苏炳添历史性闯进100米决赛，以9秒83的成绩刷新了男子100米亚洲纪录。苏炳添的成功，不仅仅靠个人的努力，还依赖高水平的科学训练。这里的重点是“科学”。苏炳添的教练说过“无评估不训练”，意思是训练应该建立在科学评估的基础上。苏炳添的训练是建立在数据监测、系统评估的基础上，时刻了解自己的各项数据指标，有的放矢地进行专项训练，才能达到精益求精，不断突破目标。此外，有效的专项训练也是通过分析跑步的核心特征进行的。跑步的核心特征是单腿发力，双腿交替后蹬前摆，同时还伴随一定的小腿提拉折叠。因此，模拟一侧腿前摆伴随提拉折叠，一侧腿后蹬的动作才是跑步专项力量训练，而并非传统中国短跑运动员进行的深蹲训练。过往中国运动员在短跑项目上付出的努力一点都不会比苏炳添少，他们日复一日进行高强度训练，但依然难以获得佳绩。其中的差异，在于科学的训练体系。许多人都提到，高考题目是有规律的——经典题型占很大比例，当掌握了经典题型的解题规律后，再有针对性地对没掌握充分的题型进行专项训练，这是“题海战术”中秘而不宣的技巧。

从你的描述中可以看出，你做题的过程更注重“量”，你每天被“量”填充得满满当当，但过程中你依然意识到这种“量”的积累并不能实现质的飞跃，你依然感觉到无法“收获相应的知识”，这就说明了你需要加强训练的短板无法从目前的训练中补上。这又进一步说明了，因为存在诸多短板，所以你做题的效率和质量不高，又导致你没有更多时间进行“补差”，如此恶性循环下去。每天的“一大堆作业”中，肯定覆盖许多经典题型，我的建议是：

第一，有意识地总结经典题型：经典题型是考试出题的重点，你不妨从网络上寻找一些总结经典题型的高手，看看他们如何高质量、高效率地进行刷题。哔哩哔哩是个不错的选择，里面高手云集，肯定能给你指明一些方向。

第二，做题前要有计划：面对一大堆题目，很多人的做法是拿起来什么都不想就直接做。但这种做法的问题跟以往中国短跑运动员训练一样，不得要领的训练是难以达到效果的。因此，在了解经典题型的基础上，分析出自己在哪些题型上存在短板，通过自己总结或借鉴别人的方法获得正确的解题思路后，进行专项训练，方能做一题积累一题，在往后碰到相同题型时，能快狠准地解出来。

以上的建议是在“术”的层面，是技巧的问题。而我认为，“道”的层面其实是你的心态。马克思主义哲学指出：事物不会自动满足人的需要，人们只有充分发挥主观能动性，通过实实在在的行动，利用规律和条件，才能改造世界，创造美好的生活。所以，将锅甩给外界，解决不了任何问题。

愿你在有限的高三时光，能及时调整自己的心态与方法，顺利跃过“龙门”。

——广美附中心理老师　周莉斯

困惑 18

怎么适应初中到高中的转变

我是一名高一的学生，因为中考时发挥不错，高中被分到最好的班级。以前在初中，没有好坏班之分，老师平常也不会叫我回答问题，平时上课摸鱼也没事。但是在这里，我觉得压力很大，也很难适应，这里有很多比我优秀的人，老师也都是一视同仁，每天上课都很紧张。这样反而让我的学习退步了，我真的很苦恼，可能我就是喜欢比较放松的环境吧。但是学校的安排，我也没有办法，我究竟该怎么办？还有就是以前初中我是寄宿的，现在高中我是走读，感觉很麻烦，每天要在上学的路上花费很多时间，也不是很适应学校的时间安排，每天上课都在瞌睡，该怎么办才好？面临新高考，我也很迷茫，我很喜欢历史和文学，在这方面也有特长，但是作为学校实验班的一员，学校领导、老师、家长都希望我能选择理科，我该怎么办才好？

——古浪三中　狗南斗

学长学姐说

同学你好。首先不要担心自己适应不良的情况，升入高中，面临与初中截然不同的新环境：新的校园、新的同学和老师……容易出现困惑、焦虑，再加上更高的学习难度、更快的学习节奏，难免产生心理困扰和矛盾，这在高一学生中是十分普遍的。如果你考上的是很好的高中，“平台大了，高手多了”，优秀的同学自然更多，相比以前能轻松名列前茅，在高中取得优异成绩的难度系数则会直线上升。如果一开始成绩没有达到理想状态，难免会出现自卑、焦虑、否定自己的心理。这个时候，需要我们正视这种落差，恰当定位自己：一方面既然你能顺利考入高中并进入实验班，就证明你已经具备高中阶段学习的基本素质，自身的能力还不差；另一方面高一毕竟是高中学习的基础阶段，学习的难度系数对于真正用心的同学来说并不算高，只要客观分析自己的强弱项，调整好心态，追赶其他同学难度不大。再者，高一只是高中生活的开始，与其把时间浪费在焦虑上，不如用心弥补不足，未来展现实力的机会还有很多，没必要因为一时的学习退步而患得患失。

另外，你觉得紧张可能是因为高中阶段是影响我们未来人生方向重要的三年，你要挑战通关的高考更是我们人生中的一次重要考试，光想想都让人不由得紧张。当然紧张也不是坏事，适度的紧张能让我们注意力更加集中、专注，它可以调动我们全部的能量，让我们以充沛的精力完成学习任务。还想和你分享的一点是，高中三年只是我们漫漫人生中的某个三年而已，高考也不能决定你的整个人生，保持平常心就好，尽自己所能。所以，不管是轻松还是紧张都取决于你自己的认知和想法，专注自身，转变看待事物的角度也许更容易让你适应新环境。

关于走读，如果你比较适应住宿生活，可以和父母说清楚情况，再申请住宿，相信应该没什么问题。关于新高考选科，选科的意义，用张雪峰老师的话说，就是“帮助你去发现、发展自己的天赋和优势，将来可以去一个你喜欢的城市，读你喜欢的大学，研究你喜欢的专业，毕业后去过你喜欢的生活”。至于具体的选科，如果你选择自己喜欢且擅长的历史和文学，对你学习动力的提升和成绩的提高会有帮助。但选科并不只是这么简单，建议你和父母、老师说明你自己的想法，同时也考虑他们的建议，多方考虑后再做出决定。这里也提两个很具体的建议，一是选科之前一定要了解你所在省份各个学校各个专业的选科要求。同一个专业，不同学校、不同省份选科要求可能会不一样。同一个省份、同一个专业，不同学校选科要求也可能会不一样。二是选科之前尽量明确自己将来到底想学哪些专业，从事什么行业。如果对一个专业都不了解，就去选择这个专业是一个非常不负责任的做法。了解专业，不但可以指导你的选科，更重要的是，让你对你未来充满憧憬。

——复旦大学　Chris

师长说

我是上大学后跟你有同样的感受。小环境里表现优秀的自己，到了更大环境就显得普通，心里会有落差。首先，我觉得还是要调整心态，把自己的姿态放低，在这样的环境中自己能够学到更多的东西，对吧？其次，树立自己的信心，不要跟周围的人比较，只要今天的自己比昨天有进步，就没问题。针对走读的问题，我觉得并不是坏事，看自己怎么规划，怎么利用时间了。如果是走路上学，一方面可以在路上思考很多事情，比如解题思路、这一天的计划等，另一方面也可以锻炼身体；如果真的想缩短路上的时间，有条件的情况下可以考虑跑步或者骑车。总之，人生难得有这样一段完全属于自己的时间，好好利用起来吧。

——中兴通讯　郭华

我读高中时，每天上学路上单程自行车是30分钟，每天中午晚上都是回家吃饭。那时候我们不需要额外的什么放松，上下学的路上已经可以充分地放松眼睛和头脑了。走读不见得不好，看你怎么利用。

我和你一样，中考考得非常好，当时是班级第一的成绩。进入高中后，心理压力很大，第一次期中考试名次出来之后，排名在十名左右，我心里一下子坦然了，之后的高一一年都保持这个名次。我心里没有压力，反而学得轻松，到了高三可以排在班级前三，高考也算不错，进入了一所还不错的大学。所以不要给自己太大压力，虽然我们也活在别人的目光和期待中，但最重要的还是自己。

关于文理分科，我也可以给一点意见，我当时也是文科好于理科，不过我没有什么特别的偏好，考虑到高考理科可以有更多选择，最终还是选了理科。如果你对文科的确热爱，且有一个不错的成绩，我建议你遵循内心的想法，毕竟未来的路是要自己走。

——中兴通讯　刘静

专家说

在这样的环境里，你应该感到很自豪，周围的人都很优秀，那说明你也很优秀，正因为你很优秀，所以才可以和这些人为伍。当然正因为你碰到了这么多可以同行的优秀的人，你成长的空间就会更大，你未来能够进步的速度也会更快，因为身边有很多的参照物，让你可以去吸收他们的优点、长处来丰富自己。

在周围都是优秀的人的情况下，最考验自己的心态。所以，要学会去欣赏他人，当然也要去发现自己的优势，发现自己在哪些方面能做得很好。

下面老师建议你树立一些意识。

一、积极主动地去学习

思想上重视了高中阶段的学习，又认识了高中学习的特点，再采取相应的措施，同学们一般会改变初高中学习过渡中不适应的状况，这时积极主动学习就显得尤为重要，主要可以注意以下几个方面：

（一）要主动地锻炼自己

学校中优等生的共同特点是主动地发展自己，成为学习的主人。这是一个十分重要的学习习惯。注意力、观察力、思维力、记忆力和想象力组成智力结构,其中思维能力是智力活动的核心，所以高中学生要勤于思考、善于思考，不放过任何一个疑点；要敢于提问、善于提问；要经常和同学讨论问题，有随时思考问题的习惯，“学而不思则罔，思而不学则殆”。培养自己思维的主动性、独立性与灵活性，高中阶段自己阅读、自己思考、自己体会结论意义的情况要远远多于初中。每学到一个新的概念，总要问问自己以下几个问题：问题是怎样引出来的，运用了哪些已知的基础知识，概念是怎样定义的，其运用条件是什么，等等。

（二）要认真学好每一门学科

要重视各科学习，重视各科的基础知识和基本技能的学习，更要重视知识的积累，在积累中求发展和创造，从而建立起合理的知识结构。

学习时要做到：（1）先预习后听课；（2）先复习后作业；（3）先分析后解题；（4）先理解后记忆。每周利用双休日对一周所学内容进行整理。每学完一个单元作一次书面整理小结，做到堂堂清、课课清、段段清。它能帮助你减少学习中的无效劳动，提高听课效率，提高课后学习效率，提高作业质量，其突出表现是每个学生对自学能力、独立思考能力和解决问题能力的自我培养，这种自学能力一旦形成，学习的被动局面就会改变。如果你能长期坚持，养成习惯，必将有效地促进学习。

二、树立高考竞争意识

这种意识需要在平时的学习、考试、竞赛中，自觉地有意识地去锻炼和培养意志、能力与信心。

首先需要你确立一个基本的目标，在接下来的3年中就要朝着这个目标努力，这也是你在3年学习中的一个动力，但是也要正确对待考试和分数。考试是检查学生成绩与水平不可缺少的方法，是每个学生都必须面对的事，但如何正确地对待考试成绩不是每个学生都能做到的。得知成绩后的情绪表现是正常的，但如果因成绩好而一味地沾沾自喜、因成绩差而灰心丧气是不足取的。取得了好成绩，也应该在成绩中看到不足，及时补上学习的漏洞，而一旦成绩不理想，也不能因此丧失学习信心，如果一直对分数耿耿于怀，不仅无益于学习成绩的提高，反而会妨碍正常的学习活动。

三、树立自控意识

很多刚进入高中的学生都不适应高中紧张的学习和生活方式，虽然中考很苦，但是和高中的生活相比，实在是有点小巫见大巫的感觉。因此很多人在初次考试失利后，就有点自暴自弃，但是这在适应高中的过程中其实是很正常的。可以试一下自我提示法，在你能随时看到的地方写上一句短小但可以激励自己的话，比如在桌子上或卧室里的墙壁上。当你不经意地发现它时，就会想起你应担负起的责任和你想拥有的美好未来，为了这些你也会将一时的脆弱克服，小不忍则乱大谋。另外，如果你认为自己监督自己很困难，你也可以请父母或好朋友来监督你，及时地提醒和制止你。

对于走读的问题，如果没有办法改变上学的方式，首先你要接纳这个状态，可以考量一下你在路上所花费的时间，如果节省下来的话，你会去做些什么？算一下路上花费时间，比如一些背诵或者说回忆性的复盘知识点的内容，你可以在路上进行。另外，路上其实是一个为你后面接下来更加专注学习储备的过程，并不完全是浪费时间的。你在这个过程中一方面对你的身体、身心都是一个放松，会让你接下来的学习更加高效，另一方面路途中走走路也是一个锻炼的过程。

如果不能改变现状，你首先要接纳，并且去联想，如果改变了，真的能带来那么多好处吗？现在在没有改变的情况下，真的就那么坏吗？其实不是的。所以这个过程其实是为你后面能够更加高效专注的学习打基础和做准备。你需要改变观念，不要因为这件事情而烦恼。如果真的很想利用这个时间好好学习，准备一些路上可以复习的东西就好。

关于文理科的问题，你可以考量一下现在的学习兴趣和学习状态，并且跟一些已经分过科的有经验的学长、学姐沟通一下，甚至和家人老师去进行一个深入地沟通和交流。表达出你内心真实的想法，比如说你未来想从事什么样的工作，你对这块儿的学习是不是真的感兴趣，或者是你在其他方面有一些潜能还没有挖掘出来。老师和家长给你建议有他们的道理，但是你也要根据自己的兴趣去权衡，需要跟他们进行一次深入的沟通，有可能你的选择很有利于你未来的发展，但是也有可能他们给你的建议会让你未来学习更加顺畅、未来择业更好等。你需要跟他们进行深入的沟通，不要待在自己这个纠结的圈子里，勇敢表达出自己的想法，并且结合一些比你更加成熟、懂得更多，或者比你经历更多的人的看法，权衡一下。目前就先潜心学习，尽量把自己所学到的每一个科目都学好，未来你选择的可能性会更大一些，现在把所有的科目都学好，未来不管怎么选择都不会错。

——潘新凌中小学生心理健康研究室

困惑 19

进入新班级，如何处理和同学们的关系

你好，我是一名高一的学生，开学后我们进行了微调，我被分配到了一个新班级，班级里都是一个个陌生的面孔，再加上我原本就不太喜欢跟陌生人说话，因此我在新班级里待了一个星期也没能认识到新同学，只能去找原来班级的同学一起玩。有时候上课老师让前后桌共同讨论问题，我都感觉自己融入不到其中，平日的趣事也不知该和谁分享。每天我在教室里的活动范围就是自己的座位。因为成绩还可以，所以会有一些同学来问我做题的方法，可是我虽然知道怎么做，却不能跟同学很好地讲解，每次听到同学说“好吧”的时候，我都感觉是不是自己给别人的印象不太好？明明知道却不愿意分享，太自私了吧？这是不是我在同学心中的印象呢？我不太擅长语言表达，我该怎么办？每次想开口与同学开玩笑，甚至是问好，最后却都用沉默代替。为什么我不能像别人一样跟同学友好相处？

——望谟民族中学　同学

学长学姐说

To 这位苦恼于融入新班级的同学：

愿不愿意主动参与社交，喜不喜欢和陌生人讲话，是个人的差异，没有绝对的好坏。可能你较为内向，暴露在社交环境中会紧张，难以集中注意力。可能是你自我意识太强，特别在意自己的一举一动，会担心留给别人不好的印象。也有可能是新的班级、陌生的环境和人这样的变动让你感到焦虑担忧，又或者之前的经历让你感到窘迫以至于留下了心理阴影。

各种各样的原因都会导致这种差异的存在，但是无论善于交际也好，像你这样比较内敛也好，都是很正常的，每个人都有自己舒适的交往方式。讨论时苦于表达不出观点而感到不自在，做一个优秀的倾听者反倒可能自在轻松许多。想要和别人聊天时，如果感到不自在，不妨将注意力放在话题本身。平时在尝试和别人相处时也可以找找自己擅长的话题，下次以此为引子来和同学交流。给同学讲题时如果没有办法讲清楚，可以将草稿上的解题思路直接展示给别人看。换个角色、换个角度来处理交往问题，在尝试中你会找到属于你的社交节奏和方法，但是这需要你勇敢地迈出第一步。也不妨回忆一下你是如何和以前的同学成为朋友的，从中获取经验和自信，来帮助自己完成现在的社交。

在你的表述里我注意到，你好像很担心给别人留下不好的印象。人或多或少都会担心他人的负面评价，这是常情。但是负面评价真的这么容易产生吗？真的很重要而且会带来很糟糕的后果吗？如果你换个角度，会发现好像并非如此。我们并不会去关注每个人的每个举动，再次见到一个人时，也不会下意识想起上一次见面时他是否犯了什么错，说错了哪个词。社交本身就包含着很多不确定性。这也意味着我们都可能会出现困难、窘迫，甚至失败的情况。因此不要让“负面评价”束缚自己，在礼貌和恰当的条件下，做自己便好。

跟你说了这么多，不免有说教的嫌疑，语句中不妥当之处还请原谅。还是希望你能够甩掉包袱，找到自己舒适的交往方式，勇于迈出第一步，不再困扰于此。

——华南师范大学　庄熙媛

师长说

同学，你好！你的问题让我想到了自己的高中时代，或许高中时期的我们总是面临着同样的问题吧。我想要对你说的是，我们的确需要良好的、健康的人际关系，这是由人类的社会属性决定的，也是每个人精神需求的一个重要的组成部分。但是，什么是良好的、健康的人际关系呢？

我个人觉得好的人际关系首先是要让自己感到舒适。如果与不熟悉的同学交流的过程让你感到有压力、不舒服，那么与以往结交的那些熟悉的小伙伴多交流并不是一种坏的选择，不必为此感到羞愧或者不安。

当然了，从你的问题描述中，能看得出你是希望在新的环境中结交新朋友的。那么你要思考的另一个问题是，你是打算与班级里的所有人成为好朋友吗？我觉得这或许是不现实的。每个人都会有选择地在班级中结交朋友，或许是因为共同的爱好，或许是因为一些偶然的交流，也或许只是因为座位离得近。我在高中时最好的朋友就是我的同桌和前后桌，这并没有什么奇怪的，近水楼台嘛。所以，不妨先从自己周围的同学们开始交往。

这个问题还有另一个层面，那就是健康的人际关系，或者说处理人际关系的健康心态，一定是平等、独立的。因此一个前提条件就是要排除讨好心态。就以你给同学讲题目的例子来说吧。题目讲解的效果不佳，是因为你缺少此类锻炼，而不是因为你有藏私之意，那么你就不必担心自己没有能够讨好对方。如果对方因此对你有误解，那也不是你的错误。与其自己坐在这里，从别人的语气表情中猜测别人的心态，不如想一想自己怎么才能把题目讲解得更好。

总之，不是每一个人都要成为“万人迷”。想象一下，如果一个集体里的每一个人都是“万人迷”，那恐怕场景会蛮混乱的。因此，耐下心来，慢慢展现自己身上好的特质，周围的人自然会被慢慢吸引。追求有质量的人际关系才是更值得花时间去做的事。

——中兴通讯　韩建辉

同学你好！很高兴能听到你内心的声音。首先，在学习和生活中遇到一些问题和困惑是一件很正常的事情，你不必为此担忧。你可以抱着一种好奇和积极的心态去看待这次班级的变动，你又有机会去认识新的同学和老师，结交新的朋友。其实等你再长大一些你会觉得生活一成不变才是最可怕的，你可以想象一下如果接下来 3 年、5 年、10 年你每天醒来看到的都是同样的人做同样的事，每天都像是你最喜欢的歌单曲循环，是不是也很无趣？在一个群体里，没有人能做到跟所有人都成为朋友，也不可能遇到的每一个人都是自己喜欢的人。你可以先选择两三个人做朋友，比如说同桌、邻桌、室友，慢慢融入后再扩大自己的圈子，找到大家的共同点和兴趣点，比如喜欢的书籍、电影、歌曲。多参加集体活动，比如兴趣小组、学习小组、体育竞赛，在这个过程中你可以更多地了解大家，也让大家更了解你，获得别人的认可。沟通是一项很重要的实用技能，在学习生活以及今后进入社会参加工作，沟通技能都能给你带来很大的益处，你可以看一些相关的书，但是没办法一下子就有很大的提升，一定是要在日常生活中多跟别人交流，多表达，日积月累才会有效果。不要太在意别人的只言片语，也许只是别人不经意或不太恰当的表达而已。积极主动为别人提供力所能及的帮助，慢慢你就会收获更多朋友和赞赏。自信、勇敢地做自己、表达自己。相信你一定能很快融入新的集体，在新的班级里快乐学习成长，取得好成绩！加油！！！

——中兴通讯　李昌

对于你的困惑，我简单分享几点：

一、合作共赢

给同学讲解题目没必要觉得对方会超过自己，你和同学之间是队友关系，高考不只是你和同班同学的比拼，更是全校、全国学生的比拼。同学之间形成互帮互助能促进共同进步。

二、超越自我

超越自己并不是自己这次考试分数比上次高，考试分数的高低不仅和个人能力有关，还与考试难度、题量有关。所以跟自己上一次的考试分数相比很难看到自己是否在进步。但若你能通过努力一直超越在你帮助下同样进步的队友，那你就能更好保持进步。

三、善于沟通（听—理解—讲）

给同学讲解后，对方听不懂，这是沟通的问题。可能是对方问的问题你并未理解，也可能是你讲解的知识已经超越对方的认知。如果是第一种，可通过先按照自己的理解复述对方提出的问题，跟对方确认问题。若是第二种情况，讲解后可问对方，自己是否讲解清楚，学着站在对方的角度提问。讲解的目的是让自己路更清楚，只有你讲清楚了，对自己的提升效果才会更大。过程中可诱导提问，看对方知识点卡在什么地方，这样能让自己思考问题的角度更全面。

总之，沟通并不仅仅是他讲完你讲，沟通的步骤应该是听—理解—讲。要先学会听懂对方要表述的问题，然后再转化成自己的理解表述，让对方再判断你的理解是否到位，最后一项才是针对问题自己的解决方案，这时要思考如何让对方理解你讲述的解决方案。

四、克服弱点

面对陌生的环境，不敢开口讲话可能是很多人的共性。这也正是你的弱点，知道自己的弱点并有意识地针对性改进，克服弱点，你将会有新的发现和感悟。

刚进入一个全新的班集体不敢讲话，跟陌生的同学要学着开第一句口，不要等对方讲第一句，因为大家可能跟你情况一样，也不敢讲话，也在等你先开口。讲第一句很简单，比如问吃饭了吗？早晨吃了什么？家住在哪里？住校还是回家？

——中兴通讯　魏格林

你好，我曾经也有过类似的经历，我的建议是在新班级中找一个与你性格相仿的同学成为朋友，与他打开心扉、共同探讨学习及生活中存在的问题，如果暂时没有找到也不要着急，他可能是你四周的同学、也可能是上下学路上的同学、也可能是球场上一起玩的同学等。遇到别人请教问题，你可以先在纸上列出解析过程，对照每一步慢慢讲解，如果对方不理解可以多讲解几遍，或者你让对方讲出他具体哪里不理解，多几次这样的过程就可能找到共同语言，或许他也会成为你的好朋友呢！

——中兴通讯　吕闻

进入新班级，有陌生感，很正常。每个人的特质不同，有的人天生自然熟，很快就和陌生人打成一片，有的人则不善于交际。进入陌生的环境（新班级），我觉得要信任同学们（同学们不会笑话我），要相信自己（我很好，值得同学们喜欢），要有勇气（突破自己，敢于表达），想开口就说，不要害怕和犹豫，走出第一步，你会发现原来没那么难，原来和自己认为的不一样。供参考。谢谢！

——中兴通讯　王博

如果不是天生自来熟的人，其他人对新的、陌生的环境都会有一些小小恐惧的。我能说的就是接受它，因为这个只是开始，你以后的人生还会面对各种各样的陌生环境。不用试图主动改变自己去接受，做自己就好，也不要拒绝主动接触自己的人，这些都是你接受这个环境的机会。你所欠缺的是如何正确地表达自己，比如给同学讲题，你可以用明确、易懂的词语把自己脑海里的解题思路表达出来。如果感觉对方没有听懂，你要询问一下他没有听懂的地方，而不是听到“好吧”就结束掉了。这样，慢慢地你就会有新的朋友。

——中兴通讯　王晨光

专家说

同学，你好！问题读毕想与你分享一些观点，供你参考。要知道高中阶段因选科、课程调整进行分班是一个比较普遍的状况，很多同学都会和你一样经历类似的调整，面对同样的挑战——“我被分配到了一个新班级，班级里都是一个个陌生的面孔”。班级的调整，从教育教学角度来说是因材施教的手段与措施，是为了帮助同学们更好地学习和发展；从学生个体来说，是一次跳出熟悉环境，适应新环境的成长历练。从你的字里行间能感受到你正被这样的问题困扰，也在努力思考该如何去适应，从行动上去调整。

首先，在新的环境中，既来之，则安之。相聚即是缘分，原来班级的点点滴滴会牢牢保存在你的青春记忆中。然而，天下没有不散的筵席，来到新班级就尝试继续保持一颗平常心，不同的环境中人有所不同，规则也有所不同，这都是一场际遇。你说自己不太喜欢和陌生人说话，主动出击有些难，那就尝试换个方式，从观察开始，观察周围人的学习、生活、爱好。慢慢地，你会更了解周围的同学，找到一些共同话题，开启一段新的友谊。万事开头难，尽管在第一周没能认识新的同学，一定不要沮丧，相信已经有别的同学关注到你，或许和你一样不太善于和陌生人沟通，继续尝试向周围的人保持微笑，尝试开口问好。如果你觉得困难，那就对着镜子试试，有笑容的你是最美好的。

其次，在新的环境中要保持自信。每个人的一生中难免有陷入一段泥沼的时候，新的环境通常是在考验你的智慧、毅力，以及心态。如果，你能保持自信，便会内心积极，在选择迎难而上的同时，也会努力寻找改变处境的方式，最终迎来“破境”的机会。正确认识自己，才能在知己知彼中找到自身的长处，树立自信心。你的成绩不错，这本就是你的优势，你说你语言表达能力较弱，那就多锻炼。重要的是有意识地思考和整理要表达的内容。表达能力弱，多进行语言表达能力的训练，一道题说不清楚，整理顺了再和同学沟通一次，在分享的同时也能帮助你拉近与同学的关系。

再次，尝试走出自己的舒适圈。无论是你所提及的难以融入、不知道与谁分享，或是局限在自己的空间内，种种行为表现出来的是你偏爱于待在自己熟悉的环境中。对于“跳出自己的舒适圈”，很多时候不是我们不愿意跳出来，只是不容易找到跳出舒适圈的动力。想和更多人产生有益的社交，得克服自己的胆怯，主动和别人聊天，哪怕只是问好。同时，要知道任何改变都不可能一蹴而就，需要一个改变的过程。你也可以每天尝试一些舒适圈以外的新事情，多尝试些看似不起眼的新事情，你会意外发现每天的生活会充实许多，在不断尝试的过程，就是你一步一步走出舒适圈的过程。

最后，想和你说，学习时光是短暂的，班级是学习生活的主阵地，自信者强。一定要记得，你想要什么样的生活只有你自己知道，得自己去争取和奋斗、自己去调整和改变，你才能一点一点距离理想生活越来越近。努力往前看，专注于每一天的努力行动，相信你一定会很快适应新环境，拥有更多的朋友，也一定会有更大的进步。

——途梦教育教研团队

困惑 20

上高中后一下子变成了“小透明”，我该怎么做

我是一名高一的学生，进入高中后觉得所有课程的难度都增大了，学起来有点费劲。尤其是数学和物理，一直找不到合适的方法，花很多时间在这两科上面，但似乎是在做无用功，到最后的考试成绩还是不尽如人意。一次次的考试分数都惨不忍睹，有时候我甚至想放弃了，但是为了以后的发展又完全没有办法放弃。在小学和初中时，我算是班里甚至学校里的“出名”人物，可上了高中后我总觉得自己一下子变得像小透明一样。突然的转变让我一下子难以适应，请问我该怎么做呢？

——平坝第一高级中学　左同学

学长学姐说

或许我和你有着相似的经历和感受。我在小学和初中的时候都是学校班级里名列前茅的学生，当然我当时是在乡村念小学和初中，但这不妨碍我当时是多么有存在感。凭借自己的努力，我考上了我们市里最好的高中。也正是去到了一个完全不一样的、高手云集的地方，我深深感受到了巨大的落差。高一上学期的我没有很好的成绩，排名总是排在班级中下游，人际关系很一般，身边不像以前一样簇拥着自己的朋友同学，不敢去问问题，生怕别人看到自己的一般。就是这样的状态，当时的我感觉没什么自信，每次看着自己的排名都想掉眼泪，看到一些同学人缘很好也总是忍不住羡慕。

经过高一第一学期的“以泪洗面”，有一天，我看着镜子里的自己，心想“我不应该是这样的”，我相信自己是金子，虽然这所学校里到处是金子，但是如果我努力发光，我总有一天可以比他们还耀眼。那我该怎么办呢？正如每个阶段都有每个阶段的任务，既然我是学生身份，那我就应该努力把学习搞好。于是我加倍努力学习，做宿舍里最早起床、最晚熄灯的人（当然，这样真的很费身体）。时间一天一天过去，终于迎来了高一下学期的第一次大考，我的成绩大幅度提升，从班级中下游挤进了班级前15名；期中考试的时候，我成为班级第10名，政治成绩全年级排名第3名。成绩的提升，大大提升了我的自信心。鉴于我学习成绩的提高，班上的同学会怀着好奇的心态更多地和我相处，慢慢地他们会发现我原来是个不仅努力而且很有趣的人，他们会喜欢与我来往。著名的心理学家马斯洛曾提出需要层次理论，其中谈到了四种基本心理需要和三种高级心理需要。归属和爱的需要是人的一种基本心理需要，在归属和爱的需要得到满足之后，个体才更有可能会继续发展出高级的心理需要，尤其是求知的需要。很显然，和同学交往渐多的我，归属和爱的需要得到了很大程度地满足，于是我求知的需要愈发浓烈。正是学习成绩的提高，我拥有了很多的朋友，从而提升了我的自信心，让我在面对接下来的学习生活时更加有力量和拥有更多可以求助的资源。

正是你能把最重要的事情（作为学生是学习，作为打工人就是工作）做好，做好这件事情本身就具有巨大的力量，它会让你有成就感，拥有自信。拥有自信之后，你会发现身边的人会发生积极变化，他们会想靠近你；要做的事情（学习或工作）会变得比之前简单，你会更希望去完成好它。你会发现，这是一个循环，做好事情——自信——朋友喜欢——自信——做好事情……这就是我们理想的美好循环。

或许你可以尝试用好好学习（更加努力学习）来启动这个循环？

——华南师范大学　王晓咏　路柯明　李幸凤

师长说

每个人都是普通人，认知到这一点，就不会对自己太苛求。人越长大，越要学会让自己心理强大，不要强求出名。当然，能找到自己发光的点并展现出来，也不错。另外，在学习过程中，能有一二好友，更佳。

数学和物理学习，一定要吃透基本概念，书上的基础知识和推导，最好自己亲自做一遍，基本练习题先完成并掌握，才能再举一反三，综合运用。

另外，也要看看，自己擅长哪些，偏理科或偏文科，很多时候，选择也很重要。

能上好大学，是人生的一条路。但是还有很多方向，能找到喜欢的方向并为之努力，也是很不错的。

——中兴通讯　陈颖

致左同学：

你好呀，很开心能为你解答问题，你现在的困扰我曾经也遇到过。在进入高中阶段以前，基于所处的年龄段、参与社会实践的机会和能力以及个人的认知构成，我们的思考方式以感性认识为主。进入高中之后，由于生理、心理的发育和成长，课程的科目设置、难易程度的增加，我们的抽象思维能力将会有一个跨越式发展，而跨越式发展的程度除了与个体差异相关外，还与能否尽快学会运用理性认识关系密切。

所谓“理性认识”是认识的高级阶段，是在感性认识的基础上，把所获得的感性材料，经过思考、分析，加以去粗取精、去伪存真、由此及彼、由表及里的整理和改造，形成概念判断、推理。理性认识是感性认识的飞跃，它反映事物的全体、本质和内部联系。高一以后由于特殊的年龄、心理、认知能力，我们会具有如下特点：从心理、生理特征看，大多数同学正处于十六七岁的年龄，有着强烈的求知欲和好奇心，接受能力比较强，但兴奋点仍主要集中在直观感觉上；从思维特征看，仍未完成由形象思维向抽象思维的过渡；从认知结构看，通过初中的学习，他们已有一定的理论基础，但由于刚刚接触高中教材，因此对一些具体问题的认识难免存在一定的肤浅认识和模糊概念。所以，对于处于青春期的我们，遇到问题、困难是草率、冲动，还是理智、冷静，结果可能是截然不同的。能够自觉地运用理性认识进行理性思考，也不是一蹴而就的，需要一个逐步培养、形成的过程。

爱因斯坦有个成功的公式：A=X+Y+Z。A代表成功，X代表艰苦劳动，Y代表正确的方法，Z代表少说废话。这个公式指明事业成功的三要素。学习方法意味着学习效率。方法正确，学习得心应手，事半功倍；方法不当就会顾此失彼，效率低下。结合我自己的学习经验，给您提以下几点建议供参考：

（1）我们应该摆正自己的心态，虽然你可能在初中实力很强，但是高中同学都是精英，所以心态先放好。

（2）由于高中课程非常难，不像初中那么简单，所以学习方法上要有所改变，要不断地尝试。

（3）我们还有可能被其他外在的因素所困扰，那要尽快地适应新环境，比如新老师、新同学等。

（4）如果感觉实在跟不上了，我们要自省一下到底哪里出了问题，然后再对症下药，可以找成绩比你更好的同学取取经。

（5）要合理安排时间，毕竟课程量多了以后，时间如果分配不当，其他课程难免会落后。

（6）还有就是自己是不是放弃学习了，有的人觉得升了高中已经不错了，所以放松了，成绩自然就下来了。

总而言之，高中生活正值花季，是人生最美丽的年华。左同学，加油，努力向前冲！

——中兴通讯　吴兴铨

专家说

如果说九年义务教育是让所有人都公平地获得受教育的机会，是国家提高国民素质的一个重要手段的话，高中教育就是个大浪淘沙的过程，目的是把最优秀的人选拔出来。所以，能够进入高中阶段学习的人以及高中的学习内容必然是与初中有着质的区别。目前，我国的高中平均录取率在 50% 左右，这意味着你的同学都是该地区最优秀的那一半人。要在优秀的种子选手中培养最优秀者，必然要采用水平更高的教学手段和难度更大的学习内容。从你的描述中可知，小学及初中阶段的你处于同龄人靠前的位置，所以你会有强烈的存在感，无论老师还是同学都会对你有较多关注。多年的高关注度和认可度让你产生一种自己比大多数人都优秀的“优越感”。人的优越感来自与周围群体的比较，当周围群体的水平低于个人水平时，人就会产生“优越感”。而你恰恰是从小学到初中一直处于这种周围群体的水平低于你自身的环境中，所以你一直会有“在班里甚至学校里‘出名’的人物”这种感觉。但是到了高中，周围群体的水平经过中考的选拔后，已经将不够优秀的 50% 个体刷下去，能入读高中的人，平均水平都较高。加上高中阶段的学习不再是“扫盲”，而是“选优”，课程难度自然与初中不在一个级别上。优秀的同龄人群体加上难度骤然拉高的学习内容，让你一下“跌入神坛”，变成了不起眼的“路人甲”。正所谓“由奢入俭难”，由从前“前呼后拥、一呼百应”到现在“无人问津”，这种心理上的落差不可谓不大，成年人尚且难以适应，更何况是你这样一个十几岁的学生。高中阶段尚且保留 50% 的优秀选手，若进入好的大学，面临的将会是来自全国各地最顶尖的同龄人，那时候即便你是当地状元，进入顶尖大学后也可能是“小透明”，对从小到大一直是“别人家的孩子”“老师父母的骄傲”“× × 市 / 县 / 镇之光”的人来说，更会造成巨大的心理落差，要适应自己不再是“被崇拜”“被供着”的对象，是个漫长而难熬的过程。从初中到高中的过渡，只是社会金字塔底部向上收窄的一道关卡而已，当你越往上走，你会发现优秀的人更多，往上的难度更大。

你的问题看似是学习方法和心态的问题，实则两者是一脉相承的。本来进入一个新的阶段，面对新的环境和学习内容，需要重新适应是很正常的。但因为你对自我的认知停留在过去的经验上，所以面对挫折时会感觉困难重重。高中的学习必然要用新的学习策略和方法，尽快调整是最为关键的。但目前你的所思所想被“过去的自己”所困，无法对自己重新定位。这将会妨碍你用开放的心态进行调整。所以，尽快接受高中是“选优”以及同龄人普遍比初中优秀这些事实，下调自己的期望值，接受自己目前的水平不是在多数同龄人之上。其次，在数学和物理的学习问题上，我有一些小建议。既然高中是选拔人才，主要采用应试教育的方式。只要是应试，就会有一定的规律可循。学习成绩好的人必定有一套独特的方法，他们会总结出一些规律应对考试。荀子在《劝学》中说过：“君子生非异也，善假于物也。”借助外力，能让我们登得更高、望得更远。牛顿也曾说过，他望得比别人更远是因为站在巨人的肩膀上。所以，寻找你身边的巨人（在数学和物理学习上表现优秀的人），向他们讨教学习方法，并对比自己的方法问题出在哪。

接受现实，夯实基础，借势而上，方能在高手云集的地方脱颖而出。

——广美附中心理老师　周莉斯

困惑 21

我在班里就是一个可有可无的人，没有任何存在感

以前在初中我是班上的好学生，班里的同学都很认可我，老师也很重视我，在中考也考了不错的成绩。高中进了实验班，我发现班上的人都很优秀，我在班里没有多突出了，让我感觉自己在班里就是一个可有可无的人，没有任何存在感。我感觉老师看不起我，甚至有的老师都不知道我的名字。我也不知道自己怎么了，常常会因为这点小事而烦恼。希望您能给我一些建议。

——镇雄县第三中学　邹同学

学长学姐说

邹同学：

你好。看到你的这一番描述，我不由得又想起了3年前的自己：高一学年里每次大考都是班级前三（第一居多），到了高二无悬念地被分入重点班（其实我并不想去来着），在接下来将近半年的时间里，我陷入了和你相似的境地。尽管已经很努力了，却仍比班级平均分低20多分，跟我一起嘻嘻哈哈的同桌即使周日回来才赶作业也可以考到年级第4名。结果是，一种深深的无力感席卷而来，这让我迷失了自己。

但是，我与你不同的点在于，我没有因此认为老师、同学看不起我。我认为，这也是解决你的困惑的关键所在——可以接受平庸，但不应因平庸而否定自己的价值。

事实上，你出现这样的“烦恼”，是非常正常的。人总是习惯于将自己与周围的人进行比较，进而以此作为判断自我价值高低的参考，但这样的内在逻辑真的是正确的吗？我认为，此时此刻的困惑，其实给了你一个机会，一个去思考从过往至现在，判断自我价值的方式是否正确的机会。过去的你是同学、老师眼里的“好学生”，你因而自我感觉良好，而过了一两年，身边的人变成了一批更优秀的（甚至比你还要优秀的）同伴，你就感到失去存在感了，觉得自己可有可无，然而事实上，你还是那个你，不同的地方在于，来自周围环境中的对自我价值有“增益”作用的反馈信息变少了。

基于以上的一些分析，下面我会尝试从三个方面给出我的建议。

一、明确自我价值所在

人的价值在于创造价值，是自我价值和社会价值的统一。前者代表的是自我的实现，是相对自身的进步和目标的达成，后者则是通过学习、劳动在当下乃至未来对社会的贡献。只要你是符合以上描述的，那么老师就没有理由“看不起”你，你也绝不会是一个“可有可无”的人，如果你常常为此困扰，不如将这句话牢记于心。

二、主动提升“存在感”

人是社会化的动物，抛弃以相对地位和他人评价为自我价值的主要评判标准的看法，不代表完全不去在意这些来自周围环境的反馈（事实上也做不到），因此，如果在短时间内不能够在学习成绩上有大的进步的话，不如从其他方面入手，主动提升自己的存在感：

多与老师交流，如果刚开始不敢在课上回答问题的话，可以先从课下多找老师问问题（放学后、晚修期间等，提前跟老师约好时间，老师们一般都不会拒绝的）开始，增加老师对你的熟悉度（俗称混脸熟）。

班委换届选举时主动竞选，承担职务，做的事情多了，大家看见你的机会自然就多了。不要担心自己过往没有类似经历而落选，第一步总是不容易迈出的，但同学们往往也会给予“新手”更多的宽容，所以不妨尝试一下，提前准备好发言的内容并稍加练习，大家都会乐于给予认可的（至于如何“画饼”可以到 B 站等各大视频网站参考国外议员、总统候选人等拉票时的发言）。

有才艺的话就报名参加晚会的节目，有运动细胞的话就报名校运会，总而言之，尽可能展现你的闪光点，如果实在没有，那就请转向第三大点。

三、习惯不被看见

需要指出的是，此处的不被看见指在某种情况的某种群体中不作为突出的个体被重点关注，不等于被看不起。

其实，不被看见本身并不是一个问题，因为这个世界上大部分的人都可以在某些情况下“没有存在感”，然而，大部分人都没有因此而消极地生活。相反，大家都慢慢地接受了这个事实，并尽可能地把注意力放到自己的闪光点上。因此，是否会为此所困，取决于你怎么看待这件事情，转变思考的方式，相信你能在一段时间后走出迷雾。

最后，我想说的是，如果你在未来的路上发觉自己越来越“平庸”了，请不要失望，因为也许是你在越来越向前进。

——华南师范大学　区仕培

师长说

我也有过同样的遭遇，最后就是自己慢慢化解，其实这是好事，好过你步入社会再来应对这种局面。人外有人天外有天，世界上厉害的人真的很多，大部分的人都是普通的人，自己之前的优秀，也只是局部优秀罢了，如果在更大的平台，会有更多的考量标准，引人注目也好默默无闻也好，这段经历都是你以后生命中非常小的一个段落，平常心去接受吧，尽到自己最大努力，结果随缘，放过自己，才能更快乐哦。

——中兴通讯　赵星星

高中能进实验班，说明你是一个非常聪明、优秀的人，进高中觉得自己是一个没有任何存在感的人，是因为心态没有及时调整；初中的尖子生，只是一个初中几百乃至上千的年级中崭露头角而已，高中的实验班都是各个中学的尖子生，比你优秀的大有人在，如果因为没有存在感而自寻烦恼，那最终的结果是顶不住压力，陷入死循环。在一个新的环境中，不要一看见别人的优秀就慌了神，你只要做好自己的学习计划，努力学习，不懂就及时请教老师和同学们，做到每天都比前一天进步，不要有过度的攀比心理，相信你一定会再次像初中那样崭露头角，成为班里的尖子生，得到同学和老师的认可。

——中兴通讯　徐建强

同学你好！每个人是一座孤岛，我的理解是作为一个人，他/她是独立而完整的， 可以不依附他人存在，但这并不意味就是孤独的啊。因为每个岛都是共享同一片海水，呼吸同一片空气，共享同一阵微风，仰望同一样的星空。另外，岛屿也不是从海面突然出现的，它的根基在海底互联的海底大陆，相当于每个人其实都是扎根在一片共同的土壤里，这个理解是不是让你觉得好一点？ 另外，希望你知道，每个人都独特的，独一无二的，没有人能做到对他人完全的感同身受。和他人交流的基础，只要有一点点共同就够了，比如一首都喜欢的歌，一本欣赏的书，一个理解共同的笑话，甚至你和他人站在了同一队发现队伍歪掉了，一起笑笑就是交流啊。最后，我想说的是，请放轻松，做好自己才是最重要的。专注做好自己的人会自内而外地发光，就像一座岛屿，如果它从海底拔地而起，越来越高大美丽，自然会有许多人看到，乘舟到达。

——中兴通讯　谢曼

专家说

你好，非常理解你的心情，因为在以往和孩子们交流的过程中，也经常会遇到这样的情况，比如说从小学升到初中，或者从初中升到高中，以前的成绩都很好，但是到新的环境会发现，周围优秀的人变多了，自己在这里就没有那么突出。

曾经遇到过这样一个孩子，在初中的时候学习还挺好，但是到了高中，进了实验班之后，发现周围的人都很优秀，作业写得也很快，考试考得也很好。同样的去背诵一篇课文，发现自己已经很快了，但是周围总是会有比自己更快的人，就产生了自卑的心理。同时，自己的存在感也大大降低。

其实，在这样的环境里，你应该感到很自豪。因为当你被选拔到这里之后，周围的人都很优秀，那说明你也很优秀，正因为你很优秀，所以才可以和这些人同行。你碰到了这么多可以同行的优秀的人，那么你成长的空间就会更大，你未来进步的速度也会更快，因为身边有很多的参照物，让你可以吸收他们的优点、学习他们的长处去丰富自己。

在周围都是优秀的人的情况下，最考验自己的心态，要学会用欣赏的眼光看待他人。当然也要去发现自己的优势，发现自己在哪些方面也做得很好。在自己做得不够好的方面，可以去学习别人的经验，让自己快速地在这样的环境里成长。

其实不存在老师看得起谁或者看不起谁的问题，这更多的是自己对自己不满意的一种感觉。当然我们不能否认，老师会对成绩比较好的同学会有一些关注和期待，但是并不意味着就看不起其他的学生。因为高中的学习，和初中相比会有所不同，需要更强自主性。老师对每一个同学关注的时间都会减少，其实更有利于你们的成长。

我们经常会说庸人自扰，或者是闲来生事，当我们的内心没有坚定的目标和持续的行动的时候就会导致我们产生许多的烦恼，思虑过度。

所以，你现在要思考：在这样优秀的环境里，你准备要到什么样的位置去？你有什么样的目标？为了这样的目标，你要做出什么样的努力？当你有了明确的方向、坚定的信念、快速去行动的时候，这些小事将不会再烦扰到你。你现在要做的，就是要让自己更多地去行动起来，把每一天的时间安排得更加充实，把关注点放在自己的提高上，关注自己的学习方法、自己的表达能力，自己的逻辑思维能力等的提升，当关注点在这些方面时，就不会再因为其他无关琐事而烦恼。

——潘新凌中小学生心理健康研究室

困惑 22

如何才能让自己静下心来，毫无杂念地认真学习

我是一名高二的学生，学习上存在很多问题，面对这些问题，我会责备自己，抱怨自己，认为自己真的很差劲。我一点儿都不想把糟糕的一面袒露给任何人。我爱我的亲人、朋友，突然的心情不好会影响到他们，我知道这样不对，会被说神经质，但我控制不住。我害怕自己考不上好大学，白白辜负父母殷切的期望。把我从小带大的奶奶身体每况愈下，药就没断过，我看到她在慢慢变老。她开始没有力气，开始嗜睡，吃的药越来越多却没有一点儿效果。她吃鸡蛋胆囊会痛，她的胃也不好，吃完东西肚子会疼。我不敢想没有她我会怎么样，每次不经意想到这些都会心悸好一阵。人们都说活在当下，可是我17年的生活都有她，没有她我该怎么办。她最大的愿望就是我能考上好大学，我也绝对不能辜负她。每每想到这些，我总是不知道为什么突然会心情低落，前一刻还在和同学嬉笑，后一秒就突然不高兴起来。我该怎么做才能让自己静下心来，毫无杂念地认真学习呢？

——山丹一中　小刘同学

学长学姐说

小刘同学：

你好。一个人能够做到长时间静下心来，毫无杂念地认真学习是很难的，但是或许我们可以做到在一段时间内静下心来，毫无杂念地学习。

每个人都有必须努力学习的原因，有的是为了自己的未来，有的是为了可能的奖励，有的是为了别人的赞美，姐姐知道你可能是为了你的家人，为了你的奶奶，你是一个非常乖巧懂事、孝顺善良的女孩子，我也特别能理解为了家人学习。在我小学的时候，老师就问过我们为什么学习？我的回答就是为了家人学习，爸爸妈妈那么努力抚养我们，希望我们能考上大学，能有一个美好的未来，难道我不应该因此而努力学习吗？随着我慢慢长大，我也渐渐明白了学习最终是为了我们自己，父母是我们人生道路上的指引者，陪伴者，但真正的路还要我们自己走，学习最终是为了自己。

姐姐看到你说担心奶奶身体每况愈下，害怕奶奶可能会离开自己，不想辜负奶奶的期望。生老病死是自然规律，我们只能尽力做好我们能做的，奶奶不可能永远陪在你身边，总有一天她会离开你，但是她肯定希望自己的孙女能够永远健康向上，好好学习。想到可能会让他们失望，你会突然心情低落，其实，这不是你的杂念，或许这些是你的压力，但它们更应该成为你的动力。家人是我们坚实的后盾，也是我们力量的源泉。你应该想着：奶奶也希望我能考上大学，那我要加倍努力才行。

那应该怎么加倍努力学习呢？姐姐看到你说，你明白自己在学习上存在很多问题，每当面对这些问题，你会责备自己。其实有懊恼自责都是正常的，但是我们不能沉浸在这种自责抱怨当中而丧失动力，自责过后，我们就要着手解决问题。我们可以先把问题分门别类列出来，例如这几个问题是由于粗心造成的，下次不能再犯了；那几个问题是没有理解知识点而造成的，下次不会出错了；上这门课有点吃力，那需要多花一点儿时间在这上面，我可以勤学多问，或者买一些辅助工具书……问题千千万，解决问题的途径也千千万，如果真的遇到无法解决的问题，询问同学、咨询老师，总会有解决的办法的。解决了一个个问题，学习自然就慢慢好了，那忧心焦虑着急自然也消失了。

加油，你可以的！

——华南师范大学　王晓咏　路柯明　李幸凤

师长说

小刘同学你好，不知道你能不能看到这份简述，如果能，希望对于现在迷茫的你有一些帮助吧。

我和你有相似的经历，也从你的身上看到自己曾经的影子。我也是奶奶带大的，爸爸妈妈都在外面打工，所以我和奶奶很亲，从小到大也是在奶奶的关怀下长大的。现在我还记着她会在我耳边“唠叨”，让我好好学习，考个好学校。可惜她没有见证到那一天，在我还在念高二的时候，她离开了我，也让我留下了一辈子的遗憾。那天我告诉自己，我会好好去学习，去完成奶奶的夙愿。从那时候开始，我变得更加努力，早五晚十二，就这样熬过了高三的一年。过程中我也想过放弃，觉得好辛苦，好累啊，这么努力万一还是考不上，让家里人失望怎么办呢？心里也会很烦躁，很害怕，但我会调整自己的心态，我会去散散步，听听纯音乐，让自己放松下来；我会去外面深呼吸，让自己烦躁的心平静下来。然后告诉自己，想那么多干嘛，唯努力尔。当然，结果也是如意的，我成功考上了哈尔滨工业大学，四年大学过后，继续留校完成了两年的研究生课程，实现了人生的蜕变。

人生总有一些你需要为之努力、为之奋斗的人，你心里已经有了，这应该成为鞭策你前进的动力，而不是你前进路上的阻力。你会莫名的情绪失落，是因为你怕，害怕失败，害怕在未来的某一天，结果揭晓的时候，不尽人意，让苦苦期盼的人失望。但这为什么不能成为你努力学习的动力呢？有付出一定会有收获的，这是我作为过来人的心得，老天不会辜负一个努力的人。不问结果，不忘初心，牢牢记住自己所想要的结果去努力，一切都会好起来的。

——中兴通讯　卢刚

小刘同学你好，我是小薛，比你大个 10 岁吧，你可以叫我小薛姐姐，这些问题其实我在高中的时候也无法做到不纠结。学业和家庭真的是最需要平衡的两件事。通过你的描述，我了解到你有两方面的困惑，一是自己学习上存在问题，进而自怨自艾，无法控制自己的脾气；另一个就是你奶奶已经年迈，你担心她撑不住。其实换作任何一个人都难以接受，毕竟她是你相处了 17 年的至亲。

对于第一点，其实我能明白你有上进心，并且你不想让家人为你担忧，所以你是一个特别有责任心的人，不想因为自己让家人烦恼，为你点赞。我在高中的时候也是这样，报喜不报忧，觉得成绩考差了的时候很没面子，但其实成绩的起伏都是正常的，因为你不知道这次的考卷是不是正好是你擅长的，或者是别人在这段时间更加努力，这些都是你无法控制的。那么，我们能做的是什么，是控制自己的情绪和想法，人无完人，你要是因为一些错误就懊恼，那么是不是只有每门课考满分你才能觉得自己终于优秀了？试问天底下谁能做到，高考状元都做不到……其实我们看事情要看两面，一面是你答对的题，你应该为你做对的题感到高兴，说明自己之前这些知识没白学；另一面是你做错了的，我们应该分析是什么原因导致的，刚才说人无完人，做不对不要觉得是自己太笨，或许只是那道题可能当时没读仔细，其实你是会的。要做到擅长，应该不断地思考和练习。记住，主动思考，主动学习，主动找错题来分析，不出两周，你的学习能力会有质的飞跃。

其实我见过很多人，尤其是男生，他们都是在高三才开始主动学习，最后还是考上了名牌大学。不用埋怨自己，每个人都与众不同，相信自己，人的潜力是无穷的。

对于第二点，我非常理解你不想辜负奶奶的心情，但你是否知道，你奶奶更愿意看见你快乐、健康，不管你好还是坏，你奶奶都会包容你，喜欢你，所以你应该振作起来。作为过来人，我想跟你说，大学是很好考上的，但我希望你知道，我们未来成才与否与是否上大学并无必然的联系，关键在于你是否能够持续地付出努力！跟你讲讲我的亲身体会，我发现很多人上了大学就松懈下来，最后一样变成了对社会毫无用处之人。所以只要你高三足够努力，我说的努力指你自己主动学习，主动弥补你不会的知识，主动去分析错题，不懂就问老师，等等。这样坚持下去相信你一定能考上大学！并且相信你一定能上理想的大学！相信自己，风雨过后会有彩虹！

——中兴通讯　薛小杰

专家说

花样年华的你已经能体会亲人衰老所带来的苦，看到挚爱的奶奶因为疾病而备受煎熬，你能感同身受，这是人性中很大的善。你虽承受诸多压力，但不希望给身边的人带来负面影响，你能拥有换位思考的能力，是很难能可贵的。此外，面对亲人的深切期望，你希望自己不辜负他们，可以看出，你是个有责任感的人。如果你觉得自己很差劲，我是不认同的。你身上拥有许多优秀的品质，是许多同龄人所不具备的，不应该光凭学习存在一些问题，就全盘否定自己，这是不客观、也是不理智的。

高二，是一个承上启下的时期，既渡过了高一的新环境和新的人际关系适应期，身心较为适应高中阶段，同时又更为接近高考，所以是一个重要的时期。加上“高考”这把时刻悬在头上的“达摩克利斯之剑”，高中三年注定是躁动不安的三年。对许多学生及其家庭来说，考上大学意味着拿到改变命运的钥匙，能打开通往美好未来之门。因此，大多数学生都铆足劲要争抢着通过这一道窄门。我相信你也不例外。从你发现自己学习存在问题，到责备自己，都是一种对自己高期望、严要求的结果。你希望自己表现得更好，当现实达不到你的期望时，你会出现焦虑不安、情绪起伏的状况，这都是正常的现象。正所谓“学然后知不足。知不足，然后能自反也”，人只有通过学习才能知道自己不足，知道自己不足才能反省自己，进而获得成长。现在你做到了前一步，你肯定在学习上下了功夫，所以能发现自己的不足之处，这正是让你得到更大提升的很重要的一步。有时候“无知者”的“无畏”不是真的勇敢，而是对自身存在不足的无知无觉。这样的人是无法获得提升的，因为他连问题在哪都不知道。而我认为，你能发现自己的问题，这为你填补这些漏洞提供了极好的基础。

但“知不足而自反”这一步，你的着力点错了。“自反”不是自我责备，自我贬低，认为自己一无是处，而是准确判断问题及其原因，继而寻找有效的解决办法。责怪自己、贬低自己，把自己踩得一文不值，这是很容易的。就像孩子做错了事，家长不断地责骂，家长是发泄了自己的情绪，但对于如何帮助孩子以后避免再重复犯错有没有帮助呢？没有。孩子会因为家长的责骂而产生对错误的逃避甚至反抗。当家长的责备越严厉、粗暴，孩子反思己过的行为越少，这是人的一种自我保护的本能。“不想把糟糕的一面袒露给任何人”是一种对真实自我的掩饰和不接纳，所以对于学习上存在的问题，你的态度也是不接纳的。世上无完人，每个人都有各种各样的瑕疵，只有直面这些瑕疵，才有完善它的动力。

我建议：

寻找闪光点：现在的你，过分聚焦在自己学习上的不足，并将这些不足扩大到对自己的全方位评价上。我认为这不利于你的提升。我建议，你每天睡前，在脑海中梳理自己的一个优点，并且回忆一个事例能体现你这个优点，坚持一个月。即便是很小的一件事，都不要放过。这是为了打破你对自己负面的态度，建立一个相对客观、积极的自我态度。

寻找学习帮手：当你发现学习上的不足时，往往会陷入负面情绪当中，看不清问题所在。这个时候，有必要邀请一些帮手，在你深陷其中的时候拉你一把。这些帮手可以是学习态度积极、善于发现问题的同班同学，也可以是与你关系密切的好朋友。若你的不足别人也有，互相讨论寻找突破口能提高你的积极性；若你的不足别人没有，但能给你提供有价值的建议，这是一个不错的办法。无论如何，遮掩自己的缺点，是无法真正变得优秀的。

对亲人的陪伴与沟通：亲人对你有很高期望，你同样可以跟亲人表达你的感受。例如，你在学业上的不安或你对奶奶身体的担忧，都可以跟最亲近的家人表达。当你的感受被看到、被理解了，你的焦虑或许就会缓解了。

高考只是人生的一道关卡，虽意义重大，但已不再是“一考定终身”了。未来的社会很多元，发展的路径也很丰富，理性、积极地看待“高考”是拥有好心态的“密码”。

——广美附中心理老师　周莉斯

困惑 23

老师看不起我，同学疏远我，我感到很孤单，很寂寞，很累，很痛

我是一名高一的学生，由于家庭关系，我经常会感到很有压力，没办法发泄出来，就只能藏在心里，心思越来越重，时常会感到很累，没法专注于学习，我觉得自己离梦想越来越远了，我该怎么办呢？每每看到父母吵架，然后爷爷奶奶一起跟爸爸吵架我都觉得无法理解，我往往会关上房门，戴上耳机把声音放得很大来听歌缓解压力，或者一个人出门到一个安静的地方大哭一场。我无法理解吵架的行为，这导致我心理上出现了很大的问题，脾气变得十分暴躁，无法控制自己对别人发脾气。我特别想做一个温顺的人，一个乐观的、可以不被悲喜所影响的人，可是我快被这样的家庭氛围压抑得喘不过气来了，甚至有时候我会做一些让自己后悔的事。我觉得老师看不起我，同学疏远我，我感到很孤单，很寂寞，很累，很痛，有时候晚上睡下就会胡思乱想。我很纠结，也很矛盾、很迷茫，您能否给我一些建议，让我重新鼓起勇气，我想实现自己的梦想。

——古浪三中　亲昵的外号

学长学姐说

亲昵的外号：

你好！通过你的描述，我知道了家庭的不和谐让你感到痛苦，同时，你也认为老师看不起你，同学疏远你。你很累、很孤单，但是你仍想重新振作实现自己的梦想。

首先，对于你的家庭情况，我感到很遗憾。我不知道是什么原因让你的父母和爷爷奶奶经常吵架，但我能想象这对刚上高中、学习压力骤增的你会产生多大的影响。作为未成年子女，很多时候我们并不能改变家庭的状况，我们阻止不了家人吵架，也难以帮助修复这段关系，很无奈也很现实。无法改变，那我们也只能选择接受。并不是说接受现状就是不爱家，而是现在的你暂时还没有能力解决这个问题。

在接受的过程中，你可能会经历痛苦、难过，这时，有效的情绪宣泄方式就显得尤为重要。你常常会关上房门戴上耳机听歌释放压力，或是一个人出门到安静的地方大哭一场。在这一点上，我和你很像。戴上耳机的时候，我会觉得有一段时间与世隔绝，可以沉浸在自己的世界里，这确实是一种非常方便的情绪发泄方式。但我不知道你会不会产生类似的感觉，听歌虽然能够在一定程度上缓解压力，但是持续时间短，摘下耳机后又会开始烦躁。大哭一场可能会更彻底些，情绪可以集中地宣泄，但是找到这个时间和空间可能不易。

未来，你仍然可以继续用听歌和哭来发泄自己的情绪，不过你也可以尝试使用运动、与人倾诉的方式。运动可以让人更加快乐，这个效果是真实存在且明显的。我不是一个很爱运动的人，但也曾为了发泄情绪去跑步、去打球。个人感觉效果还是很不错的，可能运动过程会有点累，但是运动之后的一段时间里会很轻松。这也是一个很健康的情绪发泄方式，不是吗？听歌听久了会影响听力，哭得多也会感到一段时间的身心疲惫，运动的副作用看起来会小一些。

还有，便是与人倾诉。每个人都需要外界的支持，如果家庭不能给予你相应的帮助，那么求助外界也不失为一种好的方法。像现在这样，你将困惑告诉我们，不就是一种勇敢的尝试吗？我很乐意给予你帮助和支持，但是作为陌生人，我能了解的信息有限，我不能在生活具体的方方面面都帮到你。因此，我会建议你寻求身边人的帮助。你有亲近信任的同伴或是长辈吗？如果有，或许你可以时不时和他们聊一聊。如果没有，你要不要试着去找这样的一个人呢？

学生的主要社交就是在学校，所以信任的老师和同学会是很好的倾诉对象。但你觉得老师看不起你，是有什么具体的事情让你产生了这种想法呢？如果不是，那这种看不起会不会是你主观认为的呢？因为现在的成绩不好，所以觉得老师会看不起你。世上肯定会有唯分数论的老师，但不是所有老师都会这样。在学习上的迷茫和困惑，求助老师是最便捷的方法，通过与老师的交流，你会找到学习上存在的问题及解决方式，当成绩提高了，老师也更没有理由会看不起你。如果遇到信任的老师，不妨也和他偶尔聊聊家庭的事情，成年人的意见或许能给你更多的帮助和启发。

此外，你认为同学疏远你，是因为前面提到的脾气暴躁吗？你所说的“温顺”“不被悲喜所影响”的状态，在我看来，更多的是一种麻木，而不是乐观。我在高中经历过严重的考试焦虑和成绩起伏后，也曾以为自己已经达到了“不被悲喜所影响”的状态，对所有的成功和失败都没有反应，牢牢地将自己“关”起来。可能在一段时间内，我会觉得解脱，但是孤独感依旧围绕着我，大量的事情朝我扑来时还是会觉得痛苦。与其逼自己变得温顺，不如想想自己发脾气的原因。如果是长期处于情绪压抑的状态下，脾气变得暴躁或内向是难以避免的。当你将情绪控制好后，向别人发脾气自然也就少了，根本问题还是在于情绪的发泄。如果想在发脾气时更多地控制自己，你可以在生气时先做几次深呼吸，在心里默念“3，2，1”，这样做是为了缓解愤怒时的身体反应。愤怒会使人冲动，如果人为控制身体度过反应最激烈的几分钟，大脑会恢复清醒，自我控制的能力也会增强。一次就学会是不太可能的，但是我相信多次的适应和训练应该可以让你减少做出冲动的行为。

你有自己的梦想，这非常棒。相信很多同龄人都还没搞清楚未来要做什么，但你已经有明确的目标了。梦想可以成为你前进的动力，既然有想法就去做吧。实现梦想离不开学习，学习也是作为高中生的第一要务。刚开始，你可能依然会觉得受到家庭问题的影响，无法集中注意力，但请相信，一步步地尝试终会带来改变。像前文提到的与老师沟通，或是自我觉察找到学习上存在的问题，在这个过程中，你就能一步步地将焦点转移到学习上来。家庭问题一直都会存在，这是无法消除的，但是你可以通过减少对家庭的关注，不让家庭问题打扰你的学习。明知家庭问题在短期内不可改变，过多的关注何尝不是一种浪费。将更多的注意力放在可控的事情上，焦虑自然随之减少。

我希望这些建议可以帮到你，也祝愿你能够实现自己的梦想。未来可期，可不要早早就灰心丧气呀，加油！我相信你一定可以！

——华南师范大学　邱可仪

师长说

读着你在信中写下的困惑，我仿佛看到了 25 年前的自己。我与你有一个相似的原生家庭，在你这个年纪也经历过同样的痛苦和沉沦。因为年代原因，可能我走过的路更加崎岖艰难。将一些感悟和经验分享给你，希望对你有所启发。

首先，我们要学会无条件地接纳先天环境的不完美。这是接纳自己、迈向成长的起点，也是摆脱阴影、通往幸福的必经之路。网上大家搞笑说

“投胎是个技术活”，但实际上没有任何人能主动选择自己的出身、父母以及原生家庭。既然如此，何不痛快承认这一点并坦然接受这一切！就像接受日月星辰白天黑夜的存在一样。它是你与生俱来的一部分，注定从开始就融入你的命运。它也是塑造你独特个性和独特人生的机缘，不好的原生家庭既可能成为伴随一生的梦魇，也可以是逆风翻盘的发动机，关键看个人能否成功接纳它、超越它。与其苦恼抱怨，不如试着问自己：我有一个不怎么和睦的原生家庭，so what？它能决定我的一切吗？谁的人生又是完美的？

其次，关于原生家庭和亲情，我也想分享一些感悟：这个家虽然有点糟糕，它却赋予了我最为宝贵的生命，让我有机会体验精彩人生；家人虽然不和，却未放弃对我的教育，从而让我的未来有了无限可能（并非每个家庭都能轻易做到这点，在一些贫困地区尤其艰难）。这两点之外，如果他们都还力所能及地爱着我、持续为我付出，那我应感到十分幸运。糟糕的家庭关系并非他们所愿，也许他们已竭力做到最好，也许他们自己也困在原生家庭、过往挫折之中无力走出；又或者他们根本没机会接受好的教育，缺少能力去思考和解决这类人生难题。随着我们慢慢长大，终究会发现长辈们也只不过是一些走过坎坷人生的普通人，可能仅仅为了一家人的生存已拼尽全力，作为晚辈又何忍苛责他们还必须拥有好心态、好性格、好脾气呢？请试着理解他们、与他们和解吧，感恩他们的付出，体谅他们的不容易，接受他们的不完美，珍惜这有瑕疵的亲情。

当然，“接受不完美的父母/长辈”并非意味着我们要放弃自己的感受、价值观、是非观，全盘认可他们，甚或出于对他们的爱而试图去承接他们的痛苦、化解他们的矛盾。长辈们的为人之道、相互间的相处模式及恩恩怨怨，大多早在我们来到人世间之前已然如此。这根本上既不是子女造成的问题，也不是子女能直接去替他们解决的问题。正所谓“解铃还须系铃人”。他们作为成年人，原本应有更多的经验和智慧去处理好这些，但很可惜他们没做到。这一点无论我们是否理解，是否感到惋惜、痛心，都只能接受。最重要的是我们无须为此感到内疚、自责。即使他们情绪上来时可能也会把原因归咎于子女，我们也要明白这只是他们在找借口发泄情绪、逃避问题而并非事实。任何情况下能做出选择的只能是自己，而不是其他任何人，把自己的痛苦归咎于他人毫无意义。同样的道理，现在的你正经历痛苦、压力、寂寞等，虽事出有因，但仍不应让它们成为你停止与人为善、向阳生长、追逐梦想的理由。

给你的建议：现阶段我觉得最重要的还是做好自己身为学生和晚辈的本分。一边心无旁骛地学知识、长本事，一边学着处理好和每一个家庭成员的关系，增强自己在他们心中的分量，带给他们积极正面的影响。剩下的就请交给时间，你尽可期待他们和你一样不断成长精进，最终家庭氛围焕然一新；但也请做好迎接另一种可能的心理准备，即你倾尽全力也不能如愿，他们依然故我不肯改变。这虽会有一点遗憾，但你的努力和成长不会因此有任何的打折、褪色。伟大如佛陀和耶稣尚且无法感化世间一切冥顽，况乎吾等凡人？所谓尽人事而听天命而已。每个人在一生当中都有自己要做的功课，别人无法替代。父母无法替孩子走他人生的路，子女也无法替父母长辈化解他们人生的痛苦。

现在老师、同学暂时疏远了你，也请不必太过介怀，我猜因个性、自尊或其他原因，你很少在他人面前袒露心迹，他们既不了解你所经历的痛苦，也无法看到你坏脾气背后的原因，从而对你产生误解，这是很正常的事。能让情况变好的唯一途径，仍在于你自己如何去选择，朝哪个方向去努力。你若盛开，蝴蝶自来。驱散一片阴霾可能需要满天阳光，但要赶走整个房间的黑暗只需先点亮一盏蜡烛。暂且把那些不好的情绪、旁人的眼光抛到一边，从做好身边每一件小事、善待周围每一个人开始。上课之余去运动、去阅读、去冥想、去交友、去听音乐，去发掘自己的潜能，去把时间浪费在美好的事物上面。保持微笑，同时常常保持对自己情绪的觉察，让积极乐观成为一种习惯。当一切开始正向循环，你会发现自己很快就会走出低谷。

总之，请记住原生家庭仅仅是人生的起点而非终点。老天爷没给我们一副好的底牌，但后面能抓的牌还多的是，我们仍然有大把的机会翻盘。我们只需要比别人多一点勇气、努力和耐心。衷心祝愿你用心打好手中的每一张牌，走好人生的每一步，实现自己的人生梦想！

——中兴通讯　苏林涛

亲昵的外号同学：

你好！我认识一位女同学，她爸爸妈妈也经常吵架，甚至在她高考的前一晚，她父母吵架把家里能砸的都砸了，第二天她趟着一地的碎片去参加高考，但是她给我的印象是平和、温润、上进的，难道说她铁石心肠，不会被家庭关系影响吗？不，只是她在经历痛苦地纠结后，依旧选择做一个阳光明媚的人。

当你父母吵架时，你可以做一个可爱的“消防员”，护着你妈妈或者爸爸，把他俩拉开，调节他俩之间的矛盾，也可以单独和他们谈心，甚至可以向爸爸妈妈提出要求：你们不要再吵了，你们一吵架我就很不舒服，我就会不停地想你们吵架的事，这对我的学习很不利。我知道这很难做，但是你要鼓起勇气，克服自己内心的抵触。孩子都是每个家庭的希望，而你现在就是家庭关系能缓和的希望。如果你的努力没有效果，也无妨，更不要对自己过于苛责，出去跑跑步，去人多的地方转一转，不用总是哭，因为你是一个坚强的孩子，生活的不如意只是你光明未来的垫脚石。

可以明确地说，老师不会“看不起”你，同学也不会疏远你。如果你心里还是有顾虑，可以尝试在生活和学习中主动给老师和同学们帮一点小忙，比如给老师擦黑板、替同学讲题等，不过注意不要过于谦和，你是因为内心的自信和能量的强大才去帮助别人，而不是为了刻意讨好他人才去帮忙的。咱们说好，从今天起，把自己捯饬得干干净净的，洗干净脸、梳干净头发、穿干净衣服、刷干净鞋子，抬起脸接受春天温暖的阳光，我相信你，你肯定会成为你想成为的那种人。

最后说一下我认识的那位女同学，当年高考她是我们县的高考状元，去年刚硕士研究生毕业，现在是一名为人民服务的公务员。

亲昵的外号同学，祝你有个好心情、好成绩和好前途！

——中兴通讯　仲佳军

同学你好，你的种种焦虑，其实大部分的“90后”也都有过。首先从父母吵架说起，你是一个非常有责任心且注重家庭的孩子，所以你才会注意家庭成员之间不和谐的一面，你无法理解是因为你生活在时代进步的摇篮里，而父母的那个年代，他们的认知和当时的情感存在差异，如果长此以往，其实也未必是他们不开心，有可能已经形成了相处模式，那是父母的生活，你大可不必有心理负担。当然了，这种现状如果你想有话语权，改变家庭氛围，是需要花费一番心血的，那么最有利的办法就是你得有“重量”，让家庭成员能够听你的：你自身要积极向上并且乐观，凡事不要往坏处想；你可以用你所学到的知识去感染家庭成员，多和父母沟通，给爷爷奶奶心理安慰，成为你们家的润滑剂，和谐家庭关系。其次是你觉得老师同学看不起你，你很累很痛。这说明你是一个有自尊心且敏感的孩子，我想你一定也有爱心有很多想法但没有大胆去尝试。控制情绪的方法有很多种，如可以通过运动来缓解情绪。运动是最不需要成本但收益最大的一件事。平时没事可以戴上耳机，边听一首喜欢的歌曲，边跑步。如果可以，你可以主动约着同学朋友一起跑步。作为一名高中生，首要任务是学习，相信任何一个老师都不会看不起自己的学生，因为最有前途可为的就是学生。学生时代，自尊心太强并不是一件很酷的事，你要学会自我调节，学会自律认真地学习，学会和老师分享，学会和身边人相处，这也是未来步入社会必不可少的一个加分项。不妨多看看综艺节目，学学与人相处之道，给自己列好未来规划，认真完成学业。大学生活是人生的一个转折点，你会见识到很多新奇又有趣的事。一个积极阳光、自信活泼的人在社会上更容易成功，所以，从现在起，让我们咧嘴微笑，收起敏感的心，让自己成为能感染身边人的小太阳，努力完成学业，开心步入社会，相信你很快就能实现自己的梦想，看好你哟，加油！

——中兴通讯　张亭亭

当你能写出你发现的问题和造成这些问题的原因的时候，你其实已经走出了去解决困境的第一步。原生家庭对一个人的影响确实是非常大的，我非常能够理解你的感受。我觉得自己也算是一个突破了原生家庭带来的负面影响，现在还算成长得不错的人，跟你分享一下我的感受。我现在回过头来看我的学生时代和初入职场的时候，虽然有一些起伏，但很庆幸在每个重要的节点我都抓住了。无论原生家庭的状况是怎么样的，我在该读书的时候读书了，该为高考冲刺的时候我尽力了，该努力赚钱的时候我也主动寻找机会了。总而言之，就是在某个人生阶段该做的事情不要因为其他因素而错过。你现在高一，最近期的目标应该是完成高中学习，考上理想大学吧。现在这件事就是你最重要的事情，所有的努力都可以围绕这件事来开展，比如交一些好朋友，享受高中生活，一起朝着目标努力。来自家人的影响，如果有可能，是否可以沟通一下你的梦想和目标，请他们可以尽量支持，把影响降到最低。

——中兴通讯　瞿柯

专家说

家庭是一个人安全感最初始的来源，作为一个“容器”，家庭承载着每一个人内心深处对爱和归属的渴望。当家庭无法满足一个人对安全感和归属感的需求，甚至成为破坏的来源时，人会容易出现焦虑、抑郁的情绪。作为一名高中学生，你正处于一个初中到高中的过渡时期，新的学校、新的学习内容、新的师生关系、新的同伴关系都需要你付出很大的精力去重新适应。处于这种过渡期，过去熟悉的一切所提供的安全感和归属感会减弱，此时再加上来自家庭矛盾所带来的压力，对你来说，的确是个巨大的挑战。你每天需要应付新的一切，家庭不但无法给你提供稳定的支持，反而为你带来更大的精神压力，所以你会感到很孤单，很寂寞，很累，很痛。对于一个处于青春期的孩子来说，真的是很难。当人感到被关心、被支持的时候，才会有力量将注意力投向未来。而现在的你，无法专注于学习，觉得离梦想很远，也是受到环境所带来的重压引起的负面情绪反应。即便面对如此困境，我也看到你在努力地寻求出路：听歌、出门哭一场，你尽可能地用不影响别人的方式去缓解自己的痛苦，首先考虑的是别人，对于一个十几岁的孩子来说，真的很了不起，也很让人心疼。

一个乐观的人未必不被悲喜所影响。人生是无常的，我们无法预知下一秒生活给我们带来的是“甜蜜”还是“暴击”，所以我们注定一生都生活在悲喜中。但我们可以成为情绪的主人，不被悲喜牵着鼻子走。有的人，面对重重压力和打击能绝地反击；有的人，却无还手之力。中间的差异真的是压力和打击吗？不是。是人如何看待压力和打击。不被压力和痛苦击倒的人，会知道有哪些事情是自己可以做的，哪些事情是自己无法改变的。而被压力和痛苦击倒的人，往往认为自己是受害者，面对一切自己都无力改变。处于一个充满争执、矛盾的家庭关系中，青春期的你是很难改变的。成年人为了各种各样的目的出现争执，处于各自的情绪当中，无暇顾及你的感受。此时的你，可以做的是尽可能寻求外界的支持和健康的自我调节方式，渡过这段困难重重的时光。

我建议：

一、同伴支持

进入高中阶段后若还没建立起亲密的同伴关系，可以尝试联系初中的朋友、网络好友、发小等。青春期，来自同龄人的支持对负面情绪的缓解起重要作用。有时候，不必非要谈论家庭矛盾本身，而仅仅相约出去喝杯奶茶、轧轧马路、吃个路边烤串，就能让心情变好。

二、梦想的力量

《肖申克的救赎》男主角安迪被误判无期徒刑，在看不到尽头的漫长监狱生活中，当所有犯人都在浑浑噩噩麻木地忍受时，男主角安迪用他那把小小的鹤嘴锄挖出了一条救赎之道。监狱剥夺了囚犯们曾经拥有的一切，但安迪意识到，即使外部世界夺走了他的一切，他仍然有一块属于自己的内心领地。这块领地可以是宗教信仰，可以是亲人挚爱，也可以是一个梦想。王尔德曾说："即便身处阴沟，也别忘了仰望星空。"梦想，就是那片星空。当你被情绪淹没时，不妨闭上眼睛，想象实现了梦想以后的生活是什么样的：那时的你是什么样子的，穿着打扮如何，做着什么事，跟什么人在交往，让你最期待的部分是什么。这样的想象越具体越好。

三、与亲人沟通

你的压力来自家庭，如果有可能，不妨跟家里关系较为亲近的人表达一下你的感受。如果实在无法说出口，可以通过书信的方式来表达。亲人们处于自己的情绪当中，未必能顾及你。如果你希望有所改变，可以选择你力所能及的方式。即便是成年人，也有痛苦的时候。所以你可以选择与较为亲近的家人进行交流，将你心中的不解表达出来，当家人诉说他们的痛苦、无奈时，或许你就能理解他们了。当理解增加了，痛苦就能减少了。

有梦想的人，是幸福的。

——广美附中心理老师　周莉斯

困惑 24

控制不了自己的情绪怎么办

我是个非常情绪化的女孩，凡是有点事不顺心，我都会显现我的不高兴。有时控制不了情绪时，我可能会对每一件事都看不顺眼。记得有一次数学课上老师讲得有点快了，我跟不上他的节奏，有些知识点没听懂，这导致我不会做题，但我又比较腼腆，不好意思问老师。看到我同桌一会儿就解出来了，我感到很慌，情绪就上来了。没一会儿老师就开始讲解题了，我非常生气，就拿着书重重地砸在书桌上，听着老师解题，他越讲我越气，因为我根本听不懂他在讲什么，然后眼泪就流下来了。等情绪慢慢变好后，我就拿着不会的题去问老师。同桌有时很反感我的行为，因为我总是动不动就发火。他经常对我说，你可以控制一下你的情绪吗？有时候会很影响我。我知道他这是给我一个好的建议，但是我真的控制不住，我该怎么做呢？

——望谟民族中学　吴同学

学长学姐说

吴同学你好！我是小珠姐姐。我很高兴你能够鼓起勇气把你当下遇到的烦恼表达出来，这很棒，也能看出来你在为自己的困扰而做出努力和改变，很为你感到开心。但当看到你因为难以控制自己的情绪而苦恼时，我同样也为你的遭遇而感到伤心和难过，也能感受到因为老师讲课速度快，自己没跟上老师的节奏，导致在做题上遇到了困难时感到的着急和愤怒。甚至，当你的同桌把题目解答出来后，你产生了紧张、心慌和焦虑等情绪，并开始为自己的处境而伤心流泪。小珠姐姐想说，这其实是很正常的反应，这对大多数你的同龄人来说是一个很普遍的问题。或许，有些人可能没有像你一样拥有丰富的情感体验，因此他们没有落泪，但他们或许会感到很郁闷、很烦躁，或者开始抱着“听不懂就算了，没什么大不了的，不会就不会”的心态。但是，我在你身上看到了迎难而上的坚毅，看到了没有放弃的执着。虽然你认为自己比较腼腆，遇到不懂的问题会不好意思去请教老师，但是，你还是鼓起勇气保持着好学的精神去请教了老师。你认为自己比较“情绪化”，可我也看到你在情绪缓解后的“理智”的一面。你能共情同桌的感受，能理解他对你提出的建议是出于善意，能理解当我们正在解决比较有挑战性的问题时，都会很容易被别人的情绪所影响。这一切在我看来是你身上与众不同的闪光点。同时我也感受到你很想控制自己的情绪以避免因为自己的情绪给同学带来的困扰。或许你也渴望了解情绪管理方法，努力和日常的情绪达到和解，减少被极端情绪困扰。

因此，小珠姐姐有一些方法或许你可以试试：

一、“十二秒原则”

当我们在气头上的时候，这样愤怒往往只能维持十二秒，熬过这十二秒，情绪就能得到缓解。

或许你可以尝试，在每次冲动的时候，有意识地提醒自己默数十二秒，这样就可以有效帮助我们减少因为一时冲动带来的负面影响！

二、“情绪二八定律”

任何一次发怒，80% 都是基于平时的积累，只有 20% 才是事情本身。

因此，我们要在平时就注意合理发泄情绪。在工作、学习、生活中遇到不如意的事情及时与身边人沟通，也可以定期静下心来做正念冥想（这个网上有音频），或者去操场散散心、跑跑步和打打球等。

同时，我们也可以借助文字的力量进行宣泄，把我们当下的想法和情绪写在纸条上，然后把它撕掉，暗示着自己要跟这些情绪说再见，自己也不会被它们所控制，自己才是情绪的主人。如果没有平时那 80% 的积累，那我们就不会有那 20% 引起的怒火。

三、换位思考

在日常的生活中，当我们遇到不顺心的事情，想立刻把情绪发泄出来时，换位思考就显得十分必要和重要。当我们想把情绪发泄出来时，我们应该试着先让自己冷静下来，换位思考一下，如果你是你的同桌，当你在认真上课或认真解题时，你的同桌突然砸书本、情绪激动，你的情绪会因此受到什么样的波动呢？你对对方的行为有什么感受呢？如果我们能试着换位思考的话，也许我们就不会让我们的情绪立即爆发出来了！

四、觉察情绪

我们常说我们要学会情绪管理，可再怎么管理，再怎么理智，我们还是会有情绪，情绪是日常必然出现的东西，我们不应尝试去消灭它，反而可以利用它。如果我们能做到让消极情绪更少、积极情绪更多，那我们的生活将会更美好！

情绪管理还有另一种水平，就是觉察与成长，以达到放下、接纳和爱。

情绪从本质上来讲，是动机、需要满足与否的表现，需要满足时，我们会有开心、高兴、兴奋等各种积极情绪，而需要没有实现时，我们会出现伤心、生气、愤怒等各种消极情绪。所以，每一次情绪的发生，其实都是我们觉察与成长的机会。我们可以试着做一个一周（一天）的心情晴雨表，把自己的情绪绘制成一个折线图，记录自己的当天的情绪及其变化，这对我们觉察自身的情绪是最有效的，可以帮助我们更好地成长。

以上是小珠姐姐的个人建议和方法，希望它们能对你有所帮助，同时也希望你能成为自己情绪的“主人”，而不是被它所影响和控制。

——华南师范大学　朱文芳

师长说

吴妹妹你好，我是一名工作多年的 IE 工程师。看到你的困惑，我想告诉你：情绪每个人都有，既然它来了就欢迎它。别人的情绪你之所以看不到，是因为他们不让自己的情绪对别人造成影响，所以你也可以思考下改变自己情绪的疏散途径。

世界上的很多事情，不是我们自己能够控制的，包括我们自己的身体及情绪，它们都是与外在相互联系、相互影响的。所以不要说自己有情绪就是问题。

个人认为解决问题要回到原点，即情绪的来源。针对上课跟不上老师的讲课进度而引发的情绪，是不是可以提前针对每日要学的知识做好课前的预习？很多时候，如果你仔细观察会发现，同桌之所以跟得上，也许是因为他提前预习了。或者你可以仔细观察下，同桌哪天面对他解决不了的问题时，你看看他有没有情绪产生，产生后他又是如何疏散的。另外，你也可以充分利用情绪，我并不觉得情绪是问题，如通过自己的情绪反馈，可以明确自己对外在的感知能力及外界能够触动我的点，然后自己就可以有针对性地与自我的目标匹配，再决定是要控制情绪产生还是在恰当时间发泄情绪。

——中兴通讯　郑娜

可爱的吴同学：

你好！必须肯定你已经认识到自己应该修正哪一点了，能直面自己的情绪问题，这是一个强者的特征。孟子说："行有不得，反求诸己。"意思就是当自己的行为得不到自己预先想要的结果时，应该反过来检查自己是哪一点做得不够好。你同桌的建议很好，我很喜欢他率真的性格，我有一个控制情绪的好办法，在生气的时候往往能够奏效：感觉情绪控制不住时，不说话，也不动手，吸饱一口气憋着，数7个数，然后慢慢呼气。修身齐家治国平天下，修正自己的身心可能是一段漫长的旅程，你我共同努力。

可爱的吴同学，祝你有个好心情、好成绩和好前途！

——中兴通讯　仲佳军

专家说

人有情绪是很正常的，"情绪"是人对客观事物的态度体验以及相应的行为反应，并没有好坏之分。"情绪化"其实是情绪的过度泛化，不能用理性克制情绪并作出缺乏理性的行为。心理学家从非从曾做过这样的比喻：情绪好比人的大小便，会随时随地产生，但不会随时随地排泄。我们会用理性和意志控制自己，选择适当时候地点再排泄。而情绪化的人，就好比在情绪上随地大小便一样。

从你的描述可以得知，情绪化的最大危害有对你本身的，也有对他人的。其一，就你自身而言，情绪化阻碍了你第一时间有效解决问题。在面对听不懂知识点这件事上，你第一时间选择放任情绪的宣泄，整个过程中，你陷在情绪里不能自拔，而老师讲解的任何内容你都接收不到。强烈的情绪会妨碍人的正常思考，当老师解题时，你被愤怒的情绪占据了所有思绪，可能有些知识点在你心平气和时很容易就理解了，但当时的你被愤怒占据了，导致正常的思考能力无法运作起来，这又会引起你更多的情绪，导致恶性循环。其二，你的情绪过度反应会造成他人的困扰。我们不是生活在真空里，一举一动或多或少对他人造成影响。情绪的存在本身不会对他人造成影响，因情绪而引发的不理性行为才会。因为听不懂而“把书重重砸在书桌上”、流泪、动不动发火这些不理性行为对他人集中注意力听课、学习肯定会造成不良影响。别人并没有义务为你的情绪买单，尤其是因为不成熟导致的不理性行为。个人的本能发泄无可厚非，但我们生活在一个集体中，当发泄对他人造成影响时，这种发泄就是不适宜的。你可以愤怒，但不能因为愤怒就跑到隔壁把邻居痛打一顿。

“情绪化”于己于人都不利，所以拓宽自己的“情绪容器”是很有必要的。“情绪容器”越大，对情绪的克制能力越强，对自我的掌控能力也越强。拓宽“情绪容器”有两种方法：

第一种方法是刻意训练延迟满足能力：延迟满足是为了追求更大的目标，获得更大的回报或降低更多损失，而对自己的欲望进行克制。这也是一个人成熟的标志。当你出现情绪化的状态时，例如感觉憋不住要发火，要刻意提醒自己：现在开始练习延迟满足，憋住。或者你可以邀请你的同桌作为你的教练，你们事先达成共识，在你憋不住要发火的时候，提醒你：现在开始练习，憋住。

第二种方法是情绪语言化：提升对情绪的包容能力可以从有效识别并准确表达情绪开始。例如，“看到我同桌一会儿就解出来了，我感到很慌”——其实是一种焦虑情绪，你感觉没听懂，但同桌听懂了，你可能觉得自己落后了，所以产生了焦虑的情绪。“没一会儿老师就开始讲题了，我非常生气，就拿着书重重地砸在书桌上”——这里的“生气”可能是一种愤怒和无力感，认为自己跟不上老师的节奏，但不知道怎么办。“因为我根本听不懂他在讲什么，然后眼泪就流下来了”——这可能是对自己跟不上的老师节奏的无奈和不知所措。孔子曰：“吾日三省吾身。”你可以每日复盘自己情绪化背后的原因，以及对应表现出来的情绪，并将它们用语言/文字表达出来，以提升自己对情绪的语言化能力。

不必过分批判自己的“情绪化”，但应该刻意约束。人的成熟，就是在日复一日地反思—修正—再反思—再修正中慢慢实现的。愿你早日“驯化”情绪，不再让它随意出来“咬人”。

——广美附中心理老师　周莉斯

困惑 25

同学总说我像个小林黛玉，时常忧郁

我是高二年级的一名女生，我的烦恼就是情绪飘忽不定。在大多数老师和同学们眼里我是个活泼爱笑的女孩，但是很多时候我也会经历心情从平静到低落。初中毕业之后，有个同学和我聊天说："有时候和你说话，或者你和别人说话，都是笑着笑着就沉默了。"我当时听到之后就回想了下，好像确实是，但是我并不是很在意，以为只是偶尔的情绪小反转。后来我的高中同学时不时说我像个小林黛玉一样，时常忧郁，我虽然笑着说哈哈，但是心里也挺迷惑的，我不知道是什么在影响着我。后来，我发现很多时候我都在胡思乱想，比如成绩的下滑，和同学的不愉快，对自己的自卑等，我没有向父母老师提起过，和朋友之间可能偶尔说说，但是她们可能觉得我是网络伤感文章看多了。我不否定这种因素的可能，也慢慢减少浏览这种负面情绪的视频和文字。虽然同学说的有道理，也比较扎心，但我不觉得有看医生的必要，借此机会还是想请问您有什么好的建议吗？同时谢谢您抽空来看我的这段话，祝您工作顺利。

——安化县第二中学　王同学

学长学姐说

王同学：

情绪飘忽不定其实是一件很正常的事情，你不用太过于担心。而且负面情绪其实比正面情绪有更多的积极作用，比如说负面情绪往往会带来摆脱眼下痛苦的强烈动机，也就是你现在寻求帮助希望改变现状。你和朋友聊天突然沉默了，可能只是因为你突然失去了聊天的兴趣。这同样是一件很正常的事情，我身边也有一些朋友是这样的，你不用担心。

至于你喜欢胡思乱想，这也是人之常情，我没有事情做的时候也常会这样。也同样会想到一些很难过的事。这个时候我会选择把这些事写进日记里，然后分析一下我为什么会这么想，如果我要改变这种想法我需要怎么做，等等。我感觉写日记是一个很好的宣泄情绪和向内探索的方法，希望你也可以通过这种方法找到自己的答案。

如果条件允许，我还是建议你去找心理老师或者心理咨询师聊聊天。其实咨询的性质不同于看医生，去做咨询不代表你生病了。咨询师的工作是帮助来访者变得更好，如果你情绪比较低落、对前路感到迷茫都可以去找找咨询师或者心理老师的，因为解决这些烦恼就是他们存在的价值。当然，我也知道和长辈聊心事会很别扭，有时会难以启齿。但是我还是希望你能够勇敢地迈出这一步。加油！我相信在和心理老师聊过一次之后，你会慢慢放开的。

最后，不要回避你深层次的负面情绪，它们可能是你提升自己的强烈动力；也不要太过于紧张，其实每个人都会有一些胡思乱想的事情。我们要慢慢学会和负面情绪共存！

——华南师范大学　苏靖桓

师长说

同学你好，如果这种忧郁并没有影响到你的正常学习和生活，不必在意。情绪没有好坏之分，它只是你内在需求的体现，它只是给我们传递了我们意识层面不知道的内心未满足的需求。不管哪种情绪，都有它积极的意义，比如，当你在成绩下滑时感觉忧郁，这让你有了更加上进的力量；当你和同学不愉快了导致忧郁，这无形中会促使你去探索更适宜的人际交往方式；当你感觉自卑时忧郁，这让你尝试变得更好。如果某种情绪让你感到困扰，我们需要做的是接纳这种情绪（它没有好坏），并可以尝试去了解这种情绪背后传递出什么样的内心需求。比如，下一次有这种情绪时，觉察当时发生了什么？你内在有什么样的需求？如果因为别人说你忧郁你觉得很扎心，你也可以觉察一下，这种扎心又是你内在有什么需求？你希望你在别人眼中必须是一个时刻阳光的形象吗？你为什么需要这个形象？这个形象带给你什么样的好处？通过这些尝试，你可以更多地了解自己内心的需求，以及这些需求背后是否有不合理的信念，包括绝对化的、以偏概全等信念。另外，如果情绪让你感觉不舒适了，也可以尝试找一些转化情绪的方式，比如听音乐、运动、大哭一场等。

——中兴通讯　徐岫

妹妹，你好！从你的叙述来看，我发现你是一个善解人意、乐观开朗、心思细腻的女孩。其实你说的这些，是青春期中的一种表现，说明你又成长了，因为只有心思细腻的女孩才能体会得到。

妹妹，建议你下次闲下来时可以散散步，进行户外运动；放一段抒情音乐；翻阅几页好书；睡个懒觉或做自己喜欢的事。让自己充实起来并多听听自己的内心想法，慢慢地就可以改变。《红楼梦》里的林黛玉有的不只是多愁善感，害怕孤独，她还博览群书，学识渊博。所以我们看待事物和人不要只关注一面。“三人行必有我师焉。”多学别人的长处，来弥补自己的短处。如此，做个“小林黛玉”又未尝不可。

先从朋友说起吧！你的朋友向你讲述事情或表达看法后，多听听自己的内心，有想法就表达，没有想法保持沉默也是可以的，但沉默前只需告诉她，我听进去了你讲的内容，但我不知道怎么发言了，相信你的朋友会理解你的。每个人都有每个人的经历，如果是我们经历过的，可以在适当时机分享经验。反之，我们不能感同身受则要学会倾听，当你认真听她讲完，这便是对发言者的尊重和理解。

很多事情，不可能做到非常完美，只需事事尽力而为之，事事随心。有些话，适合烂在心里；有些事，适合无声无息地忘记。当经历过，你成长了，自己知道就好。很多改变，不需要你自己说，别人会看得到。任何人的一生都不可能一帆风顺，难免会有坎坷和失意，关键是我们怎样去面对。如果把坎坷看成是一种调味品，你就会感到坎坷的生活也有滋味；如果把失意看作是一笔宝贵的财富，你就会感到失意的人生也有价值。学会笑对生活，让生活照亮自己的人生！加油！

——中兴通讯　蔡其霞

专家说

王同学：

你好！你说自己的情绪飘忽不定，时常忧郁，对此有点担心。其实，对于你们这个年龄的学生来说，情绪起伏、忧郁伤感都是正常的。相比儿童来说，青少年对外界事物的感受性大大提高，变得爱观察、爱反省、爱思考，很在乎周围人对自己的评价，变得更加敏感。喜怒哀乐忧惧，各种各样的情绪你们都可以体验到，并且体验的程度比儿童要深刻。但是，青少年还不善于很好地调节和控制自己的情绪，加上某些生理激素的变化，情绪经常不稳定，容易从一个极端向另一个极端变动，表现出冲动性、爆发性和两极性。例如，为一点小事就大动肝火，因为同学的一句话就暗自伤心。高兴的时候兴高采烈，忧郁的时候又觉得情绪无比低落。另外，青少年的情绪具有文饰化的特点。所谓文饰化是情绪表里不一致，例如，明明心里很难过，却装得若无其事，明明很愤怒，却装作无所谓。文饰化是青少年心理闭锁性的表现。所以，不用太担心自己有问题，你的情绪体验符合这个年龄的特点。另外，情绪体验除了跟年龄有关，也跟自己的个性有关。有的人情绪更敏感，体验更深刻。就像你提到的“林黛玉”，在气质类型上就属于抑郁质，体验深刻，多愁善感。

不过，并不是说，青少年具有情绪多变的特点，就不需要去理它，任由情绪主宰自己。正因为情绪多变，更需要学会调控情绪。情绪调节的目标并不是消除负面情绪，这既没有必要，也没有可能。事实上，每个人都会遇到各种各样的负面情绪，如烦恼、痛苦、忧伤、愤怒等。这是正常的，无法避免。情绪调节的目标是当出现负面情绪的时候，能够尽快走出来；更高的目标是，把这种负面情绪转化为积极的力量。具体怎么做呢？你可以尝试以下几种方法：

一、接纳情绪法

如前所述，负面情绪是每个人的正常反应。它是“送信人”，表达了我们内心的需求。调节情绪的第一步是要接纳自己的各种情绪，不要拒绝或否定。因此，忧郁时不要埋怨自己“我怎么又忧郁了”，或者告诫自己“我不能忧郁，我要开心”，而是要接受它并告诉自己：我现在觉得忧郁了，这是我情绪的一部分，也是我的一部分。我可以调节它，但是我不能否定它。

二、认知转换法

在我国民间曾流传这样一个故事：有位老太太有两个女儿，大女儿家开伞店，小女儿家开洗衣店，老太太天天为女儿忧愁，为什么呢？下雨天，担心小女儿洗的衣服干不了，晴天又担心大女儿的雨伞卖不出去。后来，邻居对她说："您好福气啊！下雨天，您大女儿家生意兴隆；大晴天，您小女儿家生意好做。对您来说，每天都是好日子！"老太太转念一想，有道理，不禁眉开眼笑了。事情没有任何变化，为什么老太太的心情有了变化？主要是调整了认知，即改变了看问题的角度。

改变认知是一种非常重要的调节策略。积极的认知就是在看到事物不利方面的同时，更能看到有利的方面，这种看待问题的方式，容易使人增强信心、情绪饱满。而有的人在看问题时容易"想不开"，使情绪也陷入低落。其实，变换一种看问题的角度，会使自己有完全不同的感受。我们的有些认知是非理性的，比如"我要每次考试都成功。""我对同学这么好，他们一定要喜欢我。"怀有这种非理性信念的人极易陷入情绪困扰，可以换成更理性的表达，例如"考试有成功有失败很正常"，"大部分同学都喜欢我"。

三、合理宣泄法

宣泄指人处在不良的情绪状态时，要有意识地采取合理的途径直接或间接地把情绪表达出来。著名心理学家弗洛伊德说过："未被表达的情绪永远都不会消失，它们只是被活埋了，有朝一日会以更丑恶的方式爆发出来。"宣泄是调节情绪的重要方法，对于痛苦、忧郁等不良情绪，我们不要压抑，不要"默默忍受"，而要采取合理的途径宣泄。所谓合理指在宣泄时不要伤害自己，不要危害他人，也不要违背社会规范，不要因为自己的宣泄而使他人感到痛苦。宣泄的方法有很多，例如哭泣、倾诉、写信、写日记、画画、听音乐、唱歌、跳舞、跑步、打球……都是很好的宣泄方式。选择你喜欢或适合的方式。很多活动不仅有宣泄作用，还能转移注意力，让注意力从引起不良情绪的事件或事物中转移开来，从而缓解不良情绪。

四、自我暗示法

可以通过语言和行为对自己进行积极暗示，以调节情绪。例如，情绪容易低落的时候，对自己说“我现在情绪有点低落，但是相信随着时间的流逝，这种情绪会过去的”；愤怒的时候，可以暗示自己“我可以发怒，但是发怒只会让自己更难受，解决不了根本问题，我可以尝试通过其他方式解决问题”。也可以通过改变一些行为来暗示自己，例如，改变面部表情，对自己微笑；改变行走姿势，抬头挺胸，昂首阔步。另外，还可以通过深呼吸放松、想象放松等方式，让自己的身心松弛，缓解负面情绪。

青春充满成长的烦恼，也充满成长的喜悦。无论是烦恼还是喜悦，都是你人生中一段独特的体验和经历。珍惜青春，树立目标，在为目标而奋斗的过程中，你的情绪会更为积极而有力量！

——华南师范大学心理学教授　刘学兰

困惑 26

虽然我很乐观，但打击多了也好累啊

进入高一我才发现自己和别人的差距，而高中与初中截然不同的生活也让我感到吃力。突如其来的打击让我意识到我不过是个普通人，初中时虽然成绩不太好，但骄傲一点儿说我确实没怎么努力就能达到全校前80名左右，全市联考也进入到前200名，这样的名次不算优异，但父母和老师都说我很聪明，如果肯努力一点儿一定不会差，我也曾这么以为，但我回想我的人生似乎前半场过于顺利了，小升初顺利考进了理想的班级，临近中考堕落了一段时间，也被谈话了很多次，最后却也因为联考的成功，不到分数线的我进入了一中的尖子班，最危险的是学校要求两次全市前200名，我有一次卡在了197名。但我感觉人生不会那么顺利，我害怕将来的高考会出现坎坷。可能是以前养成的坏习惯，总觉得自己好像不认真听，后面努力学学也赶得上来。上了高中我才发现我错了，我过于“自信”，我找不到适合自己的学习方法，似乎每一次都在白费力气。

家庭方面其实父母一直都还是很支持我、尊重我的，但我们总爱闹不合，吵架每个星期必有，有时候吵完架我总是会抑制不住往自己身上撒气，使劲打自己或者像疯了一样，我也不知道自己是怎么了。我现在压力很大，有时看到父母一脸严肃的表情我就会感觉很累，不想活动，学习也很迷茫，找不到自己存在的意义。

我的朋友总是向我宣泄她的负面情绪，总感觉她有抑郁的征兆，比如莫名其妙难过、通宵睡不着，等等，我给她出主意叫她父母带她去检查一下，她就一直说她父母肯定不会答应什么的，被否定多了真的很不是滋味，每次都要客套地问她“你怎么了，为什么要这样做呢？”她又会一边说习惯了、没事，一边向我倒苦水，安慰到后面我也很累，仿佛自己就是个负面情绪回收站。我的压力也很大啊，她遇到的烦心事我也经历着。但是，说实话我并不认为自己有什么精神方面的疾病，在日常生活中我一直都挺开心也挺开朗的，而且都是发自内心，和朋友在一起也总是笑得肚子疼。因为我小时候很小气，很爱哭，同学们不喜欢我，说我娇气，现在想想确实也是，所以初二的时候，我就尽量去改正，有时候摔倒了很疼真的很想哭，也只能一边哈哈哈的笑，一边开玩笑说“好痛”，然后把眼泪憋回去。偶尔我会因为一些莫名其妙的事情很委屈、很难过，突然被一些很小的点触动到，我瞬间就绷不住、“破大防”了。应该就是我个人情绪过于敏感而已吧，我真的还挺正常的，也很开心，也不会失眠之类的，我是倒头就睡很爱困的那种，大部分时间我都是很开心的一个状态，也许就是上了高中压力太大吧，有什么好的办法调整吗？其实我真的挺乐观的，也相信自己努力就能成功，对未来也很抱有希望的，只是有时候打击太多了真的好累！！

——平坝第一高级中学　心怡

学长学姐说

心怡你好，首先要表扬你的勇敢，你能意识到问题并能求助，已经很棒了。

关于你提到的第一个困惑，初中升到高中出现不适应这种情况很常见，原因也很多，比如有的高中需要全封闭管理；高中的学习时间更长、内容更多、强度更大、要求更高等。每个人都需要一个适应的时期，只是有的人适应得很快，有的人适应得慢一些。所以，先不要怀疑自己的能力。关于你"以前养成的坏习惯"，姐姐想说的是，学习是一个长期积累的过程，任何好成绩的取得，都不是一蹴而就的，都需要长期的坚持。学科的学习都是有系统规律可循的，每个阶段的知识掌握程度，同时也是在为后续阶段的知识学习奠定基础。当你选择考前突击的时候，这些知识碎片只是短暂地存在于你的大脑里，并不代表你真的掌握了它们，对后面的学习也就起不到促进作用。这一点相信你现在也意识到了吧？关于学习方法，因为不了解你的具体学习情况，所以只能笼统地给你建议：第一，调整心态，不要因为一时的落后而沮丧，与其浪费时间纠结、迷茫，不如立刻行动起来解决问题；第二，打牢基础，具体的方法包括跟上老师的教学节奏、提高听课效率、不懂及时问老师和同学等；第三，制订符合自己能力的学习计划，不盲目学习。

关于你提到的第二个困惑，我想先给你一个隔空的抱抱。我能从文字中感受到你的无助，也为你有对自己的压力状况和情绪状态的觉察点赞。你很明显地意识到了自己这种行为方式的不妥，这就是改变的开始。每个人的成长过程中，总会遇到和父母争吵的情况，其实每一次争吵的源头，都是我们意见不一致，想要跟最亲近的人"和平相处"，就要找到那个双方都接受并且能够感到开心的空间。你可以尝试写一写日记，把自己每一次争吵时的感受、体验详细地记录下来，去感受争吵背后隐藏着哪些未被满足的期待和需求？再想一想，这些需求你可以通过其他什么方式来表达？当争吵背后的需要不断地被看见、被回应，它对你的伤害就会慢慢减少。另外，你也可以多和父母倾诉自己的压力和负面情绪，寻求他们的帮助，不要让这些压力和负面情绪越积越多，影响自己的学习和生活。

关于第三个困惑，我很理解你的感受。当你的朋友向你倒苦水的时候，你成了“负面情绪回收站”。接吧，自己难受；不接吧，这么好的关系不好拒绝，左右为难。从心理学上说，这时你的角色，就是对方的“情绪垃圾桶”。而“情绪垃圾桶”的尴尬和矛盾正在于：在她试图和你建立共鸣时，作为亲近的倾听者，你不忍心对她说过硬的话，也不便于去说清楚其中的不合理，自己却深受这种情绪的影响。我的建议是，对于朋友的负面情绪，我们可以陪伴可以倾听，但不要做被动的“情绪垃圾桶”。如果朋友仍然高频率向你输出负面情绪，你可以尝试把话题多往积极的方向引导，说明自己能为她提供的帮助，并在觉得不适时直接表达出自己的感受。每一段朋友关系里最宝贵的还是久处不累后的共同成长，在治愈人之前我们要先照顾好自己。如果一段朋友关系让你觉得疲惫，那你可能要考虑是否果断一点，远离负能量的人。

关于情绪，还想和心怡分享的是，在心理学范畴里，情绪没有好坏对错的区分，它只是代表主体在当下的感受。开心、忧伤、愤怒、惊讶等，都是合理的存在。而开心就笑、不开心就哭、郁闷了就适当地释放情绪……这些再正常不过了。你可以尝试建立一个情绪开关，比如独处一会儿、去做运动，不让控制不了的情绪冲出来伤害自己和其他人。当我们能掌握住情绪的开关时，就可以让自己尽量不处在一个情绪状态里太久，情绪来了的时候也能清醒知道，并在不断的自我调节中找到最稳定的状态。

另外，还想给心怡一个建议，在必要的时候可以寻求心理老师和心理咨询师的帮助，这并不意味着你有心理疾病，而是因为心理老师和心理咨询师更加专业且富有经验，与他们交流也许更能帮助你解决困惑。

最后，送你一句话，“当我静下来的时候，要敢于直视自己的内心，我们要为自己的情绪和行为负责——因为别人没有义务承受你的情绪和行为，我们必须学会为自己负责”。相信你一定能够度过目前的难关，越来越顺利的。

——华南师范大学　谢学姐

师长说

心怡同学你好，初中的课程和高中的课程完全不一样，初中的课程随便学学都可以达到高分，但是高中不一样，它的内容和知识都很多，题目也变得很深奥，我们首先要摆正自己的心态：你已经不是初中生了，你是高中生了，如果你不努力，你马上就会看不懂试卷题目，当然首先要认真听讲，学习不是一蹴而就的，是循序渐进的，效果不可能一下子就出来，要找到适合自己的学习方法，多去总结学习。看得出来你是个乐于助人、乐观开朗的人，但是就算乐观开朗的人也会有许多烦恼，我们要试着去和父母沟通解决问题及烦恼，父母肯定会理解你并且给你建议的。

——中兴通讯　莫光乐

心怡同学你好。有人说，青春是一个人的兵荒马乱，路过的人都只看得到烟。心怡，从你的字里行间，我看见了你的委屈、你的不安、你的渴望。由于初中和高中的不同产生的落差，以及对未来的不确定，让你感到深深的焦虑和不安，进而自我否定和怀疑，你非常渴望能从父母那里得到理解和接纳，然后父母的争吵、父母对你的严厉，都让你深深地陷入不被理解、不被关注的旋涡中，在朋友关系里，你没有得到应有的滋养，你的情绪没有人可以倾诉，你的感受没有人去倾听，反而成为别人的倾诉对象，本来就很沉重的内心更加沉重，每天负重前行的你非常地心累，非常地不容易。心怡，我先要给你一个有力的大大的拥抱，拥抱你步步艰辛的不易，拥抱你破茧成蝶的勇敢，拥抱你对阳光的坚定。

人生的剧本如何书写取决于自己，每个人都可以成为更好的自己。人生路上，我们难免会受伤，难免会迷茫，我们以为的弯路，可能有不一样的风景；我们经历的缺憾，可能是上帝打开的另一扇窗。真正的成长，是和过去的自己告别，是和未来的自己相遇。我用我的人生经历和生活经验，给你几条建议，也许不一定适合你，但也许你能从中有所收获。

一、关注当下

今天是昨天的未来，今天是明天的过去，任何一个时刻都没有现在重要，任何一个时刻都无法取代现在，过好每一天，吃好每一顿饭，睡好每一个觉，听好每一堂课，温柔地对待每一刻的自己，都是对现在最好的肯定。初中已经成为过去，高中才是你现在的开始，把过去的经验带到现在的生活中不一定适用，根据现在的学习情况，寻找适合自己的学习方法，在寻找的过程中，一定会碰到挫折，这是在所难免的，困难对每一个人都是一样的，但是看待困难的眼光，每一个人是不一样的，所以你要对自己说："有困难又怎样呢，我坚信，办法总比困难多。"换种角度去看待困难和问题，你会找到打开问题之门的钥匙，努力的过程就是自信不断变强的过程。任何时刻都不要去否定自己，放弃寻找新出路的勇气，更不要因为某一件事情受挫，而去全盘否定自己的未来，因为未来不是一件事情就可以决定的，我相信你一定能够战胜困难！成功地与理想中未来的自己相遇。

二、说出真实的感受和需求

父母的情感和情绪对你的影响蛮大的，你内心是非常想要一个和谐温暖的环境，非常想要一个认同接纳你的家人，你非常爱他们，你也希望他们用同样的方式来爱你，你需要温暖的回应。我相信父母也是非常爱你的，可能他们意识不到他们错误的方式，他们也没有意识到他们对你的影响如此之大，你可以找他们聊一聊，说出你内心真实的需求和感受，比如爸妈你们不要当着我的面吵架，因为我会害怕，我会自责，你们不要总是板着脸看我，你们一板着脸，我的压力就油然而生，让我有种无力感，我希望能看到你们微笑的脸庞，就算我想偷会儿懒，就算我这次考砸了，也能看到你们对我的包容、接纳和鼓励，我希望你们能无条件地爱我、理解我、支持我。积极地去沟通，我相信你的父母能理解你，懂比爱更重要，懂的前提先要打开你的心门，让他们走进你的内心，感受最真实的你。

三、学会拒绝

朋友总是向你倒苦水，但是又不听你的建议，只是不停地向你抱怨，向你传递她的负面情绪。也许她就是想找一个人倾诉而已，至于怎么做，她心里早有了主意，如果你很排斥很讨厌她的负面情绪，你不喜欢可以拒绝，因为你无法阻止她不说，但是你可以选择不听，你可以直接或间接地向朋友说明，如果你担心这会伤害朋友之间的友谊，那么换种角度看，这也是考验真朋友的机会，不是吗？如果友谊是建立在自我为中心的基础上，不考虑他人感受，那么这样的友谊你觉得是真友谊吗？别为了成全他人，而委屈自己，追随你真实的感受，从不再寻求别人的认可和肯定，到自我认可和肯定，从而获得自我的存在感。

人生理应享受无穷无尽的创造，真实的力量就是，即使处在艰难的环境中，仍然感恩并且有活力地生活，你的人生便因此充满了意义和目标。面对真实的世界，给出真实的反应，能够抵挡虚假的完美，增强自我力量，做发自内心确定和理解的事情。共勉鲁迅先生《热风》中的教诲："愿中国青年都摆脱冷气，只是向上走，不必听自暴自弃者流的话。有一分热，发一分光，就令萤火一般，也可以在黑暗里发一点光，不必等候炬火。"

——中兴公益南京志愿者分会

专家说

孩子，我很认真地看了你的问题，在这里面发现有几个比较重要的点，我们一起来交流一下。

首先，是和爸爸妈妈之间的关系，因为学习压力很大，每次和爸爸妈妈吵架总会像疯了一样地去打自己，其实在一定程度上是自虐的行为，通过自我的惩罚去发泄情绪，那这种情绪发泄的方法肯定会带来后续的负面连锁反应。

和爸爸妈妈的相处，在你这个年龄要学会主动地去沟通，当你觉得爸爸妈妈有一些地方让你感觉到不舒服了，你也可以把真实的情感表达出来。当你觉得有哪些地方需要和爸爸妈妈交流和探讨的时候，你也可以尝试着去跟他们讲，如果你觉得爸爸妈妈不能解决你的问题,那么也可以及时和同学或者和老师进行交流，得到有效指导。

爸爸妈妈在陪伴孩子的成长中一定是需要学习的，当他们的调整速度没有跟上来的时候，孩子，你可以主动去开启有效的沟通，并遵循爱、真诚、尊重的原则。

在高中阶段，能够探索到人生的意义、存在的意义、学习的意义，这些对你来说都很重要，存在的意义在不同的年龄段可以变化，我们在每个年龄段都可以调整，但是一定要有自己存在的意义这种思考。这会让我们更加珍惜生命，并对生命有深度的体验。

其次，我看到，你在这里存在的困惑是和朋友之间的交流，朋友会不断地向你“倒苦水”，发泄情绪，你会感觉到自己像个“负面的情绪回收站”，确实会对你的心情会有很大的影响，当你不会化解负面情绪,或者是没有办法有效处理对方情绪的时候，那么这样的倾诉可能会让你受到伤害。有一个专业名词叫“替代性创伤”，在你们这样的场景中就有出现的可能性。

所以，在这里给你的建议是，当你觉得你自己心情很烦躁，或者没有办法、没有能力去解决对方问题的时候，可以建议他去找专业的人员解决，可以非常真诚地跟朋友讲一讲，你在接收到这些信息的时候也会很难受，也会很难过，对你会有影响，没有办法去更多的倾听和聆听朋友的这些负面表达，真诚的表达，相信你的朋友会理解的。

再次，我看到你写的：自己特别难受的时候，也会憋着，就是因为害怕别人说自己娇气，所以就会把这些情绪压抑起来。其实情绪的压抑也不是正确的情绪处理方式。

你要尝试着转移自己的注意力，或者把这些情绪用正确的、非破坏性的方式疏导出来，比如说你可以去听听音乐，拿枕头摔几下，打打拳击，或者是去运动，和信任的朋友做一些交流。通过这样的方式，让负面情绪用非破坏性的方式疏导出来，而不能去压抑它，更不能在不开心的时候却装作很开心，这样的做法会让情绪压抑到一定程度之后，就会出现你所说的“破防”，这种“破防”和崩溃其实对你的伤害也会很大，有出现精神性创伤的可能。

因此，在情绪的管理方面，给你的建议就是一定要用有效的方法去应对，你也可以关注潘新凌中小学生心理的视频号，在视频号里一些关于情绪管理的方法讲解，你可以学习。还有潘新凌中小学生心理健康的公众号，里边也会有文字的版本，很多情绪调节的方法，能够更好地管理情绪，让你的心理健康地发展。心理状态更好的时候，自然会有更愉悦的心情，你的学习效率也会更高。

最后，对于高中生来说，确实压力很大，因为要面临着高考这样重要的事情。所以在这里给出压力调整方面的建议。

一是有效地分配时间，将学习任务按轻重缓急编定先后次序，然后依次逐步完成，阶段性的成果可减低同时展开多份任务，而又无法完成所带来的压力。

二是课余时应做适量运动，既可强健身体，亦可减压，或可在教室做一些简单的伸展运动，减轻肌肉疲劳。

三是遇到困扰或情绪低落时，可与家人或朋友倾诉，通过与同学、家人的沟通获得支持和关怀。亦可运用宣泄法，当自己处于一种莫名其妙而又难以言明的痛苦之中时，整天心神不定，焦躁不安，看书不进、吃饭不香、觉睡不好，对一切都不感兴趣，甚至坐卧不安、心跳加快、胸闷气短、容易出汗时，可找朋友、同学谈心说笑，参加一些文体活动，使自己的焦虑郁闷情绪在不同场合上得以宣泄而达到情绪的稳定。

四是采用理喻法用理智战胜情绪上的困扰。正确评价自己，既看到自己的优势，也要看到自己的不足；期望值不要定得太高，要正视现实，理想与现实之间的距离不要太大。不妨调整下自己的目标，就能从困境中得到解脱。

五是采用意控法，也就是借助于意念，遇事不慌、“遇难不忧”，自觉调节情绪，心平气和地进入考场，稳健自如地应付考试。

六是充足睡眠法，以足够的睡眠消除疲劳，换取充沛的精力和清醒的头脑。足够的睡眠是从容应考的前提。

七是适当作息法，适时地娱乐，科学地安排学习时间，及时排除心理压力，合理的饮食调整，就能保持良好的竞技状态，从而顺利通过高考。

——潘新凌中小学生心理健康研究室

困惑 27

平凡如我也想变得更优秀

我是一名高二学生，家庭条件不太好，也没有其他的费用去培养我的一技之长。我觉得身边的人都很优秀，自己却很平凡；身边的人都长得非常好看，而自己长得有点丑。每当看到别人在舞台上闪闪发光，我心里十分羡慕，自己却没有一技之长，只能自卑地躲起来。和别人讲话的时候也经常感觉很不自在，不敢看着别人的眼睛，生怕别人找到自己的不足之处 。稍微遇到点儿事，我就会特别容易紧张，心跳得特别快，声音容易颤抖。在学习上我经常心不在焉，总是集中不了注意力，没有耐心去做题，学习成绩也不好，我想知道怎样才能让自己变得更优秀一些呢？

——正安一中　小妹

学长学姐说

小妹你好！我是小珠姐姐。很高兴能收到你的来信，也很感谢你能与我一起分享你的成长烦恼与故事。首先，在你的来信中，你提到因为自己家境原因没能像其他的同学一样拥有一技之长，在学业上，处理问题时也不比人优秀，对自己的容貌也不够自信，觉得自己很普通，对此你感到十分自卑。以至于你在跟别人聊天时不敢直视对方的眼睛，担心别人发现自己"不好"的一面。在你的描述中我仿佛看到了你在人际关系中的小心翼翼和对自己的贬低与讨厌。你认为自己不够优秀，小珠姐姐却有不同的看法，你想让自己变得优秀，这想法本身就是很优秀的品质。

再者，小珠姐姐还得恭喜你成功进入自我意识高度发展的阶段。在这个时期，我们会更加关注自我，并把心智加工指向自己的内心世界，希望了解自我，但由于心智还有一段变得更成熟的路要走，它并没有完全建立自我评价的客观标准，容易出现对自我评价过高或过低两个极端，产生自卑或自负心理，这对我们的学习生活都会产生一定的负面影响。因此，我们可能需要更准确地认识自我，然后学会悦纳自我，才能与自己更好地相处，我们才可以过得更开心、更幸福。

你认为自己没有一技之长，但一技之长并不仅仅只局限于书法、钢琴、小提琴等需要花钱报班的技能，还有其他的方面也算得上是一技之长，比如你的烹饪技术很棒、收纳能力很强，踢毽子、打羽毛球、跑步等项目上可能比别人更擅长，等等。同时，你愿意和我分享你对生活的疑惑，这份对待人际的"真诚"，它也是你的一技之长。你一定有自己的一技之长，有自己的独特之处，或许它还藏在某个角落里没有被我们发现而已。但我们可以试着在接下来的日子里发现自己的独特之处，并通过自身的努力将它做得更棒。

关于外貌，其实每个人多多少少都会在意自己的外在形象的，比如小珠姐姐也是很在意的！所以在这里呢，小珠姐姐想跟你分享一个故事，某位女演员辣目洋子也曾胖到140斤，被妈妈说腿粗，但她并不为此陷入深深的自我怀疑。高中的时候，她就在日记里写过：漂亮的女演员一抓一大把，但想找个丑的有特点、自信又搞笑的女人，就我一个。我不美，但仅此一个，绝版了！追求美是人的天性，但真正的美，应该是包容的、广阔的、多样化的。最重要的是，它应该是由你来定义的。你认为自己有点丑，但这可能只是你主观的评价，在别人眼中或许你也有别人羡慕的身高、体态、穿着等。其实每个个体都是独一无二的，每个人都有属于自己的独特魅力，我们可以试着去发现独属于自己的这份魅力，并让它们发光，成为自己独有的“标志美”。何况美是多元的，我们的价值，绝不在于容貌或体重秤上的那个数字。当认识到自己独一无二时，我们才真正成为这幅皮囊的主人，而不是它的奴隶。而“美”只有在你遇见自己的时候才能显现，才够真实。

你认为自己遇事很容易紧张、焦虑，与别人聊天时不敢直视对方的眼睛等不自信行为，是因为你对自身没有“一技之长”和认为自身有点“丑”所致。但是或许等你发现了自己的美，发掘自身与他人不同的独到之处后，这些所谓的“不自信”就会迎刃而解！

最后，在学习上你说难以集中注意力，容易心不在焉，小珠姐姐觉得可能是你脑海中的杂念太多了，因为当我们脑海中有其他与学习无关的想法时，比如，自己是否不够好看，担心大家是否都在评价自己，羡慕别人有一技之长，等等。当我们的注意被这些想法“绑架”后，我们就很容易走神，自然也难以集中注意力于当下的学习上，久而久之，我们就积累了很多没有学懂的知识点，到考试的时候，自然而然就出现成绩下滑的现象。针对这种问题，小珠姐姐觉得你可以试着做以下训练：

第一，加强注意力的协调。心理学实验表明，一个人的注意稳定性可以保持10—20分钟。因为注意力是有限的，所以我们不可能同一时间对许多事物都给予同样多的注意，尤其是人的注意力。注意力还有这样一个特点：对某一事物注意的程度越高，对其他事物就越容易忽视。因此，或许我们可以尝试加强注意力的协调，以提高注意的效果。我们可以制订科学的时间表，工作、活动安排要多样化，并且交替进行，可使人较长时间保持注意力的稳定性。

第二，调节注意力的紧张程度。我们在学习的时候，应该集中注意力，克服各种外界干扰，提高效率，但也切忌在高度紧张的条件下学习，因为当我们过分紧张时，就很容易引起疲劳，致使注意力分散。在学习一段时间之后，可以穿插短时间的休息，对延长注意力的稳定性是很有效的。此外，还要积极锻炼身体。这是因为，当一个人身体不健康、失眠头痛、过度疲劳时，注意力就不稳定。如果身体健康、精力充沛，就容易持久地去学习。

以上是小珠姐姐给你的建议和方法，希望对你有帮助，也期待你对自身有一个崭新的认识，尝试发现自身的价值和超人之处，悦纳自己，与自己成为好朋友。因为自信的人往往善于对自我做客观的评价，发现自己的独特之处，散发自己的“标志美”。与此同时，学业上的成就也可以增加我们的自信心，因此，我们或许可以现在就尝试明确下我们当下的目标，把注意力转回到学习上，对于前期积累的盲区也需要大胆地去请教我们的老师或者同学。小珠姐姐相信你一定可以成为更优秀的人，加油！！！

——华南师范大学　朱文芳

师长说

同学你好，根据你描述的困惑，我谈一些个人的想法。如何让自己变得更优秀是我们一生都在追求的目标或者说是一种人生态度，你已经在认真思考这个问题，说明你已经在通往优秀的路上。如果说要给一些建议，我想是不妨了解一下什么是成长型思维，如何从固定型思维向成长型思维转变。成长型思维需要我们首先认识自己、接纳自己，不管我们出身如何、现状如何，都要客观看待，理性接纳。进一步的，我们要学会思考想要成为什么样的人，也就是设定目标。一开始我们不用设置太宏观的愿景，可以从小事做起，从身边事做起，比如做个孝老爱亲、尊重师长、对身边人有帮助的人，这个目标看似简单，持之以恒就会延伸为对社会有价值的人。要想成为对别人有帮助的人，首先得提升自我价值，不同人生阶段有不同的重心，作为一名高中生，我建议你可以把注意力聚焦在学习上，学习成绩的提升可以为你实现为社会创造价值打下更好的基础。当然这与帮助别人以及发展自己其他方面的兴趣爱好不矛盾，可以根据自己的情况做好时间精力方面的优先级排序。

成长型思维还要求我们对自己有信心，不是简单地对自己某些方面有信心，而是对自己通过努力可以成长进步有信心。所以我们设定了目标之后要付出努力，要持之以恒，要坚持，要有毅力。我们可以根据对自身的认知以及环境的变化去修订目标，但是不能动摇的是那颗不断努力成为更优秀的自己的初衷。这里又说到了认知自己，认知自己是看似简单其实是最难的事情，是人一生中一件需持续努力的事情。于你而言，同学，我的建议是先从认可自己做起，勇敢地迈出成长进步的每一小步。

也谈点个人体会，我个人践行成长型思维包括三个方面：保有好奇心、不断反思自己、养成一些好的习惯。达·芬奇在诸多领域的成就就来源于他终生保有的好奇心和兴趣，临死时还在好奇啄木鸟的舌头是什么形状。我的兴趣爱好就挺广泛的，对于没有接触过的一切新鲜事物都感兴趣，也可能一开始会因为不了解而显得笨拙生疏，但没关系，都会有这个过程，随着努力总会感受到成长的乐趣。老话说的艺多不压身，干一行爱一行，我是笃信且受益的。当然了，还是那句话，时间、精力和资源都是有限的，不可能样样通样样精，还是要有所选择有所侧重，要知道“斜杠青年”的每一条斜杠不仅代表兴趣爱好，而是有所成就。所以每条斜杠都不是简单划出来的，你当前的第一身份是学生，所以学习还是第一要务。再说说习惯这件事，养成一些可以长期坚持的好习惯是会终身受益的，比如阅读、锻炼身体。阅读就不用多说了，其他我坚持的比较好并且自己感觉比较受益的小习惯，比如写日记、背单词、健身，是我希望分享给你的。写日记我并没有从小坚持下来，而是前几年才又续上的，一开始只是想记录人生，后来发现有诸多好处，对工作也有很大帮助，比如有利于整理工作思路，我的各种讲话、工作汇报等现在都是自己梳理，不需要假手他人，以前我不太喜欢整理文字，写了几年发现一趟两个小时的航程轻松就写上几千字。背单词这件事情我也坚持了很多年了，其实近 10 年的工作岗位已经不太需要英语作为工具了，但养成的习惯已经成了一种乐趣，完成每天的单词任务才有兴趣去刷朋友圈。健身也坚持了 10 年以上，本身就热爱运动，专业撸铁也很多年了，过程枯燥，成果欣喜。其实我想说的是身体是革命的本钱，年纪越大体会越深。也许我们人生的起点低一些，机遇来得晚一些，但是我们可以奋斗得更久一些，那健康的身体、旺盛的精力可不就是最大的本钱。为祖国健康工作 50 年，你可以从现在就准备起来。

啰里啰唆说了很多，也请多包涵我倚老卖老自说自话地摆了一箩筐。简言之就是，好好学习，天天向上。我们共勉！祝好！

附：推荐两本书《终身成长》《刻意练习》，读书和听取别人建议都是启发，要紧的还是自己思考和体悟。

——中兴通讯　苗伟

专家说

小妹：

你的来信写得言简意赅，而且很生动准确。多一句就显得冗长，少一句就没有表达清晰。读着你的文字，我已经对你有好感。

你说“我经常觉得身边的人都很优秀，自己却很平凡；身边的人都长得非常好看，而自己长得有点丑”。我很好奇，你长得有高晓松丑吗？

在一次节目中，嘉宾议论说老天在长相上惩罚了高晓松，你猜高晓松怎么回答？

高晓松说：我是双眼皮呀。

我举这个例子，想表达的是：一个紧紧抓住自己优点的人，和一个紧紧抓住自己缺点的人是完全不一样的。

仅仅抓住自己优点的人，会不可避免地自信和乐观；相反，仅仅抓住自己缺点的人，不管你客观条件多好，也会越来越自卑胆小。

邓亚萍个子矮，徐峥没头发，马云长相特别，这些都是鲜明的特征。

咱们可以把自己身上的东西都看成是能够标定自我的部分，它们都是有价值的，是没有好坏、没有长短、没有优劣的。

正因为你有自己特定的性格、特定的能力，你才能是你自己。如果你把自己变得和别人一样，那么你自己到哪里去了呢？

有一位很有名的心理学家叫阿德勒，他写了一本书，名字是《超越自卑》（不建议你现在阅读，需要等你有了一些人生阅历之后再读）。他认为人生本来就不是完美无缺的，每个人都会在某个时刻产生自卑。

自卑感是人的行为的基本动力，出于追求优越的目标，人会做出努力，不断完善自己。从这个角度来看，健全的人格就是在战胜自卑和追求优越的过程中形成和发展起来的。每一个人都浑身是毛病，每一个人同样也有闪闪发光之处，值得别人为自己起立鼓掌。

我们把注意力集中在如何完善自己上，让你此刻不足化作你的动力，去做你力所能及的事情，比如取得更好的成绩，更多的阅读量，研究更优化的学习方法，锻炼更好的身体，更有文采的文笔。

最重要的是找出自己能够迈出的切实的一小步，将自己的行为都当成是对自己未来的一项投资，付出就像撒种，总会有收获。

广场上总有许多人在热闹嬉戏，但那个孤单坚定的人，已经上路。

你是你自己的主场。在你自己的人生舞台上，你可以光芒万丈。

最重要的，不是抵达终点，而是持续向前，你的精彩终会吸引大家为你喝彩。

——正面管教导师　杨健

困惑 28

高二真的好难受，我想快点毕业

我在班里成绩不好，自从班里按成绩排座位后我就很自卑。虽然平时在同学面前表现得毫不在意，但是心里在意得不行。我很想提高学习成绩。平时在宿舍我是最活泼的一个，可是等晚上自己写作业的时候就会有一种特别压抑的孤独感袭来。我害怕身边的朋友都是自己一厢情愿想的，我经常安慰自己，没关系的，只要成绩好了她们就都是你的好朋友。可是结果就是越做越乱。我不想接受任何人的目光，但是我又怕自己不合群。我尽量在别人面前表现外在的我。可是真正的我只有我自己知道。我真的常常在班级里感觉很孤独，真的很痛苦。我觉得父母也都不能理解我，高二真的好难受，我想快点毕业。我想去新环境，认识新的人。我到底该怎么办?

——平坝一中　瑞士糖

学长学姐说

瑞士糖同学：

你好呀。很高兴能够收到你的来信。

你在信中提道你很焦虑，想快点提高自己的学习成绩。你认为只有这样，你才会有真正的朋友。

首先，我想告诉你，班级按成绩来安排座位的做法是不恰当的。这种做法有点“唯分数论”，但地球并不是围绕着分数、成绩在转的。当你长大成人，走出学校，你会看到大家都不再用分数来衡量谁厉害谁失败，大家更看重的是你的性格、人品、价值观等。学校也是如此。你观察一下周围的同学,那些受到欢迎和认可的人里,真的是只有学习成绩好的同学吗？而不是那些乐于助人、开朗乐观、积极主动、有广泛的兴趣爱好或有某些特长的人？考试分数只是为了方便测量学生的学习效果，而不是用来衡量人的。分数是一种工具，是让人使用的，切不可被分数所使唤。

其次，你提到“身边的朋友都是你自以为是想出来的”，我不太清楚是什么原因让你产生了这种想法。但我认为，一定不是这样的。你会跟你不喜欢的人交朋友吗？你会跟你不喜欢的人经常走在一起，谈谈心里话吗？反正我是不会。究竟是你身边的朋友是你自以为是想出来的、不是你真正的朋友呢？还是他们把你当朋友，你却在无意间把他们推远了呢？同样，你会愿意跟成绩好，但性格很恶劣、总是不耐烦的人交朋友吗？我能理解你为成绩焦虑的心情，但事实上，成绩并不会主动为你带来朋友。真正能够为你带来朋友的是你自己，是你自信开放的心态，是你真诚友善的行为，是你可以操控的你的内心。

其实我也总是担心自己不合群，担心自己跟别人不一样，害怕别人会因此背地里吐槽我。但仔细想想，不合群又会怎么样呢？不合群这件事本身并不能伤害到我们。这个世界上没有两片完全相同的叶子，你手掌的纹路也跟别人不一样，可这又怎样？这难道不是你的独特之处吗？我总是喜欢自己一个人待着，我很享受自己一个人去逛街、一个人去欣赏美景、一个人发掘城市美食。你觉得我合群吗？无论你的回答是什么，我都会照样享受我的生活。其实别人的眼光并没有那么重要，别人的建议甚至不能为你决定你到底要喝奶茶还是喝咖啡，真正做决定的人是你，你的生活取决于你。

最后，你提到你感觉很孤独、很痛苦。你总是尽量去表现外在的一面，却压抑着内在的一面，这当然会让你感到疲惫、痛苦。而且，只表现外在，何尝不是在拒绝身边的朋友来亲近你呢？如果一个朋友只跟你聊这道题怎么做，那道题为什么会错，而不跟你聊表露自己内心情绪的话，比如“今天天气不错，我很喜欢这种天气，很适合去散步”，又如“最近成绩又考砸了，我好难过又好焦虑呀”，你会感觉跟TA很亲近吗？我相信是不会的。什么是朋友？朋友是你看到某样东西会想跟TA分享，有向TA倾诉自己的情绪的欲望，类似这样子的存在。只聊成绩的，那是同学，不是朋友。

咱们都说三年一代沟，你与你的父母所经历过的环境不同，他们无法理解你，是正常的。你能理解他们为什么这样待人处事、为什么形成这样的价值观吗？不太能的吧。但是我们不能因此去否认父母对你的关心和爱，也许他们只是不知道如何恰当地表达他们对你的关心。

过于执着于结束某件事，会让你觉得有负担，感觉耗尽心力。我想说的是，时间会带你去任何你想去的地方，一切都急不来，你只需要专注于当下就好。如果你对当下的生活不满意，你觉得无法享受这样的生活，那你就去改变它，把它塑造成你想要的模样。

愿你生活顺遂。

——华南师范大学　何婉莹

师长说

按成绩安排位置只是暂时的，可以设置小目标：在下次考试后我要调整到哪一位置……一点一点进步，逐渐充实自己。

放松心态，前人已经告诉你揠苗助长的故事了。稳扎稳打，打好学习基础，勤加练习才会进步得更快。

成长道路上，有很多选择。不用在意别人的眼光，也不要盲目地去合群，可能你要参与的群体并不适合你。但是也不要惧怕人际交往，往往轻松的人际交往也会带来快乐。

——中兴通讯　李聃涵

朋友和成绩好坏没有决定性的关系，真诚待人才是朋友相处的基石。以成绩排座位我非常不赞同，如果无力改变，那就好好学习，不要在意这种形式。

——中兴通讯　台新

别人的眼光和看法其实没那么重要，但是也许要你再长大一点才能感觉到。等你真正独立后，就会掌控自己的人生。选一个只为了自己的长远目标，可以是考上好大学，可以是拥有良好的体魄，可以是培养一个相伴终生的爱好，然后就朝着这个方向努力吧！其余的都忽略，多年之后，你会发现焦虑的事 80% 最后都没出现，好好珍惜青春岁月吧。

——中兴通讯　赵星星

专家说

在教育上“以成败论英雄”是一件可悲的事。“班里按成绩排座位”，是学校、教育者为了激励学生所采取的措施，从这一个目的来看，似乎无可厚非。高中，表面是一个教育场，实则是一个异常残酷的“战场”，每一位学生都铆足劲争夺“好大学”这个稀缺的资源。“高考”承载着人们对“鱼跃龙门”的期盼。升学率是硬指标，对学校、教育者来说，多一个学生考上好大学，就是成功。这样的大环境决定了所有的教育手段和措施都带有很强的“功利性”——考上大学。所以在这样的环境下，你会产生“只要成绩好了她们就都是你的好朋友”这样的价值判断，会倍感孤独、无比压抑实属正常。在这种“以成绩好坏”作为唯一判断标准的环境下，成绩不好确实会导致人对自己失去客观、中立的评价。人们只看到“成绩”这一个单一维度，“成绩好”的学生身上自带光环，而“成绩不好”的人的善良、真诚、乐于助人、体谅他人的美好品质可能都会被忽略掉。

即便在这样的环境下，每个人都会有自己独特的个性和独立的思考。有些人可能更看重朋友的成绩，有些人可能更看重朋友的品性。在大自然中，开得很鲜艳、香气很浓郁的花确实更容易吸引蝴蝶和蜜蜂，但路边的小野花，即便不那么抢眼、不那么香气扑鼻，甚至藏在角落里难以被发现，但它只要有自己独特的香气，依然会吸引“独具慧眼”的采蜜者。当你认同“成绩”是交友的唯一标准，认为所有人都只看这一点时，你的眼睛就会戴上有色眼镜。当你坐在代表“成绩不好”的座位上，你会觉得班级里所有人都看不起你，他们看你的目光都是异样的，你身边朋友的一句话、一个眼神你都会认为对方不是真心对待你。因为座位，你陷入了一个自己给自己画的牢笼里，终日不见阳光。

但即便你身处牢笼，也依然仰望星空：当你陷入孤独、压抑、胡思乱想时会自我安慰，并希望提高成绩来改变困境。而且即便承受如此压力和孤独，你依然表现出活泼的状态。要知道，背离自己内心真实感受，表现出相反的样子需要极大的控制力，我能想象你每日戴着面具在学校的压抑与孤独，渴望被另一个人看到躲在面具下的你，不以“成绩”来评价你，接纳你真实的样子。在现在这个“以成败论英雄”的功利社会，许多人跟你一样戴着面具，同样渴望被真正地“看见”。

你写了这封信，就是踏出了第一步，你是有力量把深陷其中的自己带离“心中的牢笼”。你可以尝试一下以下的几个建议：

一、找位置相近的人试着敞开自己的心扉

你所在的座位附近是否有比较聊得来的同学，不妨找个单独的时间，跟对方说一说你内心的困惑。有着类似境况的人更容易产生理解和共鸣。当你尝试敞开自己的心扉时，说不定对方跟你有同样的困惑和苦恼，一起吐槽、一起互诉烦恼，孤独感就会减轻。

二、给自己订个小目标

在下一次调座位的时候向代表“成绩好”的位置靠近多少个座位。现在你上高二，离高考还有一年多的时间，班级调整座位是有固定频率的，你以调一次座位的间隔时长为节点，每次给自己制订一个目标：下次调座位我希望被调到什么位置。然后，以此目标做学习计划，循序渐进地往你“理想的位置”靠拢。但是，目标不宜定得过高，一步一步慢慢来，慢慢体会进步所带来的喜悦和自信。

三、朋友小筛查

你可以选出 5 个你认为关系最好的朋友，然后对每一位朋友身边最要好的 5 个朋友进行罗列，你就可以从中分析出与之最要好的 5 个朋友中属于成绩好的比例有多大。当你发现，有些朋友的择友标准不只看重成绩，还根据性格、学习态度、志趣相投程度等多个维度相关，那么，你可以多跟这类型的朋友交流。

——广美附中心理老师　周莉斯

困惑 29

高三了，总有沉沉的压力和隐隐的不安，我该怎么做

过高的目标导致我心里紧张、疲劳。到了高三，我渴望升学，也逐渐认识到考上大学特别是考上重点大学，对自己的未来具有十分重要的意义。在这种强烈的心理内驱力作用下，对自己的学习特别是考试成绩寄予很高的期望，希望每次考试都能考好。然而，高考以及高考前的所有模拟考试，都是以选拔性为目的的考试，具有很强的竞争性，并不是每个人都能如愿以偿。于是，过高的目标和不令人满意的现实，就必然产生矛盾，我在心理上产生了过度焦虑与紧张，甚至产生了消极的心态。我期待着让高考来检验12年的学习，期待丰富多彩、令人向往的大学生活……但在我心中，却总有沉沉的压力和隐隐的不安，每当迎来又一个早晨，我总是对自己说，要努力，要相信自己。可是每当夜幕降临，面对着堆叠的练习，我不禁要问，我能行吗？希望您能给我一些建议。

——古浪一中　朱同学

学长学姐说

朱同学：

你好。你其实对自己的认知很详尽。你很明白自己怀着过高的期待却适得其反，陷入了焦虑和紧张之中。那么，为什么不试着调整自己的目标呢？考上重点大学这个目标很远、很空，不如试着把它拆成一个个小目标？你可以想想，要多少分才能上重点大学，这个分和你现在差多远，差的这些分你要从哪里拿，为了从某个部分拿分你要做些什么。这样一步一步细化你的目标，然后着眼于当下，继续努力。举个例子，我距某所重点大学差 30 分，分析了一下好像我的英语提分空间是最大的，所以我要在英语这多拿点分，为了拿这些分我要每天背 50 个单词，做 3 篇阅读理解……

高考已经进入倒计时，现在其实比的不是谁更能拼了，而是谁能更好地稳住心态走到最后。相信你也体验过，考试的时候越关注自己的成绩，反而考得越差。所以试着扔掉那遥远的目标，着眼当下，巩固基础，稳定心态，要让自己今后的每一步都脚踏实地，让自己在考场上正常发挥。

大学生活很美，但是这份美源于高中奋斗的日日夜夜，而不是高中的白日梦。为了能真的触及这份美，就要先忘掉它，踏实努力！

——华南师范大学　苏靖桓

师长说

朱同学你好，过高的目标确实会让人心生失望和失去信心，像你追求梦想一样，如果梦想是那么容易实现的还能叫梦想吗？实现梦想和目标的第一步肯定是要对自己充满自信，如果失败几次就开始否定自己，那还怎么去追求自己更美好的未来。

建议：我们的目标可以分阶段进行，定一个总目标，然后总目标再细分成几个小目标，每次考试达到小目标就算成功，一步一步往上，每次考试进步十几二十分，这十几二十分就是几道题的事情，积累到后面，最后冲向总目标。相信你，一定可以，付出的努力一定会有回报。

——中兴通讯　莫光乐

可以看出来你是一位爱思考的好学生，失望往往来自期望过高，但期望也同样可以成为你前进的动力，关键看自己如何把握好这个度。考研时我很喜欢的一句安慰自己的话在这里送给你，“你现在就像在黑屋子里洗衣服，没人知道自己洗得干不干净，只有到最后一刻考试出成绩后才知道谁洗得最干净，现在能做的就是努力学习”，尽人事，自己拼命努力即可，一切交给时间。

——中兴通讯　唐傲雪

专家说

朱同学：

你现在对于考上重点大学有非常强烈的期待。你的目标和现实暂时还有落差，让你过度焦虑和紧张。这样弥散性的焦虑已经全方位地影响了你的状态。

我建议你直视你的焦虑，不要企图消灭它。你越是对抗你的焦虑，它的力量就越是强大。

首先，闭上眼睛，感受一下你的焦虑，它是什么样的（圆的、方的还是不规则的）？它是什么颜色的（红色、黑色还是别的颜色）？它的密度如何（铅球一样紧实还是棉花糖一样松软）？它的大小如何（篮球那么大还是乒乓球那么小）？它此刻在你身体的什么部位（胸口还是腹部，或者是四肢、肩部、弥散性的）？它的强烈程度几何(从最弱的1分到最强的10分,你给它打个分)?

其次，你的焦虑一定是基于某个想法，把你的想法写在本子上。比如：如果有一次考试考不好我就是“垃圾”，如果一模二模成绩不好我一定考不上重点大学，如果今年考不上重点大学我就完蛋了……

再次，你可以随时默念你写下来的想法，走路的时候默念，吃饭的时候默念，写作业之前默念，写完作业继续默念。不必去相信它，也不必去辩护。

最后，花一个星期的时间去做这个练习，把这个练习当作一个游戏。每一天去看望一下自己的焦虑，看看它有没有发生变化，给它的当日强烈程度打个分。

也就是说，把你所有的负面能量全部暴露在阳光下，而不要试图去压制它们。

逐渐地，它们就会失去控制你的力量。

如同有奸佞小人一直躲在阴沟里面给你使坏，你现在把这个小人拉出来游街示众，他就失去了控制你的力量。

另外，你没有表达出来的，就还在压抑你的内在，给你制造封闭和紧缩。

我们大多数的焦虑都不是因为现实，而是因为自己的想法。

焦虑是一个信号，意味着我们认同了某个负面想法。

实际上，退一万步而言，即使你考不上大学，也不一定非得焦虑。

就算你今年考不上理想的大学也可以明年再考。

只要有终生学习的习惯，无论能不能考上理想的大学，你的人生都不会很差。

更何况你还是有理想有抱负的大好青年。

如果你担心某些人看待你的眼光，晚上找个没人的地方，想象天上的月亮就是他的大脸，你大声问：我的价值需要你来认可吗？

反思一下自己认同了什么负面想法，同时问问自己，最坏的结果会是什么。通常来说，即便真的发生了最坏的结果，我们也是可以承担的。

然后把注意力放在解决问题上。

曾经在北京的一所中学，一个孩子破天荒地考上了北大。然而，在高考前一模甚至二模的时候，她都不是他们班最突出、最有希望的学生。后来，她老师专门研究了她的案例：为什么今年我们终于培养出来了一个北大学生，为什么是她，她和其他人的学习方法有什么不同，她的成功和我们学校今年毕业班的教学有什么关联？

最后的结论是，她复习了8遍，5遍细、3遍粗。而她的老师给班上同学制订的同步复习计划是3—5遍。在大家一模的时候，她是按照自己的复习计划在查缺补漏，显然没有跟上同班教学的进度，成绩并不突出。但到最后半个月自主复习的时候，她慢慢复习的节奏确立了稳扎稳打的知识体系，最后半个月，她过了三遍知识点。所以，她成功了。她复习的遍数比其他同学多。她不在乎一模成绩，她知道自己的计划和大部队不一样，她的心理压力就小。

大部队的节奏是别人的，你只需按照你自己的节奏来。

最后这段时间里，给自己制订好计划，按照自己的节奏来就好。

别忘了运动，烦躁的时候，去运动吧，运动可以有效地缓解压力。

适度的焦虑，可以调动我们的能量，让我们全力以赴。

加油。

——正面管教导师　杨健

? 困惑 30

即将高考，心态崩了怎么办

作为今年的高考生，我的压力很大，中午经常失眠，导致下午学习效率不高，有时还会头疼，尝试过很多种方法，都没效果，这让我的心情十分烦闷，我想问一下如何放平心态？还有就是在高度紧张的学习环境下，我时不时地会产生大脑放空的感觉，有时还会对学习产厌倦心理，放松过后看到同学还在努力，自己又开始懊恼、后悔，你有什么建议吗？

——古浪一中　麻同学

学长学姐说

麻同学，你好。每年的高考对于所有高考生都是一个挑战，不仅考验考生的学习情况，也是对考生身体和心理的一种考验。备考过程中出现失眠、头疼情况的学生每年都不在少数。

对高三学生来说，学习时间紧、复习任务重，如果休息不好确实很影响备考状态。首先，建议你先做好心理调节，只有保持平和心态，才能够避免因为不良情绪影响睡眠。其次，尽量做到劳逸结合，体力劳动与脑力劳动相结合，比如在复习间隙出去运动一下（可以选择慢跑、打羽毛球等运动，注意运动时间不要过长或睡前运动），调节紧张度。此外，如果午休睡不着，可以就躺在床上闭目养神，这样也比过于在意“睡不着”更好；还可以尝试进行全身渐进性肌肉放松练习，也就是使全身各部位的肌肉从头到脚放松（比如针对头痛的放松，可以先紧闭眼 15 秒，再慢慢放松，一松一紧可以达到肌肉放松的目的）。下午犯困的话，和你分享几个小 tips：上课前可以简单活动一下身体，活动的时候深呼吸，提神醒脑；课间时可以利用休息时间小睡一下，或者洗把脸；涂一点清凉油或呼吸一下新鲜空气；等等。

累的时候放松一下，这个做法没问题。人集中注意力的时间是有限的，学习时，当注意力耗尽，你就会开始烦躁，也就是“学累了”。如果你学累了还坚持继续学，不仅学习效率会降低，还非常影响情绪。建议你将所有注意力都放在自己身上，高考这条路上，你周围的同学都不是你的竞争对手，你要做的是战胜自己，战胜自己的惰性，挑战自己的毅力和耐力。放松后发现同学还在努力，不用觉得懊悔，也不要慌，也完全没有必要去比较，每个人的复习节奏和学习规划不同，与他人攀比，很容易怀疑自己，身心俱疲，影响备考效率。你只要全身心投入复习，一步一步走，就会发现自己在不断进步。

另外，高考任务重、竞争大等问题都可能给我们带来巨大压力，备考过程中会出现慌乱、回避等心理，但如果我们长期处于这种状态就容易对学习产生厌倦。我个人的建议是，专注于当下，想想你都坚持了近三年了，如果放弃就太可惜了。也可以想想是什么让自己产生了这样的感觉？是主观方面的原因，还是客观方面的原因？尝试找到好的化解方法。如果仅靠自己还不能解决，向父母、老师或同学求助也是一个好办法。愿你早日回归到备考的最佳状态，笑迎高考！

——复旦大学　Chris

师长说

作为高考生，有一定压力很正常，不用过于苛待自己。适当的放松，听听音乐，吃点美食，每天运动，或者跟好朋友聊聊天，可以作为调节。也不要有负罪感。人又不是神，放松下很正常。学习也是要劳逸结合的，一味苦学也不是最佳方式。

中午或晚上休息，平躺着，不要想其他的，只要跟着节奏，深深呼/吸，应该可以适当放松情绪，改善睡眠。中午即使实在睡不着，闭目养神也是好的。

如果头疼症状比较明显且长时间持续，要跟父母说，必要时还可求助医生。

——中兴通讯　陈颖

一、关于失眠，我家孩子的经验供你参考

午睡的时候，我家孩子是买了一个舒服的毛绒玩具，趴在上面，效果很好。她在睡眠前会看一会儿手机里的视频，比如《非正式会谈》。

我家孩子高三的时候，每天都要进行体育锻炼，跑步或者打球，运动量足够了，睡眠就有保障了。

二、关于时不时大脑放空以及过后后悔

其实，大脑有放空的感觉，挺好的，大脑就是需求一定的休息，不用每时每刻地运转。

别的同学也有疲惫的时候，因为大家都是人，所以不要神话其他同学，每个人的疲惫时间和表现不一样，相信自然规律就好。

三、在高三的时候，要相信几条自然规律

一是每个人都会疲惫，不要神话任何人，也不要被其他人带了节奏；

二是有一定的紧张感是非常正常的现象，比如每次大考前，紧张是自然的；

三是坚持体育锻炼，哪怕是占用部分学习时间，运动量足够了，就容易入眠了；

四是每天的计划里，要把休闲内容也计划在内，休闲是必要的，计划在里面了，就没有负罪感了。

——中兴通讯　孙立力

专家说

高考，是人生一道重要关卡，用“战场”来形容一点儿都不为过。纵观过去5年高考的报考人数，是呈逐年递增的趋势。这一“战场”的厮杀不可谓不激烈。在这样激烈的比拼中，智力水平的差距其实并不大。真正拉开人和人之间距离的，往往不是智力，而是心理素质。为什么有的人平时成绩很优秀，可是总在各种大考中失利呢？面对同样的高压环境，有的人吃得香睡得沉，学习效率很高；而有的人吃不下睡不着，硬逼着自己学习但半个字也看不进去。这样的差异，不是来自知识水平的差异，而是来自心理水平的差异。

我们的大脑有四种脑波，当人有了高度压力、焦虑的情绪时，大脑处于贝塔波状态，同时身体会释放出各种应激激素来保持高度警觉，这时候人就会难以入睡、精神亢奋。当大脑长期处于这种状态，会出现失眠、免疫力下降、注意力难以集中、情绪烦躁等情况。这是大脑释放的信号：它需要休息。现在你的大脑，就像一部被架起来的汽车，四个轮子无法着地，但你还在使劲踩油门希望汽车往前跑。你不停踩油门，不断消耗汽油，但车的轮胎也只是在原地空转，一步也没法向前跑。你的大脑在呼唤阿尔法波。处于阿尔法波的人，更平静、专注，做事高效，充满创造力，精力旺盛。

高考在即，如何让自己放松下来，让大脑有机会休息充电，是目前最要紧的事。“时不时会产生大脑放空的感觉”——其实是你的大脑在主动休息。你的身体在不断给你发出信号，但都被你拒绝接收了。你对于“休息”“放松”的态度其实是否定的，你认为自己休息、放松了，其他人还在努力，自己就会被甩出去了，所以你的潜意识不允许自己睡觉——失眠。你产生了厌学情绪，对学习产生抗拒，就像我们吃得很饱，还有源源不断的食物送到嘴边，我们会本能产生抗拒是一个道理。这个时候你暂停了一下，但看到别的同学还在继续吃东西，即便你已经很饱完全吃不下，你还是会责备自己不应该停下来，而应该继续吃。你已经被周围的群体“劫持”了，完全不理会自己身体的真实感受，这是危险的。

我有如下建议：

一、允许自己放松

一切都应该建立在心态调节的基础上。放松的方式千千万，但如果你依然对“放松”“休息”抱有不接纳的态度，认为这是一种懒惰、自我放纵的表现，那一切的方法都不会有效。“休息是为了走更长的路”，当身体已经无法负荷时，允许自己休息，是一种具有长远目光的做法。

二、正念冥想

每天在午睡、晚睡前进行3—5分钟正念冥想，让大脑彻底放空。当你的脑海中出现对“放空”的批评声音，又开始进行自我责备时，心里默想：“暂停”，然后将注意力重新回到你的呼吸上。每一次吸气，心里默数“1、2、3”，每一次呼气，心里默数“1、2、3、4、5”。让呼气的时间长于吸气的时间，这种练习能够帮助你平静下来。正念冥想的练习可以随时随地进行，只要你认为自己头昏脑涨、焦躁不安，都可以进行。建议你下载关于正念冥想的App，跟着语音提示进行，这样更容易进入状态。

三、具象化想象

你也可以通过具象化想象这个方法，缓解当下对高考的焦虑情绪。具象化想象的操作方式：确定一个让你非常期待、充满动力的一件事、一个目标或一个场景，例如收到大学录取通知书的那一刻，然后进行想象：

（1）当时会在什么地点；

（2）自己会穿着什么衣服；

（3）收到通知后会第一个告诉谁；

（4）家人知道后会有什么具体的反应；

（5）当天晚上会去哪里庆祝。

具象化想象是一种心理战术，让人有一种身临其境的体验感，继而脱离负面情绪的旋涡。此外，具象化想象还能给人以实现目标的源源不断的动力。当然，想象得越具体，情感体验越真实，效果越好。

四、身体锻炼

运动是很好的减压方式，当你从以上的静态放松方式中无法获益时，可以尝试每天进行20—30分钟的散步、快走、跳绳等有氧运动。

别担心蹲下来会比别人矮，只有蹲下来，才能跳得更高。

——广美附中心理老师 周莉斯

困惑 31

全家人的大学梦都寄托在我的身上，压得我喘不过气

我是一名高三的学生，距离高考仅剩 94 天。每天早上推门进教室，看到同学们都在认真地学习，我心里很焦急。可是不论是上课还是下课，大家都在学习，我害怕自己会落后，下课也没有时间休息，这导致我很焦虑，感觉一天到晚学到的东西不多。我还是一名住校生，每次回到家父母问我为什么这次成绩下降了，是不是没有认真学习，还拿我跟别人比。我们家只有我在读高中，家里所有人的大学梦都寄托在我的身上，我真的觉得压力很大，这压力压得我喘不过气来。我是一名补习生，去年高考成绩不尽人意，这也给我很大的压力，怎样才能处理好这些事情呢？

——古浪一中　小俞同学

学长学姐说

高三的确是整个学习生涯中压力最大的时期，自己对自己的要求和来自家里人的期待都会让你感到焦虑，其实别的同学也会有同样的紧张感，这是正常的现象。

一、学习焦虑

因为处于高三冲刺的重要阶段，同学们都想一鼓作气坚持到最后一刻，所以在学校会利用上下课的时间尽可能查缺补漏，这样的学习氛围让你感到紧张和焦虑，也让你很难集中注意力在自己的学习上。这是环境带给你的压力，而我们改变不了环境，就只能在去适应它同时调整自己的情绪。作为一名补习生，你已经经历过一次高考，或许结果不尽如人意，但换个角度思考你比其他同学多了一份经验和一年的学习时间，也有再来一次的机会去反思和修正自己曾经做得不好的地方，比如说不合适的学习方法以及情绪、压力管理方式等。其他人有他们的学习方法，但你需要集中注意力在自己身上，找到适合自己的学习方式！

（一）根据自己的学习进度制订每天的学习计划

感觉一天下来学到的东西不多是因为没有制订计划和量化结果，每天为自己制订力所能及的小目标并贴在自己可以看到的地方来提醒自己，比如说背 20 个新单词或做 3 道错题等。

（二）集中注意力在自己的学习上

关注别人和周围的环境并不会给我们带来帮助，我们能控制和改变的只有自己的行为。如果环境给你带来的是负面影响，那么就屏蔽它（可以带耳塞），当没有外界因素来影响你时，就能够一心一意地学习了。

（三）感到压力时及时放松自己

只有保持良好的心态才能更好地学习，课间可以出去活动下身体，呼吸新鲜空气，转移注意力，让自己不要陷入焦虑的情绪中。

二、来自家庭的压力

家庭有期待就会有压力，父母也在焦虑，其实很多同学都会面临这样的压力，可以和父母多沟通，让他们知道你的感受和想法。可能我们没办法改变父母的想法，但你要有决心和坚定的态度，让他们看见你在努力。你是住校生，那就尽量不要让自己的情绪被家庭影响，集中注意力在当下的学习上！

我知道多学习一年是件很辛苦的事情，还有来自家里人的期待也给了你很大的压力，保持一个愉快和积极的心态很重要，找到自己的学习节奏，一点一点进步，只要你知道自己是在不断前进的，努力是一定会有结果的，你也会有底气和家里人说：我一直都在努力！走自己的路，让别人说去吧！加油，你可以做得很好！

——华南师范大学　徐怡梦

师长说

小俞同学你好，作为一名已经参加工作12年的过来人，看到你所困惑的问题，想告诉你：你所有的困惑我很能理解。

首先，对于同学们努力学习你害怕落后：与其把自己的时间用于观察别人，不如收心集中注意力努力学习，不懂就问，想尽一切办法搞定自己不会的问题。不要想太多学习结果的事情，而应集中自己的注意力解决当下不会的学习问题。可不能长他人士气，灭自己威风。

其次，对于家人的期望：家人都这么相信你，你为啥不相信自己能够解决学习中的所有问题呢？世上无难事，只怕有心人。我们换个角度来看你的困惑，如果你可以搞定学习上的一切问题，学习成绩很好，你觉得家里人对你的期望还是压力么？所以，你要解决的其实是集中自己的注意力专心学习，解决学习上的一切难题。而同学的努力、家人的期望都是外在的，不需要你去困惑，反而应把他们作为你努力学习的动力来源。

同学都那么努力，你还在这临渊羡鱼，是想把皇冠拱手让人么？家人的期望那么大，难道你就自欺欺人的想当然么？

每天记住并重复你的目标是好好学习，考好成绩。

然后安排每一天的学习和生活：

早上早起、早餐、晨练，保证好的身体是学习的基础。

各个学科的知识点有哪些、考点有哪些、自己的薄弱点是哪些？知识点、考点如果时间允许，可以自己梳理，否则找老师要。自己的薄弱点：自己分析定位，寻求老师讲解和同学的帮助，最后自己的研究思考攻克。

晚上按时睡觉：对自己好些，身体是你奋斗的基础。

如果你控制不住自己，总是去看别人，那就把别人的特长学过来作为自己的优势。

最后，小俞，人生很长，一路均需过关斩将，你如果认输了，那该问题就成了你人生的天花板；打败它，该问题就成了你人生的垫脚石。你还小，天不怕地不怕是你的资本，想太多会束缚住你的手脚，错失人生好的时机窗口。

作为一名妈妈，我也期望自己的孩子能够学习成绩好，但是我不想让孩子把这当成压力，我只是期望他把自己所有的时间用在对自己人生增加价值的事情上，尽自己最大的努力就好，至于结果就是顺其自然、水到渠成的事情了。相信你，加油，小俞！

——中兴通讯　郑娜

很巧，我也是我们家第一个考上大学的人，所以我也体会过来自家人的期盼和压力。我妈妈甚至在我高三的时候去路边给我算过命，算命的告诉她我考不上大学，但是她没有告诉我这些。直到我考上了大学后，她才说了这件事情，这一点我觉得她做得还不错，没有把这种莫名的压力传递给我。其实，怎么缓解压力不仅仅是你一个人需要独自去考虑和焦虑的。如果因为家人的期盼导致你压力太大，我建议你跟家人好好谈谈你的感受和想法，把你希望家人做的告诉他们，把压力释放一些、分散一些，告诉他们信任和支持远比给压力对你达成目标更加有益处。而且你要知道，梦想是你自己的，不是帮别人去完成别人的梦想。但是你的梦想是什么，是不是需要通过考大学来靠近，这是你自己需要明确和为之努力的事情。另外，不用太在意补习生的身份，多年以后，当你在职场的时候，没有人会介意你考了几次高考，那个只是你成功路上的一个故事而已。

——中兴通讯　瞿柯

小俞同学，你好！我不是心理专家，但我在学生年代也经历过 2 次高考，当第 1 次高考失利落选，心中的苦闷和承受的压力可想而知；第 2 次高考，我调整心态和策略，最终取得不错的成绩，总结几点供小俞同学参考：

一是树立信心，坚信人的智力并不会有太大差异，即使有些差异，勤一定能补拙，当一个人心无旁骛地对待某件事或某个目标（如学习语、数、英等），并且积累到一定的时间，就一定能把这件事做好。

二是树立目标，制订计划，鉴于目前距离高考时间已经不长了，计划要落实到每月、每周、每日早中晚，严格按每天的计划约束自己。专注于每个小计划、小目标，可以减轻来自外界压力对你的影响。

三是坚持每日花 30 分钟总结，巩固当天学习的知识点。

四是坚持每天锻炼身体至少 40 分钟，要大汗淋漓那种，对放松心情和抗压力非常有好处，人的自信首先来自对自己身体的自信，好的身体才能保持好的状态。

五是尽量让自己心态 OPEN 些，说（注意一定是说出来）出你的喜怒哀乐，每个人都有自己的成长节奏，不用和别人比。当你成为一个有目标、有计划、专注坚持、乐于沟通的人，你就会成为最好的自己。

——中兴通讯　袁毅

同学你好，我曾经也是一名补习生，很明白那一年的压力。所以看到你的问题，很想和你聊聊，说说我的看法：

一、关于外界的压力

看到你的描述，大部分都是从外界的角度出发，你可以问问你自己关于大学的想法：

你自己是否向往大学？是否憧憬着大学自由、美好的生活？是喜欢北方还是南方的学校？喜欢哪个学科？

如果你对大学有强烈期望的话，可以慢慢具象化自己的期望，包括操场是什么样？宿舍、教室是什么样？自己在大学要怎样生活？网上有很多照片，可以打印出来看看。慢慢将对外界的关注转换为自己内心的渴望，衍生自发的动力。

另外，关于家人的压力，从你的描述来看，你的学历已经算是家里最高的了，某些方面你已经超过他们了。其实我想说的是父母限于自身的经历，他们说的做的不一定全对，但是肯定是他们认为对你最好的。如果父母说的大方向你是认可的，那你可以在这个大方向下细化自己的小方向，坚定地前进。

二、关于学习的压力

多关注自己的现状、差距，列出每天的小目标，不断复盘（分析错题本是个很好的学习方法），关注自己的进步，慢慢你会找到自己的学习节奏。

祝找到内心的平静，高考取得理想的成绩！

——中兴通讯　张杰

专家说

在中国，高考始终是“鱼跃龙门”的最佳路径。所以大多数学生会拼尽全力以期考上好大学。你说，你是一名补习生，还是家里唯一读高中的，可以想象，家里人对你考上大学寄托了多大的希望，所以你在学习上的一举一动，学业表现上的一升一降，对父母来说都是“牵一发动全身”的事。正因为你是家里唯一读高中的，所以大家都认为你是最有可能实现“大学梦”的人，正所谓，能力越大，所背负的期待越大，对应承受的责任和压力就会越大。这是幸，亦是不幸。你的智力和努力让你考上高中，与超过一半中考被刷下来的学生还有家中没考上高中的同龄人相比，你无疑是幸运的；但正因为这样的身份，家里所有人都将“大学梦”的厚望寄托在你身上，加上去年高考成绩不理想，把你逼进一个“破釜沉舟”“背水一战”的艰难处境，这也是一种“不幸”。

面对这种处境，你没有懈怠，你非常努力，当你看到别人同样努力时，你非常焦虑。大学，尤其是好的大学是极其有限的资源，所有人都铆足劲争夺有限的资源。正所谓“狭路相逢勇者胜，勇者相逢智者胜”，高考是一个修炼场，比拼的不仅是智力水平，更重要的是一个人的心理韧性水平。高三的学生，几乎所有人都有一个共同的目标，但为什么有些人能发挥出色，甚至超常发挥，有的人却发挥失利呢？有的人，平时表现很优秀，但逢考必败，这跟智力水平已经关系不大了，是个人的心理素质较智力水平落后，面对重大场合时对自身调节失败导致正常水平难以发挥。

从你的陈述中可以得知，你属于压力过大、过于担忧失败、情绪内耗太多而导致学习效率不高的情况。应对这种困境需“多管齐下”：

一、压力管理

身体一直处于高压状态，会出现失眠、头疼、注意力下降等症状，不仅严重影响学习效率，还会影响健康。我们常常被裹挟在“焦虑”的情绪中不能自拔，成为情绪的“奴隶”，但其实我们才是主人，而且有许多方法可以帮助我们把情绪的主动权夺回来。最简单的方法是正念冥想，通过把注意力集中在呼吸上，帮助你从内耗的旋涡中脱离出来，正念冥想可以理解为给自己的大脑放个假，让我们纷繁复杂、高强度运作的大脑有机会喘口气，释放更多空间。当你感觉被压得喘不过气时，不妨找个安静的角落，闭上眼睛，把注意力放在呼吸上，深深吸一口气，心里默念“1、2、3”，再慢慢呼出来，心里默念“1、2、3、4、5”。当呼气的时间长于吸气时间，我们的情绪会慢慢地平复下来。

二、体育锻炼

运动是对抗焦虑很有效的方法，当你看书看了10分钟但一个字也看不进去，或者看到满篇都是认识的字但一句话也没看明白时，说明你的脑子已经超负荷了，但静态的休息如闭目养神又无法平静下来满脑子胡思乱想时，可以通过身体的活动来让头脑休息。散步、跑步、游泳、打球等有氧运动是释放焦虑情绪的有效途径。不要觉得运动是浪费时间，坐在教室里让负面情绪不断消耗你的身心，就像给没有水的锅不断烧柴，火烧得很旺，对锅却是伤害。

三、具象化想象

你感受压力很大的一个重要原因，是不能承受高考失败的种种后果，例如对考不上理想大学后无法拥有美好前程的恐惧。高考确实是一个让普通人实现阶层跃迁的有效途径，考上好的大学能很大概率拥有好的前程。然而，拥有好的前程，除了一纸“大学毕业证”之外，还需要你拥有更多重要的品质，例如优秀的分析和解决问题能力、抗挫折能力、待人接物能力等。当你被压力淹没时，不妨思考一下，你希望30岁的你是什么样的？住在什么地方、做什么工作、与什么人交往、拥有什么样的休闲娱乐方式，等等，越具体越好。这是一种“具象化”方法，能够帮助你清晰自己的目标，当你拥有越宏大的目标和规划，你就越不会过分在意短期内的得与失、起与落。

人生是一个不断“升级打怪”的过程，你可以把高考看作是第一个关卡的守门怪兽，打倒它是为了获取通关的入场券，后面还有更多更厉害的怪兽等着你呢，不过后面关卡的风景肯定是更美更动人的。加油！

——广美附中心理老师　周莉斯

困惑 32

怎么能够和同学一起学习又和谐相处

您好，我是一名高二的学生，刚过完寒假，我看到了很多努力的人，也有很多自暴自弃的人。刚开学，我做好了面对新学期的准备，白天上课好好听课，晚上好好写作业。有时候我作业写得慢，又不想胡乱应付了事，所以用的时间比较长，就会回到宿舍后继续花一些时间来写作业和复习。可是我的同学们受到网络热潮的影响，觉得我回宿舍继续学习就是内卷，甚至对面宿舍的同学来串宿舍时看到我在看书，都会说我背着她们偷偷学。我很难过，去和她们解释，可是她们越发认为我是在欺骗她们，她们开始在背后议论我，甚至不和我说话，我不知道该怎么办。我感到特别难过，我希望在一起学习的同时能够缓解同学之间的关系，希望您能给我一些建议。

——平坝第一级高级中学　左同学

学长学姐说

学弟/学妹你好呀，从你对困惑的描述里，可以看出你是一个自觉自律、认真勤奋，又对同学心怀善意的人，这很好呀！学姐很高兴能来帮你解答困惑。学姐的回答分成三个方面：

一、努力不等于“内卷”

首先你要坚定这样的想法：努力与“内卷”完全不同。努力是发自内心的主动行为，是明确知道自己缺乏什么，然后向目标前进。正如你觉得自己写作业的速度偏慢，愿意把别人回到寝室放松的时间用来做作业与复习，这是你为巩固学习效果而主动选择的，是对自己学习认真负责的表现。

内卷则是迫不得已的，是别人做什么我也要做什么的随大流、赶热闹。关注的重点不是“自己学到了什么”，而是“别人又学了多久”。学姐之前读到过一篇文章，里面说“词汇的误用，要么消灭了一种价值，要么消灭了一个视角，要么消灭了一个精确的分类”。你说，室友们会觉得你的努力就是内卷，是“受到网络热潮的影响”，这一点很有道理。可以说，“内卷”一词的滥用，消解了“踏实努力”与“无效内卷”的区别，是不愿看到别人努力而自己又不想努力的情绪的随意发泄，这是我们应当警惕的。

二、争取理解与共赢

面对室友与同学的误解，或许你可以想办法让她们意识到，这个世界并不是只有你赢她们输这一种情况，还有相互促进，双赢共赢。

学姐想，你是不是可以在寝室复习时，增强与她们的学习互动，把自己的学习分享给她们，也许能够让她们的态度有所转变。比如复习语文或政史地时，可以互相抽背课文和知识点；复习英语时，可以互相听写单词。而关于看书，也可以问问她们近期看了什么书，分享一下阅读心得与体会。如果怕室友都在寝室时这样的邀请太过尴尬，也许可以考虑私下里先找一两位比较熟悉的室友单独沟通，把你愿意和她们一起学习的想法告诉她们。两三个人乐于交流、相互学习的氛围形成后，剩下的室友即使不加入，也不至于再指指点点了。

三、坚定自己的节奏

如果你一再的沟通也无法让她们理解，你的邀请也不被她们接纳，这些事情又长期困扰着你的话，其实你可以慢慢学会“一笑置之”，让自己的内心变得更强大。学姐读高中时，用一个学期每天午睡前的10分钟看完了陀思妥耶夫斯基《卡拉马佐夫兄弟》。寝室看书完全是根据兴趣安排自己的课余时间，正如你的同学们愿意在寝室闲聊放松一样，何来她们口中的“偷偷学”一说？

《诗经·王风·黍离》中有：“知我者谓我心忧，不知我者谓我何求。”每个人的成长道路上会遇见很多各种不同的声音，有鼓励、赞许，也有嘲笑、反对。如果我们不能有自己的辨识能力，那么很可能会陷入两难的困境。经过了自己的权衡判断、沟通尝试后，如果依然得不到别人的认可，别沮丧，还是要跟着自己的内心、自己的节奏走。学姐相信，如果你一直保持现在这种自律自觉的学习状态，一定能取得令自己满意的成绩，加油！

——北京大学　泓涵

左同学：

你好呀！我能够体会你的心情，也想先肯定你的努力。其实，“努力学习”和“卷”有着完全不同的定义。现在社会上有着对“内卷”一词的滥用。“内卷”现在常被引申用来形容大学或职场上，人们为了争夺有限的资源而恶性竞争、过度内耗的现象。比如，为了取得有限的“A”，把原本要求写的3000字论文，硬生生“卷”到30000字，希望用字数换成绩。但是，在高中阶段，同学们为了实现自己的目标，努力学习，争取取得好成绩，是一种公平的竞争，也没有伤害其他同学的利益。因此，你首先需要坚定目标，不被外界的声音干扰，始终确信认真学习的正当性，也始终相信努力奋斗的意义！希望你能保持新学期的这种劲头，专注听课，认真对待作业，保持好自己的学习节奏，争取学业上的进步。此外，我也相信，身边的大多数同学都还是积极上进、专注学业的，在奋斗的路上你并不孤单，可以相互激励、一起进步。同时，让自己强大起来，漂亮的成绩和扎实的能力是抵挡流言蜚语的最有力武器。

当然，我们都希望和身边的同学和谐共处，有更多的支持和陪伴。我想，人际交往是一项需要长期学习和体会的功课，暂时的困境是正常的，不要因此磨损了你的友善和热情，也不要因此而怀疑善意的存在。

针对“如何在一起学习的同时能够缓解同学之间的关系”这个问题，我有以下小小的建议：

首先，你可以先尝试主动交流，打开心扉，打破相互不说话的尴尬局面。如果还是下不了决心“迈出第一步”，或许放一张小纸条、一些小零食可能有所帮助。在度过尴尬期后，也不要忘记主动交流。比如，每天下晚自习回到寝室后，可以先不忙着埋头学习，主动和室友问声好，相互分享今天有趣的见闻、难忘的经历或是遇到的困难。这既是一种放松，也能拉近彼此的距离。同时，在交流中或许也能帮助自己打开思路。此外，你也可以就自己遇到的困难，向同学们寻求建议和帮助。比如，可以向同学请教她们是如何高效又高质量地完成作业的？完成作业的课余时间她们会如何安排来提升自己？虚心地请教，坦诚自己的问题和不足，也可能缓和她们紧张乃至“嫉妒”的情绪，拉近彼此的距离。

其次，用心聆听同学们的声音，记下她们的困惑与需求，提供力所能及的真诚帮助，或许是营造良好学习氛围的关键一步。比如，课上老师新讲过的方法，正好可以用来解决室友昨天碰到的难题，那么你就可以及时地记下与分享；你今天在图书馆找到的这本书，对这周布置的写作任务很有启发，或许可以分享给室友，听听她们的思路和见解……“如果你有一个苹果，我有一个苹果，彼此交换，我们每个人仍然只有一个苹果；如果你有一种思想，我有一种思想，彼此交换，我们每个人就有了两种思想，甚至多于两种思想。”分享学习资料，不仅不会让别人“偷走”我们的智慧，影响我们的进步，还会让同学们相信我们不是在“卷”，而是真诚地希望可以共同进步，更会让我们自己有心态、思维、认知上的新收获。

最后，“自嘲”也是一种缓和人际关系的好办法。同学们口口声声地“卷”，很可能是一种迎合潮流的调侃。不妨放松心态，用自我解嘲、开玩笑的方法轻松地回应。日常交往的很多场合，也不必过于严肃，一些适当的、自然的玩笑或许会让你活得更加轻松舒坦一些。

总之，希望你能相信努力奋斗的意义，也能更加轻松、自然地和同学们相处。相互鼓励，共同进步！

——复旦大学　林同学

师长说

左同学，你好。看到你的问题，我又想起自己的高中生活，想起自己的青春。高中的时候我们接触了更多的同学，大家从各个地方来，一起奋战3年，又终将走向不同的路，有的人可能上了大学，有的人可能投入具体的工作中。这3年中我们是一个集体，大家是最可信赖的战友；毕业后，我们是社会大环境中的一个个小个体，还要做好每个人的社会工作，体现每个人的价值，一起为整个祖国的繁荣强大、社会的文明进步、个人的生活改善去努力。相聚是短暂的，3年时间，除去学习生活以外，当然会发生各种各样的故事，但是3年以后毕业了，工作多年后我们再回头看高中生活，可能只有紧张的学习生活和真诚的友谊能够留在我们的记忆中。所以，左同学，不需要为其他同学的一些言语而紧张、难过、激动、争执。每个人未来的路都还很长，高中3年恨不得抓紧每一分钟去提升自己，在高考中获取更好的成绩，为自己的未来增添一分把握，哪需要为了一些争执去浪费一分钟时间。而且高中的我们，往往没有太多社会经历，大部分的经验还是在学习生活上，所以对于任何事物的评价总是难以全面，容易偏颇。你的学习很努力，是很优秀的同学，给你点一个赞！而其他的同学看到你的努力，也会看到你的与众不同，这就是他们关注你、谈论你的原因。至于有人说你优秀，有人说你内卷，其实可能都是闲聊时的玩笑话，都是一时的观点，而且随着时间的流逝也都可能发生变化。事实上，大家总是对学习成绩更好的同学会有更多的关注，所以，左同学，继续加油，用我们持续的好成绩，让大家更多地关注你。真诚地对待每个同学，和他们讨论学习问题，一起为解出每一道难题而欢呼，为班级获得的每一个荣誉而鼓掌，为了同学的每一个长处点赞，为了真挚的友谊而感动。而所有的负面的语言，最终都会随风而去，不会留下痕迹。到了高三，你们也会毕业，大家会为了分离而流泪。大学以后，工作的忙碌间隙，你们也会想起曾经的高中好友，互相致以问候，怀念高中的青春岁月，感叹时光不再来。与其以后怀念，不如现在把握好时间，做我们认为对的事情，爱学习，爱生活，积极地做好每一件事，不要让时光白白流逝。加油！

——中兴通讯　刘轶康

致小左同学：

你好呀，我也是刚大学毕业加入工作，你的问题让我一下回想到我当年的高中生活，因此还挺有感触的。实际上，只要你在努力，身边就一定会有看不上你的人，这是非常正常的，只不过高中时候的大家喜恶还表现得很明显、会比较情绪化，所以情感敏感的人就更容易受到伤害。

我们可以先分析下对方的心理和动机，她们为什么要盯着你学习，甚至因为你学习就排挤你呢？这其实是一种隐秘幽暗的心理现象，他们厌恶的不是努力的人，而是潜意识里想要努力做到比别人优秀但是无法付出努力的自己，逼迫自己努力是痛苦的，那就解决提醒自己该努力的人，让努力者比自己更痛苦，从而获得心理安慰。而且，这些排挤你的同学无疑有着过分自私的嫌疑，冷暴力在校园暴力中是很常见但又很难被人发现的，但它对人的伤害一点儿不比物理暴力轻。

先说了这么多，主要是要你先放下对他们的心理期待，先明白“我就是为了要自己校园生活舒服一点儿去和他们缓和关系”这一出发点，而不是“因为他们讨厌我所以我要去讨好他们”，不要太在乎他们到底怎么想你，讨厌你的人你可能干啥都不对，所以不要放在心上。然后，我再和你分享些可能的解决方法。首先，尽可能不要打扰到宿舍其他人休息，比如你们宿舍十点半熄灯，有人可能会用自己的小台灯、小桌板再学习到十一点半，但有些同学人家十点半就睡觉了，那尽量做到有人睡觉以后，不发出声音（包括很明显的划纸声、写字声、翻书声等，只要有心就能控制不发声），减小自己在宿舍学习对其他人休息的影响，这是不管在什么场景下都要注意到的宿舍道德（当然如果你们熄灯就得全部睡觉，此条不适用）。接下来的方法，就是仁者见仁、智者见智了，我能建议你的无非就是：

一、扩大/改变班里的交际群体

尝试跟班里努力学习的人为伴，比如请教人家几个问题，会好好回答的说明人品不错，然后尝试约饭增加待在一起的时间，或者换座位合理选择同桌，自然而然你们就能在一起学习了。

二、减少和这群人的交际时间，眼不见心为静

晚上能在班里多自习会儿就晚回宿舍，晚上学不下去了不如早点睡觉，然后早点去班里上早自习。

三、也有改变他们对你看法和态度的，但这个方法对你的要求会比较高

稳定成为你们班级/年级学习成绩的头部，在我学生生涯十几年里，还没见过成绩特好但会被大家排挤的，一部分原因是这时候你有傲的资本了，他们跟你存在较大差距以后内心会产生畏惧感。你可以想象，你们班第一名在宿舍学习，他舍友是会排挤他，还是自己也跟着“偷偷”学？

但即使有以上种种方法，我还是要很遗憾地告诉你，即便你如此委曲求全，你也一定会遭遇令人难过的不公的事情，你还是要在冷暴力的沉默中，不断淬炼自己，学会忍耐，学会自我开解，学会坚持自己想做的事情，我们没办法拥有满分的生活，那至少拿到不变成讨好型人格、不自卑、不会在以后为自己高中过多考虑这些有的没的人而后悔这个及格分就好啦。

最后，我当年高一的时候因为在宿舍学习被人家说笨鸟先飞，高二的时候被坐一起一年多的同桌冷暴力半年，最后我正常发挥了考上了清华大学。这些当年很困扰我的人和事，过后才发现你只要不在乎，其实啥都不是。

祝你能在这场青春的试炼场里破茧成蝶，更祝你与家人身体健康。

——中兴通讯　朱子羽

你现在的困扰在于你需要继续学习的时间段与同学们需要放松的时间段重合，你们处于同一空间里，产生了实际上不和谐的情况。也许我的概括过于简略无趣，但我想我是能理解你困扰的心情的。以下拙见仅供你参考。

纵观今日网络热潮，“卷”至少不应该仅仅当成贬义词来用。“卷”是对我国经济高速发展的当下普遍存在的现象的描述，本身不带褒贬。身在职场中的我们常以“大家还不快卷起来”互相应和，互相宽慰。倒不是在提倡“卷”，而是“卷不卷”对小小的个体而言，是不由他们自己决定的。杀蚊子用牛刀，蚊子明明才是关键，但牛刀必须亮出来。面对无奈的现状，有时候需要一点儿自娱自乐的精神。只能换个角度看，能“卷”本身是能力的表现，努力本身的意义不应该被抹去。这么说，只看到压力而不会采取行动的人是不是有几分酸楚？所以在这个语境中，你是幸福的，好像需要帮助的人是她们。但如果我说不妨大家一起学起来，这些同学恐怕也很难接受？所以你才会为难。别说你有心帮她们，其实她们自己也未必没有尽力。因为人是理性的，我们得假设在高压下，每个人是在用最适合自己的方式应对压力。从某种程度上说，与其为你们的矛盾而苦恼，不如先接受这个矛盾的不可避免，互相理解。坚持自己的立场继续学习，因为这应该是最适合你的应对压力的方式。Just do it. 面对压力，再多的心理建设也没有具体的行动来得有效。

理解了同学的立场，就不难理解她们对你的态度，虽然不够君子，但她们的动机不是伤害你，而是缓解她们自己的压力，你们友谊的小船动荡了，但还没翻。高中的同学友谊是可贵的，即便翻了，也能重拾，只要你们彼此珍视对方。如果不是互相珍视，翻了也就翻了。但相信我，真诚是矛盾缓解的开始。也许你可以理直气壮地说："我没有偷偷学，我就是需要现在学，学了我才吃得更香睡得更香，不信你也试试。"或者你问问她们："怎么做到回寝室前搞定所有问题？"向同学取经不丢脸，毕竟大家是竞争对手，但更是同学朋友，进了大学彼此都是资源。

当然诸如此类的尝试，不见得一定有预期的效果，毕竟我们得相信每个人其实都尽力了，哪怕那些看似自暴自弃的同学。也许有些忙着做自己的心理建设就需要花很多精力，你不妨赞同她，也许你的态度能让她豁然开朗；有些同学也许只是学习不得法，大家一起讨论，对方应该能感受到你的真诚，即便她不接受，也明白你没有恶意；有些人也许是因为生活中其他矛盾占据了精力，也许你的关心，能将她引向更好的方向；有些人的问题在你看来可能不是问题，也请你尊重她的状态，这样至少能让朋友感受到你对她的尊重。

你们不是也喜欢网络热潮吗？有个网红法律普及者罗翔，很多人都喜欢听他普法，他也是高考高分，高考完了，他也会梦见高考而紧张。你看高考压力人人有，即便都考完了。比起成绩好坏，对个体更深远的影响可能就在于你是否按自己的方式尽力了。

——中兴通讯　陈晓璐

左同学你好，首先回答第一个问题，努力学习 = 卷？

“卷”，是近年网络流行的词汇，全称是内卷。你的疑问提得很正确，努力学习与“卷”是否能画等号？要解决这个问题，我们需要正确定义什么是“卷”。

内卷指不能从外部渠道获取资源，没有产生整体的增量，只能在存量分配上做文章，往往损害内部一部分甚至绝大多数群体利益来补偿少数群体的利益，最终整体利益没有增加，反而持续性内耗的一种状态。

注意关键词，无增量，存量分配，以及最关键的内容是，损害内部利益补偿少数人利益。

那么请你问问自己，你的自律损害了谁的利益了吗？你的自律侵占了谁的利益了吗？我认为你没有。

自律学习，提升自己，是人类社会提倡的良性竞争，你无须在意别人的误解和孤立，有问题的是他们，不是你。但如果，你因为害怕被孤立而放弃现在的学习，你将会捡了芝麻丢了西瓜。

第二个问题,关于如何与同学一起学习又和谐相处？通过第一个问题，你要清晰地认识到，学习是一件自我驱动的事情。如果你身处的环境学习氛围并不好，那你基本不太可能改变环境而找到很多志同道合的同学。这本身也不是你去学校的目的。所以，你不需要通过一起“认真学习”来找到朋友，而是要学会独自学习。至于与同学的和谐相处，并不一定要通过一起“学习”来实现，比如，你可以在学习之余，积极参加团体活动，增加与同学的交流来促进感情的升温。

综上，不要把良性竞争与“卷”画等号，“卷”是恶性竞争，不要妄图用“共同学习”来与道不同不相为谋的同学相处，而应寻找更加合适的连接点。自我学习的热情万万不能放弃。

希望可以帮助到你。

——中兴通讯　钱玲珑

首先感谢你让我回想起高中生活，酸甜苦辣、单一且多彩的人生阶段。

没有太多时间整理逻辑，简单说几点想法，仅供参考：

一、认清高考

普通高等学校招生全国统一考试，简称“高考”，是合格的高中毕业生或具有同等学力的考生参加的全国统一选拔性考试。面向全国的选拔，每个人都要付出足够多的努力去争取，你的竞争对手不仅仅是同班同学，而是全国范围的考生，不努力行吗？不是有10个名额分给你们学校等着大家去所谓的“卷”，而是大家不努力的话很有可能一个名额也没有。

二、如何认知内卷和努力

内卷是焦虑感驱动，拼命要赶上别人。努力是使命感驱动，赛道上只有自己。内卷是不动脑子跟着大部队，在队伍里左顾右盼、前张后望，身心浮躁焦虑。努力则是深入思考，提前布局，有先期投入的意识，有承担损失的心态，在此基础上“目中无人”，自始至终只对自己的目标投以百折不挠的凝视，积极而稳定。在网络中看到一些观点与你分享，我觉得用什么词描述不重要，重要的是付出带来的结果是不是自己最想要的。

三、坚持用自己习惯的方式和方法来学习，亦可取长补短

高中生活中最重要的事应该是学习，掌握适合自己的学习方法，经过自身努力考上理想的大学，未来的你才会感谢现在的你，否则可能是对过去的自己的自责与懊悔。

四、与同学之间真心交往，坦然、淡然地面对一切无端的指责

高中同学的情谊在我们个人的成长路上是非常纯洁、纯真的，希望我们能珍惜，但是这不意味着可以为此影响自身的学业。按理来说，同学就是一同学习的人，那么应该是大家在一起互相帮助、互相鼓励才对。其实你也可以通过努力学习来带动大家一起努力、一起学起来。将来考上大学以及未来的深造路上，你将收获更多知识，拥有更多同学。

最后简单一句，此时学业最重要，坚持自己，努力学习，未来无限量。

——中兴通讯　李汉坤

专家说

孩子，在老师看来，你很努力，很自律，你把时间利用得很充分，你学习非常投入，非常认真，所以你在做正确的事情。

既然是做正确的事情，就要学会坚持，只要在你内心认为这样做没有影响到其他人，只是做了自己应该做的事情，那么你就应该坚持下来，当你做得特别坚定的时候，其实周围的声音是会慢慢降低的。因为这些人看到你努力的时候之所以会说坏话，之所以会觉得你在偷偷地努力，是因为他们有一种恐慌的心理，这种恐慌的心理是因为你在学习，那么意味着他们有可能会落后，所以在背后有些人会说你的坏话。当然，老师想，说你坏话的一定是很小的部分，不可能是所有的人都这样讲。

老师想跟你说的是，如果你认为这件事情是正确的，就值得坚持下去，并且按照你自己的想法去做，只要你的学习过程对其他人没有任何的影响就可以了。和同学之间和谐相处是另外一回事儿，不能因为需要去取悦别人，需要去满足别人所有的需求，就放弃你的努力，和他们一起打闹。其实和谐相处可以有很多的方式，比如说可以提升你和同学相处的技能；在没有学习的时候，也可以和同学之间娱乐玩耍；在和同学们相处的时候可以做到真诚、尊重、平等，以这样的原则为前提，就可以为你赢得更多的友情和友谊。

你现在自律性的努力和与同学之间和谐相处，这两件事情并不冲突，你既可以坚持做你自己，又可以利用其他的时间和同学们相互交流，甚至可以用你的学习热情去带动其他的同学。在遇到问题的时候，可以和同学之间相互探讨、相互交流。我相信，你是一个可以引领大家认真、努力对待学习的孩子。

——潘新凌中小学生心理健康研究室

困惑 33

周围的同学都在“卷”，我要加入吗

您好，我是一名高一的学生。对于内卷这件事情，我感到困惑又难受。每天晚上休息的时候，同学们睡的一个比一个晚，每个人不是在背书，就是在做练习。在一种好强心理和怕被超过的恐惧驱使下，每个人都在熄灯后仍拿着书熬着，都有一种你不睡我也不睡的想法，生怕被超过或者落后于人。我承认良性的竞争是好的，但是有些同学看书看到一两点才睡觉，看着他们一笔一划在书上写下的“未来”，如果你愣愣地躺在床上，就会有一种极度焦躁而睡不着的感觉，所以我只能加入“内卷大军”。但是我发现这样无效率的学习，让我更加难受和焦躁。

自从内卷文化的出现，让我及周围的人都更加感受到了，社会在极速发展之下带来的更为饱胀的精神压迫。在当代社会的极度发展之下，我们应该怎样用正确的心态去对待“内卷”？

——靖西中学　何同学

学长学姐说

何同学你好，我是飞飞姐姐。很高兴能为你答疑解惑，希望对你有帮助。

首先，为什么会觉得自己“被卷”呢？主要是因为我们的参照标准选择了别人，而不是自己，并且，我们选择的往往是别人在某方面做得比自己更好或者更多的，是一种向上比较，这种内卷让人困惑、难受，尤其是当自己“被卷”的时候。每一个人都有着不同的生活方式和生活节奏，有的人可能一天只需要睡 5 个小时就可以活力满满，有的人可能就需要 7—8 小时，甚至更多。如果为了晚上多学习 1—2 小时就熬夜，低效学习，第二天又精神状态不佳，上课时打瞌睡，陷入了“死循环”，这就是一种不良的内耗，既浪费时间，又影响身心健康甚至影响学习。其实，只有适合自己的才是最好的。我们只需要和自己比较，摆正心态，今天的自己比昨天的自己更努力、更优秀，有进步就够了！

其次，我们需要改变对“内卷”的看法，我们可以把自己想象成一张纸，当我们比较单薄时，外面的任何一点儿风吹草动就容易把我们“卷”起来，“卷”进旋涡；相反，当我们足够厚实，能够稳稳地，像一块砖头时，外面的风吹草动跟我们就没有关系啦。那怎样从一张纸变成一块砖头呢？这就需要我们有明确的目标和规划，并奔着这个目标不断前进、不断积累厚度，提升自己。请相信自己，你一直是最好的你！

最后，我们还可以从另一个角度积极看待“内卷”，在自己能力范围内适当地参考一下周边同学的“卷”，取长补短，向同学学习，在自己学习松懈、倦怠的时候，这能让自己警惕起来，继续学习。这何尝不是“卷”的好处呢？

——华南师范大学　陈凯晖

师长说

“内卷”这个词是近期比较热门的词语，描述了一种极端的现象，虽然大家都觉得不合理，却是大家不得不面对的现实，因为：

首先，“内卷”存在的根本原因，是因为有竞争。大家都知道，中国是人口大国，人均的资源如升学、工作机会等毕竟是有限的，竞争存在于社会的各个方面。不仅在中国，国外也是一样。因此，要学会在竞争的环境下成长和发展。

其次，快速发展的互联网和通讯互联，加大了这种竞争的广度和激烈程度。因为互联网和各类 App，使得传统的局限在一个区域的竞争变为每个人都得面对全部人的竞争。这个社会普遍存在“赢者通吃”的局面，从互联网的例子就能看到，只有做到行业数一数二才行，市场排名第三、第四、第五的企业都没有什么生存空间。这是残酷的现实，也是这个时代的特征，我们不要去回避，而要正视它。

回到我们这个问题本身，只有正视它，不回避它，才能开始寻找问题的解决办法。我对你的建议有三点：

第一，高中阶段对你是很重要的，是你能否打开人生发展新阶段的重要基础。作为一个高一的学生，你需要理解，在人生的这个重要阶段，需要和其他人竞争，并且努力提升自己，努力学好知识，努力考取一个比较中意的大学。人的一生，紧要的阶段不多，高中 3 年就是个紧要阶段，只有爬上去了，新的空间才会打开。

第二，要持续稳定的努力，保持持续的好状态很重要。可能部分同学干过农活，那么就知道不是上来就持续使劲用全力地干活，而要平均地使用力量，干一会儿就休息一下。学习也是这样，你需要根据自己的情况，每天花多少时间，到几点就休息。持续几天如果比较累了，可以自己放松休息一下，有自己的节奏，才能保证自己始终处于最佳的状态。这个节奏要自己去把握，不要被宿舍的其他人带乱了节奏，他们到凌晨一两点不代表你也要到凌晨一两点。根据你自己的节奏，调节好自己，始终让自己处于比较好的状态和在最佳效率下学习和努力，保持这个持续性是非常重要的，别去管别人怎么做。

第三，要保持良好的心态，注意调节和宣泄。其实，你问了这个问题，说明你是有些紧张和焦虑，但是，你的同学们其实也是紧张、焦虑和迷茫的，只是每个人的处理和调节能力不同而已。不要和别的同学去比，自己有自己的节奏。要充分了解自己，知道怎么调节自己的紧张情绪，比如有人和家人朋友聊天，有人去操场跑两圈，有人打半小时球，就能放松自己、降低紧张情绪，你要掌握自己的方法。

最后还有一条，尽自己的努力，在高中的这个过程努力过，争取过了，不要过分注重结果。根据自己的发展能力，制订一个和能力相适应或稍微高一些的目标，持续地努力。你的不断努力一定会不断为自己增强信心、增强能力。努力过就行，别过分关注结果（因为你只有全神贯注在过程中持续不断的努力，心中有一个目标的时候，你就能不断接近那个目标，甚至不知不觉地超越它）。

总结一下，就是正视这种正常竞争的环境，理解在你人生的重要阶段需要去拼搏和努力，想清楚这个阶段对你的意义和目标，心无旁骛的持续的努力和学习，不要在乎别人的想法，行为和习惯按照自己的节奏走，了解自己、善待自己、调节好自己，使自己一直处于一个比较好的状态。去度过这个人生重要的阶段吧，为自己人生的新发展而努力。

——中兴通讯　柯文

专家说

“内卷”这个词可能是近年来大家提得最多的，而且这个词有一定的被滥用的嫌疑，就是不管啥事，只要你觉得大家开始有点竞争关系了，有点压力了，就说“卷”得很厉害。其实在大部分人使用“内卷”这个词的时候，说的都是竞争。竞争是自古以来一直都有的，在学生时代、职场时代，竞争无处不在。所以，我理解这个问题，它更多的是在讨论我们如何面对这种竞争和同辈的压力。

对于这个问题，我的观点可能比较朴素。一方面，我个人的很多成长和蜕变其实都来自竞争，以前年纪小的时候自己的认知有限，当然也不知道当下的努力能对自己的未来有什么帮助，加上自己也有很大的惰性，也做不到“死磕”自己，但是往往就不甘人后，会希望自己不要比别人差，会希望自己下次成绩要比别人好，等等。所以我就努力，也逐渐发现当我努力，最后不管我有没有超过别人，其实我自己已经不在乎那个结果了，或者觉得结果也没那么最重要了。那最重要的是什么呢？是为了获得竞争的结果去进行努力的过程。而在努力的过程中我自己变得更自律了，更能够进入一种心流的状态，更能够把平时看似枯燥的东西学到深处，感知到那些东西是有意思和有意义的，这是我觉得最珍贵的。但如果没有竞争，没有这种彼此之间的较劲儿，我可能就会犯懒，就不去做了。所以我个人是非常感谢竞争，而且我自己也觉得竞争是一个特别好的激发我们动力的来源。这一点，我在学生时代、创业时代都感受得比较强烈。

另一方面，竞争所带来的这种同辈压力或者叫朋辈压力，它要保持在一定的程度，有些人是“过了”的，什么叫“过了”呢？比如他看到两个人在窃窃私语，就会觉得是不是他们在说一些自己不知道的东西（例如他们知道下周的考卷内容等），然后如果自己知道了也可能受益，就变得有点魔怔一样的心态，那就“过了”。还有，就是把自己的价值完全寄托在跟别人竞争和赢得别人这个事情上，那就“走偏了”。朴素一点说，我们每一个人都应该找到属于自己的价值源头，就是你觉得什么东西对你而言是有意义的，而不是单一的只是为了赢得竞争。很多人出于“我要比别人更强”“我要赢得竞争”的想法去行动，到后面他会发现，其实这样的行动获得的意义感是很虚无的，也就是说他可能会在赢得一些竞争或者付出很多努力之后，突然问自己这有什么意义？我拿到竞争排名第一又怎样？我为了虚荣心吗？别人会很在意我吗？其实这个时候他会进入一个很重要的阶段，就是他需要去建立对于自己而言更加具有意义和更加能驱动自己底层动力的那个东西。那个东西往往不是竞争，往往不是做得比别人更好，而是那些真正打动你的，不管这个世界怎么变化，不管你身边是什么样的人都能驱动你的东西。一个十几二十多岁的人找到这个东西其实不容易，但是人在自己的一生中其实很需要找到这个东西。一旦找到这个东西，你的驱动机制就不同了，也就是说你已经进入自我驱动的状态了。比如说有的人很希望通过自己的努力打造出一个用户体验特别好、为用户解决问题的 App，而这个事情是出于他自己的热爱想做的，而不是为了晋升或奖金才去做的。你看，这个就是他自己超越于竞争关系的价值驱动的驱动机制。如果我们能够不断积累人生经历、体验，认识更多的人，找到这个驱动自己的东西，那你的人生会变得更加笃定，更加纯粹，也更加安宁。你会走出这种单纯的跟别人竞争、较劲、“内卷”的状态。

但是，我说的这两点并不矛盾，我觉得在十几二十岁进入竞争关系中，只要你的心态是健康的，你真的是想不要落后于别人，真的是想给自己一些动力，那还是挺好的。你不必着急，我怎么就没有找到人生驱动的价值和意义呢？你肯定没那么快找到，因为十几二十岁，我们经历的东西还是太少了，期待你能够在有更多的经历后，在未来的人生中找到自驱的价值和意义。

——北辰青年　宋超

困惑 34

我觉得自己长得不好看，也交不到朋友

您好，我是一名高二学生，我是一个很“宅”的人。因为原生家庭有缺陷，我会有自卑、敏感等问题，在人多的地方害怕别人的目光，走在街上会感到别扭，会一直低头看手机。有时候会害怕孤独，有时候喜欢孤独，想摆脱原生家庭造成的束缚，不想成为自己讨厌的人，可好像无形中又已经成了那种人。

交不到很好的朋友，每一段友谊都以失败告终，主要还是我性格问题导致的吧。去年十一月底结束了一段我认为较为重要的友谊，我们吵吵闹闹好几次，最终选择了成为陌生人。她是个很有趣的人，我们有很多相像之处。但她是个慢热的人，有话从来不明说，挽留的话也不会说，给人的感觉就是对这段友情无所谓。那段时间我总觉得很难过，很惋惜，想着她为什么就不能主动一次呢？之前闹矛盾大多是我主动找她和好。这是我第一次为朋友把自己弄得很情绪化，晚上失眠，眼泪动不动就流下来。我很珍惜这份友谊，然而也是我毁了这份友谊。最终我也度过了那段难熬的时间，自己走出来了。我们之间有很多美好的回忆，有时候想起来依然会觉得遗憾，可是也只能这样，也许这样对我们都是最好的选择。我想可能我就不是一个适合交朋友的人，现在交朋友也就是浅交，因为那样的感觉我不想再经历第二次了。

我耳根特别软，有时候别人要求我帮她做本该她做的事，我不好意思拒绝，只能硬着头皮答应。我不会拒绝别人，偶尔拒绝别人，别人会觉得我小气，但好像不拒绝别人，别人就会多次来找我，但别人从来不会感谢我，甚至觉得是理所当然的。

我不向往爱情，对婚姻恐惧，害怕得不到自己想要的结果，害怕重蹈家庭覆辙，家庭对一个人的影响真的太大了。我妈妈比较封建，我一直认为我妈妈有点重男轻女，她会认为她的观点永远是对的。我妈妈特别在意成绩，不管每次考试考成什么样，她都会批评我，不会鼓励我。她不让我以后选自己喜欢的志愿，她想让我报教师专业，但我想报出版专业，想自己写小说或者想开一家书店。

我不爱和家里人说话，不敢大声说话，不敢当着很多人的面说话……我想改变，但迈不出那一步。我想快点长大，想过自己的生活，想学自己想学的，想做一个自由的无束缚的人，可是好难啊。

我有容貌焦虑，长得不好看，笑起来也不好看，偏偏还是个爱笑的人。我总会羡慕别人，泪点特低，有时候明明不想哭的，可是这眼泪会不受控制掉下来，会让人觉得矫情，有时候我自己都讨厌自己。我是个缺点挺多的人，自己对自己都不满意，经常会想未来生活会不会比现在还困难。

目前高二了，我思维能力差，历史选择题错误率高，地理大题有时候无从下笔，数学也是。有时候静不下心了，即使在写题，脑子也会忍不住想别的事，成绩也总提不上去，现在感觉有点小累了，感觉努力得不到回报，压力也挺大的。

说得有点多了，希望您不觉得烦。

——平坝第一高级中学　鱼鱼

学长学姐说

鱼鱼：

你好呀。很高兴你愿意把自己的烦恼告诉我。因为你的问题比较分散我们就一个一个讨论吧。

第一个问题，我们先讨论一下友情。

从你的文字可以得知，你真的非常珍视这段友情。确实，能够遇到一个很有趣很相像的人并和她成为朋友是一件很棒的事情，但是鱼鱼呀，我想跟你分享一下我的经历。其实在读初高中的时候，我也是一个非常在意朋友的感受，在矛盾当中总是主动和好的人，我会因为和好朋友闹矛盾而委屈落泪。所以鱼鱼你发现了吗，你遇到的这个问题其实是我们大家都会遇到，所以“失败的友谊”（为何打引号我后面再说哦）并不是因为你自己有什么问题，而是不管多少岁，不管什么样的人都会不断遇到的一个问题，千万不要因此而责怪自己。

为什么我会打引号呢？是因为在我看来，友谊并没有失败这一说。其实友谊并不像爱情，是一对一的，我们只能有一个爱人，却可以有很多的朋友，也许好朋友不会有那么多，但在我们漫长的一生中，我们会遇到很多的朋友，对我们来说也是非常重要的。其实，我们往往只有在高中的时候会有这种关系极为密切的同学，因为高中的生活是固定不变的，我们和朋友的生活轨迹是完全重叠的，每天一起上课，一起下课休息，一起吃饭，一起去做课间操，自然而然就会有很多很多相处的机会，会天天黏在一起。因此，我们在关系密切的同时也会遇到非常多的摩擦和矛盾，因为世界上没有完全相像的两个人，人的差异就注定我们和朋友在相处的时候有一些摩擦和矛盾，所以鱼鱼不要把朋友闹矛盾看成一个特别大的问题哦，这是个很自然的现象。等到鱼鱼读大学了，你就会发现，我们的生活是丰富多彩的，每一个人的日常都不一样，所以真的很难会遇到一个每天黏在一起的朋友，自然而然的，和朋友产生矛盾的机会就减少啦！

不过鱼鱼，你有没有发现，我说的是“很难遇到每天都在一起的朋友”

而不是“很好的朋友”？因为我认为，很好的朋友并不是每天都会待在一起的。很好的朋友是什么呢，我想，也许是有共同话题，在一起聊天很开心；也许是在一起相处很自在有共同的爱好；也许是在有麻烦的时候会挺身而出互相帮助。而我上述的那些朋友，并不一定是只有一个人，事实上，我们也很难找到这样一个人。所以与其只有一个能做到上述所有的好朋友，我们为什么不去试一试找到许多的好朋友，和不同的好朋友做不同的有意思的事情，和不同的朋友互相帮助。

其实鱼鱼，我刚刚说到，我们会有很多很多的朋友，而这些朋友，也不能陪我们走完漫长的一生。因为在读高中的时候，我们和现在的朋友的生活是相似的，我们会有说不完的话题和许多的相处时间，可鱼鱼你有没有想过呀，我们不一定会和朋友在一个地方上大学呀，我们会学不同的专业，有不同的经历，会交到很多不同的朋友。当我们的生活不再有交集点的时候，慢慢地就不会有那么多的话题了，这也是为什么总说“天下无不散的筵席”。也许我们以前的筵席会散去，但我们一直会不断地有更丰富的生活。鱼鱼你也说，你们有美好的回忆，而这些回忆是永远不会散去的。

我们再来聊聊第二个问题：关于拒绝别人。

鱼鱼，从你的文字中，我似乎感觉你难以拒绝别人，很重要的一个原因是你觉得“别人会觉得我小气”，但是，如果我们礼貌地拒绝了别人，别人真的会觉得我们是一个小气的人吗？有时候我们常常有一种“别人觉得我 ×××”的错觉，鱼鱼你也可以现在回忆一下，你能不能想起一个人，他曾经礼貌地拒绝了你的请求，你又会不会因此认为他是一个小气的人呢？我想不会吧。另外，“别人觉得我是一个小气的人”这件事情，对我们来说真的有那么重要吗？鱼鱼你也说，这样的人会多次找你帮忙，却觉得理所当然从来不道谢，偶尔拒绝一次，还会觉得你小气。这样的人，我们真的有必要花时间和精力在他们身上吗？他们对我们的看法对我们来说真的有那么重要吗？我觉得鱼鱼应该是个很可爱善良的人，会关心在意别人的想法，但也许我们更多地把关注点放在自己身上，跟着自己的心走，喜欢的人就接触，相处起来不自在的人我们就避而远之，会不会过得更开心呢。

第三个问题是关于对婚姻和爱情的恐惧。

其实我对这个问题也不是很有发言权。我们对婚姻和爱情都没有切身的体会，即使我们现在对它有着一些恐惧，相信也并不会影响我们的日常生活。其实我跟你一样，也会常常思虑一些我现在不需要急着解决也解决不了的问题，但因为自己的能力或阅历不够，总是把自己搞得很焦虑很难过。其实，每个人生阶段都有眼前的主要矛盾需要解决，虽然我不是说就完全不在意爱情这个话题（也许我们可以称之为次要矛盾），但是我们可以慢慢地，不需要那么着急解决掉生活中的所有问题（事实上我们也很难解决掉生活中的所有问题）。咱们先集中力量解决主要矛盾，当我们发现我们又开始思虑这个问题时，也许我们可以试着告诉自己：不急不急，先不用思考这个问题。

第四个问题，让我们来聊聊“容貌焦虑”。

说实话，绝大多数人，尤其是年轻的女孩子，都会有或多或少的容貌焦虑的。很多人会说，容貌不那么重要，不要在意别人的观点云云，其实我也知道，说起来容易，做起来难。那我就来给鱼鱼提供一些特别的思路吧。

我先不和你讨论你的“我长得不好看”这个观点是否正确（事实上女孩子都是美的，特别是爱笑的女生，比起每天耷拉着脸没精打采的人，相信你也会觉得每天都爱笑、活力满满、背挺得直直的人更美吧），我客观地跟你分享一下“如何变漂亮”。其实鱼鱼你看到的所谓的好看的人，也会焦虑自己的容貌，会花很多的时间研究如何让自己变好看，甚至她们以前也不是这么好看的。现在我们上高二，条件有限，无法花时间精力在变美这件事上，但等到毕业后，我们就有了更多的时间，完全可以研究化妆和穿搭，自然而然的，我们就会变得越来越美啦！另外，你说的不敢照相的问题，其实有没有可能是照相的人照相技术不好呢？我们都知道，相机里的我们常常是失真的，拍照需要角度，我们不可以因为几张照片没有展现我们的美丽就否认自己的美丽呀。还有，鱼鱼你有没有发现一个现象，就是我们常常欣赏和自己风格不一样的相貌。比如瓜子脸的女生会觉得圆脸好看，眼睛特别大的女生会觉得五官比例协调的长相好看，淡颜系女生会觉得浓颜系女生好看，等等。我们每个人生来就拥有与别人大不相同的容貌，自然，我们的审美偏好也就不同，所以有时候我们认为自己不好看，其实并不是我们自己不好看，而是我们自己没有长在自己的审美点上。我们不妨试着告诉自己，其实我很美，我有自己的特色，有我自己的优点，我相信每个人都有自己的闪光点，如果鱼鱼觉得不够自信，不妨试着再放平心态找一找自己的优点，问一问身边的朋友、老师，然后放大自己的闪光点。没有人是完美的，也没有人能占尽所有的优点，所以我们要扬长避短。

希望以上的回答可以为你提供一些帮助，加油呀！

——北京大学　落粒

师长说

不知道你看今年的冬残奥会没有？我太喜欢这届冬残奥会的开闭幕式了，美好干净，灵动纯洁，尤其是主题曲，在开闭幕式上有两段类似的合唱，他们都是在极其困难的条件下练习唱歌，练习笑着对全世界的观众展示，世上没有两片相同的雪花，每一个孩子都有独到的可爱。

或许你养过小猫小狗？不是每只小猫小狗都有着纯正血统，但是每只小猫小狗都能找到爱他的主人。在B站、在抖音，你可以看到无数萌宠视频里大家都会对丑萌丑萌的毛孩子们嗷嗷叫：“啊它笑了！”没有人笑起来不好看，笑是最浪漫的语言，是最阳光的情感，不要为自己的笑抱歉。不过我小时候也有这样的担心，因为那时面部有几块肌肉力量薄弱，总觉得自己笑起来不对称、不优雅。

解决的方法：

一是照镜子，接受自己的面貌，世界上只会有1%的人是颜值明星，其他人都是平凡的普通人，甚至99%的演员的颜值都不是100分。每个人都是独特的，因为是独一份无可替代，因而被这个世界需要。

二是练习笑。提起笑肌，放松上唇和人中，感受面部苹果肌下方肌肉的力量，增强对面部肌肉的控制。大多数人的笑都不完美，但只要传递出积极的能量就是漂亮的笑容。你所见到的网络影视杂志中明星的笑容，都是经过严格指导和训练的，他们吃的就是这碗饭，因而嬉笑怒骂、衣食住行、坐卧行止、一颦一笑都是包装训练所得。多数普通人比他们更有智识，从事体力或脑力的工作，追求更高的精神回报和价值创造，因此不必因为网络和经纪公司包装出的美好而焦虑。

另外，交朋友和长相并没有直接逻辑关系，品行端正，善良大方，有积极阳光的心态和广泛的兴趣爱好，这就是我对朋友的全部要求，其实这世界上有很多人连这些都做不到，你若是能做到，你已经是一个交朋友很有优势的人啦。至于极少数看脸交朋友的人，你更不必在意他们，因为这是很愚蠢的交友准则，他们会因此错失很多美好的友情，也会因看脸识人不清而付出代价。

最后，平和自己的心态，这个阶段的你有享受家庭温暖、朋友团聚、游戏娱乐、运动健身的自由，也应承担起好好学习为自己的人生负责的重任，想拥有很酷的朋友，想见到更厉害的人，想掌握自己的人生，你就必须沉下心来学习。万事开头难，逼自己开一个好头，养成良好的学习习惯，我愿你越来越顺，愿你未来都是坦途。

——中兴通讯　张艾玥

不可否认，原生家庭、先天条件（比如长相）的不利影响会长期伴随一个人的成长。似乎那些家境优渥、长相美好的人发展要相对顺利一些。但是，我们无法选择自己的出生和长相，就要学会接纳自我，认清自我，逐步摆脱原生家庭的束缚和影响，追求自己的幸福人生。

其实不自信是可以改变的。从不自信到自信，你需要逐步建立自己的特长和软实力，比如你的学习很好、你情商很高很会办事或者你擅长唱歌、体育、画画，等等。对于长相的问题，千万不要太过于纠结，如果上天没有给你美丽的面孔，一定在其他地方给你过人的天赋，只是需要你发掘和探索，只要你努力，你的才华会为人所知，为人尊重。

在你们青少年时期，和同学、家长有矛盾是正常的，因为你们处于价值观快速变化的时期，甚至你当前的看法，和你自己两年前的看法也是不太一样的。要学会换位思考，家长说的话、做的事，是从什么角度出发的？如果你是他，你会怎么想怎么做？要争取多沟通，多说出你自己的真实想法，刚开始会比较难，但是你沟通得多了就能体会到沟通的好处。

不要给自己贴标签：长得不好、思维能力差、自卑，你就是你，你是世界上独一无二的，不需要和别人完全一样，你可以有自己的个性、有自己的精彩人生，你可以大胆表达自己的想法，你可以努力然后自信。

世界非常广阔，你现在接触的只是很小的一个角落，不要自我设限，你需要的是集中精力努力学习，不要为了其他事情（比如同学关系、家庭矛盾）过多分心，那些都是暂时的，通过高考你可以走出去，去追寻自己的美好前程。

——来自贵州的学长　国光跃

专家说

鱼鱼：

你好。

你的来信叙述事情既清晰又有条理，看得出你有驾驭文字的功底，作文可以写得很好。

你说原生家庭有缺陷，所以会自卑、敏感。我不知道是什么样的缺陷，但我想知道你是如何定义“缺陷”的。北京冬奥会上18岁的谷爱凌拿了两金一银，考上了斯坦福大学，成为一颗耀眼的新星。众所周知，她的爸爸妈妈离婚了，这是一种“缺陷”吗？其实，重要的不是我们经历了什么，而是我们如何看待我们所经历的。比如离婚是一个中性事件，有人离婚了，认为自己没有遇到合适的人，选择分开是为了选择更好的生活，是对每一个人负责任的选择。而有人离婚了，会认为自己是一个失败者。所以，离婚这件事本身不是最重要的，重要的是我们赋予这件事情什么意义。

敏感是一种天生特质，有这个特质的人通常都有着很强的洞察力。而洞察力是帮助我们走向成功的重要因素。你看，这是老天给你的礼物呢。

“交不到很好的朋友，每段友谊都以失败而告终”，关于这件事我要好好地抱抱你，作为一个过来人，我深知这件事对你是一个沉重的打击，一定很不好受吧。而且我相信这件事对你的“前朋友”也是一个沉重的打击，她大概率也不好受，不一定会像她表现出来的那样“无所谓”。

友谊的合合分分，大概就是我们成长的一部分，这些事带来的各种愉快和烦恼，也是成长的一部分。你一定会再次交到好朋友的，因为你又善良又细腻，你值得被好好珍惜。

“耳根子软，不会拒绝别人”，这是因为你的心里住着一个害怕被拒绝、被抛弃的小女孩。你有多么害怕被别人拒绝，你就会多么害怕拒绝别人，我们对人和对己都是一样的。实际上，所有的人向你提出请求时，都已经做好了被拒绝的准备。你拒绝别人，是不会伤害到别人的。被你拒绝的人，最多得到一个伤心，但是不会得到一个伤害。

拒绝别人是一种可以习得的能力，你只是暂时还没有学会而已。可以从一些无关紧要的小事开始练习，试试看，当你勇敢地说出来自己的真实想法，想说 yes 就说 yes，想说 no 就说 no，然后会发生什么？

一旦你能够做到了，你会发现自己多了很多选择的自由。而这时的你，会更有人格魅力，更有吸引人的光芒。那时，大概你也不会再有容貌焦虑了，爱笑的女孩子无论多么相貌平平，运气都不会差。

一开始学习拒绝是很不容易的，如果暂时做不到，也是正常的。步子可以再小一点、再慢一点，来日方长。

“会让人觉得矫情，有时候我自己都讨厌我自己。我是个缺点挺多的人，自己对自己都不满意，经常会想未来生活会不会比现在还困难。”我一点儿也不觉得你矫情，我只觉得你敏锐细腻。而且，我要告诉你一个秘密：每一个人都浑身是毛病，是的，每一个人都是，因为这个世界上根本不存在完美的人。而且，有太多的人因为不知道别人同样浑身是毛病，而误以为只有自己“不够好”。

我们经常会说起“好心情”和“坏心情”，这会让人感到迷惑，似乎有了坏心情是一种错误。实际上情绪没有对错之分，只有存在与否。流泪了，那就是情绪的自然流动，是好事。下次想哭的时候试试尽情地哭一场。《游戏力》的作者科恩博士说，我们悲伤的真正原因，是我们总是在和眼泪对抗。

至于学习成绩，我强烈推荐你读一本书：《学习的逻辑》，这本书是讲学习策略的，用符合脑科学的方法来学习，会助你事半功倍。

加油！我很看好你。

——正面管教导师　杨健

困惑 35

独行很快乐，也很不快乐

我是独行侠，我身边没有一个知心的朋友，都只是同学，我很希望有一个稳定的朋友，可以分享生活的点滴，一起进步。自从上了高中，我没有对一个同学说过自己的知心话，我有点封闭自己，常常莫名其妙的就情绪低落。我曾尝试去和同学交流，但都不了了之。

我想知道，是不是真的有一种人，天生就是孤独的。有人告诉我,总会遇到与自己合拍的人,但我现在已经对这个说法有消极想法了。我会有各种各样的消极瞬间，常常会被别人说是在甩脸色。

我习惯了自己消化不好的情绪，但还是很想要一个合拍的人。是不是我太贪心了呢?

独行很快乐，也很不快乐，我觉得这些烦恼对我产生了很大的影响。

——古浪一中　彭同学

学长学姐说

你好，从你的自述中可以看出来，你已经接受了自己的这种特质，甚至带点“骄傲”地自称为“独行侠”。我猜你也像我在初中和高中前期那样，自己解决生活中的各种问题，自己消化各种好的或是坏的情绪。那段时间，我也找不到知心朋友，也见过其他很多的人总是自己独处，不怎么和他人交往。所以，孤独的人不只是你一个。

朋友固然很重要，可以和他分享生活点滴，共同面对困难。但是当我回顾走过的路，我发现真正使我长大、心理变得更成熟更强大的，反而是那些独行岁月中独自面对的挑战和挫折。我经历过竞赛，经历过高考，直到进入大学，我认为成长不是一个渐变的过程，而是在经历某些事的锤炼后，你会发现自己突然“长大”了。独自处理生活的烂摊子能增强人的能力，缺少帮助可使人自力更生学习更多技能，独自消化不良情绪能更好地反思自己、认识自己……如果你已经习惯了甚至乐于独自把握生活的航船，相信你已经开始了这些过程。

然而，有些时候还是会遇到一些自己憋着挺难受的消极情绪。我觉得这时，父母和老师都愿意成为你倾诉的对象。如果同学们不能理解你，那你可以试着和父母及懂你的老师交流。我很庆幸我的父母总是和我站在一起，能够倾听我的想法，这么看来其实我在面对大事的时候从来都不是独行。其实，每个人能有一两个可以分享一切的知心朋友就不错了，那为什么不能是父母呢？毕竟，他们是永远爱你的人。

关于找朋友的问题，我觉得所有人都是“功利”的。我觉得他是我的朋友，因为他可以给我带来快乐或者可以提供给我资源等。你可以想一想你可以给别人带来什么，或许先想想如何改变别人对你的印象。可以装作无意地跟别人分享一下你的简单解题方法，可以把自己从不管是哪搜集到的有用资源丢在群里，或者最简单的，大家笑的时候一起笑，大家骂的时候一起骂。找朋友是一个不断磨合的过程，需要一定时间的相处，不要着急，不要在心里就把自己和别人隔开。相信你会找到适合自己的朋友。

——北京大学　学长学姐

师长说

独行侠你好呀，很开心可以在这里跟你说下我的心里话。自我介绍下，我也是一个独行侠，是不是有点惊讶，大人也是有独行侠的存在哟，你并不是一个人。

人生来就是不同的，每一个人都是独一无二的，没有高低之分。性格是天生的，也没有什么对错，当然也会受到后天环境的影响，但是我可以肯定地告诉你有些人就是喜欢一个人相处，相比与众人热闹，更喜欢独处的安静与平和。这只是性格的不同，要学会接受自己的不同，人的成长就是不停地吸收接纳，吸收可以成长的养料，接纳人世间的不同，更重要的是接纳自己的情绪。

在产生消极情绪的时候，其实我们是知道这个情绪是因为什么而产生的，比如可能是看到有人跟好朋友说话，你却没有人可以分享；也有可能是自己的成绩不好，感觉自己有些笨，考得太差了。在消极情绪产生的时候感性思维是会抢先占据大脑，理性思维会传导得慢一些，我们就会被消极情绪缠绕。这个时候先控制情绪，什么事情都不想，放空几十秒甚至是几分钟，相信我，当你什么都不想放空思绪后，再去想事情，你会更加理性的，消极情绪就会慢一些地缠绕自己，这个时候就可以理性地思考，进而处理好自己的情绪与事情。

平时工作的时候，我会与同事合作，但是私下的时候，我更喜欢一个人。有时候也会感觉到孤独无聊，遇到想要吐槽的时候可能没有人可以述说，但是大人的世界可能会更加私密一些，除了工作外，大家也许会关心下你的生活，但是如果看到你喜欢一个人也不会多说什么。

那么我是怎么排解自己内心的孤独的呢？第一种方式，当然是家人了，我平时在家里会跟父母弟弟吐槽，我有晚上出去跟家人散步的习惯，那个时候我就会吐槽很多事情。第二种方式，就是自己写日记。这个日记不必每天都写，就是想吐槽又没有人分享的时候可以写，或者当有纪念性的事情发生的时候才写。第三种方式，维持跟现有的朋友的沟通分享，比如邻居、同学，有时候还是会跟他们去分享的，同龄的朋友也会更加理解自己。

除此之外，就是坚持自己喜欢的东西。有一个能够长久坚持下来的兴趣，也能让你不那么孤独，同样的爱好也是发展朋友的好契机。当然，也有可能，别人不会跟你成为好朋友，或者没有成功的搭上话，但是不要放弃哦，中国有 14 多亿人，世界有 60 多亿人，这么多人，这么多选择，放弃一个，也才 14 多亿分之一而已。朋友是讲究缘分、讲究眼缘的，现在这个人没有成为朋友，说不定下一个转角就会遇到新的朋友，我们要充满期待去遇见新的一天。

——中兴通讯　肖园园

我很喜欢你的文字，谁说你没有朋友，小树洞就是你可以倾诉的朋友。小彭同学，你自认为是独行侠，其实你不是，真正的独行侠内心也是独行的，我认为你仅仅是没有要好的现实朋友，而用独行来伪装自己。一个人的一生会遇到形形色色的人，朋友是生活的调味剂，关系的远近就像调味剂有浓有淡而已。在不同的年龄段我们对朋友的要求不同，我认为你比较成熟，已经在渴望朋友间心灵相通，当在现实中找不到这样一个人的时候，你可以向小树洞说。我想和你说，朋友不一定是活生生的人，也可以是文字或器物。不要因人而困，你的内心很丰富，你并不独行。

——中兴通讯　宋侠

专家说

孩子，在这里看到了你在社交方面的苦恼，就是在独处以及希望能够有新朋友之间的矛盾。其实从性格上来说，有些人会更喜欢很多人一起的活动，有些人就喜欢清静。在你的描述中，看到你会感觉到不舒服，你渴望朋友，说明你其实是有交友需求的。如果说在你的这个年龄，有知心的朋友，有稳定的朋友，对你的心情和学习活动都会有正面的影响。

所以，老师在这里给你的建议是，你可以尝试着去交朋友，当然交朋友的前提一定是真诚和尊重，那么在真诚里边一定就包含着真实。当我们要去交好朋友的时候，当我们彼此之间信任的时候，一定是能够把自己的心里话讲给别人听的。当你能够把心里话讲给别人听的时候，别人也能够感觉到你的信任，感觉到你的真诚，从而也会和你交心。在这里老师也给你几个关于和同学之间更好相处的方式和方法：

一、学会包容与理解

同学之间能否友好相处，在很大程度上取决于相容程度。当同学之间出现矛盾时，虽然矛盾的双方都有责任，但要相信对方很少是出于恶意的攻击。所以，要能理解、容忍对方的一时之举。“将军额头跑得马，宰相肚里能撑船”“退一步海阔天空”等都是这个道理。例如，对同学偶尔的评头论足，不要过分在意，耿耿于怀。因为这可能只是他一时失口，并无恶意，也不想与你结怨。所以，如果你能以一种高姿态去看待，矛盾就容易化解。

二、学会相互尊重

每位同学的性格不可能完全相同。例如，有人喜早起，有人爱晚睡；有人喜安静，有人爱喧闹。在这种情况下，一方面要严格要求自己，事事注意，处处克制，尽量不要影响别人；另一方面，要关心别人，谅解别人，给人以方便，不强求别人与自己的生活方式一致，倘能如此，就可以减少许多不必要的纠纷。

三、学会真心相待

在与同学的交往中要以诚相待。在平时的学习、活动、休闲中，与同学们多谈谈心里话，多交流、多了解、多帮助一下别人，让大家在一点一滴中体会到你的真诚。久而久之，同学们就会乐意把悄悄话都说给你听，成为你的知心朋友。

——潘新凌中小学生心理健康研究室

困惑 36

我的好朋友有了新朋友，我该怎么办

我是一名高一学生，我和我的同桌是很好的朋友。最近新高考改革选科，我感兴趣的科目组合因为学校资源有限并不打算开班，所以我和同桌选了同样的组合。我不想再花时间去经营新的人际关系，去认识陌生人，只想待在已知的社交圈子里。可我的同桌好像并不这么想，她和我一样是个很开朗、外向的人，她喜欢社交，交了很多新的朋友。我害怕她在有了其他朋友以后和我的关系慢慢变淡，变得陌生。我不知道怎么说服自己去接受她的外向以及有新的朋友，我很怕失去这个三观、爱好、习惯都和我相似的朋友，我该怎么做呢?

——古浪三中　郭同学

学长学姐说

同学：

你好。你担心同桌有了新的朋友，就会和你关系慢慢变淡，最终你可能会失去这个好朋友。姐姐高中分班时也有这样的担心，担心过去很好的朋友会形同陌路，事实上，我们虽然交流少了，但是我们依旧能体会对方的感受，依旧能在任何时候就任何话题聊起来，而且，我们也都有了新的朋友。

你的好朋友交了其他新朋友，并不意味着她就会冷落你，就会和你关系变淡，更何况你们还在同一个教室上课，还是同桌，感情随着时间的增加也会慢慢变得更深厚。人在不同阶段都会认识不同的人，也会有不同的朋友、同学，你的同桌如此，你也是，这是无法阻止也没有必要拒绝的事情；不想踏出已知的圈子没有什么不好，但这并不意味着我们就要完全封闭自己，也不意味着我们就此不交朋友了，因为你总会认识不同的人，和他们有所交集，保持一个开放的心态，他们或许想成为你的朋友呢？或许你的好朋友会介绍新的朋友给你认识，也许，这位新朋友也想和你认识，也和你有相似的三观、爱好、习惯呢？

你们之间既是好朋友，也是一个独立的个体，她可以选择社交交友，你也可以就保持仨俩知己，这样才是一个理想的朋友关系。或许你也可以开玩笑地问她：你不会交了好朋友就不要我了吧？若真的不开心，你也可以尝试拿张纸，把你认为同桌的好朋友们都写进去，跟同桌说：她们都是你的好朋友，我担心你有新的好朋友之后和我的关系就变淡了（这是姐姐一个朋友的做法。非常有用哦）。不用太担心，敞开心扉，说开问题，多沟通，相信你和好友的感情不仅不会变淡，反而会更加坚固！

——华南师范大学　王晓咏　路柯明　李幸凤

师长说

我以一个年已不惑的长辈身份跟你讨论一下这件事，人的一生会遇到很多很多的人，只要我们曾经遇到过、一起快乐过，这就够了，为什么这么说，人这一辈子会经历很多事，每个人的人生都会不同，大家有缘在这个阶段相遇相知，成为好朋友，这是两个人修来的福分。

但朋友是朋友，他/她不可能一辈子陪在你的身边。每个人的轨迹都是不同的曲线，有的人这一辈子都不会有交集，也有的人会陪你走过一段路。陪你走完人生绝大部分旅程的，是自己最亲的父母、以后的爱人。我从小学、初中、高中、大学、研究生甚至于工作中认识的很多人，都陆陆续续离我远去。曾经的好朋友，因为不在一个地方或不在同一个环境里，可能也会慢慢淡出了自己的日常生活，也不再有交集，有时候确实令人难过，但这就是人生，天下没有不散的筵席，抬头向前看，认真过好这一生。

只要我们曾经拥有过就可以了。真的，不要太拘泥于这一点了。保持一颗热情的心，后面会碰到很多的人，也一定会遇到很多新的朋友。

——中兴通讯　丁林

当你的好朋友有了新朋友，你感到有些失落难受，这是很正常的情绪反应，表明你很在意这个朋友，很珍惜这段友情。但你不是很喜欢她交新的朋友，觉得他们瓜分了你们的感情，导致你的朋友不能全心全意地对你一个人了！但是，你要知道友情并不是专属和唯一的，其实我建议你多融入这个小集体，而不是排斥它，因为你接纳了他们会获得更多的友情，这不是很好吗？

从你的描述中，可以看出你是一个比较内向的人，有自己认知的生活方式，并且在这样的环境里“自由自在”。但是外面的世界真的更精彩，不要只做“井底之蛙”。可以尝试从接触新的朋友开始，你会发现与不同的人有不同的话题，在跟他们交流时会让你脑洞大开，见识不一样的世界。通过你的好朋友认识新朋友绝对是一个有效的方式，因为你们的三观一致，她认识的新朋友也一定符合你的交友要求。她已经帮你筛选出适合你的朋友，接下来就要靠你自己去更多地了解不同性格、不同爱好、不同习惯的人格特色，从这些人身上汲取适合自己的能量，好好享受姐妹团给你带来的愉悦吧！

我们在高中学习期间，学校应该也会组织很多实践活动，这需要你慢慢懂得“从人到众”的重要性。你提到你认为不需要花时间去经营人际关系及认识新的朋友，我不知道其中的原因是什么？可能是由于学业紧张无暇社交，也可能是害羞不好意思认识陌生人。但我希望你能明白，人不能完全独立于社会，一个人的能力也是有限的，只有在社会交往、互动、合作中才能完成一些事情。因为每个人有自己突出的能力，当大家以团队的形式完成任务后，当你的成就感有人心领神会、有人分享时，你们的友谊才会更加坚固。

总而言之，给你两个建议：第一，接受她的新朋友，并积极融入这个圈子；第二，如果兴趣不同难以融入，也可以根据自己的兴趣爱好多参加新的活动，多认识新的人，这样你就会获得新的朋友。

——中兴通讯　李鸣

专家说

孩子，看到了你的问题，其实当人在遇到自己感觉特别好的朋友的时候，很珍惜友情，希望彼此之间的友情可以维系更长的时间，也希望彼此之间可以更多地关注对方，这些想法本身都没有任何的问题。只是每个人的个性不一样，心里的想法也会不一样。比如你希望待在相同的社交圈子里，你的同桌她喜欢广交朋友。那我们就要学会，在和别人相处的时候去接受别人与自己的不同，这其实也是对别人的尊重。

朋友不是我们的私有物品，他可以和我们成为朋友，也可以和其他人成为朋友。在这种相处的关系中，既要做到有亲密度，又要保持一定的距离，这样更有助于友情往好的方向发展；反之如果因为友情，因为觉得关系特别好，给对方的空间特别小，或者时时刻刻都要跟对方在一起，或者不希望她去结交新的朋友，甚至当她结交了新的朋友，你心里会很难受，很不舒服，你会有抱怨，你会有情绪表现出来。那对方一定会感受到，也会不舒服，这些行为就会破坏你们之间的友情。

所以，老师给你的建议：

第一，要接纳她和你的不同；

第二，要尊重她其他的社交；

第三，在和她之间保持亲密的同时，也要保持一定的距离，这样更有利于你们友情的长久。

——潘新凌中小学生心理健康研究室

困惑 37

朋友的玩笑让我不开心，是我太敏感了吗

您好，我是一名高二的学生。我是一个理性但喜欢把别人玩笑话当真的人。上周也发生了这样一件事，我和我的一个好朋友在聊天，因为我马上 18 岁了，这个年纪在我们班上也算偏大了。他就开玩笑地说了一句：“你都快到坐牢的年纪了。”我当时就不高兴了，我就在想他为什么要这样开玩笑，我生气了就没理他了，于是我们就冷战了一下午。朋友说他对我很无语，我莫名其妙生气，也不说生气原因。放学回到寝室我想了想，这确实是一件鸡毛蒜皮的小事，也许这就是他的性格，他也是在非常熟悉的人面前才开这种玩笑。我是有点小敏感了。后来我和他也结束了冷战，重新和好了。虽然结局挺好的，但是过程中我的心里却不怎么好过，感觉很难受。我试着让自己不要太纠结别人的玩笑，但还是不由自主地去想一些细节。类似这样的事时常发生，怎样才能做到及时沟通，让自己的心里好受些，不那么煎熬啊？

——古浪一中　赵同学

学长学姐说

赵同学：

你在信中提道：你的朋友与你开了一个玩笑，但你不太喜欢这个玩笑并且对此有点生气，于是你与他陷入冷战，最后你们和好。你在这个过程中感觉很难受，想让自己以后再次遇到类似的事情的时候，可以有合适的方法应对。

每个人的接受能力不一样，你跟你的朋友在开玩笑这方面存在差异，他感受到了你的情绪，但不太能理解你为什么生气。解决这件事需要主动的及时的沟通，需要你清晰明了地告诉他你生气的点在哪。

你在信中提到，类似这样的事情时常发生，你感觉自己对此有点敏感。有的人性格直率，大大咧咧，有的人则敏感细致。性格没有好坏之分，各有优缺，直率或敏感都是很常见的性格特点。只是，在人际交往中，我们都需要适当把握自己的行为。直率的人需要注意自己的言行举止是否会触犯他人的底线；而敏感的人需要适当提高自己的阈值，认识到他人的行为并无意冒犯自己。当你被情绪操控，无法冷静下来与人沟通时，不妨专注于与自己对话，趁机多问自己“为什么”：为什么我会因为这个玩笑话感到生气？是哪句话或者哪个词语戳到了我的心窝？通过回答类似的问题，找到自己特别在意的、别人不小心触碰到的那个点。或与人讲清楚，或改变自己，希望你能够不再被这些玩笑话伤害。

如果你觉得不能及时宣泄心中的愤怒令你感到难受，又难以冷静下来与朋友沟通，或许你可以用一些类似的、不过分的玩笑回应对方。既悄悄地释放了内心的怒气，又巧妙而适当地回应了对方的玩笑。只是，一定要把握好开玩笑的度，注意不要有意攻击或伤害他人。

希望以上回答可以帮到你。

——华南师范大学　何婉莹

师长说

小赵同学，你好。你这个问题我也曾经历过，其实这种玩笑我们以前开的时候是这么说的“你马上就能承担刑事责任了”“以后杀人可犯法了”“你都快到坐牢的年纪了”。这些话虽然听起来可能有点怪怪的，但在畅所欲言的年纪好像也没啥特殊的地方，这个话题倒也不是不能谈笑取乐，当然确实不管什么话都不能乱说，难道老寿星生日送个表能跟人家开“快到给您送钟的日子了”这样的玩笑吗？那肯定不可以。说话应该根据场合、对象选择合适的语言，而且有很多人天生对言语就更敏感，所以注意说话的细节是很重要的，甚至可能帮助你以后在人际交往中成为更善交流的人。

但你也说面对好朋友会感到困扰，我会推荐你首先要注意尽量避免冷战（冷战太伤感情），这种玩笑话，你心里不舒服，其实可以委婉一点、用同样的笑话回他：“那就等你在里面罩着我了”“好兄弟，看来你有经验呀”诸如此类。其实很多这种让你不高兴的玩笑话，都可以这么处理。掌握语言的艺术，可以让生活少很多烦恼！

——中兴通讯　朱子羽

每一个人对待玩笑的尺度和底线确实不一样，比如我，还挺喜欢自黑的，别人不开我玩笑我自己都会开自己玩笑，这是活跃气氛和解除尴尬的一个小方法。我想，朋友不就是一个志趣相投的小伙伴吗？特别是交心的朋友，可以无话不谈，百无禁忌，所以，如果你很珍视这一份友情，你可以把你的真心话和玩笑的底线告诉他，我想他如果在意你，也会试着尊重你的想法，在与你交往的过程中，找到双方都感觉舒服的一个状态。

我也遇到过有时候自己无心或者觉得好玩的一句话，会伤害了对方的感情，触碰到了对方的底线。可能对方不会向我表露自己的真实想法，而是选择慢慢地疏远我，从始至终，我都无法理解发生了什么而导致现在的局面，连一个向其道歉的机会都没有，其实对我来说也蛮不公平的。如果对方可以开诚布公地和我说我当时的玩笑让他觉得受到伤害，那么我会正式地道歉并表示后续会注意开玩笑的尺度，那么双方也不会因这个误会而使得友谊受到影响。

不知道你是否有这种感受，在人与人交往过程中，如果双方充满了猜忌、顾虑和沉默，那是一件很累的事，如果能坦诚地抒发自己的感受，那么我相信这份感情能更简单和轻松。

你可以直接以这样一个开场：“×××，那天你说的那句话，不好意思我有点当真了，可能我对这类的话比较敏感，请原谅我的玻璃心，但是确实会让我有点伤心，也请你理解。我也会努力调整好自己的心态，锻炼一个强大的心脏，让自己不那么脆弱。”或者你要是觉得直接表达很尴尬，也可以找一些缓和气氛的话题来打破彼此之间的冷战，例如主动送给她一些小零食、水果，主动找她聊聊最近发生的新闻或者哪个娱乐明星的八卦，或者吐槽下最近的学习、生活或者班里的事，先让双方从冷战的这个状态里出来，恢复沟通交流，那么才有益于问题的解决。

对于我自己来说，我会和亲密的朋友做个约定，有任何矛盾都不能过夜，必须当天解决。有了这个共识，那么我们每次出现问题，都可以及时地去沟通解决。毕竟，冷战是很消耗双方感情的，冷战久了，只会加大解决问题的难度。

另外，你自己也可以看一些吐槽大会一类的综艺，看看他们是怎么开玩笑，通过开玩笑来展示自己，洗白自己，彰显自己。利用“黑”自己，来让自己更“白”，这也是说话的艺术，不是吗？

培养自己强大的内心和自信的性格，不因外部的评价或言论影响自己，不让外界的语言变为利刃而割伤我们自己。

所以，从对外和对内两个方面去改进自己，希望可以解决你的烦恼。

——中兴通讯　杨柳

专家说

孩子，其实在成长的过程中，我们有的时候确实会有一颗敏感的心，可能会因为别人的眼神、表情或者一句话而莫名其妙地生气。

当你觉得外界的刺激可能很容易让你感觉到不舒服的时候，反而不需要去过多地压抑它，不要让这些事情在心里发酵，发酵的过程其实就会把鸡毛蒜皮的小事儿、负面的影响放在显微镜下放大。

在这里老师想跟你说的是，当你觉得心里不舒服的时候，你可以非常平静的，不带有太大的情绪的，把心里话告诉对方，比如你提到的，“你都快到坐牢的年纪了”，你可以很真诚地跟对方说，刚才听到这句话的时候，你真的有点生气。既然是好朋友，其实大家不妨敞开一点，相信这样，你也会感觉很舒服，不会让很多的事情憋在心里边。而且，如果压抑的时间长了，可能最终真的会失去朋友。

为什么会经常纠结别人的玩笑，是因为面对别人的玩笑，更多时候你的第一反应是在往负面的方向联想，那你就一定会很生气。如果想要减少这些开玩笑带来的不舒服的情感与烦恼，可以对别人的这种话有更多正向的联想，这样能够让你感觉到快乐的一面。这样的话你就不会对那些语言，那么敏感地作出负面的反应，让自己心里边很煎熬，很不好受。

——潘新凌中小学生心理健康研究室

困惑 38

怎么和舍友相处

您好，我是一名高一的学生。由于才进入高中，目前还是不太适应高中的学习和生活。刚开学的前几周，我带着对高中生活的向往，踏上了自己的高中之旅。但现实中的高中学习生活似乎和我想的有很多不同。

最令我烦恼的是和舍友的相处。我们宿舍有 7 个人，本来刚好每人负责一天的宿舍卫生，但是总有人偷懒，导致宿舍卫生不过关，和他说了之后换来的却是白眼。并且中午午休的时候，有的同学不睡觉，叽叽喳喳影响我的睡眠，但我又不好意思和他们明说，导致有时下午上课效率不高，却无可奈何。有时晚上也有人不按时睡觉，聊天的噪音有点大，我真的不知道该如何和室友处理好关系。

上了高中之后，我感觉学业有点重，但我不会放弃。都说万事开头难，所以我一定会努力地坚持下去，迎接我的，一定是灿烂的未来！

——仓颉中学　高同学

学长学姐说

高中生活总是忙碌而充实的，进入了新的环境，认识了新的人，我们都需要时间去适应，去改变自己曾经熟悉的生活习惯和为人处事的方式。面对这些变动，我们不要感到害怕和烦恼，要在不同的环境中去慢慢摸索、慢慢调整，相信你一定能够找到舒适的状态。

第一，卫生问题，可以把卫生安排写下来，贴在宿舍的门上或者其他地方，每天完成卫生之后画正字。其实你们可以选一位室长，有什么问题可以让室长来协调，这样很多的矛盾都能更好地得到解决。

第二，午休说话的问题，可以从两个方面入手，一方面，可以买一些耳塞、眼罩，给自己营造一个比较安静舒适的环境；另一方面，可以在睡觉前跟自己的室友说一下，“我要睡觉啦，你们说话的时候小声一点哟”。其实在与人沟通时，你说话的语气非常重要，如果你讲话的态度比较柔和诚恳，我相信对方是很愿意接纳你的建议的。

第三，晚上睡觉问题，可以尝试跟同学们商定一个比较合适的熄灯时间，并且规定熄灯之后，同学们尽量不要说话，或者说话声音小一些。当然这些都需要有一个人来组织带领大家进行讨论，所以你们可以先内部投票选一个室长，来主导协调寝室的问题。

进入一个新的环境，我们都需要时间来调整适应，室友是我们朝夕相处的人，每个人都来自不同的家庭，有不同的成长经历，所以肯定会有一些摩擦和冲突，不过我相信在良好的沟通之下，室友之间互相包容，相互理解，他们也可能成为我们一生中很重要的朋友。所以，勇敢地表达自己的需求，让大家坐下来一起制订寝室守则，共同创造一个舒适的环境，在比较繁重的学业压力下，得到良好的休息，才能更好地前进。

好的开始是成功的一半，加油，迎接你的，一定是光明的未来！

——华南师范大学　徐艺宁

师长说

小高同学，你好。宿舍卫生问题，你可以竞选宿舍长，毕竟这样明面上方便管这个同学做卫生问题，如果没有效果，你可以整理一下你们宿舍近期所有卫生扣分情况，看到底有多少天、多少分是因为这个同学被扣的，私下去跟老师反应下，看看老师的反应：如果老师其实也没有那么在乎，那不如就别太在乎这个事儿了，这个事儿可能确实不用达到影响宿舍感情的程度；如果老师表示还是很看重这个事情，那不如让老师出个宿舍卫生不过关的惩罚措施，达到精准惩罚到对应负责同学的效果。

中午午休被打扰，这个问题听起来就挺讨厌的，这种问题我有三个建议，一是你去找宿舍其他被打扰到的同学联合一下，明确制止他们，有的时候不用太顾及别人的情绪，这种明显他们做得有问题的情况就更是了，老实人发脾气一般效果更好；二是不想那么刚的话，那还是找老师沟通一下吧，重点是跟老师反馈的时候不要以个人感受为重点，那样老师可能不够重视，你可以描述为近期好些同学都反馈中午午休因为个别同学说话睡不好影响下午学习，看看老师能不能管一管，管起来也很方便，课堂上严肃提醒，加一个不定期中午午休检查，大概率就搞定了；三是如果以上两种都没有什么效果，我推荐你不如买个软枕直接在班里趴着睡吧，其实习惯了还挺舒服的（但注意不要枕在胳膊上，胳膊自然下垂就不会麻），中午还能多学一会儿，午睡被打扰确确实实会影响你接下来半天的学习，当然这个得看你们学校有没有中午必须待在宿舍午休的硬性规定。

晚上睡觉还有人聊天怎么办？如果真的到11点多了还聊天，那确实有些过分了，你可以先私下找他们单独反馈一下，以情动人，如果不行，宿舍公开投票，看看大家愿不愿意接受晚上11点以后尽量不发出声音或类似条件，11点前大家爱聊聊，11点后还影响别人睡觉就很不好了，把规则摆到明面，之后谁再犯，直接大声提醒一句“现在11点多了”就好啦。

最后，祝你尽快解决掉这些生活上的不如意，更多地把精力放到学业上，尽快适应高中快速的学习节奏，加油！

——中兴通讯　朱子羽

记得大学的时候，我也有和你一样的烦恼，确实在开放的起居空间中，不自律的人通常是很难相处的，也会给周围的人带来很大的压力，例如学校的内务考核压力、生活习惯冲突的压力等。从学校的角度来说，内务考核是一种高效管理宿舍的手段，这种方式可以推动宿舍中较为自律者去完成相应的工作，但是对不自律的人是不起作用的。我记得当时我上大学第一年的时候，宿舍就有内务评分，甚至说如果三次不及格就要退宿（当然实际并不会这么处理，除非有非常严重的违规）。大一的上半年，我的宿舍卫生就非常差，有鞋子乱扔的、不叠被子的还有在宿舍内抽烟的，当时也跟室友吵过，不过后来了解这个内务评价制度之后，基本就释怀了。当然，没有宿舍考核压力之后，生活习惯冲突还是存在的，首先就是作息时间冲突，眼罩、耳塞基本是必备物件，如果不能彻底改变他人的习惯，那就只能让自己适应这种环境。而对于生活作风的冲突，可能需要大家进行沟通和妥协，例如定下一些大家需要遵守的规矩，当然需要先建立室友间良好的沟通和对他人性格充分的理解才行。

——中兴通讯　梁永生

专家说

孩子，你提的问题非常好，其实在上学阶段，和同学之间的人际关系也是非常重要的一环，和舍友的关系就更加重要了。因为有很多的时间和同宿舍的同学待在一起，大家在同一个房间里面，除了去适应环境之外，彼此之间还要磨合好。

首先可以理解的是，因为每个人都有自己不同的个性以及行为模式，因为每个人都来自不同的家庭，有不同的家庭背景以及成长环境。所以在这样的环境中，在磨合的阶段，要更多地去包容和理解他人。与此同时也可以尝试着去和每一位同学去交流、聊天，可以更多地了解对方的个性，以便更好地相处。

大家有比较好的交流之后，我相信，当你有什么样的建议给到他们的时候，他们也会很乐意采纳，比如不睡觉叽叽喳喳的时候，你可以开玩笑一样地说，哎，该睡觉啦，那我相信他们也不会反对你。

当然还要完善你们宿舍的宿管制度，也可以把一些问题反映给老师，让老师统一的来介入处理，毕竟事关每个人的休息以及第二天的学业。

总之，在这里边我们可以看到的是关于人际关系的问题，而对于和同学们的人际关系的问题，老师要说三个原则。

一、尊重

因为每个人都需要被尊重，我们需要去尊重别人，那么在这个时候，我们也一定会赢得其他人的尊重。

二、真诚

在和同学的相处中，真诚会让你少掉很多的麻烦，而且会让你很容易和他人建立起来深厚的友谊。

三、平等

也就是跟其他人相处的时候，我们并不会因为觉得自己在某些方面比别人优秀而高人一等，也不会在某些方面做得不如别人而觉得低人一等，要讨好别人。

所以，做独立的个体，平等地与他人相处就显得非常重要。

除此之外，老师再给你几个与同学、与室友和谐相处的建议。

一、主动帮助别人

每个人在生活中难免会遇到一些困难或者麻烦，需要别人帮助，这个时候如果你主动伸出援助之手，给舍友一些力所能及的帮助和温暖，会瞬间拉近你们的距离，营造和谐的宿舍氛围。

二、主动分享

宿舍是集体生活，不同学校的宿舍人数也不一样，可能是4个人、6个人，还可能是8个人。因此在集体生活中要想和其他人和睦相处就要主动融入其中，而很实用的一个小技巧就是主动分享，分享一些小物品或学习经验，这样可以给舍友留下好印象，快速融入集体。

三、主动交谈

很多同学在住宿之前都会担心舍友不好相处、与舍友三观不合怎么办，这时就需要主动交谈。只有沟通才能更好地解决问题，可以和室友进行沟通，彼此了解。

四、如果实在不能融入，也不必强融

高质量的独处，远胜过低质量的社交。在高中，单独上课，单独去食堂其实是很正常的事。别因为不好意思就改变自己规律的生活，交一些低质量的朋友。如果真的实在无法融入宿舍集体，那就选择做你自己，正确的路上总会遇到合适的同行者。

——潘新凌中小学生心理健康研究室

困惑 39

对朋友好是缺点吗？我相信别人但不想受到伤害

我是一名高二的学生，我心思细腻，比较敏感，害怕没有朋友，我可以对朋友百般体贴，可以帮助她们学习，还可以帮她们解决平时生活的问题。有人说我是一个可以把别人照顾得很好的人，但就是照顾不好自己，说我的缺点就是太容易相信别人，太容易把自己的真心交出去，所以一次又一次受伤，还不长记性。我自己也知道，我不能一直这么下去，但我还是克制不住，只要别人对我好一点，我就可以百倍千倍地对她们好，我到底应不应该改掉这个“缺点”？我个人认为相信别人并没有错，我相信一切美好的事物。但是，我不想受到伤害，我到底应该怎么做？

我最喜欢的一件事就是跳舞，可是我最近检查出了颈椎病，而且有些严重，暂时不能跳舞了。本来因为快到高三了，我就决定这一期是我高中跳的最后一期了，结果连这个都做不到了。当医生说我颈椎方面的问题时，我没有很难过，但当他说我不能跳舞时，我真的好难过好难过，哭到不能自已，自己放弃和被迫放弃是完全不一样的。

——仓颉中学　朋友

学长学姐说

小朋友：

你好！对朋友好怎么会是缺点呢，我们每个人不都希望拥有一个对自己好的朋友吗？能够在自己的生活中遇到一个能够全心全意对自己好的朋友，是一件非常幸运的事情，也是值得开心的事。我相信你的朋友也很喜欢和感谢你。和心思细腻的人打交道也会很温暖的。相信你在生活里也一定是一个温暖的人。无论什么时候，我们都要相信，对别人好一定不是一个缺点。但是就像你说的，有时候你对朋友的好是牺牲了自己的一些东西的，有些事情可能是你不想干的，却是为了朋友去做的。如果这些事情让你很困扰很难受的话，其实可以慢慢学会拒绝。你要相信，交朋友本来就是一个双向的过程，一味地付出是会很累的，相信你的朋友也会理解你的。不用害怕朋友离开你，真正的朋友都是相互体谅的，如果一直委屈自己，朋友也会担心，很多时候直接说出来就好了。如果你发现对方并不是一个会给予回报的人，也要学着及时抽身，勇敢地说再见就好了，好朋友之间是会相互包容的。

关于身体的事情，无论什么时候身体都是第一位，虽然确实很遗憾这学期不能继续跳舞，但是并不代表我们之后不能，等什么时候自己的身体好起来了，就可以继续跳舞了。很多时候跳舞是一个娱乐放松的活动，不存在之后就不能跳了。虽然之后可能课业压力会比较大，但是劳逸结合，跳舞也还是很适合的。而且之后上了大学，也可以参加社团继续跳舞啊，现在最主要的还是养好身体。不要太担心，要加油啊！

——北京大学　篆舟

对别人好当然不是缺点，看了你的描述，我感觉我跟你是一种类型的人，你对自己性格的所有描述都与我很相似，我觉得这个问题可以分为三点来看。

第一个问题是我们这种性格的人会很在意朋友的情绪，这经常让我们自己陷入一种委曲求全的境地之中。比如在跟同学一起去电影院的时候，如果电影是我选的，我会经常关注同学的反应，担心这个电影不对他的胃口让他感到无聊，对别人情绪的照顾经常让我陷入很严重的精神内耗之中。

会照顾别人的情绪，并且让别人觉得你是一个值得交往的朋友是一种很强大的能力，你不要放弃这种能力，我觉得我们要学会的是如何缓解这种能力带来的压力。我自己的解决方法呢，是多给自己一些时间。比如偶尔自己出去看个电影或吃个火锅，自己去做想做的事情，享受属于自己一个人的时间。

第二个问题就是我们会很轻易地跟不熟悉的人交心，结果往往换不到真心，甚至有时候会让自己受到伤害。

而我在这一点上的做法就有点阿 Q 的意味了，就是不要把自己的秘密看得太重。我相信你跟不熟悉的人交心也不会把自己所有的事情都说出去吧，我也是。但是对于自己说出去的事情，我就把它当作可以对任何一个人说的东西。这样想的话，最差的情况是我没有损失。如果对方愿意跟你交心那最好，要是不愿意的话也无所谓，最差就是把这些东西到处说，但是如果你不在意这些东西的话，那么说了也无所谓，正好你还能鉴别出这个人不值得深交，不也挺好的吗？

其实这种方法的目的就是让自己降低期待，不要对别人抱有太多的期待，毕竟期待太高，不仅你自己会失望，对方也会因为你过高的期待而倍感压力选择离开。

第三个问题是我觉得根植于我们性格之中的不安全感了。跟人交朋友时，总是怕朋友离开，在开启一段恋爱关系时，会担心对方突然就不爱你了。我觉得这其实是一种不自信的表现，觉得自己身上没有可以持续吸引对方的点，所以我总是很喜欢问自己一个问题“我究竟有什么吸引别人的地方，让他愿意跟我做朋友？”所以，我们在交往中会极度需要来自对方的正反馈以确定对方还在意这段关系，我觉得这才是我们真正需要去解决的问题。

当然要做到这一点是很难的，所以我们要做的还是，增强自己的自信，不断给自己积极的心理暗示，偶尔让自己得意一下，自己觉得自己很优秀。你看，别人都评价你是一个可以把别人照顾得好的人，这难道不是一件很值得骄傲的事吗？

再一点就是要多花时间提升自己，培养独立的人格。与其花时间、花精力去担心，不如将这些时间用在提升自己上，多看几本书，多做一点运动，花更多的时间做题，这些都是有意义的。

最后，我推荐你可以去看一下《人生的智慧》中《要么庸俗，要么孤独》一文，这篇文章给过我很大的支持。

希望我说的这些能对你有点帮助，有好多事情还是得自己去经历，加油啦。

——北京大学　学长学姐

师长说

首先，说说跳舞的事情，很巧合我认识一位仓颉中学的教师，就像你热爱跳舞一样，他特别热爱打乒乓球，像热爱生命一样热爱乒乓球，然而有一天，他被检查出得了严重的颈椎病，甚至到了要开刀动手术的严重程度。医生告知他不能低头，不能打乒乓球，他思考之后，很乐观地改成了羽毛球，经常打羽毛球，有助于治疗颈椎，也能锻炼身体，生活一样丰富多彩。要相信，上帝为你关上一扇门的时候，也会为你打开一扇门，你需要做的事情是像那位老师一样乐观地面对病痛，为自己打开另一扇门。

其次，对于人际交往这件事儿，“穷则独善其身，达则兼济天下”，你不需要对每个人都好，在学校学习期间，最重要的是照顾好自己，在保护好自己的前提下有能力的话再去帮助别人，在对别人好的同时也要学会保护自己，有些不能掏心掏肺的话，就要学会藏在自己心里，不对外表露，你认为重要的秘密，在别人眼里也许只是个笑话。努力学习，我们在中兴等着你。

——中兴通讯　周明亮

从你的困惑来看，最起码你对自己有一个比较明晰的认识。

首先，对朋友好并不是缺点，我相信因为这点你也拥有很多的朋友；其次，对朋友好之前，我觉得我们应该善待自己，这样才能有更好的友谊关系基础。

关于不能跳舞这件事，可以从另一个角度去想：高三了或许因为不能跳舞才有机会更加专注于学习。等你考上了心仪的大学，想跳舞这件事说不定就不是什么事儿了——或者也有可能你的颈椎病有些严重的话，等你上完大学之后，你找个好工作挣很多很多钱去治好颈椎病，那个时候再回到跳舞——适当的放弃和付出才更加值得“最喜欢”这个级别的，不是吗？

——中兴通讯　王文刚

专家说

朋友：

对朋友好，信任别人，这本身是没有问题的，不需要改。

难道你希望你的朋友对你不好，不信任你吗？

通常我们的朋友如何对待我们，都是我们教会他们的。

我们用抱怨教会别人远离自己，我们用善良教会别人亲近自己；我们用讨好教会别人轻视自己，我们用勇敢教会别人尊重自己；我们用欺骗教会别人怀疑自己，我们用诚信教会别人信任自己。

所以，你说自己“太容易相信别人”，这样的情况要具体分析。

如果我们想维护一种关系时，用讨好别人的方法，这样的方法恰好会自毁形象、自毁关系，因为讨好会降低自尊，显出卑微，谁会对一个卑微的人感兴趣呢？

如果我们是一个平等的沟通和关系的流动，就是一种健康的关系。我们足够尊重自己，就必然无法忍受别人的不尊重，那么这样的人就会自动远离我们。我们吸引到的人，都是能够彼此尊重、值得交换信任的人。自己尊重自己，自己爱自己，就是我们对世界最高级地讨好。

另外，你说自己“一次又一次受伤”，我不知道具体的情形是什么。这样的情形是否每个人都会定义为伤害？还是基于你们对相处模式的不同需求？比如是否需要时刻在一起，你们对于边界的需求是否一致？别人如何看待“百般体贴”？试试看，能不能找到“一次又一次”的规律是什么？有哪些是可以去优化的？

身为一名高二的学生，学业是你的“主场”，在这里的表现也会决定你的“江湖地位”。当你在学校获得更多的认可和赞美时，你会发现，你不需要刻意地做什么，大家就喜欢和你在一起。

你因为颈椎病暂时不能跳舞了，这确实是一个打击。我猜，你是希望自己在高中的最后时光美美地舞蹈吧。你这么热爱跳舞，相信你一定跳得很好看。跳舞的时候，是不是会有一种自己在绽放的感觉呢?

你现在还在青春期，身体还在发育，一切皆有可能。暂停跳舞，是为了换取长久的健康，等你康复之后，还有大把的机会迎风起舞，展示风采。

舞蹈如同篮子里面的鸡蛋，篮子里也可以有别的鸡蛋。也许这是一个契机，去尝试新的兴趣爱好，也许会有更多新的发现和收获呢。

——正面管教导师　杨健

困惑 40

爸妈，你们真的不是一对好父母，至少对我来说不是

父爱母爱是什么样子的，我不清楚。只记得自己从记事开始爸妈就很忙，后来他们去外地打工，每年也就只能见几面，小时候的我成绩还不错，我是多么希望他们能去一次我的家长会啊。可是一次都没有……

再后来，上了初中，我和爸妈越来越生疏，我也不愿意给他们打电话。虽然表面上我装着不想他们，其实每天都希望他们能回来看看我。他们承诺在我中考时回来陪我，然后带我出去玩。然而因为种种原因他们并没有回来。我装作很无所谓的样子。但他们不知道，初三的每个我坚持不下去的夜晚，我都在盼望着那个中考后的假期，盼望着他们带我出去玩，然后就又动力满满继续学习。他们永远不知道每逢节假日，邻居家的孩子和爸妈一起出去玩时我偷偷在窗边羡慕的眼神。他们永远不知道……

中考过后，我顺利进入了当地最好的高中、最好的班，我是多么希望他们能送我去学校啊，可是，他们很忙……

记得最清楚的一次是高一第一次放寒假的那天，只记得那天雪下得好大，我有好多书和衣服需要带回去，大包小包装了一大堆。舍友的爸爸妈妈都陆陆续续地来帮他们拿东西，然后我眼睁睁地看着他们

一个个被接走，收拾完东西后我提着我的大包小包往外走，因为下了雪，路很滑，好几次都差点摔倒了。但当我走到校门口，当我看到那么多的父母争着抢着帮自己的孩子背包、拿东西，然后说说笑笑地走出校门时，我实在忍不住了，我的眼泪止不住地往外流。我真的真的好羡慕他们啊，真的好希望爸妈能来接我一次啊。

我一直以为只要我懂事一点儿，学习好一点儿，他们会更加关注我一些。后来我发现不是这样的，因为弟弟妹妹学习不好，调皮，他们把弟弟妹妹们接到外地上学，而我学习不用他们担心，也没弟弟妹妹调皮，他们把我留在了这里……

后来到了暑假，他们让我和爷爷奶奶去那边玩，我兴奋了好久。但是去了以后我总感觉怪怪的，好像我只是一个客人。我们的关系好像越来越疏远了……

小时候我可能会说爸妈我真的好想他们，但现在不会了。我心里的想念已经在一次次落空的期望中被磨灭了。为了不让自己因为这些事情太难受，我好像已经成功地把自己变成了一个感情淡漠的人，我的心情不会因为一些事情而有很大的起伏。过年我也不会因为没有他们而感到落寞了，也不会像之前那样催他们回家了。

即将成年的我或许已经不能太依赖父母了，但是我从小到大似乎真的没有跟爸妈相处过很长时间，这对我来说真的是个遗憾。我想说，爸妈，你们真的不是好父母，至少对我来说不是。

——古浪一中　木木

学长学姐说

小朋友，你好！很幸运能听你诉说烦心事。听到了你说不清楚父爱和母爱是什么样的，其实你的父母也是由于家庭的种种因素才不得不外出打工。我相信没有父母不想要陪伴在孩子的身边，见证自己的孩子的成长，但是在当地如果没有很好的经济收入，他们无法保障家里小朋友的健康幸福成长，无法为家里老人的身体健康提供良好的医疗条件。究其根本，他们是另一种爱你的方式，也许在工作上他们会遇到很多劳累的事情，这时候坚持做下去的信念就是你和弟弟妹妹啊！

成绩不错想让父母在家长会上开心，然后得到夸奖，这是每一个小孩的快乐，我也非常理解。或许你可以和父母聊一聊，也许他们由于工作忙无法到现场，这并不意味着他们不与老师联系询问你的学习情况和心情等；也许他们没有到家长会现场但是以电话微信等通讯方式在换着方式去了解你。即使他们不通过老师了解你的学习情况，也会和与你一同生活的长辈询问你的学习情况。当他们得知你的学习情况也会为你开心的。或许可以在打电话的时候询问一下他们什么时候有空，能不能挑一个有空的时间参加一次家长会，或者让老师和他们沟通一下采取线上的方式，现代的科技非常发达，线上沟通也是一个很常见的情况。

距离确实会让你们之间缺乏沟通，当年级越来越高时，学业压力比较大没有时间沟通容易出现生疏的状况。但是我相信你的内心深处还是渴望和他们联系的，不愿与他们打电话只是在赌气，但是这样你的内心不好受，他们在外也会心痛。见面很难做到的话电话就是你们沟通的一种方式，千万不要给自己的内心上一个锁，想要什么一定要勇敢地说出来，无论是陪伴还是任何东西，要敢于争取自己想要的东西，哪怕最后的结果不尽如人意，起码要告诉父母你的心声，这是他们走进你的生活了解你的唯一途径。

中考是有一定选拔性的，我也是从那个阶段过来的，有压力也是非常正常的。那种信念、那种坚持我也曾有过。也许你可以换个角度想一想，这些承诺伴你走了那么久，也许它的价值已经远远超过了中考后的团聚，它是让你坚持下去的一种信念，是催人上进的。下次遇到这种情况你可以询问一下你是否能去，当他们不能回来的时候你过去找他们也是可以的。

看到别人家的孩子和父母出去玩羡慕是正常的，但是你的父母在远方同时也在用另一种方式陪伴着你，也许他们没有带你出去玩，但是他们的内心对你的爱并不比别的父母少。去找自己的小伙伴聊聊天，倾诉一下或者陪爷爷奶奶出去散散步，这样可以转移的你的悲伤同时陪伴家里老人，这也是一种与家人相处的快乐。有多少小朋友常年和父母生活在一起，但是想念自己的爷爷奶奶外公外婆却总也见不到呢？

比如你说的看见别人的父母去接自己的孩子，这种心情我也很能理解。你可以打个电话告诉他们你的想法，或者和老师沟通一下，我相信每一个人都愿意帮助你。有时候羡慕的不是父母在，而是当你有困难的时候家里人的援助，让你觉得你是一个有人疼、有人爱的孩子。我们都这么大了，虽然心里都清楚我们要独立要靠自己，但是难免内心深处渴望关心和疼爱，这是每一个孩子都会有的正常心理。

弟弟妹妹被接走把你留下也是无奈之举，他们在外面无法好好照顾你们这么多孩子，刚好你是一个大孩子了又很努力很懂事，这些无疑让他们对你很放心。每个人的最终目的都是要实现自立，亲情友情只是生活的一部分，弟弟妹妹还小，而你已经独立，这也是他们的欣慰之处，也希望你可以真正理解他们的不容易。你感觉到“他们是一家人，你是一个客人”，情况可能不是你想象的那种，你的“客感”不是因为他们在心底里把你当作客人，而是长久不在一起相处不熟悉造成的，我相信你的到来爸爸妈妈的内心也充满了欣喜，他们为此也做了很多准备，但是很久没有生活在一起，他们不能确切知道你的口味、知道你的生活习惯。每一次手忙脚乱都是对你充满爱却不会表达，每一句客气的话是他们藏在心底很多话不知如何用言语表达。这不是你们之间的隔阂，通过慢慢相处是可以真正化解的。

希望你在今后能够敞开心扉说出自己想要的，缺乏父母陪伴不代表感情淡漠，这个世界没有那么糟糕，你还有爷爷奶奶相处的爱、朋友陪伴的爱、老师教导的爱、父母无形的爱，还有我们这些哥哥姐姐愿意陪伴你的爱。也许没有父母陪伴的童年生活会是一种遗憾，但是我们可以在今后的时光里弥补这份曾经缺失的爱，与他们电话沟通自己的情况，高考完去找他们玩，跟他们讲一讲你遇到的快乐和不开心。也可以列一份清单写出你想要他们陪你做的一些事情，然后在今后一件一件补上。

祝愿你考试顺利，以后能够开开心心的！

——北京大学　雨棠

师长说

木木同学，你好。看到你的问题，我想了很多很多。父母对孩子的爱，是从来不需要怀疑的。父母都是爱孩子的，只是不同的人有不同的表达方式。有钱的父母，会为了孩子花很多的钱，改善孩子的生活条件。没钱的父母，可能会倾尽自己的所有，保证孩子的学习花销，吃穿用度。他们给你的可能不是最好的，但是一定比他们留给自己的更好。他们可以自己饿着肚子，但是一定会把可以吃的东西留给孩子。你的父母辛苦工作，没有时间陪在你身边，没法带你出去玩，这也只是因为，他们需要倾尽自己所有的力量来赚钱，保证你学习的开销，保证家庭的生活所需。他们可能不是令人羡慕的富豪，不是令人尊敬的有很高的社会地位的人，但是他们一定是爱你的父母，这一点不用怀疑。木木同学，可以看到，你做得很好，比其他很多同龄人做得都好，你没有依靠别人，在缺少帮助的情况下尽力照顾好自己的生活，同时努力学习取得了很好的成绩。你是一个成熟的孩子，也是一个勇敢的孩子，我要给你点个赞！我们进入社会，一定会遇到更多的难题，父母能够提供的帮助往往很有限，绝大部分难题仍然需要我们自己努力去解决。独立解决问题的精神，无论在你当前的学习中，还是在以后一生中，都是可贵的品质，都会让你受益匪浅。我们当前要用好父母提供给我们的现有资源，尽力实现我们能做到的最好的结果；同时我们要感激父母，谢谢他们提供给我们的一切，虽然可能不是最好的，但一定是他们倾尽全力提供的。等到我们长大了，工作了，自己去努力赚钱养家，有了自己的孩子的时候，我们养育自己的孩子，会更加明白父母现在从来没有给你说过的东西，那是他们在社会上的全力拼搏，和藏在心底没有说出来的对你的爱。所以，木木同学，你要做的是，继续努力学习，争取更好的成绩，让自己以后的社会之路能走得轻松一些；同时，理解父母，感谢父母，把你对他们的爱表达出来，不要不好意思，不要觉得还早，儿女对父母的爱，表达出来不丢人。相信在你的父母的努力工作下，以后的生活肯定会更好，他们会买到更大的房子，你们一家人也会生活在一起。

——中兴通讯　刘轶康

我明白你的遗憾和愤恨，在成长中我也有极多的抱怨父母照顾不周的时候，你因为有弟弟妹妹比较，所有更容易有情绪。

我想通过告诉你生活的一些真实面貌来疏导你。你所羡慕的弟弟妹妹，在你的想象中和父母相亲相爱，其实他们每天也会有争吵。父母要工作养家，照顾家庭的时间有限，每天谁去送弟弟、谁去送妹妹、谁来做饭、谁去接孩子都像打仗一样令父母疲惫，工作和家务的压力、孩子的哭闹也会让他们争执吵架，也会对孩子恶语相向，弟弟和妹妹由此知道父母并不是毫无瑕疵的完人，和你觉得父母对你照顾不周从而不是好父母，是完全一样的情况。

另一方面，和爷爷奶奶生活的你有着爷爷奶奶 100% 的爱，没有经济上的担忧，也无在城市中学坏走歪的担忧，安全顺利地在爷爷奶奶的爱护下长大了。而弟弟和妹妹两个人要争夺父母 24 小时中除过 10 小时的工作、

2 小时的通勤、7 小时的睡眠和 1 小时的两人沟通时间外，剩余的 4 小时的注意力。年龄尚小，弟弟和妹妹也会彼此比较、嫉妒，因而剩余的 4 小时被父母关注的时间也并不是时时都快乐。所以你所羡慕的生活，很大可能是人对自己没有的东西所带有的滤镜所致。你的弟弟妹妹可能有很多次哭着睡去，对月亮许愿离家出走，许愿自己再不受父母的管束，如同你哭着睡去许愿父母回家好好爱你一样。每个人都在羡慕另一种生活，这也好办，等你长大了有了自己的朋友和家庭，好好对他们就是。对了，也要很爱很爱你的爷爷奶奶啊。

我的好朋友也看了你的信，她托我告诉你，随着你长大，你得习惯不把快乐寄托在别人身上。生活中有音乐、有体育运动、有书籍、有影视、有科技，学着培养一种兴趣，然后享受独处的快乐，你会爱上每天那一点儿属于自己的时间。

——中兴通讯　张艾玥

木木同学：

你好，读着你的来信，我仿佛在看自己的成长日记，因为我们的经历真的太相似了。我很想抱抱你，就像我当年也希望有人能抱抱我一样。

我和你一样，也是从小和爷爷奶奶生活，读书的时光爸妈总是在外工作赚钱。常年家长会的缺席以至于他们从来不知道我期中期末成绩，接送上下学、中考或者高考的陪考都成为我奢侈的愿望。我曾经也埋怨他们，甚至故意冷漠他们，但是每年国庆、过年又很不争气地期盼他们回家。幸运的是，缺少爸妈陪伴的童年时光里，我还有很疼爱我的爷爷奶奶，还有好几个知心朋友，希望你身边也有这些可爱善良的人儿！

现在我长大了，回头看这些点点滴滴，发现这些年独自走过的路，成就了现在独立刚强的我。我曾经敢一个人坐动车去陌生的城市上大学，也敢一个人第一次坐飞机去北京考试，现在我又一个人来到离家 2000 公里外的陌生城市工作，而且心里毫不畏惧。相信我，也许你现在常常感到委屈、感到孤独，但是未来你一定会因此变得无比强大！

亲爱的木木，我很高兴你进入当地最好的高中、最好的班，我相信你一定是一个很自律的孩子。亲爱的木木，我想和你说，人生的路很多时候其实是孤独的，没有人能永远陪伴你。命运是掌握在自己手上的，不管父母是否在意，你都要好好学习，让自己的人生有所改变。学习永远是为了自己，为了未来！这一点我希望你能好好记住！

关于和父母的相处，我不知道你父母的处境，因此不能一概而论。但我可以和你说说我的情况和做法。我的父母因为经济原因常年外出务工，一方面由于工作忙碌，另一方面是他们自身文化水平也有限，所以对我的学业不闻不问。但我的父母在经济和生活上还是给予了我很多支持和帮助，对此我还是比较感恩的。也许你会认为这是为人父母的抚养义务，但越长大我越会发现，没有谁有义务对我好，即使是父母。所以，现在的我和父母保持着一个和谐的关系，日常的问候与关心能够保证，但我还是那个独立的我，工作的选择等重大决策都是我自己做的。我觉得这样也挺好。

亲爱的木木，希望我的来信对你有一点点帮助。最后，祝愿你的人生每一段路都有知心同伴，丰富而多彩！

——中兴通讯　江晨琪

专家说

木木：

你好！

看了你的信，感觉非常心疼！脑海里浮现出放寒假，你孤独地提着大包小包走在雪地里的场景……这样的场景，这样的心情，不知道你有没有告诉过你的爸爸妈妈？如果没有，你可以跟你的爸爸妈妈写封信，告诉他们这么多年来，你对他们的思念和期待，还有委屈，把父母“永远不知道”的那些你的“盼望”和“失望”让他们知道……木木，你说你即将成年，那我就跟你聊一聊如何以一个成年人的成熟心态跟父母相处，作为送给你的一份成年礼物。

首先，珍惜与父母之间的关系，试着理解接纳你的父母。父母与子女之间的联系是人类最牢固的关系，父母与子女之间的感情是世界上最深厚的感情，这种血脉相连的关系是不以自己的意志为转移。也许你的父母做得不那么完美，但是不要怀疑他们对你的爱。在你父母心中，一定是非常爱你，并为有你这样一个优秀的孩子而骄傲，但他们未必会表达出来。你有弟弟妹妹，有爷爷奶奶，你的父母要养活一家人，应该非常不容易，拼命工作、多赚点钱是他们最朴素的想法。他们何尝不想一家人齐齐整整生活在一起，他们也想陪伴在孩子身边，只是生活所迫，需要做出一些取舍。父母也许没有受过那么多的教育，思考问题有局限，不太善于表达，也不太懂得一个青春期孩子内心的需求和丰富的情感，他们只知道尽自己的能力为家人创造更好的生活。何况，你又那么懂事，学习不用操心，他们觉得可以放心把你留在老家。要知道，在家里，最懂事的那个孩子往往也最容易被“忽略”。换一个角度想，这种忽略其实也是一种足够的信任。

其次，主动跟父母沟通，表达自己的感受和需求。你是一个感受敏锐、情感细腻的孩子，渴望得到父母的关心和陪伴。但是，你似乎又没有直接告诉过父母你的感受。所以，一开始我就建议你跟父母写封信，把一些一直想说的话告诉他们，不要憋在心里。我们和父母血脉相连，但是我们每个人又都是独立的个体，并不能百分之百了解对方的所思所想，哪怕对方是我们的亲人。所以，作为成年人，沟通中一个重要的原则就是主动表达，不要假设和猜测。假设会增加很多误解、委屈、怨恨。你说你“表面上装不想他们”“装作很无所谓”，为什么不把真实的渴望直接表达呢？父母忙于生计，感觉可能会比你迟钝很多，你不说，他们真的不知道你想要什么。爱，不能只存在于心中，要让它流动起来。所以，想父母的时候，就告诉他们“我很想你们”；孤独难受的时候，告诉父母自己的感受；遇到重大事情，主动征求父母的意见；逢年过节，主动问候父母。现在通讯这么发达，只要你愿意，你总可以找到主动表达的机会。你的主动表达，不仅于你而言是一种疏解，于你的父母而言，也是一种很好的示范，你的父母可能会因为你的改变而发生改变。给自己也是给父母一个机会，让彼此的关系朝更好的方向发展，而不是让遗憾和不满越来越深。

最后，成年的意义在于要对自己的成长负责，家庭塑造出现在的我，而未来的我要由自己去塑造。家家有本难念的经，每个家庭都有它的不完美之处。看到家庭中存在的问题，看到父母的不完美，不是为了推卸责任，而是让自己成为治愈性的一代，把一些问题在自己这一代止住，不要代代相传下去。你经历过被父母忽略的痛苦，经历过没有父母陪伴的伤心，不要因为这样就让自己成为“感情淡薄”的人，而是要让自己成为更懂得关爱、更具有丰富情感的人。等到你成为父亲或母亲（对不起，不知道你是男孩还是女孩，不过我猜测你是一个男孩），你会知道该如何做“好父母”，你的孩子会发自内心地说“你是一个好爸爸/好妈妈”！

木木，如果下次你爸爸妈妈过年回家，如果也是下着大雪，希望你去车站接你父母回家。当你并肩和父亲走在大雪中的时候，我想你会体验到成长的力量。

——华南师范大学心理学教授　刘学兰

困惑 41

我是一个单亲家庭的孩子，怎么和母亲沟通

我是单亲家庭的孩子，父亲早逝，我和姐姐、母亲相依为命。现在我是一名高一的学生，我的母亲对我的照顾细致入微，想为我争取更多的学习时间，我很感激。可是有些时候她操之过细，让我感觉没有自己的私人空间，也不能有自己的“小秘密”。我常常会因为一些小事感到很生气，控制不住自己的情绪对她发脾气。我知道这不应该，事后也会觉得很后悔、很自责，我想和她道歉，却不知从何说起。可我有时就是不知道怎么控制自己，也不知道怎么和母亲沟通，我该怎么办？

——镇雄三中　唐同学

学长学姐说

唐同学：

你好！缘分如此，唐同学给唐同学写信，唐同学给唐同学回复。

我当初也有类似的烦恼。也许是青春期使然，也许是我当时的中度抑郁作怪，明明知道家人的辛苦，却忍不住发脾气，回到家里就把自己关在屋子里锁上门。因为一瓶饮料被母亲训斥一句，当时就如火中烧，摔下瓶子大呼“我不喝啦！”回到屋子里锁上门暗暗后悔却又不好意思开口道歉。在上高二之后也有类似的事情，或者说，直到高二情绪才爆发出来。从小我就认为父母不在乎我的感受，他们忽视我的存在，但是我知道并不是这样，我很感激他们所做的一切，他们努力让我过得更好。到了高二我更是和奶奶大发脾气，生气到把自己气哭，想要道歉却又张不开嘴。现在想来也是很难忘的过往。我因为抑郁也去找过心理老师，也自己想过很多，明白了很多事情，到最后也可以和母亲轻快地谈起我生过的气、曾经的难受和不愉快。

我曾经认为，要以笑脸对待他人，对陌生人要微笑，对身边人要温暖，对家人要温馨。后来发现能在黑暗里发光的人，总是装满了黑暗。用心理老师的话来说，人如果不把情绪用来攻击到他人，就会不断攻击自己。很残酷是吧，这正是我接受不了的，更令人心痛的是，这是人的自我保护，很多时候难以控制。但是家人之间不应该因为这些就产生隔阂，就是因为是家人才会包容你的小脾气，你也可以去宣泄，可以有话直说，可以无所顾忌，这才是家人不是吗？咱们在自责后悔可又无法开口的时候，顾忌的不也是那份亲情吗？家人之间道歉和爱意总是难以启齿，但是道歉和爱意不也是应当的吗？当你我发完脾气后，母亲心里又在想什么呢？也许她一点儿都没有当一回事，也许她还在暗暗想着孩子压力太大了。难道她还会生气吗？我当初选择的方式是像开家庭会议一样把家人聚在一起说一说我的心情、我的想法，刚叫过去我母亲还凶了我一下，我直接就哭出来了，跟家里人说了好多好多。说完之后如果还感觉难以启齿的话就不要道歉了，家人嘛，哪里用得到说爱和对不起呢，是不是？

抽出一点儿时间，找家人说说吧，说说你心里的难受，或者就说说你最近的感受，最近都干了些什么，总之把想说的都说一说吧，如果连最亲的人都不能想说就说，那算什么最亲呢？

如果再有什么问题，或者还想聊聊天，欢迎再次来信！

——北京大学　络

师长说

想开始做什么的时候，最早的时间就是现在。道歉不过是嘴唇上下一碰就可以说出来。做什么事，说什么话，别人都无法逼你去做，全靠你自己愿意。现在你已经成功地迈出了半步，自己开始思考对关心你的妈妈是否言辞不当，你只需要说出你想说的，这一步就完成了。一方面，什么场合都适合道歉，当你们共进晚餐的时候，当你的成绩进步的时候，当妈妈接你放学的时候，都是很好的时候。只要是令听者高兴的语言，随时都是正好的光景，说谢谢说对不起说爱你，都同理。另一方面，你也已经意识到自己的情绪需要克制，你也应当明白，伤人的话同样是嘴巴一闭一张就能脱口而出，对人的伤害却收不回来，因此你要学会克制自己，三思而后行。这个同样别人无法逼你做到，只有自己怀着对周围人的爱、怀着善良、怀着对弱者的包容、怀着感恩，而自愿用温柔去回应对方。

我们每个人总会有那么一段不懂事的时光，学会克制、学会爱、学会宽容，是成人之路的必修课，你可以原原本本把这段话讲给妈妈或姐姐听，她们是世上最乐意陪你一起走成人这段路的人。

——中兴通讯　张艾玥

我妈之前很爱看我的“QQ空间”，并对我发的帖子进行过度解读。比如，我上高一的时候，发了一个帖子，批评自己“学习松懈了不少”。然后，我妈就为此很严厉地数落了我，说我易受坏同学的影响。直到我告诉她，我发这个的原因仅仅是对自己近期的学习状态不太满意……

再后来，我和我妈商量，说我会把愿意给她看的帖子发在微信朋友圈里，而QQ空间里带有小秘密就不想给家人看了。获得我妈同意后，在QQ里，我还是能畅所欲言，然后把我想记录的事情做个筛选，发到微信里。

去年在英国留学，我进行了一次快速的新冠检测（不同于核酸检测，出结果速度快但不准确），结果是阳性。我当时给我妈打了个电话告诉她这个结果，她非常地沮丧，并且对我说话的态度也很消极——指责我不该在外面到处乱跑，说我将会突然发生很可怕的症状，还会有后遗症（听起来像是在诅咒我）。后来我紧接着做了个核酸检测，结果是阴性，说明之前快速检测的阳性是假阳。第二天，我又和我妈打了个电话，把她批评了一番（说她反应过度），我没想到的是，我居然把她骂哭了。

经历了这件事后，我感觉我和我妈也更加互相理解了。两周后，我真的感染了一回，她对我更多的也是安慰和鼓励，在她的远程陪伴下，我完全恢复了健康。

有些“小秘密”，我建议是可以多和你愿意分享的朋友们做分享；有些事情，记录在小日记本里，不和家人说，也无可厚非；和母亲有矛盾时，即使发脾气，也是一种交流，不过在能控制情绪的时候，可以尽量地为对方换位思考一下，事情就很容易解决了。在平时，回到家中可以和母亲分享在学校中发生了什么（当然，只说你愿意说的），这样她也会对你有更好的了解。

最后祝愿你、你的姐姐，还有爱你的母亲能永远和睦相处，加油！

——中兴通讯　陈翰乔

唐同学：

你好。如何与父母进行有效融洽的沟通确实是包括我在内很多孩子的苦恼。打从我们出生开始，父母与我们之间就被定义为保护与被保护的关系。这种“为母（父）则刚”的角色定位带给了他们责任感和勇气，也让我们能够平安长大。但这也注定了这段关系中带有“不平等”，这是天然存在的，这种不平等也并不意味着有一方绝对受害。我们必须承认小时候的我们是这种关系定位的受益者，我们能够无忧无虑长大就是佐证。所以与父母沟通前我们需要明确下我们的目的，是想要改变他们习以为常的相处方式而不是逞一时之快指责他们的教育方式没有“人权”。

接下来就是沟通的问题了。首先找个机会为自己发的脾气道歉吧，再说说你的想法，承认她过去无微不至的照顾对小时候的自己确实带来了很大的帮助，但是这种方式不太适合现在的自己，提出双方都需要做出改变的需求。无法当面说出口的话写信也行，或者是任何大家都能够冷静思考的形式，像我在一些容易产生矛盾的地方就会用微信的方式沟通，条理清晰地说出自己的想法，明确自己的需求，往往在打完一长串字之后自己也会想通很多，有时候甚至会发现自己无理取闹的地方。

在这件事情上，除了沟通以外你还有两件事情需要做：第一件事情你也意识到了，那就是控制情绪。正如上文说的，十几年的共同生活养成了父母的教育习惯，也养成了我们的脾气，我们会选择用发火的方式去对抗父母也正是因为我们看到了父母的爱——细致入微，很多事情都会依着孩子，所以我们习惯性地觉得闹一闹就好了，他们一定会妥协的。这很矛盾不是吗？我们怨恨这种教育方式，但是又试图用这种方式下养成的坏脾气来消灭它。所以耍脾气永远不是应对这个问题的有效方法，采用这种方式最终的结局只会是一方痛苦地妥协，而不是问题的解决。

至于如何控制自己的情绪，老实说，我和你一样在探索控制情绪的方法。在这件事情上最好的方法还是换位思考吧。在我看来，妈妈让你觉得没有自己的私人空间可能是因为她也缺乏安全感吧，怕你受到伤害，怕你走错路。她更希望事情在自己的掌控之中，想要了解你的一切。所以向妈妈展示你的独立、你识别善恶的能力也很重要。这也是我建议你做的第二件事情啦。换个思路想：要是我孩子动不动就发脾气我会更担心她不小心招惹到坏人，如果我知道我的孩子很独立、有分寸，也会和我分享身边发生的大小事，我当然愿意“放权”，去做个快乐的“甩手掌柜”。

最后，要记住这是你和妈妈互相成长的时候，你要学会控制情绪，变得强大值得依靠，而你的妈妈需要学会改变自己习以为常的养育方式。这个过程一定不是同步的，很可能你跨出了一步后对方还在原地踏步，所以一定要有耐心，给对方一点改变时间哦。

意识到问题已经是好的开始了，加油！

——中兴通讯　林晓妮

专家说

唐同学：

高一的学生，的确很需要有自己的私人空间。

你是家中最小的孩子，是妈妈眼中最需要照顾的孩子，妈妈还是习惯性地对你照顾得细致入微，这样的惯性，又让你感觉没有边界，没有私人空间。

“我常常会因为一些小事感到很生气，控制不住自己的情绪对她发脾气。”这是因为你对妈妈有不满的情绪，情绪是藏不住的。就像是洪水来了，我们只靠拦截，是徒劳的。洪水在此处拦住了，不会消失不见，只会改道而行，流到别处去。忍住的情绪和被拦截的洪水一样，都是压力，会让你过得比较辛苦。洪水来了怎么办呢？我们可以尝试泄洪。

所有的情绪都是来送信的，它在告诉你，你有一个“需求”没有得到满足。这个需求越强烈，我们的情绪也就越强烈。

你的需求是要有属于自己的私人空间。这是一个高中生的正当需求。

我们需要考虑的是我们满足需求的那个最优的策略是什么。

看起来你没有直接和妈妈说出来你的需求，我猜一下原因：你担心妈妈伤心。父亲早逝，妈妈独自抚养你和姐姐，付出了很多。你担心拒绝妈妈的贴身照顾，妈妈会觉得你在疏远她，会难过。

基于你的担心，你可以根据具体情况选择不同的策略。

第一种，坦诚地告诉妈妈，你非常感谢她对你的照顾和付出，但是你需要有私人空间。然后告诉妈妈你期待的是妈妈具体怎么做。

如果当面说很难开口的话，可以考虑给妈妈留一张字条、一封信、一条微信，把意思表达清楚。

如果妈妈不能理解你，那是妈妈自己要做的功课，和你没有关系。你尽力做好自己那一部分就好了。否则，这个憋屈一直憋在心里，可能会弯弯绕绕，最终用别的形式把不满表达给妈妈，妈妈可能会觉得莫名其妙，更加难过。

第二种，如果根据以往你和妈妈相处的经验，你认为确实无法实现这样的沟通，那就接纳现状。不知姐姐年长你几岁，是否参加工作，通常而言，孩子在高中阶段是家里负担最重的时候，妈妈可能一心想让你好好学习，而无力顾及其他。每一个人都有自己的局限和脆弱，都不完美。我们也要接纳妈妈的局限。

自己把自己的书桌、床铺、衣服收拾整洁，这样妈妈就无须替你收拾。妈妈问起来，可以说自己的事情自己做可以让心情更好，让头脑更有条理，有助于保持学习的专注，以后上大学也需要自己照顾好自己。

等你高中毕业之后，还可以有自己的小空间。

感觉心情不好，生气了，把心里想说的话痛痛快快地写在纸上，写痛快之后再撕掉它。或者去没人的地方喊几声，我们需要给情绪一个出口。

另外，不知道姐姐的情况，是否可以和姐姐聊聊你的烦心事，无论是姐姐代为转达你的想法，还是倾听你的烦恼，都是有帮助的。

坦诚地沟通需要勇气，接纳现状需要胸怀，最终这些磨砺都会变成礼物，让你乐观地对待生活。

——正面管教导师　杨健

困惑 42

除了学习，父母和我无话可说

你好，我是一名高一学生。作为家里的长子，我背负着许多压力。在家族里，我现在也是唯一一个上高中的孩子。每当有人来家中，他们总会关注我的学习成绩。我目前的学习成绩并不理想，所以当他们询问我时，我总会感到尴尬和焦虑。现在我两周回一次家，很少与爸爸妈妈沟通，即使有沟通也是关于学习这方面的事。爸妈就只会问我，最近学的咋样，也不问我的生活情况。我爸爸平时都是很严肃的，也因此让我感到恐惧，有什么事情都不敢和他分享。妈妈和我在一起的时候，也不知道和我说些什么。

——古浪三中　黄同学

学长学姐说

同学你好！很高兴能收到你的来信。对于你的问题，我有以下几个小建议：

第一，是关于你与父母之间的沟通问题。从本质上来看这其实是两代的人思维方式和价值观的冲突，最好的办法是都放下主观想法，细心询问对方，再客观思考自己，最后要么达成一致，要么搁置争议，求同存异。在沟通前我们需要先调整好自己的心态和情绪，要以“成年人对成年人”的方式与父母沟通。在沟通过程中，要清楚表达自己的想法，同时不要强求对方的回应。平静而清晰地告诉对方你想要什么、你的感受如何。重要的是要控制自己，成熟地表达自己真实的想法和心情。在和父母的沟通结束后，多做积极的自我对话，多关注这场对话中积极部分。也可以和信任的朋友聊聊这件事，表达自己的情绪，寻求支持。不要放弃与亲人的沟通，和他们建立起深度的、有安全感的链接，珍惜和他们相伴的日子吧！

第二，是关于你的心态问题。作为家族中背负着期望的一代，我很能理解你的压力与辛苦。你可以找适合你的缓解压力的方式。倾诉是缓解压力的主要方法之一，找一个值得信赖的朋友，倾诉自己的苦楚与烦恼，获得安慰与鼓励，不仅可以缓解过重的压力，还能够消除焦虑、恐惧等其他不良心理。适当的体育锻炼也是不错的方法。

第三，是关于你的学业问题。高中是人生中非常重要的阶段，虽然现下成绩可能不理想，但是你要相信自己的潜力。我们可以根据自身的情况明确目标，制订出合理的学习计划，同时经常给予积极的自我心理暗示以增强自信心。日常学习生活中一定要保持一个良好的心态，情绪上不要有太大的波动，避免长时间的生气和着急。

祝你一切顺利，学业进步！加油！

——北京大学　学长学姐

师长说

体会到了你的尴尬和焦虑。生活中很多人对你表示关注，并不是一定要看到你取得好成绩，也可能是一种关心。保持一颗平常心，感谢别人的关心就好。因此我的建议是假如成绩不理想，可以说明现在的状态，给出自己计划和目标，表明自己在努力和进步。这样踏踏实实去做，改变慢慢就会出现。

——中兴通讯　卢刚

同样作为长子的我学生时代的走读生活也体验过，可以以“过来人”的身份给你一些建议：可以适当地减少回家的频率，将重心放在自己的学习上，成绩不理想就去提高它让它理想。不要因为进入高中就放松了学习。等你考上了理想心仪的大学，或许回家和父母的相处时间会变得更少，但这就是成长。可以在学校里找一些要好的伙伴一起学习、一起进步。如果你跟我一样性格比较内向，你可以试着制订短期目标和长期目标，自己和自己做比较，祝你学习有大进步！

——中兴通讯　王文刚

致小黄同学：

你好，作为家里的长子，身上背负了全家人甚至全族人的期望，那种压力我感同身受，因为我也是家中的长子，曾经也和你一样，家族只有我一人考入高中。这种被万众瞩目、站在聚光灯下的感觉，着实会让人有些透不过气，即便没有祖辈们时常的询问和关心，本身处在这样一种传统的家庭之中，就会有一座无形的“大山”压在我们头顶。这种状态的调整我理解，当然最终还要看我们自己如何看待，以及如何一点一滴地去改变现状。

首先，我们自己如何看待这件事情。学习是自己的事情，既然能考上高中，那说明至少在初中这个群体中，你是一个佼佼者，在学习方面是优于同龄其他人的，这一点我们要肯定自己，也是后面能继续学习的心理基础，因为你曾经在学习这条路上取得过一定的成绩。既然之前能学好，那后面也一定能，毕竟学习的方式大同小异，仅是知识点和难易程度有变化。当前学习不好的情况也是暂时的，毕竟才高一，从初中到高中需要一个适应期。相信只要度过了这一阶段，找到了适合自己的学习方法，“学习好”的那种状态很快就会重新到来。

也顺便给几个学习的小建议：从众多课程里找到自己的薄弱科目进行重点加强；给自己订一个相对合理的目标，达成后再调整，有了目标才会激发前进的动力；多和同学尤其是在某些科目上优秀的同学交流取经；多和老师拉近距离，争取得到单人辅导的机会。

其次，自己要辩证地并且能逐步引导家人来正视学习这件事。我认为至少要传递以下几点信息：

一是“学习好”不是永恒不变的，随着知识的不断加深，周边同学成绩整体水平的上升，越往上考，身边优秀的人就越多，就需要付出更大的努力才能保持“学习好”的状态。

二是一时的不好不代表永远不好，要树立信心，还要把这种信心传递给家人，让他们也感受到学习并非唾手可得、一帆风顺的，也是需要不断拼搏努力才能取得一定成绩的。

三是对于未来要有清晰的定位，自己是想考入顶尖学府还是重点大学或是想学习哪方面专业，这个要根据自己的学习成绩、爱好等多方面因素来综合考虑，不必一下子就定死，但要有方向。

四是未来的出路有很多，书本知识学习只是其中的一种方式，学习成绩也仅能反应一方面的问题或者一时的问题，更重要的是要掌握学习方法，弄清楚每个学科、每个公理公式的真正意义，而不是成为做题的机器，即便能取得高分，对未来也未必有很大帮助。

再次，关于与父母沟通难的问题。沟通是双向的，而好的沟通需要互相理解和倾注感情作为基础，父母和你，本身这种两代人的关系，天然的感情基础是有的，每个人都没有坏的心思，讲起话来也没有那么多的功利性。那就要看互相理解的程度，作为父母，一个是只问学习情况，一个在一起不知道说什么，这本身就说明了彼此互相了解的程度不够，也谈不上理解的程度有多深了。

具体的建议：沟通频次上，可以考虑日常增加沟通的频次，比如不必等到两周见面交流，可以多通过电话等方式，交流一下学校发生的各种事情、家里的情况等；沟通方式上，考虑采用多种方式，如在吃饭的时候、一起干活的时候、散步的时候等，不必仅限于正式的谈话，另外沟通的发起方最好经常是自己，变被动为主动，减少父母一开口就只关注学习情况；沟通内容上，家里的情况如庄稼收成、节日安排、身体情况、对未来的期待等都可以作为交流的内容，目的是增进彼此的了解。

最后，针对家族及老一辈人对长子的旧观念问题，这个不是一时半会儿就改变得了的，也不必刻意去触碰它、改变它，要知道一旦掌握不好，就会引起自己无法处理的矛盾。可以在日常生活中潜移默化地引导，比如让他们也看到弟弟妹妹的优点等，随着时间的推移，或许哪一天他们就会有所转变，真的变不了的话，也没关系，只要把该自己承担的一份责任履行好，把所有的人际关系处理得当，那它就不再是主要矛盾了。

我也是长子，也遇到过一时的不如意，甚至到目前也还会遇到一些问题，但相信自己一定能做得比昨天更好，祝你能早日找到那个平衡点，让沟通变得更加自如，让自己变成希望中的模样，加油。

此致。

——中兴通讯　郑双明

专家说

孩子，在你的描述中，能够感觉到你背负的压力，还有和父母之间沟通的问题。其实，在压力方面，你不需要背负其他人的期待，最主要的是你要知道自己想要什么。上了高中之后，你希望自己的成绩达到什么样的水平？有什么样的目标引领？脚踏实地地学习，牢固地把基础知识掌握好，在基础知识掌握好的前提下，相信你可以在老师们的指导下，找到可以飞跃的方式方法。

而对于和爸爸妈妈之间的沟通，应该是源于他们对你的学习过度关注造成你的压力和焦虑感。其实作为父母来说，这是毋庸置疑的，他们都会对孩子的学习特别关注，都希望自己的孩子能够考出特别好的成绩。也因为爸爸妈妈欠缺和孩子沟通的技能，不知道怎样更好地和孩子交流，不知道怎样去了解孩子的内心世界，所以学习就成了他们唯一可以和你交流的话题，而这个话题又会让你感觉到压力。

所以，你要做的是：

首先，你可以理解爸爸妈妈的这种做法，他们并不是有意的。

其次，老师想说的是每个人都有自己的个性，尤其是在中国，爸爸中有很多是扮演着很严肃的角色，但是这也没有什么好恐惧的，因为无论是怎么样的互动模式呈现在你面前，爸爸妈妈都是爱你的，只是有的时候，他们的爱，第一是不会表达，第二是表达的方式有问题。对于这样的爸爸妈妈，你可以多一些理解，多一些包容。

再次，随着你全方位的成长，你应该学会主动和爸爸妈妈去交流、沟通，并且让你们之间的情感流动起来，你可以主动表达对爸爸妈妈的关心和爱，在回到家之后，也可以主动讲一讲学校的事情，并且以你的所见所闻跟他们交流一些你的观点，通过这样的方式带动爸爸妈妈和你的互动。

关于孩子的问题，在心理学中有一个观点，这个观点是大多孩子的问题都是因为爸爸妈妈出了问题，由此可见，爸爸妈妈这个角色要具备很好的技能，但是在我们的现实社会，是相当一部分爸爸妈妈没有主动学习的愿望，或者是没有接触到一些非常好的教育理念而导致他们不懂得怎么和孩子去进行交流和沟通。

最后，也建议孩子可以请自己的爸爸妈妈去学习一些亲子沟通等相关的讲座，学习一些科学的理念，从而知道怎么样更好和孩子相处。

孩子，希望这样的建议可以帮助到你和你的家庭。

——潘新凌中小学生心理健康研究室

困惑 43

对于父母的不理解，我应该面对还是憋在心里

真的很想知道怎么和父母沟通。因为住校，我一周才能回家一次，想和他们分享学校的趣事，或者说些有趣的话题，但他们总是说到学习方面。每当我成绩不理想的时候，父母都会说：“每次都考那么一点分，还不如回家放牛。”当听到这句话时，我很不服，于是怼了一句，他们就说我跟他们顶嘴，我不说话他们又说我哑巴。这样就算了，还老拿我和别人比，在别人面前老是说我坏话，让我陷入尴尬局面，而我只能用微笑来缓解。这让我十分烦躁，不知如何面对他们。我能理解他们工作辛苦，但往我身上撒气就是他们的不对。其实父母对我挺好的，没怎么打过我，别人有的我也有。我现在十分矛盾，是去面对他们还是憋在心里？

——大化县高级中学　韦同学

学长学姐说

韦同学：

你好。看了你的困惑，我想说：如何与亲近的人相处是我们需要学会的人生第一课。你一定也听过这样一种说法，我们总是习惯于把糟糕的情绪留给最亲近的人，这其实是因为你知道，如果对客户冷脸相待，你就失去了一次关键的合作机会；如果对陌生人发火，你在别人眼中就是失去理智的。但在最亲近的人面前，你似乎可以毫无保留地诉说自己的喜怒哀乐，毫无顾忌地表露自己的情绪。对于父母而言，也是如此。我们完全可以理解他们的“望子成龙”的迫切心情，对于儿女的期许越高，他们表露出的态度可能会显得越急躁，但我们可以确信，他们冲动发怒的背后，是父母对我们真切的关心与爱护。我们是第一次为人子女，同样，他们也是第一次做父母。我们只悲伤于父母对于我们的不理解，疲惫于他们凡事不由分说地责怪，但我们没有看到每次冲动发怒之后，他们也会后悔。等到他们平静下来，父母也会因害怕自己的言语戳伤孩子而万分自责，在一次不愉快的交流过后，父母的心情不会比我们好过半分。史铁生在《我与地坛》中写下自己人生中最令人痛心的遗憾，他的残疾使他变得喜怒无常，而他最后悔的就是自己在不经意间伤害了最亲近的母亲。而他在母亲去世后才猛然醒悟，写下字字泣血的感怀：“那时她的儿子，还太年轻，还来不及为母亲想，他被命运击昏了头，一心以为自己是世上最不幸的一个，不知道儿子的不幸在母亲那儿总是要加倍的。”我们可以理解父母的心情，也要让父母了解我们的所想。正是在亲近的人面前，我们才更应该沟通以维持这段关系的长久。但是沟通的方式也同样重要，面对父母的责问，如果我们以同样强硬的方式反馈只会导致双方的不愉快，所以为什么不采取一种更为温和的方式呢？是的，在我们遭受否定的时候很难保持平静的心情，但是通过保持沉默来规避一场争吵也不是良策。因为沉默将不会正确地传达我们的心情，下次遇到同样的情况父母依然不明白怎么样才是一种可接受的交流方式。因此，我们可以在当下保持沉默，等待双方都冷静下来之后，主动和父母以温和的态度探讨这个问题，只有将自己的想法表达出来，我们才能找到让彼此都舒适的相处模式，而不是以爱为名相互伤害。

——北京大学　瑾瑜

师长说

“真的很想知道怎么和父母沟通”，这意味着，你不要憋在心里，要去面对。只是，不知道怎么沟通才会有效果。这时，沟通方式、沟通技巧就显得特别重要。首先，需要讲的一个前提是，父母都是很爱自己的孩子的，他们都希望自己的孩子好。只是，他们也是第一次做父母，不知道怎么做才是很好的父母，怎么做才能让孩子也理解他们的用心。作为孩子，也要理解父母，知道父母的出发点是好的，父母是爱自己的，同样自己值得被父母爱。有了爱作为纽带，你和父母之间才会产生连接，你渴望沟通与理解的心，他们才能感受到。你可以试着把自己的真实感受告诉父母，只谈自己的感受，不要评论和指责任何人（包括自己）。表达自己的感受，比如，忧虑、低落、失望、不安，希望得到支持、理解、自信、满足和爱。表达你的需要，不要发泄你的情绪。真诚的沟通、真诚的理解，双方都有这样的沟通意愿，那沟通就不会那么难了。

——中兴通讯　王莉

父母不是觉得你不好，而是面对一个他们不能帮上忙的情况（你的学习）时，他们不知所措，只能全方位地催你学习，以他们的方式鞭策你。父母方法有点问题，或者你不用焦虑怎么去理解他们，试着关注学习，转移自己的注意力。当父母发现他们不用帮忙，你自己能独立解决问题时，或许就会意识到你长大了，无须他们保护和鞭策了。

——中兴通讯　涂雪莹

同学你好，我是2008年读的高一。还依稀记得那时候我和自己的爸爸妈妈沟通时的焦虑，自己有很多想法想和他们讲，可是怕他们不理解、不感兴趣、不支持自己的想法，最后也几乎没有过多的沟通交流。对于你现在困惑，我非常能理解，你希望父母理解自己，不要将生活或者其他方面的情绪宣泄在自己身上，这是每一个孩子都会有的想法。我的建议有两条，你可以根据情况，选择适合自己的方式进行尝试。

首先，尝试换个沟通方式。你也说了父母对你也挺好，没怎么打过你。这些至少能看出父母对你学习有所期望，希望你能有一个优异的成绩，这是为你以后走出校园、步入社会工作考虑，《战国策》里，《触龙说赵太后》中说“父母之爱子，则为之计深远”。这一点你要理解父母。当你成绩不好/不理想的时候，他们不高兴，也是担心你的未来。所以你要在告知他们不理想成绩的时候，解释为啥不理想，自己是否已经努力，哪里失误导致不理想，下次自己吸取教训，努力取得进步，或许他们更能接受和理解你。

其次，尝试用不同的沟通渠道。他们不喜欢你顶嘴，拿你和其他人对比，这是你不喜欢的，或许你觉得这些事情和他们沟通起来很困难，得不到尊重。这可能源于父母生活的环境，他们可能想通过这种方式刺激你，却忽略了你的感受。这时候不妨尝试换个沟通方式，比如周末返校前留一封信，告知他们那样做伤害了自己，希望他们多理解和尊重自己。又如，找一个自己信任的大人，并且这个人能和自己父母说得上话，如自己的亲戚或者比自己大的哥哥姐姐，将自己的想法跟他们倾诉，委托他们转告父母。

最后，选择沟通时机和沟通内容。你也说自己理解父母的辛苦，这一点相信父母也很欣慰。诚然，父母辛苦工作，赚钱养家糊口，供你读书，处理生活上各种琐碎之事，应对各种风险和困难。有些苦和难，作为学生时代的我们可能不会遇到，甚至不能理解。这时候，你要自己寻找沟通机会，比如他们心情还不错、比较开心或者轻松的时候和他们沟通。有些学校里的事情，自己可以做主的事就自己做主，不必过分依赖父母。在家里时候，多陪父母做些家务，分担父母的一些负担，这时候乘机和他们聊聊自己学校里的事情，或许有意想不到的效果。

总结一下：主动理解父母，力所能及地分担父母的压力，同时想方法让父母也理解自己，积极面对，加油！

祝你学业进步，与家人相处和谐幸福。

——中兴通讯　曹强

专家说

韦同学：

如果从科学的育儿方法的角度来评判你父母的行为，那他们确实不妥。

一是只关注你的学习，不关注你的心理需求。

二是孩子考试成绩不理想的时候，没有鼓励，只有打击。

三是拿孩子和别人比较，在外人面前说孩子的坏话，让孩子难堪和羞耻。

基于以上种种，我非常好奇：在这样的情况下，你仍然在短短的文字里，花了三分之一的笔墨来描述你的理解，表达他们的工作辛苦，看到他们对你的好，看到别人能有的你也都有，你是怎么做到如此懂得感恩的？在这样的环境里，生活了十几年，你做了哪些努力，没有让事情变得更糟？

你看到自己身上的力量了吗?

我相信你已经具备资源，有能力克服遇到的困境，让自己成长得更好。

我们每个人都生活在自己的私人逻辑里，这个私人逻辑从小就形成，而且会影响我们一辈子。

比如，爸爸妈妈也许有一种私人逻辑：不能打孩子，别的孩子有的我的孩子也要有。我要对我的孩子严格要求，让他重视学习。对孩子的缺点要及时批评，让他时刻看到自己的不足，以避免骄傲自满。这是我作为家长的责任，是我能做到的对孩子最好的爱。

也许，他们自己也是在这样的教育方式中长大的，他们并不知道还有其他的教育模式。

也许，他们知道还有别的教育方法，但是他们忙于工作，各种疲惫、各种不满，让他们没有力量做出改变。

你是这个家庭里的孩子，面对这样的局面，你的种种不甘、委屈、失望，都是正常的，我都可以理解。

你感到不满，想改变现状，这是青春期带给你的力量。

也许可以做一点尝试。

父母最关注的，是你的成绩。

你可以先给自己制订一个计划，面对自己的学习现状，你有什么规划？在学习策略上可以力所能及地做哪些优化？可能会面对哪些困难，针对这些困难，你有什么解决方案？当你对自己没有信心的时候，可以怎样给自己鼓励?

想清楚了，写下来，下一次回家和父母聊一聊你的想法。

父母看到孩子的决心，会欣慰的。同时，你要告诉他们，你需要得到他们的支持。比如，多给你一些鼓励，少一些打击，不在外人面前说你的坏话。

你的成绩有进步，他们的心情就会好，就会有精力去关注其他的事情。

你的成绩进步了，你自己可以有一个更好的未来，按照自己的心意来生活。

这是一件双赢的事情。

如果和父母的沟通是无效的，也要接纳现实，生活有时就是这样。想不想做一件有趣的事情？将你现在感到不被理解的这种感受记录下来，然后写上你希望得到的回应是什么？你可以试着去做这样的人。

关于你的学习，我特别想推荐你两本书，一本是《终身成长》，一本是《学习的逻辑》，了解一点脑科学，面对现状找到最优的学习策略，会有事半功倍的效果。

要记得，你已经具备资源，有能力克服遇到的困难，你让自己成长得更好。

——正面管教导师　杨健

困惑 44

父母离婚后，怎么和他们友好相处

我是一名高二学生，我想请教一下如何和父母友好相处。由于父母突然离婚，给我和父母的相处造成了巨大压力。父母没离婚之前，我没觉得有什么，也不想面对。因为那时父母在身边，没什么感觉。可是父母离婚后，我很害怕。我怕以后都见不到母亲，也很排斥别人对母亲的看法。我希望父母既然离婚了，就放过彼此，重新生活！不要离婚了还是身心疲惫地活着。我希望母亲生活快乐，能来看一看我们；我知道父亲的不容易和艰辛，希望父亲能够多为自己考虑，不要太劳累；我希望父母能友好和平相处。我想父母彼此都好好生活，自己也能考上一个好大学！

——镇雄三中　小同学

学长学姐说

这位小同学你好！看到你的问题，有着相似经历的我感触颇深，便通过文字来跟你聊聊天，表达一下我个人的想法和建议。

我所经历过的情况或许比你更复杂些，处境也或许比你更糟糕些，但随着时间的流逝和心态的转变，这一切终究还是变得随和顺畅起来。所以我觉得，大可以接受当下的烦恼，但千万不要畏惧未来，要始终保持乐观，有所期待，满怀希望。

你说希望父母放过彼此重新生活，可以看出你是个懂事的小孩，我跟你有着相同的想法。离婚的初衷是为了生活得更好，或者严谨一点，是比离婚前过得好。不妨观察一下身边的人，是不是矛盾更少了，吵架更少了，双方亲人在一起的尴尬场面更少了，如果是，那就是在奔向更好的未来。

我相信你是个懂事乐观的孩子，上面的那些话或许我不说你也都懂。你苦恼的是和父母之间的关系，这种苦恼是人之常情。首先你要牢记一条最简单的道理，离婚影响的是父母之间的关系，不影响你和父母的关系，爸爸仍旧是爸爸，妈妈仍旧是妈妈，爷爷奶奶外公外婆亦如是。你的妈妈不会离开你，也许她会碍于离婚后与爸爸及其家人的微妙关系而不常来探望，但你可以主动去找她，维持和妈妈的日常交流，假期的时候跟妈妈一起去外面吃个饭或者去妈妈家里住一晚。相信我，她一定会开心的！至于别人对妈妈的看法，确实不必理会，你有自己的判断和感情，真真假假好好坏坏又何必听别人来说。如果你心态足够好，那么一只耳朵进一只耳朵出就是了，不用去应和他们；如果你无法在这种时候保持内心的平静，不妨直接说出来，可以不必据理力争或针锋相对，只反复强调你听到这些会让心情烦躁影响学业就行，若对方是爱你的家人，他们自然不会再持续输出，若不是，哪管他说啥呢，谁稀罕理他们！

最后，好好学习自然会减少杂念。加油吧，如果不能成为温室的花朵，就学着去野蛮生长。世界很大，诗和远方都不会辜负你。祝你考上心仪的大学，fighting！

——北京大学　扬兮

师长说

关于父母离婚，不到万不得已，他们不会走到这一步；也许勉强在一起，对他们来说也很痛苦，整个家庭也可能笼罩在阴影之中；既然走到了这一步，或许对他们来说也算是解脱。

这件事对你的确实压力非常大，毕竟他们是你的至亲，不安全感是客观存在的，这个时候，需要你能更坚强，事情发生了是客观事实，作为孩子的你是无法改变的。

我个人的建议是，你要逐渐适应这件事，人的一生很长，每个人身上发生的事都是一种考验，迈过去了就获得更多的经验值，与父亲像朋友一样的相处，互相依靠，母亲也是至亲的人，你能做到自己应该做的就好。

对于学业，学习是要讲究一定的方法的，我不知道现在学校里的题目难或是不难，20多年前，我觉得书本上的知识太简单了，全部靠课外书的习题来补充知识。所以我个人一直以为，预习课本是比较好的学习方法，然后课堂上有针对性地听，效果要好一些，高中的数理化，无非就是做练习，讲究分类。对于错题要举一反三，时不时地拿出来复习，我高中记录了很厚的一大本错题集，复习的时候我只看错题。希望这些建议能帮到你。

——中兴通讯　丁林

专家说

同学：

在父母离婚之后，最开始的一段时间是最难受的。每个人都需要一到两年的时间再重新找回安宁，这期间有太多的事情需要面对：孩子对妈妈的思念，爸爸要适应独自照顾孩子，重新安排家庭生活，适应新的家庭结构，他人的好奇和打探，各种评判的言论，以及每个人都必然会产生的各种烦躁的情绪……对每一个人来说，这都是一段让人精疲力竭的日子。

你的问题是如何和他们友好相处。

你仍然是他们最爱的孩子，你们的亲子关系没有变化。以前如何相处，现在继续保持就可以。你和父母一样，也需要时间疗伤和适应。如果你愿意，可以继续对他们畅所欲言，倾诉你的想法或者困惑。

看起来你对以后能不能见到妈妈是没有把握的。我猜，妈妈换了一个新的住处，虽然她暂时见不到你，但这不代表她不想你。她虽然不在你身边，但她对你始终抱有同样的期待，希望你茁壮成长。现在，你该做的，是把妈妈教给你、遗传给你的“好东西”统统“发扬”下去，努力实现妈妈的愿望。

如果你有妈妈的联络方式，可以通过打电话、发短信、发邮件、传照片的方式，让妈妈时时都有你的消息。

还可以给妈妈写信，写信还能练习写作文呢。总之一句话，利用所有可以利用的方式和妈妈保持联系。

也许，你暂时联络不到妈妈。妈妈有可能是想和“现在”拉开一定距离，好把生活看得更清楚些。她也许暂时无法继续面对自己的责任和义务，但这并不意味着妈妈不爱你了。妈妈把你交给爸爸，说明她信任爸爸，她相信爸爸能够照顾好你。

你说："我希望父母既然离婚了，就放过彼此，重新生活！我希望父母能友好和平相处。"我和你有同样的期待，他们不再是夫妻，也可以像朋友一样相处，他们仍然是你的父母。他们可以建立一种合作育儿的新关系。我也非常希望看到这样的新局面，希望每个人都有更好的新生活。

在父母是否分手，以及父母分手之后选择什么样的生活方式这件事上，作为一个孩子，你是无能为力的。

如果看到父母分开之后也并不幸福，确实让人伤心。以前你也许总是看到他们强大、结实，突然间会发现他们也很脆弱。这两个对你最珍贵的人，其中的一方伤害了另一方，或者互相伤害，你会感到束手无策，无能为力。在这种时候，一定要记住，你根本帮不了父母，因为你只是这个家里的孩子。他们需要一段时间疗伤，但是他们都会慢慢坚强起来，适应新的局面。

无论在任何情况下，你对爸爸妈妈最好的回报都是照顾好自己，好好学习，成为一个对社会有贡献的人。

你的黄金法则是把注意力从爸爸妈妈那里拿回来，多关注一下你自己。

加油！

——正面管教导师　杨健

困惑 45

让我喘不过气来的家庭矛盾

您好，我是一名高二的学生，我总是在一段时间里什么都不想做，还感觉很烦躁，我在这段时间里总想让自己消失，不听不看。我想知道这是怎么回事？

还有就是很多时候我不知道自己要做什么，总是很迷茫。看着别人有条有理地学习，我就会很急躁和慌乱。我总是很努力地学习，但感觉像是做无用功。

我家经济情况不是很好，总是为钱愁。比起学习的压力，更让我喘不过气来的是我的家庭矛盾。我爸爸妈妈在我小的时候闹过，给我留下了很深的阴影，我很想让他们离婚。夹在他们之间，我真的很累，我劝也不是，不劝也不是。我爸爸总爱在家里发脾气，我妈妈怕他，我不想惯着他这个臭毛病，可妈妈总是在这时说我“为什么不好好和他说话，你又不是不知道他的脾气，最后还是我受罪……”听着她的话，我满肚子的话就卡在了喉咙里，喉咙直发疼。每次我爸爸和妈妈闹过后，妈妈就开始对我说：“你要好好学啊，要不是为了你，我当时就走了，你咋不长心啊！”我除了闭口不言，好像没有什么能做的了，反驳的话渐渐只留在了肚子里。现在他们跟我说话、开玩笑或者跟我说他们为了我怎么怎么样时，我总是感到难受，觉得他们很虚伪。我现在讨厌我爸，不想和他说话，也不想让他进我房间，我感觉他进我房间就像是侵犯了只属于我的世界，让我难受。他们总说我话少了、不说话，可我感觉不管我说什么，对爸妈来说就像是无关紧要的废话，那还有什么好说的呢。

以上是我的所有问题，我找不到适合自己的学习方法，与父母之间的矛盾也让我很困扰，希望您能给我一些建议，谢谢。

——山丹一中　小杨

学长学姐说

同学，你好，很荣幸收到你的来信。我非常高兴能够和你分享一些我的思考，同时也希望我的分享能对你有所帮助。

由于成长的环境不同，每个人都会有烦恼，对于你来说，你目前的烦恼主要来源于家庭和学习。

在学习方面，你觉得总会有一段时间很焦躁、很无助、很迷茫，看到其他人很努力自己会更加慌乱。按照我的经验，可能是因为你想得太多并且过于关注别人在做些什么，你可以尝试着换一种思路，把学习当成一个挑战而不是一件很痛苦的事情，这样子你会更加有动力去做一件事。同时高中的学习是一个很枯燥和漫长的过程，你可以找一个步伐一致的同学，和他一起学习一起努力，有了榜样和伙伴的力量，学习起来就会更加有动力。同时每个人都会有疲惫期，有一段时间里什么都不想做还感觉很烦躁这是很正常的事情，这个时候不能把这些情绪过于放大，而应该转移痛苦的情绪，你可以选择一些静心的事情去做，比如说看书、练字或者好好睡一觉等，等这个劲头过去了再铆足精神投入学习中。

在处理家庭关系方面，原生家庭对一个人的影响确实很大，可是在高二这个年纪，很多事情看得不全面，也会有诸多的无奈。你能做的事情就是尽你最大的努力去调和家庭的氛围，而不是和爸爸斗嘴或责怪妈妈，你可以通过心平气和地和爸爸沟通去缓和，同时多安慰妈妈，你也需要通过阅读书籍或者你喜欢的方式来维护你内心的一方净土，保持乐观的心态，用平常心去迎接生活中的小烦恼和小挫折。

——北京大学　学长学姐

师长说

言语之间能看出你是一个特别懂事的孩子。成年人的世界或许有你想不到的更多的“身不由己”，他们的选择或许都有他们的道理和出发点。

眼下你的重心或许应该更多地放在你的学习上，这样也许可以分散一下注意力，等你考上了心仪的大学后，那个时候可以和他们深入地敞开心扉聊聊，让他们也了解你的内心想法。

如果在解决这个问题之前你无法专心到学习上，也许现在也可以和他们坐在一起面对面聊一聊，说出你内心真实的想法，作为父母，他们应该也会尊重你的选择。

——中兴通讯　王文刚

专家说

孩子，看到你的问题，我发现在学习和与父母的矛盾之间，其实和父母之间的矛盾可能对你的心情影响更大。所以你会感觉总是烦躁，想让自己消失，什么也不听，什么也不看。在你的描述中，能够看到爸爸妈妈之间不和谐的氛围，他们给你营造的环境让你在成长的过程中内心留下了阴影。在他们的矛盾中，也会把矛盾点指向你，比如说因为你才选择去将就这段婚姻。这种心情、这种言语一定会让你感觉到委屈，或者感觉到自己多余，或者感觉到自己似乎是负罪的。

在这些描述里，我看到的更多的是爸爸妈妈的问题。

在这里，关于父母之间矛盾的问题，老师给你以下几点建议：

一是你要知道关于父母之间的矛盾是需要他们自己去解决，你是他们的孩子，有很多事情你没有办法去介入和干预。

二是可以建议爸爸妈妈多看一些关于亲子教育、家庭成长这样的文章，或者听一些课程，让他们能够成长和学习。

三是你要明白，爸爸妈妈他们可能在实际的行动中很糟糕，但是有一点我相信是确定的，也就是爸爸妈妈在内心一定是爱你的。所以如果他们愿意主动跟你说话的时候，你也可以敞开自己的心扉，吐露自己的心声。

另外就是关于学习的问题，其实你自己也知道了问题所在，也知道了关键所在，那就是学习方法的问题，那么对于学习方法：

一是自己去积累探索。

二是向身边学得不错的同学取经。

三是也可以和老师进行交流，获得老师的建议或者实操的指导方法，从而汇总出对自己最行之有效的方法。那么，学习效率就会提升。

——潘新凌中小学生心理健康研究室

困惑 46

怎样才能不在乎老师的看法

我是一名高一的学生。虽然我中考也考了不错的成绩，初中的时候也是班上的佼佼者，但是上了高中之后，我真的觉得自己很差劲、很没用。同学总是说我的学习方法不对，我也很想找到好的学习方法，可是不管我怎么努力，成绩还是那样。而且我发现高中的老师跟初中的老师根本不一样，高中的老师脾气没有那么好。特别是我的数学老师，我总感觉她不喜欢我，而且也不关心我，她只关心成绩好的，这让我对数学产生了厌倦感。我一直有很大的压力，我想考好一点儿冲到前面去，能让老师看到我，我不想被老师放在角落里。其次是我的父母，在我爸爸心中，成绩好就代表一切，成绩不好就是没有优点。对于这一点我也有很大的压力，每次在家吃饭父母都会谈到成绩，一说到成绩我就心慌，我并不想让家人提起我考不好这件事。我总是觉得在高中很累。我很勤快，也很努力，也认真听课，可是我就是没有什么收获。也许我是在做无用功，因为遇到难题我根本没有认真思考过，只是说自己不会就不去写，我真的很迷茫，有时候甚至觉得自己是在混日子。所有的科目中，我每一科都没有优势。我该怎么样才能提高我的成绩呢？我该怎么样才能不太在乎老师对我的看法呢？

——靖西中学　珍珍

学长学姐说

亲爱的同学：

你好！

收到你的来信，我能从字里行间感觉到你是一个非常有进取心的同学。尽管目前的成绩没有达到你期待的水平，但是你依然能分析自己的问题，并且期待老师能够“看到你”。我相信你的学习态度是绝对端正的，但是我建议你可以从心态调整和学习方法两方面尝试做出改变。

在心态调整方面，我想提三个建议：

首先，面对老师的时候，我想说：好老师可以期待，不可强求，不要太在意她的目光。面对你的数学老师时，你感觉她“不喜欢你”，但又希望她能“看到你”，最后又提问“怎么样才能不太在乎”，说明你自身也意识到，过于在乎数学老师的看法已经影响到你学习时的心情和动力了。从你中考成绩考得不错来看，你可能是进入了一个竞争很激烈的环境。在之前的中学里，通过努力，你成为老师眼中的“好学生”，但是在高中，周围的人都更加优秀，老师也更加注重成绩，你可能就没有之前显得耀眼了，我十分理解这种落差的感觉。我想说的是，我们生命中会遇到形形色色的老师，对你的数学老师而言，这 3 年只不过是她平平凡凡的、用教学谋生的一段时间罢了，所以她在有限的精力里只关注成绩好的学生，稍微忽视了你的感受，也是可以理解的。但是，只要明白高考的重要性，你就知道这 3 年对你来说却是至关重要的。我们无法强求这个世界上所有的老师都怀着崇高的责任感，用他们平凡的 3 年去影响每个学生不凡的 3 年。希望明白这点后，你能够稍微理解老师的“不喜欢”，并且避免被消极情绪影响。

然后，面对家长时，我建议你一定要深入和他们沟通。其实，我的家庭环境也和你差不多，从小我的家长就十分注重我的成绩。我来自某高考大省，为了能让我接受更好的教育，整个家庭都搬到了省会城市。理所当然的，我们家的饭桌也是必谈成绩、排名，这让我一直以来觉得父母只会喜欢“考得好”的我。直到我第一次高考失利，哭着求父母让我去复读，我本来以为他们会同意，结果他们坚决反对我再去复读一年。后来在我一次次的闹腾下，我和父母开始了以前从未有过的、交心的对话，这才明白他们这些年一直想要的，只是我能通过高考有更多的选择权，然后有更大的可能平安顺遂罢了。当然，最后他们尊重我的选择（因为我是不满意、不甘心的），这才有了我后来考上复旦大学。所以你的父母到底是怎么想的呢？由于时空的限制，我并不能做出判断，但是你作为他们的身边人，你完全理解吗？

最后，面对学习和成绩，我觉得你也要调整心态。你很勤快也很努力，但是这并没有体现在成绩的进步上，这让你很懊恼。其实，这也很正常。在一个学习氛围很好的重点高中里，无疑是很“卷”的。况且从初中到高中的转变是很明显的，有的人适应慢，有的人适应快，这都很正常。你在努力的同时别人并没有闲着呀。不用太在意每一次考试的得失，从错题中学习经验、吸取教训、收获能力才是关键。总结一下就是不断努力，不要放弃，坚持就是胜利！

在学习方法上，我也想提一些建议：

首先，其实你也很清楚自己的问题所在了，就是“遇到难题我根本没有认真思考过，只是说自己不会就不去写”。畏难情绪是要不得的！或许在中考这样的过关性考试中，你可以通过重复练习而臻于完美。但是在高考这样的选拔性考试中，这种方法是行不通的，它一定会考察更多面对陌生环境分析的能力。无论你将来选择文科还是理科，独立思考、发现问题、解决问题的能力都是必要的。

其次，你说“所有的科目中，我每一科都没有优势”，我觉得这不见得。仔细回想一下，你一定有最想先完成和最后完成的某科作业吧，我建议你可以以这两科为突破口，建立自己的优势。或者，你可以先通过刷题来逐步提高成绩，树立信心！

最后，我觉得课后一定要复习。预习可能对你来说会比较麻烦，并且抓不到重点，所以我建议你选择复习。每学完一个单元就主动把知识点复习一遍，可能当时没理解的问题后来再思索一下，就能使你豁然开朗。

希望你能不负青春，不留遗憾，加油！

——复旦大学　小毛同学

师长说

百川归海，江河的龙不再是龙。你首先要接受这个事实，允许自己不再拔尖，但不等于放弃努力，随波逐流。是人就有好恶，老师不是圣人，都喜欢好学生，再正常不过。不得不承认，老师的教学能力很重要，但不是每个人都有机会碰到教学能力强的老师。既然从老师那里获得不到太多知识，那就不要太在意老师对你的评价。在这种情况下，就要培养自学能力了，摸索属于自己的学习方法。脚踏实地，积跬步以至千里。

老师并不针对任何单独的学生，他只是把学生们分为两类，一是学习好的、学得快的，这类学生只需要少许指点就能有进步，对老师来说这很有成就感；二是学习不好的，这类学生往往需要老师花较大的工夫还不一定有效果。自然老师们喜欢第一类，但是注意，老师并不会针对某个人，他是把人分类看的。

他也不是不喜欢某个人（除非你揍过他，我想你没有），只是更愿意把时间花在第一类学生上。因此他的态度无须在意，只是偏好罢了。

至于方法，这个我只能说你别急，我建议你首先搞懂知识点后面的逻辑，这道题它是怎么出的，它涉及哪些知识点？我如果想考这个知识点，我得怎么出题？事实上如果都不行，还有笨办法，一般中学出题的逻辑是固定的几类，某些知识点它就只会出那么几类题，你可以分类记录下来，然后背一背。虽说笨，但是如果没有适合你的方法，这个也是挺管用的。

至于父母，他们有他们的关注点，你有你的关注点，在学校学习的又不是他们，无须在意，干好你的事就行。

——中兴通讯 牛鹏

专家说

孩子，我看到了你的问题很能理解。一个人以前的成绩很好，在新的环境中，如果觉得自己很差劲，就会产生很大的失落感。这种失落感会让自己的心理失衡，在失衡的状态下，就会感觉老师不喜欢自己，特别在意其他人的看法。

在新的环境中，学习成绩没有跟上来，面对父母的时候感到了很大的压力，其实所有这一切，归结到一个核心点都是因为学习引起的。你在学习中存在的困难，感觉自己很努力，也很认真，但是似乎没有收获。

在这里给你的建议如下：

一是因为小学、初中和高中毕竟代表着不同的学习阶段，这些不同阶段面对的学习任务、科目都有变化，所以学习方法也一定要升级。什么才是最好的学习方法？一方面要通过自己去探索、实践，另一方面也可以与周围在某些科目表现比较好的同学进行交流，看一看他们的方法是否对自己有用。

二是可以去和任课老师交流，看他们可以给予你什么样的建议，让你在努力中可以真正把知识掌握好。这样的话就不会浪费自己的时间，不至于做无用功。

三是你要相信，当你掌握了对你有效的学习方法之后，并且通过你现在的努力，所有的成绩都会回到你的身上，所有掌握的知识都不会失去。

当你能够有效学习的时候，你就会感觉到生活的充实，就不会再有自己是混日子的感觉。学习成绩的提升是一个过程，当你循序渐进不断努力的时候，在某一个点一定会有突破，会让你的成绩上升到新的阶段。所以在这样的过程中，除了认真踏实的学习之外，就是要有足够的耐心。

另外，怎么样才能不太在乎老师的看法呢？

其实我们每个人都希望得到别人的肯定和认可，尤其是在上学的时候，因为老师代表着一定的权威性，所以我们希望得到老师的认可，这本身都没有什么问题。但是如果说因为希望得到老师的认可，因此而产生了许多的烦恼，影响到了心情以及正常的学习活动，那在这个时候就要及时做出调整和修正。要知道，老师站在讲台上，每一个学生是什么样的，他心里很清楚，当你的学习成绩暂时没那么好的时候，你可以很努力、很认真，老师也是能够看到的。

要尝试着把更多的关注点放在提升自己上，自然而然地就不会太在意其他人的看法，因为你很充实，你很认真，你很努力，已经没有让你有那么多的时间去在意和琢磨其他人的看法。

——潘新凌中小学生心理健康研究室

困惑 47

失恋了怎么尽快走出来

您好，我是高一年级的学生。现在已经是高一的下半学期，我的成绩也可以，在学校里学习积极性很高，可是一放假我就控制不住自己。父母对我的成绩比较重视，我考得好一点儿只会夸我一次，考得不好整个假期都会记着。他们有时候不理解我，感受不到我的情绪变化。最大的问题是在感情上，我初中八年级下学期和一个女孩子早恋了。可惜的是那是我第一次恋爱，没处理好，给她和我都留下了负面影响，导致了后来的分手。后来又和她分分合合了两次，我的情绪也变得喜怒无常。我比她高一级，毕业之后我们不在一个学校，上周我们彻底结束了，我也删了她的联系方式。对于她的突然离开我有点儿接受不了，整天提不起精神，对什么事都不感兴趣，我该怎么办?

——古浪三中　井同学

学长学姐说

井同学，你好。首先要为你点赞，在学校学习积极性很高说明你是一个会主动学习的学生。

你的第一个困惑是一放假就控制不住自己。首先我要说的是，放假想放松一下，这并没有错。经过一个学期努力的学习，出现这样的需求实在太正常了，没必要觉得不安。但是，要注意放松≠放纵，有的同学一放假就作息颠倒，饮食不节制，通宵上网或玩手机……这些都不是真正的放松，我猜你也意识到这一点了，并想做出改变，这很棒。我高中的时候，会提前把假期要做的事情做个计划，大概划分一下各项事情的时间，比如先留出学习的时间，用来完成假期作业或提前预习下学期要学习的知识；再留出兴趣爱好的时间，用来画画或练练书法；其他时间，就用来休闲娱乐，听听音乐或者外出和朋友玩。你可以根据自己的情况来做计划。有个小提醒是，假期的时候起床时间可以晚一些但作息一定要规律，不要日夜颠倒，还要按时吃饭。

你的第二个困惑是和父母的沟通。其实很多人和父母的沟通都是这种情况，这可能是因为他们忙于工作，也可能是因为他们根本没意识到这是个问题。父母忽略孩子情绪的这种现象，在我们身边太常见了。我的建议是，多向父母主动表达和沟通，也许会对你有帮助。比如考得不好一直被父母念叨的时候，你可以告诉父母这次考试的难度（通过率、全班或全年级的考试情况等）、你付出的努力、没考好和被他们指责时的情绪和感受、未来的打算等。沟通是一个双向的过程，你和父母如果能够理解到对方的感受和情绪，问题也就能解决了。

关于失恋怎么走出来这个困惑，首先，一段健康的恋爱关系一定是积极向上，彼此成就，一起努力成为更好的彼此。这段恋爱，对你们两个的影响都是负面的，现在结束了也是一件好事。既然你们已经彻底结束，那就不要停留在过去了，把关于她的一切都忘掉，向前看。如果心里郁闷，你可以适当地将自己的情绪发泄出来，找好朋友谈谈心或者大哭一场，说出来和哭出来会让你压抑的情绪释放许多。另外，因为你总是想这些才会觉得心烦，做其他事提不起精神，所以你可以将精力放在其他事情上，你现在读高中，首要任务还是学习，不如你全身心去学习，让自己没有那么多时间去想其他的，或者是去做一些自己感兴趣的事情，培养一些兴趣爱好，把学习成绩提升上来，让自己有事可做，时间久了，你就会慢慢走出来的。

——复旦大学　Chris

师长说

首先，你能体会到父母的辛苦及对你学习的重视，应该是一个很懂事的孩子。与父母交流存在障碍是当下中国社会一个很普遍的情况。父母因为自身条件的不足，希望自己的孩子在各方面（尤其是学习）出类拔萃，将自己未来的选择权掌握在自己手中，这是人之常情。但孩子也没错，青春期我们不仅关心学习，也关注自己的生活。建议后续多找与父母的共同话题，比如先从学习展开话题，将你的进步或成绩下降原因及后续打算说给父母听，父母心情好的时候可以再分享其他事。

人生每个阶段都应有一个主要的目标，不管你愿不愿意承认，作为一个高一的学生，当前的主要目标是迎接高考，以获取一个满意的成绩来回报家长、自己以及未来。建议当前可以先从一般朋友做起，以探讨学习中遇到的问题、提升学习成绩为共同目标。退一步讲，即使你们短暂在一起，但高考后人家考中心仪大学，如果你仅考上一般大学或落榜，很可能没有未来。后续如果大家都有意向，一直保持联系，各自考上心仪的大学，以后还是能走到一起的。

——中兴通讯　吕闻

初恋是美好的，我从来不反对学生早恋，因为那是人的本性，是人的欲望，我们不能灭人欲。但是，作为一个过来人，我可以很负责任地告诉你，初中、高中甚至大学期间的恋爱在未来也很少能走到一起组成家庭，你完全可以把它当成你人生中最美好的一段记忆，深深留在心底，偶尔回忆起来，也未尝不是一件美好的事情。你现在的主要任务是学习，学习好了，考上一所好的大学，以后你会接触更多更优秀的女孩子，你的选择会更多，初中和高中的恋爱是青春期对美好的向往，只要尝试过这种滋味就可以了，大学期间可以谈一场轰轰烈烈的恋爱。人生有很多可能性，但是前提都是你要先做好每个阶段你应该做好的事情，比如现阶段，你的主要任务就是学习，当然有心仪的女孩子可以尝试成为好朋友，聊聊天，彼此倾诉内心的想法和秘密，这也是一种美好。

——中兴通讯　柯文

小井同学你好，下面是我对早恋和学习的一些看法。

一、接纳而不是排斥自己的感觉

失恋了觉得难过就好好难过，别管学习什么的。这对自己来说也是一种经历，很多人想体验还没有呢。同时，你慢慢就会发现，几年前非常难过的事，现在已经想不起来。事实是，大多数事情过一段时间对我们不会有什么影响。

二、别让这样的情绪充斥你的一天，合理运用宣泄方法

每个人都会有排解情绪的方法。比如看电影、读书、写字或跟好朋友倾诉。这些方法可以帮助你调整状态，增加你的安全感。

与其放任她每天时不时地出来在你脑袋里逛荡，不如每天规定一个时间，啥也别干，啥也别想，就想她。在这段时间里，把你的情绪发泄干净。时间到了请收拾收拾心情，强迫自己去做该做的事。

三、因为你还有大把的时间

不是说你现在才高一，所以还有大把的时间去挥霍，而是说你还有大把的时间去遇到更好的人，但“物以类聚，人以群分”，你想要遇到更好的人，首先你自己要成为更好的人，才有可能踏出原有的层次不断向上。

四、把自己放在学习的环境里

我高中心情不好的时候，最难做好的环节是自习，尤其是回家自习。但是，我上课的时候只要把注意力放在老师讲的东西上，就不会再想别的事情。

所以这个时候，别人教你的效果大于自学，因为把注意力放在声音和画面上更容易一些；集体自习效果大于自己学习，因为学习的氛围多少会感染到你。

五、就算失恋真的影响学习，也没什么大不了的

一方面，学习成绩是可以追上的。我高中晚自习的时候曾经因为心情不好一道题都写不下去，因为没听课作业不会做，只能抄别人的。

另一方面，失恋对人的负面影响不局限于高中。也就是说，如果你学不会控制情绪，在人生的任何阶段，失恋都会一定程度地影响你做自己想做的事。从长远来看，早点经历不失为一件好事。

六、写在最后

无论人生处于哪个阶段，都有轻重缓急。在高中阶段，高考便是最急切的事。失恋怎样才能不影响学习？这是一开始就应该考虑的问题，并且不仅仅是考虑这一个问题。恋爱与学习如何平衡？若是热恋影响了学习怎么办？我是个处事干脆的人吗？我有没有能力面对其中可能发生的变故？若连这些最基本的问题都没有考虑清楚，只是两个人一拍脑门便选择在这个时间段沉溺于卿卿我我，我不认为这样的感情能够长久，值得付出，配得上被称为“爱”。

人生不可能只有一次恋爱，同样人生也可以有不止一次高考。或许你每一个遇到的人，都会比上一个更适合你；但你每一次高考，无疑都要比上一次付出更大的代价、更多的勇气，还不一定能得到比上次更好的结果。

在现阶段，孰重孰轻？

最后，别说什么我才十几岁，我不该承受这些。人不能只想着享受甜，而不想承受背后的苦。这是你自己的选择，也是你自己必须要承担的后果。等你长大了回过头看看现在的问题描述，大概会觉得自己幼稚得有些可爱。

——中兴通讯　郭华

专家说

青春期有一个很重要的任务——寻求身份认同。你处于高一阶段，属于青春期中期，这个阶段，大多数青少年会以探索和试验方式探索自己的身份。谈恋爱就是一种对自我身份的探索尝试。“我喜欢什么样的人”“我在恋爱对象的眼中是什么样的”“别人会因为我的什么特点而喜欢我”“成为别人的男朋友/女朋友是什么感觉”等都是恋爱所带来的自我认识的拓宽。这个过程，青少年对自己的认识会投射到另一个人身上，当恋爱对象高度认同、肯定自己时，就会认为自己很棒；相反，当恋爱对象不认可、不关注自己时，就会认为自己很糟糕。正因为这个时期，青少年对自我的评价缺乏稳定的标准，还无法客观地评估自己作为学生、朋友或恋人的价值，而更倾向于把评价权放在外界的人和事上，例如父母、恋人、喜爱的老师等。每一个人都有自己的需求和标准，每一件事都有可能成功或失败，所以别人的评价会带来青少年情绪较大波动，更容易出现别人认为的“喜怒无常”的状态。

从你的描述可以看出，父母更倾向于用成绩对你进行评价，考得好会夸奖，考不好会长时间记着。而你又通过他们的这些反馈来判断自己的才能和能力，当夸奖时，你可能会认为自己很棒，然后表现出很自信，很高兴；当他们因为你考不好而表现出不满时，你可能会认为自己很差劲，继而表现出不自信、闷闷不乐，甚至发脾气等。也正是这种对外界评价过于依赖的身份认同，在恋爱中你也会倾向于从对方的一言一行中寻求自我价值感。当对方认可你、关注你时，你会认为自己很棒，对自己充满信心；而当对方不认同你的做法或观点，没有及时关注你的需求或情绪时，你会容易陷入负面情绪，患得患失，情绪波动大，让对方难以适应、疲于应付。尤其对方年龄比你小，同样处于身份认同的探索过程，同样需要来自重要他人的反馈以获得自我价值感时，双方的需求就会出现错位。青春期的恋爱，像“狂风骤雨”般热烈，但又往往因为太过激烈而难以为继。

一段感情的结束，给人带来的痛苦和冲击来自对自我的否定。人们往往认为是自己不够好才使对方离开，所以这种对自我否定带来身份认同的坍塌，会给人带来很强烈的负面情绪。女朋友的突然离开，对你来说，就像吃习惯了的路边摊，虽然你经常挑剔做的东西不好吃，但你知道饿的时候它总是在那儿，你不会饿肚子。但有一天，这个路边摊彻底没了，饿的时候再也吃不到它了，心中的失落不可谓不大。恋爱，即便给人带来痛苦，也让人欲罢不能，因为痛苦的同时还有期待。失恋，代表期待没了。重新适应遇到好吃的东西无人分享、遇到有意思的事情无人诉说、遇到挫折无人安抚的孤单世界，确实让人“整天提不起精神，对什么事都不感兴趣”。

正因为痛苦，所以人才会反思，才有可能成长为更好的人。从你的描述中，我窥见成长的苗头。你能意识到自己情绪的波动来自父母对你学业表现的反馈，你能反思自己“没处理好”恋爱关系导致分分合合。你没有将分手的原因归咎于她人，而能反思己过，说明你具备一定的反省能力。此外，即便你与女朋友分分合合，情绪波动大，但学习成绩没有受到太大影响，而且对学习保持较高积极性，说明你有较好的自控能力，没有因为谈恋爱而荒废学业，在恋爱和学习两件事上有明确的边界感。这都是你很大的优势。

我建议：

一、保持健康饮食和适量身体锻炼

情绪低落时期，不必过分强迫自己要尽快恢复。人的身体恢复有自己的节奏，过分强求只会适得其反。饮食作息尽可能规律，让身体获取充足的营养。每天进行适当的有氧运动，让大脑释放内啡肽来抵抗负面情绪。

二、以信托思

突然与亲密对象失去联系，会让人的情感处于没有着落的状态，这个时候，可以将自己的感受、过往的点滴等通过书写的方式宣泄出来。记得一定要用纸笔书写。

三、寄情于学习

古人不愿纠缠于俗世的纷扰时，会选择寄情于山水，以获得身心的平静。假如你目前对学习依然保有一定的热情，尤其那些能让你在学习时有愉悦感、成就感的科目，不妨以此作为调节情绪的“药”，毕竟多服用还有益身心。

——广美附中心理老师　周莉斯

困惑 48

喜欢的女孩子让我有了学习的动力，我要不要表白

您好，我是一名高二的学生，最近因为之前都是在荒废日子，所以在剩下的日子里我想努力学习，因为我有了喜欢的女孩子。那个女孩比我优秀，让我有了要学习的动力，让我把学习当成一种享受。可父母说高中不应该想这些，应该把心思放在学习上。但我觉得我会因为那个女孩变得更加优秀。因为只有一年半就要迎来高考，我害怕如果我表达心意的话，会影响到她，这是我不希望看到的结果，我希望她能更好。所以，我该怎么面对父母，我该怎么面对那个女孩，我的想法到底有没有错，我应该怎么办？

——平坝一中　王同学

学长学姐说

你的想法没有错，青春期的萌动是最正常不过的事情。作为过来人的我们，在你的这个阶段，同样会有心动、喜欢一个人的感觉，会因为他的优秀或者一些其他美好的点被深深地吸引。甚至上了大学、读了研究生之后，我还会很怀念这样一段单纯、美好的、洋溢青春气息、充满纯粹情愫的岁月。很重要的一点，我深深地知道，喜欢一个人，特别是很喜欢很喜欢的时候，会迫不及待地想见他，想告诉他自己的心意。但我要为你点赞：你会考虑到如果自己表达心意可能会影响到她，这说明你是个很善良、很体贴、很为人着想的人。

如果你问我要不要去表白，我可能没办法给你准确的答案，因为你的事情应该你自己做主，但我可以为你提供一些我的真实想法。“喜欢”这个词很美好，同时也很有力量，正如你所描述的，它给你带来了学习的动力和干劲儿，它让你想变得更加优秀。变得优秀之后，你就更有可能更有机会接触她，她也会因为你的巨大变化而对你产生好奇，会想要认识你。如果是这样，学习很有可能就会成为你们的共同话题，你们会因为怎样能把学习成绩搞得更好而结缘。接下来会发生什么不得而知，但是你们有了更多的接触和更深入的了解。

——华南师范大学　王晓咏　路柯明　李幸凤

师长说

学习是要学的，恋爱也可以谈，但是你一定要明白这两者没有什么关系。你说之前的日子荒废了，现在想好好学，这很好；学习的动力是喜欢的女孩子，这个就有待商榷了。如果人家不喜欢你，拒绝了你，那你还学不学了？不要把学习和谈恋爱或者其他事绑定在一起，这是过来人的经验。学习，上进，变得优秀，这都是会让你一直受益的事情，与别人无关，你应该单独考虑这个问题。另一个问题是，高中要不要谈恋爱？一般来说家长都会反对的，事实是高中就是有很多人瞒着家长谈恋爱。不谈结果，站在高中生的角度，我觉得可以谈，但一定要适度，想清楚后果。比如你去表达心意了，对方接受了你没有问题，如果对方不接受你，你能不能接受这个结果？如果你接受不了，心态崩了，学习也不想学了，那建议你还是别去了。如果你开始谈恋爱，你要记得你能投入到恋爱上的精力是有限的，因为这个阶段你必须把主要精力放在学习上，很多年轻人在这个阶段谈恋爱都很急，投入大量精力让感情迅速升温，觉得这一眼就是一辈子了。无数的经验告诉我们后面的日子还很长，会出现很多变化。一定要时刻注意不要让自己心理上产生负担，不要让自己身体上受到伤害，控制自己投入到恋爱上的精力。比如说你担心影响到这个女孩学习或是什么的，你真的这样想吗？你应该先考虑自己，不要让自己受到影响，不管是你的心理状态还是你的学习。如果你时刻关注自己的心理状态，你的学习也没有受到影响，甚至如你所说学习还更好了，那你谈恋爱就算不让父母知道也没什么问题，但是一旦事情的发展超出了你的预期，失去了控制，那你一定要让身边的人知道，包括你的父母。有时候你有很多困惑，你应该和身边的人多交流，如果你不想和父母说也可以和朋友说，在交流中你总能得到一些答案。

——中兴通讯　田大为

王同学你好，我曾经遇到过跟你一样的情况，我当时的选择是默默地喜欢着，到了高中毕业才正式表白（但也会通过 QQ 跟那个女生保持一定的联系）。因为我们当时是住校且不在同一个班级，又没有手机，所以就每周末回家的时候跟她在 QQ 上聊聊有的没的，但从来没有表白。原因是我不想给她带来不好的影响，毕竟恋爱当中有快乐也会有矛盾，实话说还是会影响到学习的。因此我个人的建议就是，维持现状，继续以她为榜样努力学习，变成更优秀的自己，等到高考完再表白。以上仅为个人建议，希望对你有用。

——中兴通讯　苏冬良

你的想法没错，但是要分清主次关系，目前对你们来说谈恋爱并不是紧迫的事情。首先，如果你表白她不接受的话你还有动力吗？倘若她接受了，她还能心无旁骛地学习吗？如果她还能继续高效学习，这件事会不会被老师知道？老师知道了一定会干预，这会不会影响到她？老师多半会通知她的父母，这肯定会影响到她。

经过上述分析，有极小概率你表白了还不对你们产生坏的影响。在目前这种情况下，你想拼拼运气吗？因此我建议，你什么都不要做，待高考结束后再找机会。

——中兴通讯　牛鹏

专家说

王同学：

我看到了双重的好消息。

第一个是在剩下的日子里你想努力学习。

第二个是你有了喜欢的女孩子，而且很优秀，让你有了学习的动力。

祝贺你有了这样纯洁美好的情感，每个青春期的孩子遇到了这样的情感，都会觉得自己有了喷薄欲出的激情，有憧憬，有干劲儿。

还有一年半就高考了，你害怕如果表达心意的话，会影响到她。

正是因为还有一年半就高考了，你现在去表白，你们并没有时间和精力去约会谈恋爱，对不？所谓的表白，就是让对方知道你喜欢她，并且想知道她是否也喜欢你。其实要想达到这个目的，有太多好的方法了。

你们作为同学，会有接触的机会，先慢慢增进彼此的了解。同时，在这个阶段，你还是需要把你的能量集中使用到你的学习上，等你在学业上有了傲人的成绩，女孩子一定会对你另眼相看的，到那时再表白，岂不是增加了成功的机会？

最优的策略是化激情为动力，提升成绩。通过努力，你的成绩的提升也许很快，也许不如想象中的快，都要做好心理准备。遇到挫折也不要气馁，总会有解决方案的。你努力的过程本身就是你的加分项。

在这个过程中，既要对爱负责，对爱的人负责，也要对自己负责。

无论如何，这个奋斗的过程本身就是人生中很宝贵的经验，祝福你，加油。

——正面管教导师　杨健

困惑 49

我不想错过炙热的恋爱，也想要光明的未来

我就想知道高中的恋爱能一直在一起吗？足够努力的话，从校服到婚纱的恋爱会成为现实吗？我现在高一，我同桌是个很温柔的男孩子，学习也很好，很聪明。我们现在在谈恋爱，大概两个月多了吧。他是第一次谈恋爱，对我很好，什么都顺着我。他因为一些事情安全感很低，所以在人多的时候他总会一直看着我，怕把我丢了。他虽然每天白天大多数时间都陪着我，成绩却没有下滑，我的成绩也因为他的督促和辅导而有所进步，目前我和他成绩的差距从最初的 300 多名变成了 100 多名。但我就是觉得这样会耽误他，想跟他分手，让他把心思放在学习上，我觉得分手之后他应该会更优秀。但是当我前几天跟他说分手时，他牵住了我的手，牵得很紧很紧，眼睛里有泪光，说："不要分，好不好？求你了，我想和你一直在一起。"我心软了，就没再提分手，但我还是觉得高中的我们没能力去爱，而且从校服到婚纱的爱情太难了，我们根本不可能。我现在觉得我欠他很多，但是我实在没办法去弥补，只能他给我买了东西之后把钱给他，我骗他说：

我要跟他结婚，所以要给他省钱。但其实是我觉得我们并不能在一起，我不能乱花他的钱。但他真的对我很好，就连有次他父母吵架闹离婚，他心情很不好都没告诉我，我却因为他两节课的时间没跟我说话就跟他发脾气，他当时很难受，但还是耐着性子哄我，我觉得他给了我他能给的最好的东西，但我什么都给不了，就觉得欠他好多，我真的很喜欢很喜欢他，我真的很希望我们能一直在一起，但是能吗？我该怎么办？

——古浪一中　蓝蓝

学长学姐说

蓝蓝你好！看样子你最近因为恋爱和学业的问题很苦恼，而且这两样对人生来说都很重要的议题，你选择了“我全都要！”其实你的苦恼让我想到了我的高中生活，一开始我的学习成绩并不太好，当时我暗恋一个成绩很好的男生，为此他曾一度成为我的学习动力，我希望我也是一个优秀的人。因为他，我当时进步了300多名，高三考进了年级前十！直到现在，你恋爱的时候学业没有放下，有了很多进步，就这点来说，你做得不错，好的关系应该是促进两个人共同成长的。

姐姐今天不想说教什么，而是想告诉你一个概念，叫作自我同一性，它代表了你对职业、价值观、人生观等的看法，关于你对自己的认知是否稳定，关于你想成为什么样的人。这是心理学家埃里克森提出的在青少年阶段，也就是你这个年龄阶段需要解决的关键问题——建立良好的自我同一性。而学习、读书、好的大学生活、社会实践、与老师的交流等可以帮助你建立一个健全的对自己的认知，这样的认知，是好的恋爱关系的基础。因为在下一个阶段，成年早期，我们面对的关键问题就是——体验亲密关系。好的恋情的前提是有健全的自我。有更好的自我同一性，在进入一段亲密关系时，我们会有更好的体验，也才能有好的亲密关系。

我关注到你说男朋友很没有安全感，也说应该以学业为主，但是男朋友不想和你分手，或许你可以把你的担忧和想法和他好好沟通一下，你也可以把你学到的有关自我同一性的知识和他讲讲。不论是爱情还是友情，好的关系都需要我们去维护去沟通。希望你们能在交流中商量出一个可以共同解决问题的方式。在没有能力给出承诺的时候也不要想得太久远，把目光放到现在，如果想要有一个共同的未来，是不是先做好自己，有自己的学业，未来有自己的事业，才有足够的底气去相信光明的未来呢？

最后姐姐想提醒你，人的精力是有限的，日常生活中我们或许要在很多选择之间权衡，这不是说必须要完全舍弃一个，而是要分辨不同的时期哪个是重点。好好学习产生的结果，是你成年之前能通过努力送给自己最好的成年礼物——一份大学录取通知书。这是你的成就，谁也拿不走这份汗水浇灌的辛勤劳动的成果。

我在谈恋爱的时候也经常觉得自己不够好，会觉得别人给我最好的，我做的却不够多，觉得我不是好的女朋友。但事实是因为他喜欢你，因为你值得这样的喜欢，所以他做了这样的事。我们努力去让自己变得更好，目的不是让别人喜欢你，而是你自己会更加喜欢你自己，你会逐渐成为一个独立的、有魅力的、自信的女孩子，逐渐学会在未来能够为了自己的感情和爱去勇敢追寻。

——华南师范大学　王晓咏　路柯明　李幸凤

师长说

首先，高中的恋爱能否一直在一起取决于彼此的毅力与选择。有的人选择了放弃，实现了自己追求的目标却错过了那个爱他的人。有的人选择了坚守，获得了想要的爱情却被爱情的甜蜜冲昏了头脑，荒废了学业，无法实现自己的目标，最后甚至不得不放弃自己喜欢的女孩。当然，也有爱情与学业双丰收的，他们把彼此的喜欢变成前进的动力，暂时把这份美好搁置，彼此约定大学校园再续，努力学习，成为更加优秀的自己。看了你的来信，发现你内心的纠结来自不确定，你不确定他是否会因为你们的爱情荒废学业、迷失方向，不确定你们是否彼此能坚定内心一直把这份爱延续，甚至不确定你在这份爱情里能给他什么。站在旁观者的角度，我觉得你不必过于担忧，你们的恋爱不但没有使他的学习成绩下降，相反促进了共同的进步，可见炙热恋爱没让你们迷失头脑，可见你们的这份感情暂时是可取的，那何不像我前面说的那样，成为彼此的光？当然也要防微杜渐。

其次，你才高一，所说的校服到婚纱的感情太难、给不了他什么不是你现在该考虑的。你们现在要做的就是彼此相互支持，一起并肩前行，等到高中毕业以后进入大学校园，那个时候你们就有能力去爱了，而且家人也会祝福你们。

最后，悄悄告诉你，校服到婚纱的恋爱是可以成为现实的，加油！

——中兴通讯　王先定

专家说

蓝蓝同学：

你好！

你问“高中的恋爱能一直在一起吗？足够努力的话，从校服到婚纱的恋爱会成为现实吗？”这个问题我给不了确切答案，现实中有从高中恋爱到最后结婚的例子，也有很多高中恋爱最终黯淡收场的例子。这主要取决于两点，一是彼此是否真心相爱，二是彼此是否有能力去爱。

首先，我想说的是，你们这个年龄，对异性产生好感、喜欢乃至爱慕，是非常正常的事情，不要因为自己产生了这样的感情就觉得不对，甚至有罪恶感。人生如花，爱情如蜜。当你知道这个世界上有一个人那么喜欢你、在意你，而你恰好也很喜欢他，这种感觉是非常美好的。如果你现在选择结束你的恋情，只是因为时间不对、能力不够，不是因为爱情本身不对，在未来的人生中，你也依然要保持追求爱情的愿望和勇气。

其次，你可能要认真思考一下，你是真的爱对方，还是喜欢他。青春年少时，往往不容易区分“喜欢”和“爱”的差别。爱情是身心成熟到一定程度的个体对另一个体产生的有浪漫色彩的高级情感，它具有成熟性、利他性、排他性、生理性等特点。你说很喜欢很喜欢他，这种喜欢是否真的就是爱情呢？喜欢，有可能只是一种因为他喜欢你而产生的感动，也有可能只是喜欢被人呵护的那种感觉。你觉得“你什么都给不了，觉得欠他好多好多”，这种心态，似乎不应该出现在成熟的爱情中。

最后，也是最为重要的一点，彼此是否有能力去爱。你在信中也会说“高中的我们没能力去爱”“我们根本不可能”，说明你对这个问题是有思考的。这种能力，不仅仅是指物质上的、时间精力上的、环境上的因素，更主要的是指心理上的能力。爱情不全都是美好的，也会伴随很多的烦恼、矛盾和冲突。爱情中也会有很多的误区需要避开，例如，在爱中失去自我、想绝对占有对方、盲目的嫉妒和猜疑等，都是爱的误区。为什么有的爱情让双方彼此滋养，越来越好，而有的爱情却两败俱伤，跟心理上是否具备爱的能力密切相关。

这种心理上爱的能力，很重要的一点是源于稳定的、成熟的自我。爱情的悖论，就是既要最大限度地给予，又要在最大限度上意识到自我，并保有自我。如果没有稳定成熟的自我，是难以完成这一任务的。著名心理学家埃里克森提出了人格发展的八个阶段理论，其中你们这个年龄是自我同一性对角色混乱阶段（12—20岁），然后进入亲密对孤独阶段（20—25岁）。也就是说，你们这个年龄最重要的任务是发展自我同一性。等到自我同一性建立了，才进入下一个阶段，建立亲密关系，发展爱情。因此，双方的自我同一性是否建立是发展爱情关系的心理前提。如果两个人的自我同一性都建立好了，哪怕只有16岁，也有能力去迎接爱情，有可能完成从校服走向婚纱的过程。但16岁的少年建立自我同一性并不容易，绝大部分是做不到的，所以，也就注定了绝大部分的高中恋情并没有美好的结局。

所谓自我同一性，是指个体尝试把与自己有关的各个方面统合起来，形成一个自己觉得协调一致的自我整体。如果积极的自我同一性得以形成，个体就有了明确的自我观念和自我追寻的方向，知道“我是谁，我从哪里来，我到哪里去”；如果不能获得自我同一性，或者形成了消极的自我同一性，生活就会缺乏目标和方向，感到彷徨和迷失，容易成为精神空虚的人。所以，要拥有美好的爱情，先要发展成熟的自我。如果从这一点来衡量，也许你和他，现在都还不具备这种爱的能力。你说他的安全感很低很低，你自己对未来也没有什么把握，在这种状况下进入爱情，是有很大风险的，有可能让你们本来就不成熟的自我更加混乱。

选择权在你自己手里。希望你认真思考上面的问题，再做出你自己的选择——一个对双方的成长都有利的选择。如果选择继续，请把爱情的力量引导到自我发展的方向上来，在爱情中彼此促进；如果选择分开，也请先建立好自我同一性，让自己具备爱的能力，为今后进入爱情奠定强大的心理基础。

——华南师范大学心理学教授　刘学兰

困惑 50

新高考怎么选科比较好

您好，我是一名高一学生，我们这一届刚好赶上新高考，还有几个月就要分班了，我不知道该怎么选择科目，各种组合的优缺点我都了解过，家长、校长也说新高考就是要按自己的能力去选，自己喜欢哪一门就选哪一门。可是我觉得物化生这个组合最好，刚开始我就把专注力放在了物化生上了，但压力很大，其他的组合我又觉得能力不够，害怕选其他组合跟不上。我不太擅长记忆这方面内容。还有就是我们学校有两个尖子班，我是其中一个班的学生，我害怕分班之后不能分到这个班里。我不知道该怎么选，您能给我一点儿建议吗？另外，我的性格比较内向，朋友不是很多，担心分班之后交不到朋友。

——古浪三中　陈同学

学长学姐说

同学你好，很高兴能解答你的问题。

首先是关于选科的问题，大概有三个方面的思路可供参考。第一是学习的性价比。新高考按照排名折分，按照经验来看，许多学习基础较好的同学选择物化的概率较大，竞争更为激烈，投入的时间和最后的分数可能存在较大悬殊。你目前更倾向于理化生的选择，也就是老高考中纯理的选择。这个选择选科时更有优势，但是与之相应的，竞争压力也更大。面对这种情况，我觉得最重要的是对自己的能力和效果进行评估。在大多数情况下，高考的选拔是相对的，不是绝对的。尤其是在折分制下，对于自己成绩好坏的判断可能要以其他同学为参照（不是要鼓励大家和别人“攀比成绩”，而是希望大家仔细衡量自己的能力，从而得到成绩层面上的最优解）。第二是未来规划。目前阳光高考网上已经可以查阅 2024 年高校选科的要求，如果在大学中有意向学习理工农医专业的考生，物理 + 化学 + X 是比较好的选择，在医学、食品、农学、生物中生物也很重要。而文史哲、教育学、法学等专业选课限制较小。第三是兴趣评估。兴趣是学习的动力，但是在高中阶段很容易对某些学科或专业产生“伪兴趣”。受到影视剧或是某些网络段子的影响，我们更容易关注到某些学科的“高光点”，可能是一个特别有趣的概念或是神奇的实验，也可能是看似光鲜亮丽的职业选择。大学中每一门学科都非常完整，甚至有繁杂的体系和知识，如果当初仅仅是基于某种想象而做出选择，很有可能之后会后悔。关于这个问题，可以请教一下大学中正在学习相关专业的学长学姐，增加了解。

然后是关于人际交往方面的困惑。首先想分享的一点是内向的性格与交朋友之间没有必然的联系。在高中时，学姐也是比较内向的人。我们高中时经历过两次分班，刚开始时，在新环境中都不太适应，但是时间是很好的调和剂！所以对于这个问题不用太担心，有共同话题或是善良、真诚，或许才是许多同学的择友标准。还有就是，无论在高中还是大学，与自己相处都是不可避免同时也是不可或缺的能力。有很好的朋友当然是一件很幸福的事情，但是如果你暂时没有找到他们的话，也要学会在自己的小天地中寻找快乐。

希望我的回答能对你有所帮助！

——北京大学　学长学姐

陈同学：

你好，我今年读大一，刚刚结束高考，现在就读于复旦大学中文系。我的选科是政史生，在一所理科较擅长的高中里算很少见的组合，也有过和你一样犹豫的时刻，但最终还是听从本心，也收获了不错的结果。我认为选科要从两方面考量，一方面是兴趣与能力，既要根据主观情况选擅长的，也要根据客观情况选最适宜的，物理、化学考高分的难度的确客观上会大于政治、历史，或许可以先认真尝试学习历史或政治一两个月，看看结果如何再判断。另一方面要结合目标专业的选科限制进行考量。我从高一起就认识到了自己不喜欢学理工科，也因而不在意不选物理会报考不了许多专业（主要是理工科）。当然，不同地区的高考政策与分数特点都不同，还是要结合老师的建议再判断。

关于交朋友的问题，其实我也是个比较内向的人，但初高中到大学一直很幸运，都碰到了关系很好的朋友。内向和外向并没有高低优劣之分，我感觉只要为人真诚，缘分自然会来。当然，也不妨适时地勇敢一点点，热情一点点，或许会看见不一样的世界哦。

以上是我的一些并不成熟的建议。祝你学业顺利，生活开心！

——复旦大学　赵其姝

师长说

陈同学，你好！专业方面，可能给的建议并不是很多。

物化生这三科就是传统的理科，我之前学的也是这三科。优势一：高考的专业覆盖率比较高，除了偏文科的专业外，其他都可以报考；优势二：这三科比较相近，一旦学通了，很容易拿到高分。但是优势的同时也是劣势，优势一对应的劣势：专业覆盖率高，选择的人也会多，竞争会比较激烈，心态比较重要，别被打击到，相应的高考分数也会高；优势二对应的劣势二：纯理科后期的公式多，计算也多，化学和生物需要记忆的也不少，初中接触的物理和化学都是比较基础的，高中后期如果跟不上还是比较痛苦的，而且是那种有力气使不上来的感觉。

看你的描述，你一直努力的是这三科，且在尖子班，如果对自己有信心，调整好心态，可以一直坚持下去。

至于分班的问题，这个就仁者见仁智者见智了。我之前有同学分到尖子班成绩反而下降了，说是受不了那个竞争的氛围，自己主动退出了，有的同学就觉得很享受那种下课都不休息的拼命状态。

真想要分到尖子班，如果是按照成绩划分，可以评估一下自己的成绩，看看自己在全年级的排名，理科学生要有理科思维，用数字说话。

朋友方面的话，这个不用担心。以我为例，我性格也是内向的，平时话也不多，和谁关系都还可以。每个阶段都有“当时”的好朋友，初中的几个好友，同吃同住的那种，高中三年都在学习，根本就没有时间联系，考大学也不在一个地方，之后就断了联系。高中的几个老同桌，加上当时的室友，在考上大学之后都天各一方，大学假期还有时间聚一聚，但是毕业之后，除了谁结婚能给个消息，其他时间想联系都没有时间。大学关系比较好的几个同学，目前除了在一个市的还能出来吃吃饭、聚一聚，其他的在微信上几个月也说不上一句话。大学一个宿舍只有四个人，关系也很好，但是除了刚毕业第一年在一个同学的婚礼上聚会，四个人就没有聚齐的时候。毕业之后，你就会发现，同学中，能和大部分人经常联系、经常走动的，都是有钱有闲的那种人。高中阶段的主要任务还是学习，太多的朋友反而会分心，而且真心的朋友有几个足矣，真正的朋友不会因为你性格内向而不和你接触，反过来说，性格外向交到的又都是真心朋友吗？

——中兴通讯　姜智航

你好，我是一个高三学生的妈妈。对于选科，我还是觉得喜欢很重要。“喜欢”是能内驱你自主学习的原动力。物化生是纯理科，是我们国家基础学科，同时这个组合也是学霸的组合。很高兴你已做了物化生的选择，而且是经过了思考后的选择，也是符合你喜好的选择，一切都非常好的结合到了一起，剩下的就是坚定不移地向你的目标努力。不要害怕未来不是你想要的那些，首先要朝着你的方向努力。对于学生来说，我觉得分数就是本钱，多一分就是多一分选择。就如我们大人有时候说的钱不是最重要的但是钱是过好生活的基础，不要觉得这话太俗，是有道理的。你的分数上来后，你担心的问题都不会是问题。最后，结合我目前的角色，和我一路工作走过来的经验，对你的建议，是你可以适当克服你的内向，放开自己的胸怀，去接受更多原来没试过的，外向的性格在未来的人际交往和职场上都很重要。所以不要因为担心而止步，该向前的，该要调整的，都要勇于去做。

最后，祝你考上心仪的学校！也祝你前程似锦，一帆风顺！

——中兴通讯　王敏

从新的高考报名选科要求来看，物化生是理科专业适配度最高的组合，恰好你也觉得这个组合最好，恭喜！你提到觉得压力大，这是正常的，因为选择物化生组合的学霸非常多，想考到前面是很难的。但是，从另外一个角度看，物化生组合对应的高校和专业招生名额也多，也就是说各个层次的学生会有对应的高校可以上，所以不必过于担心，只要全力以赴，与自己相比有提高就好了。

你担心分不到尖子班，其实是这样，学校分班的目的是分层教学，提高效率；如果能分到尖子班，那么大概率你能适应尖子班的教学节奏和难度；假如不能分到尖子班，那么在普通班里你可能就是最好的，所有的资源、老师的关注度都在你身上，只要你不放弃，哪个学校都有普通班的尖子在高考中考出好成绩。相信学校的经验，付出自己的努力，对于结果顺其自然。

到了新的班级，会遇到各种各样的同学，你怎么就知道交不到朋友呢？不要过于忧虑还没有发生的事情，只要自己积极、乐观、善良，到了新班级也会有新的朋友。再说了，即便交不到新朋友，也没什么大不了的，可能是他们和你并不适配，以后的日子还长，你会不断进入新的环境，上大学，进入社会，有太多的人要接触，会不断有新朋友的。

——中兴通讯　刘小晰

专家说

陈同学，你好！问题读毕，新高考改变以往唯分数录取，对学生进行全方位、立体化的考察，注重培养学生的综合素质和核心素养。新高考模式下，学生可根据个人兴趣、爱好、特长以及拟报考学校和专业的招生要求，以及高中的办学条件，在多种组合中自由选择，增大了考生的选择面，但是这也意味着选科目相当于高考志愿的预填报，意味着考生必须从未来职业规划的角度，做出慎重的选择。作为第一届新高考的考生，你已经是充满勇气的挑战者，为奋斗的你点赞。

就困扰你的第一个问题“做了选科的选择，遇到挑战，换还是不换？”“换了可能进不到所谓的尖子班”，有以下两点分享：

第一，要保持自信的心态，乐观作战。自信是克服困难、赢得高考胜利的基础心态，它是将挫折转化为动力的重要桥梁。一个人唯有自信，才不会在某一次考试失利中否定自己，才不会因为压力就对自己产生怀疑，相反，在面对压力时会有“狭路相逢、敢于亮剑”的勇气。自信会激起你的斗志，给你始终保持奋勇向前的动力。因此，无论何时，都要相信自己，并脚踏实地地走好每一步。

第二，要淡化焦虑的心态，平常对待。家长的期盼、教师的鼓励、梦想的召唤、孤注一掷的决心，很容易催生你焦虑的情绪。要知道任何的选科都会遇到压力，你有较好的自我认知，知道自己擅长什么，也做了充足的外部探索，知道所有学科的优缺点，并且将自己喜欢的学科作为选科，在这样的前提下，你做出的应该会是最适合的选择。淡化焦虑心态，并且以一颗平常心对待，整理科学的学习方法，做好自己的学习规划，集中精力投入到学习中，压力和挑战造成的信心不足会在知识积累的过程中逐步改善。再有关于分班，在新高考模式下会根据学科选择进行班级调整，以前的所谓“尖子班”也会随之消失，你的对手是选择同样科目的同学，但要牢记，最后能打败你的也只有你自己。

就困扰你的第二个问题“我的性格比较内向，朋友不是很多，担心分班之后交不到朋友”，有以下分享：

不得不说无论一个人是不是学生，或是哪个学习阶段的学生，即便是一个成年人，如果到了一个全新的陌生环境也会有很多不适的，因为各种习惯、要求、标准、规范等都是全新的。所以分班后不太能够完全融入，或不易找到朋友，这样的情况是比较普遍的。这不是你的问题，也不是你周围同学们的问题，加上学习压力以及各种各样的要求，大多数同学都会在分班后处于适应阶段。学业负担大，因此大多数同学会把注意力集中在应对学习上。

另一方面，你也可以做出适度的调整，来让自己更好地融入新环境，获取更多的朋友。

首先，要正确地审视自己。性格内向的人往往不会正确地评估自己，总是过分看低自己，从而产生自卑感，这种内向其实属于“假性内向”，只要给予自己足够的自信心，就会很快摆脱不擅交际的问题。

其次，积极地保持微笑。所谓“伸手不打笑脸人”，即使你是真的性格内向，也不想因为改变而丢了自己，那就从和善的肢体语言开始，微笑面对所有的人，提高自己的亲和力，让他人感受到你的真诚，周围同学自然也会愿意与你交朋友。

再次，以诚待人。人的感情都是具有反射性的，你若希望同学们对你友善，你首先要对同学们友善；你若想同学们对你付出真心，你首先就要对同学们付出真心。如果你能待同学们更真诚、主动，将心比心，你就更容易被同学们接受和信任，你的目标就是要更好地与同学们相处，但这并不代表你必须改变自己的性格。

最后，发挥你的性格优势，内向不一定是坏事，因为每个人的性格都不一样，自信地接受性格内向的事实，做好自己，发挥自己的长处，相信你一定能收获很好的友谊。

——途梦教育教研团队

❓困惑 51

老师建议我往应用方面发展，但研发是我的梦，我该怎么办

现在高三了，我最困惑的就是大学的专业和以后的职业选择。曾经我最想考化学系材料专业，但是和老师交谈之后，老师说我不太适合从事科学研究，因为我逻辑思维能力较差，缺乏创新能力，他不建议我从事科学研发，他觉得我更合适从事应用方面的工作，但研发是我做了3年的一个梦，我对应用不怎么感兴趣。所以，现在我对我的未来没有一个明确的方向，不知道未来应该做什么，对其他专业的了解也不足，我不知道什么专业更适合我，这让我很困惑。

——思南中学　汪同学

学长学姐说

汪同学：

你好！在我看来，“喜欢的专业”比“适合的专业”更重要。人的潜力和能力是无穷的，你才上高三，今后的10年、20年，有的是时间和机会培养和锻炼自己的能力。不可否认，世界上有天生逻辑思维强、富有创意的人，但更多人的创意和思维能力是在日复一日的训练和过去的经验中得来的。就像我们解一道思路比较新颖的数学大题，焉知另辟蹊径求出来的同学到底是得益于脑子里的灵光乍现，还是由于扎实的知识基础和做题经验呢？

我不清楚老师认为你“逻辑思维能力差，缺乏创新能力”是基于专业的职业评估测试，还是从与你的相处中得出的结论。若是前者，虽然评估有一定的参考价值，但并不能左右你的选择，因为每个人的情况都是独立而复杂的，因热爱而付出的努力可以弥补天生性格或能力方面的不足。如果是后者，别人对你的判断往往是片面的，因为我们承担不同社会角色时想要展现的自我以及最终别人看到的“我”都是不一样的。或许老师根据你一次回答问题时差强人意的表现而给你下了判断，或许他是拿你和其他逻辑特别缜密、创新能力极强的同学做了横向对比……总之，老师的话可以作为审视自己身上不足的钥匙，但认为自己“就是这样的人”为时过早了。

再者，或许是我对材料专业不太了解，我一直以为，研发工作更加需要能耐得住性子摒得住气，创新能力倒是其次，毕竟研发总是一个团队在一起工作，大家互相弥补对方的不足，并不需要每个人都能创新。

最后，要恭喜你已经拥有了心仪的专业！在高三阶段，能有一个“白月光”大概是补给疲惫精神的最好养料。坚定信念，你会发现你远比想象中的要厉害。

祝生活愉快，学业顺利！

——复旦大学　徐铃芷

师长说

汪同学你好，这件事需要分几个方面来讲：首先，研发和应用不是对立的，而是相辅相成的，在应用过程中需要不断地研发，才能提升应用的效率/效能/认可度；而在研发的过程中，也需要掌握应用的知识，才能找到更有效的研发方向，因此，不建议简单地将专业/未来工作区分为研发或应用。其次，当前专业的选择，并不能决定你后续是否从事研发工作，绝大多数理工科专业都需要研发，而大部分同学基本上都是在大三才来最终确定这件事（是否考研继续深造），因此，不要过早地担忧和焦虑。再次，专业的选择，建议结合兴趣/国家发展方向/就业前景来考虑，兴趣是第一位，结合国家发展方向是顺势而为，就业前景可减少后顾之忧，参考你提到的化学材料专业，建议你可以考虑新能源、芯片相关职业。最后，相信自己，祝高考顺利！

——中兴通讯　阳耀萍

汪同学，你好，我本人是一个本科学材料、研究生学有机化学的现在毕业工作了三年的人，对这两个方面都有所了解，这里回答下你。

你的问题主要是不知道自己适合什么，不知道选择什么专业及不知道以后的发展。

一、选择专业问题

在你高中的时候，你所学的学科知识和大学科研的知识完全不一样。举个例子，高中的时候，化学其实是一个只需要记忆的学科，死记硬背就能拿高分，但是死记硬背做不来科研。所以你高中时对化学的兴趣可能在大学时候随着学科难度增加而逐渐消失。选择专业需要结合你实际的情况，尤其是家庭条件来选，如果家里没有人能够给你高屋建瓴的建议，自己又没有对特定专业特别感兴趣，请选择一个在将来能稳定获取较高收入的工作。

二、以后发展问题

做科研还是“找个班上”？这其实不是你这个阶段该考虑的问题。等你上大学，学了专业基础课，进了实验室，搞一两个项目或者课题之后，你才能发现自己的方向。对科研感兴趣就搞科研，想考公务员就去选调、备考，想找个班上就去实习锻炼。

——中兴通讯　张猛

兴趣是最好的老师。

目前我国的教育体系，高中和大学都还是属于基础能力构建的阶段，无法完全决定你未来从事的职业。无论学习什么专业，将来的工作都有可能做科学研究，也有可能做应用开发。

哪些因素可以决定做研究还是应用呢？你大学或研究生毕业后选择的公司和岗位。比如化学专业，如果你选择化纤、炼油、电路板生产工艺，那么它属于应用；如果你研究如何生成一种新的化合物，来推进某个技术方向进步，那么它属于研究；同时如果你在一个应用岗位上做得非常深入，推动其理论进步并在生产过程中得到验证，这又属于研究。二者是辩证统一的。

你想考化学系材料专业的动力来自哪里？对其了解有哪些呢？如果它真的是你的兴趣和爱好，并且你对其有深入了解，那就太好了，说明你有明确的目标。而所谓的逻辑思维能力和创新能力，往往来自对解决问题的执着和坚持，遇到问题时竭尽全力，不断探索解决问题的办法，你就有了逻辑思维和创新意识的基础；具体的思维方法和创新方法都是可以培训和锻炼的。

说一下我自己的历程：初中时我想当科学家，高中时我想研究航天火箭，结果高考成绩不理想被调剂到化学工程专业。在大学又遇上了“计算机热”，我迷上计算机编程，考了计算机软件专业的研究生，最终从事的工作是计算机软件开发。有时候我的工作项是应用性的，有时候的工作项是研究性的。

所以，兴趣是什么很重要，更重要的是你对学习的态度。无论选择什么，都要尽自己最大的努力把事情做到最好。任何时候，只要你到了金字塔的塔尖，就拥有了选择的权利和机会。

加油吧，你现在的目标是在高考中获得优异的成绩！不用过早地为专业所困惑，任何时候“坚持把事情做到最好”都将让你充满向上的动力并最终达成自己的目标。

——中兴通讯　宋汉增

有目标、有梦想是多难得的事，我赞成你为自己的目标而努力！

回到你的问题，我觉得首先需要想想你觉得研发是什么，应用是什么，研发与应用之间是不是有很清晰的界限。研发有可能是向人类未知的某个领域发起冲击，也有可能是将已知的知识想办法应用在生活中。第一种研发一般是在高校、研究院所进行，第二种研发一般在企事业单位中，比如中兴通讯，有近3万名研发人员。对于不同情况，所对应的能力要求不同，你喜欢的研发是哪一种？

高中的学习内容和领域是很封闭的，老师也极少会做科研方法的教授和引导，以高中阶段的学习情况判断一个人是否适合研发，有点儿武断。另外，高中生还处在对自己、对社会逐步加深认知的时期，随着年龄、阅历的增加，你的想法也很可能会变。以后的变是以后的事，现在的你有目标有梦想，就全力以赴去争取，将来如果变了，还有机会纠偏，人生很长，没有谁是18岁就决定了一生的。上了大学可以转专业，毕业工作了可能转行业，现在就按现在的想法去做就好。

如果你对各专业不太了解，可以找高校专业设置的书来看。高校大多是大类招生，到大二再细分专业。更有些高校大一是通识教育，大二再细分，或者转专业很容易，你可以选择这类学校，给自己一些了解和认识各专业的时间。

关于逻辑思维能力，肯定有些人天生比较强，有些人就没有那么强，一方面可以有意识地去培养，另一方面进入大学之后更多的是扬长避短，找自己更擅长的事情去做，而你擅长做什么、喜欢做什么，没有人比你自己更清楚。

不要被这些困扰，还有几个月就高考，全力冲刺，后面有很多机会纠偏，不要分心。

——中兴通讯　刘小晰

你现在的疑问主要是纠结大学专业类型的选择，不管是研发型专业还是应用型专业，都有发展前景。在大学本科阶段的学习还基本是以理论方法学习为主，不需要过多纠结科研型的还是应用型的。这个选择是在硕士报考的阶段才会出现，硕士的时候会区分学术型硕士（培养学术研究人才）和专业型硕士（培养应用型职业化人才）。学术性学位偏重理论研究，培养教师和科研机构的研究人员；专业性学位注重与职业性结合，以实践应用为导向，培养有明显职业背景的工作者，也是你所说的应用型。

高考时候多关注专业的选择，需要选择自己喜欢的专业，有兴趣的专业方向，后续通过 4 年本科学习可以逐步调整是往学术型还是专业型方面发展。其中，首先要分析自己的性格和兴趣特点，看自己是喜欢与书本、机器交流，还是喜欢与人交流。研发更偏重要能耐下性子，坐在电脑和书本前深入研究；应用方面更多需要去关注产品的需求实现，所从事的岗位和人交流比较多，毕竟应用是为人所用。

但不管是应用还是研发，都是需要逻辑思维，这是理工科必备的，逻辑和创新可以在后续不断学习培养。做应用也需要关注用户的使用逻辑、流程、规则、规划等，因为所获取到的应用方案还是需要研发来落实；做研发也要关注实验、步骤逻辑、流程逻辑、方法创新等。老师建议你做应用，是因为在化学材料方面，应用有相对较好的工作前景，毕竟有市场才能有发展。在研发方面，现在国家对于材料等底层技术的投入逐渐增大，也是很好的发展方向。这两个工作的前景不同，研发是在研究所或者大型企业的研发部门，必须耐得住寂寞，去深入学习研究，才能取得成就；做应用在大多数的化工、材料、制造等企业，可以去市场、规划甚至销售等部门，需要你更多去接触人，所见世面也会更广些。

现阶段选择好自己的兴趣专业即可，这个非常重要。后期若要变化，付出会比较多。后续的考研和就业发展可以根据自己 4 年本科的学习情况调整变化。

——中兴通讯　徐志林

专家说

汪同学：

你好。你所面临的挑战是很多同学在高中阶段都会遇到的共性问题：如何做好大学专业及以后职业的选择。值得肯定的是，你提到“研发是我做了 3 年的一个梦”，表明你心中有梦。兴趣是最好的老师，相比大多数同学，你对自己的兴趣已经有了初步的方向和判定，并在通过紧锣密鼓的学习、复习去努力追梦、圆梦。

你提到“曾经我最想考化学系材料专业，但是和老师交谈之后，老师说我不太适合从事科学研究，因为我逻辑思维能力较差，缺乏创新能力，他不建议我从事科学研发，他觉得我更合适从事应用方面的工作”，我想告诉你，老师的建议是基于与学生长期相处、了解、认知的背景下提出的，通常情况下是重要且有益的参考。之所以你变得困惑，往往是由于老师说的一些客观情况同你内心预期有一定差距，让你有些无所适从。如何应对当下的困惑与挑战有以下几点分享供你参考：

首先是提高自信心。当你在干一件事之前，应具备勇气，坚信自己能干好。在施行时，应考虑可能遇到的困难，往往事先在心理上做了准备，当遇到现实落差时不会造成心理上的大起大落。要全面地、辩证地看待自己，正确地认识、评价自己，不仅要如实地看到自己的短处，也要恰如其分地看到自己的长处。同时要记得以勤补拙，知道自己在哪些方面有缺陷，不背思想包袱，以最大的决心和顽强的毅力去克服这些缺陷。此外要学会扬长避短。例如，苏格拉底其貌不扬，于是在思想上痛下功夫，最后在哲学领域大放异彩。无论是科研还是应用，目前都已在你所选大的学科范围和选科内，日常学习中，应注意自我调节，记得选择科研还是应用的钥匙其实是掌握在你自己的手里，立足当下，努力奋进，获取更好的成绩，才能拥有更多的选择权。

再有是要进行自己的职业探索。要知道帮助自己明确职业目标也是有科学的、系统的方法的，即要做好“职业生涯规划”。职业生涯规划最核心的两个部分是自我探索和外部探索。

自我探索有四个重要的模块：兴趣、性格、能力和价值观。兴趣就是“我喜欢做什么”，可以通过“霍兰德职业兴趣测试”了解自己是哪种类型的职业兴趣，以及相对应的典型职业有哪些。性格就是“我适合什么”，可以通过“MBTI 职业性格测试”了解自己的职业性格类型，以及相对应的职业。能力就是“我能做什么”，可以通过“多元智能测评”了解自己的优势和劣势。价值观就是“我认为什么重要”，可以通过“职业价值观测评”了解自己的价值取向。当然，这里提到的四个测试都是工具，对自我的探索还需要结合自己的评价和他人的评价，综合分析，才能描绘出一个更加全面、立体的自己。

通过自我探索和测评，会得到一些与自己的兴趣、性格、能力和价值观比较匹配的职业，然后我们需要通过外部探索，逐个了解这些职业，知道职业的工作内容、工作要求、发展机会、薪资待遇等。

“没有规划的人生叫拼图，有规划的人生叫蓝图。没有目标的人生叫流浪，有目标的人生叫航行。”祝愿你能够找到自己的目标，乘风破浪，扬帆远航！

——途梦教育教研团队

困惑 52

我应该实现父亲的遗愿还是坚持自己的意愿

我是一名高一的学生，来到高中后我满怀激情，因为我离我的理想更近一步了。但是困扰我的问题也越来越多。父亲在去世的前几个星期跟我谈了一下我的理想大学，我的理想是当一名中医，但是父亲希望我可以去军校。虽然也可以当军医，但是我更愿意当一名普通的中医。我是应该去实现父亲的遗愿还是坚持自己的意愿？再者就是我有点儿内向，遇到老师提问题，我知道答案，但我还是害怕叫我来回答问题。在学校里也很少有朋友，不会交流，也不敢交流。

——山丹一中　王同学

学长学姐说

王同学：

你好，首先为你离你的梦想更进一步而开心。

如果是其他同学父母对他们人生的规划和他们自己的想法不同，我可能会告诉他们，人只活一次，为了自己的心愿去活没有问题，稍微自私一些也并无不可。但你和他们有些不同，父亲的遗愿和两种相差不大的未来有时候会让你更加纠结，这样的迷茫并不是矫情和无知。

当我无法和你感同身受的时候，十分抱歉，我不能给你一个明确清晰的答案，但希望我的信件可以让你在进行选择时有更多的参考。

军校作为备选项之一实在是一个很有竞争力的选择。首先进入军校不只是你爸爸的心愿，很多同学的父母甚至同学自己都会梦想进入军校，军校的学杂费用通常较低，甚至有的学校会免除，并且毕业多会安排工作，也就是大家经常说的“铁饭碗”。然而它作为高考志愿来讲本身的难度并不小。你的成绩一般需要达到本省的本科 A 批，其次身体素质和思想理论也是报考军校的重要参考。如果你有有意向的学校，可以在官网上搜索一下他们的招收标准。坦白讲，军校对身体素质的要求会把很多学子拒之门外，身高、体重、视力、耐力、体力……

而做普通的中医曾经也是我的备选项之一。中医是一门比较深而广的专业，学中医并不是想象中每天学习推拿、正骨、针灸，基础医学、植物学、心理学、解剖学等都是中医学生学习中要涉及的。大家常说中医“越老越吃香”不无道理，活到老学到老在学习中医上体现得淋漓尽致，各种新的药方要求你与时俱进。

上面只是客观的选项分析。关于你，请允许我隔几千公里的距离抱抱你。父亲的离去让你成长、成熟，将他的想法纳入自己的考量是一个很成熟的做法，我为你感到骄傲！你在信中提及“虽然也可以当军医，但是我更愿意当一名普通的中医”。或许你自己的答案就藏在这句话里了。如上面提到，军校对工作的分配是很多父母希望自己孩子去军校的一大考虑，你是否有和爸爸交流过他想让你去军校是什么原因？如果是想你平稳生活不愁工作，那姐姐认为当你有能力让自己找到工作的时候，爸爸的担忧也随之而解。

在课堂上不愿举手也并没有错误，但当你知道答案时，勇敢地告诉老师可以助力你进步更快。课堂上实在不好意思在众多同学面前发言也可以尝试将自己课堂中的疑惑写下来，下课找老师解答。至于你的内向性格，每个人都有自己的性格，性格不同的人走在一起才会有五彩斑斓的春夏秋冬。如果你想改变现状，不妨试着从简单的问候开始，与相识同学的招手会慢慢打开你的内心。对了，与同学一起讨论学习中遇到的难题也会让你变得更加开朗，大家一起进步的时候是不会尴尬和胆小的，况且你刚进入高中，我相信 3 年后如果你再看这封信，你的身边一定有一个知心好友陪你一起。当然啦，在此之前，你的身心健康应该是第一位的，不管内向还是外向，自己开心、充实就是最好的状态，不必刻意寻求什么改变。

虽然不太恰当，但我依然想要告诉你，亲爱的小王，我们都只活一次，权衡利弊综合考量是人之常情，但当有了自己的答案就坚定地走下去，不用考虑那么多，每个人都会为你喝彩。如果你的身边无人为你喝彩，请记得我，在远方为你鼓掌加油。

——复旦大学　酥脆蛋卷

师长说

非常惋惜您的父亲不能陪在你身边，看到你成年、成家、立业。建议你坚持自己的意愿，但是否学习医学，甚至是中医，强烈建议你认真思考以下问题：兴趣、能力（记忆能力、辩证思维、观察力、沟通交流能力、疾病的能力）。即便是普通医生（中医），也是“健康所系，性命相托”，如果一定要选择医学，结合国内的现状，西医是主流方向，当然这并不意味着你不可以结合与使用中医知识或诊疗方式。关于父亲的遗愿，如果从事医学，相信你有很多机会以某种方式达成。关于性格内向，实际上在青春期很多同学都会存在这个问题，这也是成长中的烦恼吧。但这是可以学习与改变的，建议多读一些有关沟通交流的书籍或了解专业知识，一点点尝试克服自己的恐惧，一步步跨出自己的恐惧圈/舒适圈，形成一个又一个的正向反馈，把自己变得更好。PS：医学的真谛：有时去治愈，常常去帮助，总是去安慰。这都是以沟通与交流为基础的。加油！

——中兴通讯　于永宁

专家说

王同学：

咱们先说第一个问题：你是应该去实现父亲的遗愿还是坚持自己的意愿。

首先，现在你是高一的学生，还不需要填报志愿，这个阶段的我们成长迅速，一切都不是固定不变的，你还有时间慢慢体会自己的兴趣特长。

其次，无论是成为军人还是成为医生，都需要学习现代科学知识，现在把能量集中用于学习上，暂时放下这些纠结，肯定是正确的选择。

再次，父亲希望你成为军人，一定是希望你此生能有更好的前途、更好的生活。你认真学习，认真工作，让自己此生对社会有贡献，内心获得满足，就是实现了父亲的期待。无论你从事哪个职业，相信看到自己的孩子幸福而满足地生活，父亲会含笑九泉的。

咱们再说第二个问题：你说自己内向，害怕当众回答问题，不会也不敢交流。

我想告诉你一个秘密：这个世界上，有很多人都和你一样，只是他们没有告诉别人。

很多人都得了同一种病，这种病叫作“觉得自己不够好”。

他们只是不了解：其实所有的人，都浑身是毛病。

是的，所有的人，无论外人看来有多么光鲜亮丽。

试着对自己说：我现在有些“害怕紧张”，不敢当众回答问题，不敢和别人交流，有这种感受是可以的，这就是“真实的我”的一部分。

在接纳自己的基础上，我们来看看我们“害怕紧张”的原因。

害怕紧张的原因在于：你试图表现得足够好的愿望和你不够好的自我评价之间有差距。

知道了原因，我们来看看解决方案。

其实很简单，就是缩小这个差距。

告诉自己，我今天就要做一个不敢发言的人、不敢交流的人，我今天就要做一个普通的学生。

一个人越是允许自己不堪，就越是容易从他者的凝视中自我解放。

潜龙勿用，把自己搁在地板上，就不用体验心理上的坠落恐惧。

这样之所以有效，是因为，客观上的你，比你预期中的弱一些，但肯定比你的自我评价高很多。

你只是需要一个放松的状态，呈现你真实具有的能力，而不是获得他人的至高评价。

你选择了用文字告诉我们，坦言自己内心的冲突，这非常需要勇气，还需要智慧，而且你还及时抓住了这次提问的机会。

你既有智慧又有勇气，还能抓住机会，这是你真实具有的能力。

——正面管教导师　杨健

? 困惑 53

我应该坚持自己的目标，还是考虑家人的负担

我是一名高三的学生，我的成绩其实并不好，从高一到高三，梦想也是换了一个又一个，直到高三，我终于坚定了一个想去的城市。某一天，我跟同宿舍的舍友谈到了这个话题，舍友跟我说，她不想去太远的一线二线城市，因为那里人们的生活水平高、物价高，自己家里也承担不起。我又想了想自己想去的城市，忽然开始有点儿不知所措，因为我家里的情况比她家还要糟糕一些，而我想去的城市离家里远，物价也高，我感觉我太不懂事了，一直只想着自己，不替家人考虑，就在心里 pass 了这个梦想。可是离高考就只剩 90 多天了，我真的很迷茫，不知道该怎么办。班里的同学都坚定了自己的目标，而我却再一次成了无头苍蝇，我现在不知道到底该坚持我的目标还是该替家人考虑一下，重新换一个离家近的城市或者直接在省内找一个大学上。

——山丹一中　朱同学

学长学姐说

朱同学：

你好！

在来信中我读到了你的纠结和迷茫，因为我自己也有过类似的感受，所以非常想为你提供一些帮助，我的想法主要有以下几点：

首先，你说你坚定了一个想去的城市，却被舍友的话动摇了。对此我想说，每个人接触信息的来源都不一样，就算在大学，我也常常会听到身边的同学们对同一件事情有截然不同的看法，所以你舍友的看法也仅仅只是一种观点。并不是说她说得不对，我只是想说，每个人的看法都是不一样的，因此不必听到一种观点就将其当作事实或真理对待，把别人的评价作为一种参考可能会更好。那我在这里为你提供另一种参考：我本身也不是来自一二线的大城市，来到大城市上学，确实会有你所说的“生活水平高、物价高”的状况，但是这只是大城市带给我众多感受的一小部分，我感受到更多的是大城市的丰富、多样和它独有的魅力。所以如果想去的话，为什么不去看看呢？再者，选择去大城市上学也不意味着今后一定会在这里生活，而上学期间的费用是完全可以由自己控制的，我见过完全依靠家庭、生活轻松的同学，也见过靠自己的努力实现经济独立，也活得潇洒自在的同学，如果把大学期间的生活费用作为你放弃梦想的理由，我觉得是不太值得的。

其次，对于“不替家人考虑”这一点，我完全不这样觉得呀，你能考虑到这一点已经说明你不是一个不顾家人的人了。或许在人生道路的分岔口，偶尔“只想着自己”，反而就是家人所期望的。如果你的家人事后知道，你因为“可能会”连累家人而放弃了自己的梦想，他们会不会觉得难过呢？当然我也不能断言家人的看法，如果你真的很纠结的话，就去面对面地问问他们吧！

最后，我想就“能怎么做”谈谈我的看法。找到目标固然是很重要的事情，但并不是每一个人在每一个阶段都有清晰的目标，当我们迷茫的时候，相较于踟蹰不前，不妨先动起来，做好当前的事情，就会发现很多事情会迎刃而解，也会慢慢找到自己想做的事、想成为的人。就像现在，还有几十天就要高考了，无论你选择什么样的未来，现在静下心、踏实学习都是更好的选择。

以上的内容只是我个人的一点看法，如果你能有所收获，我会非常开心，但我更希望你能够做出自己认可的、最好的选择！加油啊!!!

——复旦大学　宋同学

师长说

朱同学你好，我的建议是，大学的选择应该是在自己能力范围内选择最好的，不要因为这个原因退而求其次。因为对于非艺术类专业来说，一二线城市公办大学的学费、生活费，跟省内的差距并不大，毕竟你们是生活在校园，学校食堂也是物美价廉，生活水平和物价基本是在工作进入社会后的衣食住行才会体现，而在哪里上大学，并不意味着以后就一定在哪里工作，好的大学就业范围会更广。其次减轻家庭负担的方法不仅有节流，还有开源，比如勤工俭学，兼职实习，努力学习拿奖学金等，一二线大城市的机会可能会更多一些。努力学习吧，祝愿你考上心仪的大学！

——中兴通讯　阳耀萍

要感谢国家，每年国家向高校拨付巨额补贴，越是“双一流”、985、211大学，国家的补贴力度越大，尤其是重点学科。因此对应到学费上个人交的钱和国家补贴强相关，越是名校学费和校内的生活费用反而越低，住宿舍、吃食堂、校图书馆看书、校体育馆活动等和这个城市的消费水平没有任何关系。努力吧少年，在北京、上海、广州、武汉这样的大城市上 4 年大学有更多的实践机会，还能增长见识。

——中兴通讯　乔晓峰

大学里有各种各样的奖学金，看看北大、清华各种各样的“学霸”，家庭条件不好的比比皆是。另外，也可以去打工补贴生活费。贫穷不是绊脚石，很多时候是自己的借口：我家穷，我不增加负担，我就不去一线城市了，所以我考得不好也没事儿，我就随便找个大学上了。这难道不是给自己不努力开脱的借口吗？换个角度想，如果你的父母知道你想去一线城市好的大学，但是碍于家庭条件不敢去，他们会怎样呢？他们会非常愧疚自责，甚至认为自己耽误了孩子的一生。其实什么都不是理由，首先问自己想要什么，愿意付出什么去争取，是否为梦想尽力了。如果做了一切能做的事情还没达成梦想，我觉得这个时候才能说无憾吧。

——中兴通讯　王轶黎

专家说

朱同学：

我不确定，你担心的是上大学这几年的开销，还是毕业之后的开销。

在大学里面，最主要的开销就是学杂费和吃穿、交通等生活费。在学校里，还有机会申请助学金、奖学金，也会有各种兼职勤工助学的机会。

在校园里面，只维持基本的生活，即使在不同的城市上学，开销差别也不会很大。

如果你担心的是毕业之后的开销，那么需要看到我们对自己的生存能力有几分信心。也就是说，你期待自己的人生状态是求生存状态，还是求发展状态？

正是因为替家人考虑，你可以这样想：我的机会越多，收入越多，越能照顾到家人。

如果定义自己没有谋生的能力，终生处于求生存状态，需要啃老，那么无论在哪一个城市，大概都不会生活得好。

遵从你的内心，选择你想要的生活，生活的大幕正在徐徐向你打开，不要被想象中的恐惧束缚住了手脚。

关于高考志愿，三点建议仅供参考：

城市第一。优先选择北京、“长三角”（上海、南京、杭州）、“珠三角”（广州、深圳），其次才是武汉、西安、成都这种超省会城市，再次才是一般省会城市和计划单列市。

学校第二。优先选择综合性大学。综合性大学平台大，即使上了不那么理想的专业，腾挪空间也较大。

专业第三。最理想的专业选择，是自己感兴趣的专业。现代社会分工细化，任何领域能做到专长，都会有很不错的发展。如果不知道自己的兴趣，那么就在自己考分内，尽量选择考分高的专业，倒不是说这些专业以后一定会很好就业，而是要尽量和能力强的同学待在一起。如果考分不够上热门专业，那么就尽量上通用专业，以便以后转换。

祝福你。

——正面管教导师　杨健

困惑 54

因为成绩一般被分到德艺班，但又觉得自己没天赋

我是一名高一的学生，因为我成绩不是很好，所以被分到德艺班学音乐，可我没有音乐天赋，节奏感很差，而且学音乐要花很多钱，我家也不是一个富裕的家庭。但是我父母说只要我考上大学，他们都同意。我不是很喜欢音乐，但挺喜欢器乐的，我之前没有学过器乐，音乐老师说学器乐至少要有两年以上的基础。德艺班还有体育班和美术班，我想过转班，但我不想转去体育班，因为太累了。所以只有美术班可以选，我挺喜欢美术的，可是我不喜欢美术班的人，感觉美术班的同学都不好相处，美术班的老师我也不熟悉。我很喜欢我现在的这个班，这个班的老师都特别好，同学也特别好相处。我害怕转去美术班，自己在美术方面也没有天赋。音乐班老师说我可以先学到高一下，实在不行高二上再转班，如果真的高二上转去美术班，我很怕自己是否可以跟得上。当然在音乐班也可以只学文，但是我没有信心能靠文考上大学，如果靠音乐则会很容易上一个好大学。我不知道我到底要不要学音乐，不知道学音乐以后我会不会放弃，更不知道学美术我有天赋没？希望您能给我一个建议。

——平坝一中　马同学

学长学姐说

马同学：

你好！

整理了一下你的困惑，大致分为以下几点：（1）你认为自己没有音乐天赋，并且担心学习音乐的昂贵费用，不知道能不能作为傍身之技学习下去。（2）你因为父母的期望而希望自己能够考上大学，但面临多种不确定性因素。（3）你在犹豫要不要转班，进行另外的学习。

很遗憾，我走的是理科高考这条道路，所以我并不能完全理解你的困惑，所以如果我在下面说的一些肺腑之言中有失偏颇，还望海涵。由于在过去的10来年中，我也有幸学习了钢琴和绘画，并且都获得了一定的成绩，所以我更加希望通过经历的转述来分享一下我的看法。

关于第一点，要不要学习音乐。首先要给你一个小小的鼓励，因为你找到了自己的喜爱。但是非常可惜，因为你并没有相关的基础，可能在入门方面存在一定的难处，而我非常想告诉你的是，并不是所有的热爱都可以转化为前进的动力。当你的热爱因为不能获得长足的进展而褪色时，你会面临更大的压力和更多的挑战。

我在5岁的时候开始学习钢琴。当时老师问我，如果学钢琴非常苦，我会不会仍然坚持下去。我完全被美妙的琴声迷住了，于是非常坚定地说："我喜欢钢琴，所以我会坚持的！"我为我这句话付出了惨重的代价。从一级到十级，我每天都在练琴，寒来暑往，没有间断。

时至今日，当年和我一起学习钢琴的一位小伙伴已经出国学习钢琴，而我的钢琴水平已经大不如前。

所以当你认为自己喜欢音乐的时候，是不是应该考虑一时的喜好和终生的喜爱呢？有些东西，当它是爱好的时候，总能让你爱不释手，然而当它成为专业之后，你就要日日夜夜与之相伴，没有深切的热爱与熏陶是无法保持对它的喜爱的。当然，只要你足够坚持，总会熬出头。这就和学习是一样的，总有“山重水复疑无路，柳暗花明又一村”的那一天，到那个时候，你就会感觉到“水到渠成”这四个字的妙处。

另外，你提到的家庭经济负担也是一个方面。就我朋友的情况而言，对于普通家庭，你可以学习音乐，但是很难深造，除非你有超强的能力足以让伯乐发现你是一匹千里马。任何行业，总有一批“天才”站在前方，这一批人凝聚了天赋、才华和好的资源，但并不代表着不能有“黑马”跑到他们的前方。造就“黑马”的可能是天赋，也可能是勤学苦练。总而言之，如果你认为自己天赋不足，最好的解决方式绝对不是担心，而是努力练习。

关于第二点，我能感受到你父母对你的迫切期待。他们希望你能够上大学，你呢？你认为自己想要上大学吗？也许仍然在上中学的你对于大学没有一个清晰的概念，那么我来告诉你大学是一个什么样的地方。

大学是一个向社会过渡的地方，让你不再稚嫩，让你有立身之本。然而大学绝对不等于社会，因为在大学中更加重要的还是学习。

大学是一个万花筒，在大学里你可以见识到光怪陆离，可能会偏离本心。所以大学实际上也是一块磨刀石，磨砺你的意志、你的坚韧、你的不忘初心。

但是，上大学，不可或缺。

这个时代最需要的还是专业化知识，小学、初中、高中的知识并不具有专业化，所以你需要来到大学进行深造。现实点来说，大学是和职业挂钩的，但是它并不意味着财富、地位和保障，因为现代的大学并不代表铁饭碗。

那我为什么说上大学不可或缺呢？因为大学阶段是一个人思想观念转变的阶段，这对于人生观的塑造至关重要。你的父母希望你能够上大学，实在是极有先见之明的，也是极其爱你的，他们希望你在大学的学习后成为一个有理想并且有能力实现理想抱负的人。

大学本科之后还有硕士研究生、博士研究生，一步一个脚印都是自己走出来的。大学的学科很多，不论是文化、音乐还是美术，都是需要在大学中进行淬炼才能够得到社会认可的。你要相信，大学不是一种负担，也不是一种压力，而是一种选择。如果可以的话，我站在一个陌生人的角度，也期待你能够实现父母的期望，在未来进入大学学习。

终于到第三点了，关于你的科目问题。我不清楚你的优势究竟在哪一门上，所以我先告诉你，永远不要轻易选择自己不擅长的事物。如果你有 80% 的可能性做好，只有 20% 的可能性失败，那么我建议你选择；但当你只有 20%—30% 的可能性做好时，我建议你不要选择。我从小学习绘画，水粉八级，素描九级，然而最后我并没有选择美术作为我的方向。你可能会说是因为我的学习好，所以不会选择艺考，但实际上我可以用自己的文化成绩考入清华美院，也可以考入其他想去的学校，因为即使是美术艺考，也非常注重文化成绩。我最终没有选择美术的原因一部分是我的学习成绩足够我上一所非常好的大学，另外一部分原因是我觉得自己虽然在美术方面有一点点天赋，却并不足够在未来成为一位美术家，并且学习艺术的投入和产出让我觉得不是很划算，所以最后我还是坚定地走上了学习文化知识这条道路。

我建议你留下，而不是去挑战新的科目。挑战自己不擅长的领域很可能让你摔得鼻青脸肿，这是来自过来人的真心话。你可能认为这样的想法比较保守，可是我要说的是，这是非常明智的选择。并不是每一个挑战者都能成功，一两个成功者之下是大片的失败者。

说了这么多，是不是吓到你了？抱歉。

虽然不太了解情况，我还是要冒昧地建议（也只是个人觉得，最终还希望你和爸爸妈妈一起权衡利弊）你可以尝试好好学习现在你所在的班级的东西，像老师说的一样，到了高一下学期再看看情况。

人生处处都是选择，从来没有最好的选择之说。

我现在的专业是数学，这是我在填报志愿之前从未考虑过的专业，那时候我认为自己更适合学习经济、金融、经管之类的学科。可是我最后选择的是数学，也就开启了我的数学生涯。

选择的代价是沉重的，然而总有一些闪光的东西让人敢于做出选择。如果我选择的是经济等学科，那么我的大学学习生活会较为轻松，因为我擅长语文、英语，热爱经济学、历史学；而如果我选择的是数学，那么我的大学学习就会非常困难，但是我未来的就业范围会比较宽广，我的选择是多样的，基础是扎实的。并且，我在沉下心学习的过程中发现我越来越喜欢这个学科了。

不是所有人都能够在选择中得到毕生所爱，所以爱好并不是最重要的东西；也不是所有人都能够发挥自己的天赋，所以天赋也不是最重要的东西。最重要的是，在你的能力范围之内尽全力拼搏，即使坎坷与苦痛相伴而行，即使看不清未来的变化。总有一天，当你回望的时候，你会发现自己所做的选择是正确的。处在交叉路口的你，最重要的是选择一个“较优项”，而不一定要是“最优项”，并且按照这个方向去努力，去打破对自己的不信任。不要怀疑自己的能力，永远尊重自己的优势，不要让自己的优势因为左顾右盼而埋没。如果别人可以上大学的话，你也可以。

一时间没有注意字数，居然写了这么多。希望我的一些小小回忆和梳理可以有参考价值。真诚祝愿你有一个美好的未来，还是那句话，长风破浪会有时，直挂云帆济沧海！

——复旦大学　泼墨云舒

师长说

作为一个美术生过来人告诉你，高中艺术生转专业的很多，音乐转美术转体育的每个学校每年都有，可以听老师的，学一年音乐再看，高二学美术也不晚，但肯定要比别人多下功夫，高二学美术考上大学的很多，有少部分人高三学美术都考上大学了。

高中学艺术，其实和天赋关系不大，和你下不下功夫有关，多花时间认真钻研，是提高成绩唯一的途径，天赋那是未来有成就再讲的。

——中兴通讯　鲁海斌

不要将其他的想法作为阻碍自己理想的绊脚石，既然自己喜欢美术，那就按照这条路走下去，美术在高等院校中也有很多方面比如建筑、园艺、设计、师范等专业学校可以选。既然你没有音乐天赋，也没有基础，那么不建议走这条路。高中 3 年时间是有限的，不建议先学一年再转，真那个时候转，你如何与比你多学一年的学生竞争呢？跟着自己的兴趣和特长走下去，跟着自己的信念和特长走下去，不要让其他的人成为自己的绊脚石，而且人际关系是可以改善的。

——中兴通讯　徐志林

专家说

马同学：

你好。首先想给你一个大大的赞，你能够发现自己所面临的问题，并勇敢地说出自己的困惑，这是一个很好的方式来争取周围人对你支持，也希望未来遇到类似情况时你能保持这样的好习惯。你所遇到的分班、选科等困惑在你的同龄人身上是普遍存在的，相比大部分同学，你已经开始为遇到的困惑寻找解决的方法，寻求解决的建议，这是很好的。就你的问题，有以下建议供参考：

一、学音乐或美术都需要一定的经济支撑

美术要求学生有悟性和感知力，对色彩敏感。先天的感知力很重要，可以让人在学习过程中更容易有成就感，有继续学习下去的动力。学美术的学生要有耐力，基本功也好，练习也好，都需要大量的时间和耐心，如果没有耐心，那要慎重。学美术还要有经济实力，美术用品是一笔不小的费用。音乐的话，声乐、器乐、理论等都可以作为自己的选择方向，选择前可以先做了解再选择适合自己的。音乐的学习费用主要是用在课时费上，找一个好老师是重要的。但两者都是需要一定经济支撑的。

二、兴趣是人类最好的老师

你的描述中提到“我不是很喜欢音乐，但挺喜欢器乐的，我之前没有学过器乐，音乐老师说学器乐至少要有两年以上的基础。德艺班还有体育班和美术班，我想过转班，但我不想转去体育班，因为太累了。所以只有美术班可以选，我挺喜欢美术的……”，每个人的兴趣点都不一样，所以我们经常会发现，自己觉得快乐并能从中感到愉悦的事情，对他人来说是非常枯燥的。但这就是我们学习的动力。你喜欢学美术，是因为你对美术有兴趣，有了兴趣，美术学习才能成为你内心的驱动力，不断推着你前进。当你因为兴趣去学习的时候，会发现你的专注力更强了，你的理解能力似乎也提升了不少。因为当你对这件事情非常有兴趣，就会不由自主调动所有想法和能力，使得你在这个方面得到一定的提升。另一方面，勤能补拙，任何艺术学习都是 1% 的天分和 99% 的努力才会有好的收获。如果你觉得美术学习是你的兴趣，那可以跟着兴趣去做选择。

三、分班和融入新集体

调整选科或艺考方向，无论是班级环境、同学、学习方式、个人目标还是班级期望，都发生了很大的变化。面对新变化、新环境，知音难觅的孤独都会让你产生不适应。如果做好一些必要的心理准备，你就能更好地融入新的集体。首先要有正确的自我认识，每一个真正自信的人对他人都是有吸引力的，都会影响和感染他人，你可以试着寻找自己的闪光点，在从事各种活动时，发现自己的优点，并告诉自己有过什么成就，这叫作“自信的蔓延效应”。然后是承认和允许自己的缺点。人无完人，正因为人类个体存在着不同的缺点，所以才有了人类社会的五光十色。再就是，主动和人交流与沟通，哪怕只是问好，逐渐地你也会获得更多人的反馈，获得新的友谊。所谓的喜欢或者不喜欢，其实跳出自己的舒适圈是非常重要的一环。

“乘风破浪会有时，直挂云帆济沧海。”相信只要你砥砺前行，一定能到达成功和收获的彼岸。

——途梦教育教研团队

困惑 55

普通家庭的孩子就不能走艺考的路吗

我是一个高一级学生，虽然离高考人生选择看似还远，但其实也差不了多少时间了。一直以来，我的梦想是当演员，因为我觉得演员可以演绎不同的人生，体会不同的人物角色，让更多人能够从我演绎的人物中获得共鸣，或者找到希望。但是我觉得我对于自己的梦想也不抱有希望了，因为我是一个普通家庭的孩子，家里都是希望我读书学习、高考考上好大学，寻找一份固定工资的工作。他们不同意我艺考，觉得家里没有人走这条路，这条路不好走。但这是我的梦想，如果没有让我去尝试一下，我会觉得以后对生活也不充满希望了。都说艺考是富人家的子女走的路，确实是这样的，但是我还是不死心，我认为我想走这条路，现在就应该向它靠近，一步一步地走。但我现在也不知道到底该怎么办了。

——正安一中　皮凯丘

学长学姐说

皮同学：

你好！我是复旦大学的一名大一同学，不久前经历了高考的洗礼进入大学。很高兴能给你回信！

从你的来信中，我可以真切地感受到你对梦想的热爱和对选择的迷茫。首先很抱歉的是，我所走的是一条“循规蹈矩”的道路，无法给你更多关于艺考这条道路的经验和建议。接下来的回信中，我会就我所知、尽我所能写一写我的看法，希望对你做出选择有一些帮助。

首先，你不用太过焦虑，其实高考还远，不过提前规划也是很好的选择。高中生活可以丰富多彩，不只有学习、考试、迷茫、焦虑，还可以有新朋友、体育锻炼、艺术活动等。不知道你有没有加入话剧社或者相关的社团，先小小地完成一下你的演员梦呢？我想社团活动可以成为梦想和现实的调和剂，不妨积极参与。

其次，通过你对演员的理解，我可以感受到你的向往和纯朴的善良。确实，好的影片、好的演员总能带给我们或是深刻的思考，或是重燃的希望，但是，我想你需要进一步的考虑。举一个小小的例子，我曾经对法医有深深的执念，可能是受到小说和影视剧的影响，我觉得这一职业“so cool”，并一度想报考法医专业，但当后来我深入了解这门学科和职业情况后，我选择了放弃。在大学的一节生物课上，我甚至不敢解剖鲫鱼，那时我才发现，我在自己的观念中把这一职业和自己的心理承受能力都过度地理想化了。举这个例子不是想要劝说你放弃演员这个梦想，放弃艺考这条道路，而是希望你能深入了解这条路。以下是一些建议：

一是和家人、老师、朋友都谈一谈。尤其是和家人，平心静气地聊一聊你的想法、你的规划、你的迷茫之处。不用带着说服他们的目的，也提前做好被拒绝的准备，真诚地说一说你是怎么想的。不管最后你选什么样的路，家人的支持永远是你最坚强的后盾。“家里都是希望我读书学习、高考考上好大学，寻找一份固定工资的工作，不同意我艺考。”这是大多数家长都会对自己的孩子说的，高考是大家公认较为稳妥的道路。而演员这一条道路，前期的辛苦，我想是超越高考的，而且“一将功成万骨枯”，想要拿到好的资源，进入好的剧组，演绎想要的角色，这一路的艰辛外人不得而知。不过，在这样一个充满机遇和挑战、鼓励创新、打破常规的时代，一切都是有可能的！家里人没有走过的路，不代表你不能走，更不代表你走不好，即使成功的人凤毛麟角，选择尝试的人依旧如潮，所以不必太过悲观。另外，不要被“富人家的子女走的路”这样的观念所束缚。诚然，经济条件是一个不可忽视的因素，但这些固有的观念本就应该被打破，我相信如果你坚定了决心，你的家人会想尽一切办法支持你。你无法改变先天条件、家庭背景，但是未来的路是靠你自己走的。这些优势条件也许会让别人走得轻松一些，但是没有这些条件不意味着你就不能追逐梦想。我知道我所说的这些也带有理想化的色彩，真实的世界是残酷的，但我希望你仍然可以对生活抱有希望，无论未来是什么样子。

和老师聊一聊的目的是打探一下以前是否有选择艺考的同学，同时和老师说说你的想法。如果可以的话，联系已经艺考过的学长学姐，问问他们的经验和选择。

二是深入了解演员这个职业。建议看一些人物访谈，或者找一些纪实的访谈录，也可以看看那些著名演员的前期奋斗经历。你需要对你将面对的困难、可能的失败有一个预判，然后问问自己是否能坚持初心。你对演员的理想是美好的，但与现实是有差距的。不过，还记得罗曼·罗兰的话吗？世界上只有一种英雄主义，就是看清了生活的真相后依然热爱生活。

三是在以上的步骤完成后，你可以再慎重地考虑一下，问自己几个问题：

（1）我依然坚持自己的梦想吗？我的目标是什么（比如：考上北电、中戏、中传等）？

（2）如果我决定坚持自己的梦想，我的计划是什么？

说明：这一部分可以细致一些，参考前人经验。比如，我在什么时候要参加专业培训？怎样协调文化课和专业课的时间？我是否应该提前学习文化课，为专业课腾出时间？我的专业课分数和文化课分数的目标是多少（和自己心仪大学的分数及要求做对照）？

（3）我可能会遇到哪些困难？

说明：比如，专业培训期间可能要起早贪黑地练习，我能否坚持？可能要读大量有关的书籍，感到枯燥时，我能否坚持？我可以通过哪些方法鼓励自己坚持下去？

（4）如果我的尝试失败了，我的 plan B 是什么？

说明：这里的失败指若艺考不理想，那么我会选择复读走高考的路，还是再次艺考向更好的院校冲击？或者，进行了一段时间的艺考培训后，我可能改变了想法，是否要回归高考？

（5）我怎样学习？怎样准备艺考？我现有的学习方法可行吗？要做出哪些调整？

（6）我是否坚定了目标，无论如何，一定要尝试一次？即使现在不被看好，但我有信心证明自己，即使失败，我不后悔？

如果以上问题大部分你都有了较为明确的答案，我想你可以做出选择了。每年有很多的艺考生，有人成功，也有人失败；高考也是如此，有人金榜题名，也有人名落孙山，但是失败又如何呢，生活和学习还是要继续，重要的是活在当下。

最后，想和你分享一个小技巧——找一个信仰。高考和艺考的道路都是艰难的，只有坚持走下去，才有成功的希望。对于我来说，这个过程中，信仰很重要。信仰可以是一个人、一件物品、一句话，只要它能给你力量和希望。一个小小的例子，我高中的信仰是“清华”，我的文具盒里是清华的校徽，书桌角是清华的明信片，每当我坚持不下去的时候，看到它们，我就会对自己说“加油！清华在等你！”然后继续努力。还有一个方法，我会在睡觉前幻想我拿到清华的录取通知书，所有的鲜花、笑颜都在脑海中预演一遍，这给了我很大的鼓励。虽然最后我没有去到清华，但它在我最艰难的时光带给我力量，让我走到了今天。

所以，小皮同学，你也可以寻找自己的信仰。

说了这么多，最后，希望你可以始终对生活、对未来、对梦想充满希望。请相信，无论你做出什么选择，都是最好的选择！

——复旦大学　桃源人间

师长说

艺考过来人告诉你，艺考听着很花钱，吓跑很多人，其实高中阶段学艺术没那么花钱，前两年都是在学校学基础，不用交学费，比其他同学多花一点儿设备材料费，美术生一年 1000 元足矣，最后一年出去集训，也就半年时间，美术生学费 2000—3000 元/月，生活费 1000 元，备战半年就高考了，艺考生最多的省是河南、山东、甘肃、陕西，这些地方都不富裕的省份。

——鲁海斌

当演员和艺考其实并不是强相关，考其他大学出来做艺人的也是大有人在，艺术生后来转行的更是数不胜数。看来很多同学都有此心，但是如你所见，演艺圈能出名的也就那么几个。万一艺术类院校毕业后没有机会入行，那社会上可供你选择的岗位就真是很少了。所以我觉得你的情况，艺考并不是一个好选择。可以努力学习上个好专业，以后可以尝试往演艺界发展，实在不行找个工作好歹也能自立，不至于当下就沦落到躺平啃老。

——中兴通讯　李力

对于普通家庭许多父母来说，先走好踏实稳定的一步往往是最重要的，我想你也能体会父母的心境。如果一开始选择了一条比较窄的道路，在走不通的时候重新换路的代价往往是巨大的。但既然还在读高一，可以先和老师们沟通一下自己的想法，学校里或者家人朋友中有没有从事演艺事业的前辈，和他们沟通一下未来的发展。

成为演员的通道不一定要通过艺考，随着科学技术的发展，在互联网、短视频不断更新的时代，许多并非科班出身的草根也因缘际会成为演员，许多道路虽然在一开始是分开的，最终仍将汇聚。

——中兴通讯　汪孟洲

专家说

对你来说，艺考的目的是实现“当演员”的梦想，那么我们可以从实现“当演员”梦想的两个路径进行讨论：通过艺考当演员和不通过艺考当演员。首先，传统的路径是通过艺考进入演艺圈，继而有更大的概率当上演员。艺考是当演员的一道门槛，越过这道门槛，代表你能接触到更多“当演员”所必需的资源，例如人脉、机会等。从目前演艺行业的演员背景来看，艺考依然是成为演员的重要路径。每年的艺考人数统计数据显示，艺考生的数量是逐年上升的，艺考竞争有愈演愈烈的趋势。然而，教育部在2021年印发的《关于进一步加强和改进普通高等学校艺术类专业考试招生工作的指导意见》给“艺考热”浇了一盆冷水。该《指导意见》提出了三项重要的艺考改革方案：扩大省级统考范围、提高文化课成绩和暂停高校艺术团从高校招生环节中选拔人才。这意味着，艺考对考生的要求更高了。与以往的艺考“重专业轻文化”的录取标准相比，这一重大调整，对于有艺考计划的学生来说，需“文化专业两手抓，两手都要硬”。此外，刨除极具天赋的少数人，大部分人依然需要通过提前培训来提高专业考试的成绩。对于普通人来说，决定走艺考之路，势必在前期要投入更多的时间、精力和金钱以获取“通往梦想之路”的入场券——专业合格证。以上种种，是给你提供评估的素材。你需要考虑：

你的文化课处于什么水平？如果计划走艺考之路，后期投入大量时间进行专业学习的话，你是否能保证你的文化课学习？我搜索了一些网上的数据作为参考：艺术类考生能上一本的大约只有 5%—10%，这意味着你必须是顶级的艺术生。这里的“顶级”指的是要么你的专业课成绩非常拔尖（省统考成绩全省前 5%，或者艺术名校或重点大学校考成绩全国排名前 10—20 名），要么你的文化课成绩很优秀（500 分以上），或者是你的专业、文化同时都非常优秀。

你的梦想是当演员，所以报考的方面应该是影视表演专业。影视表演考试的内容主要包括四大块：台词、形体、声乐、表演。对于这四个领域，你计划如何准备？一是自己准备，你需要对目标院校的录取标准有清晰的了解以及自行安排时间进行训练。你是否有足够的自律和科学训练的方法？二是培训机构。若父母不同意，培训费用如何筹措？专业上的优秀表现并非短期能促成，所以培训费用是一笔不菲的开销，你如何解决？

以上是针对艺考的分析，下面我们来讨论不通过艺考当演员的路径与可能性。

目前跨行当演员的例子，在网红界较为普遍，因此以网红跨界转型为例进行讨论。代表人物有宋威龙、胡一天、许凯等，他们都是非科班出身，在某些平台、行业出名后，被发掘进入影视圈。有一些在网络上走红而进入演艺圈的人，虽未接受过正规专业表演训练，但其发展势头和可塑性一点儿都不比接受过正规训练的科班演员差。这些“曲线”进入演艺圈的人，无论背景如何，都有一些共同的特点，其一就是长相出众，他们能在平台、行业中脱颖而出，被演艺圈招揽，其先决条件都是拥有与演员不相上下甚至更为出众的外形条件。其二是有与众不同的特质或出众的才艺。例如，“摩登小哥哥”刘宇宁之所以在抖音平台上走红，不仅仅是因为帅气的长相、扎实的唱功，更是因为他有着独特的个人魅力，现在他已成功转型为艺人。然而，与科班出身的演员相比，从网红转型的演员被诟病的比例也相对更高。网红和演员呈现的媒介是完全不同的，两者是完全不同的行业和体系，网红更多地追求平面效果，有滤镜和美颜的加持。而影视行业呈现的终端是电视或电影，对演员的要求是多方面的，因此观众的要求更苛刻，对演员的要求也更高。所以，跨行业转型对人的素质要求并不比艺考低。

从上述现状，你可以对自身进行评估：

（1）是否拥有出众的外形条件或让你鹤立鸡群的独特才能?

（2）是否拥有吸粉体质?这是跨界转型的重要指标。纵观转型成功的艺人，无不是拥有极强的吸粉能力，无论是通过外表还是才华，他们都拥有吸引更多人关注的独特魅力和手段。你可以观察一下你所在的朋友圈，你的号召力、影响力如何。

（3）是否拥有抗挫折能力?“树大招风”，尤其是曝光率比普通人高得多的网红，他们遭受非议的概率也会比普通人大得多。一个人站在聚光灯下，在接受来自外界的赞美、追捧的同时，也会遭遇来自外界的质疑、抨击。面对质疑甚至是“网暴”，你的心理承受能力如何？你可以反思一下当面对外界质疑、不认可你的时候，自己的心态如何。

梦想还是要有的，不然和咸鱼有什么区别？但在追寻梦想的路上，我们也应该步步为营，三思而后行。

——广美附中心理老师　周莉斯

学长学姐说

同学你好，我是北京大学的一名学生，很荣幸收到你的来信，我非常高兴能够和你分享一些我的思考，同时也希望我的分享对你有所帮助。

梦想是一个很大的话题，每一个人都有梦想，都有自己喜欢做的事，也有在未来希望从事的职业。过去，在繁忙的高中 3 年里，我也时常在思考这样的问题，我究竟喜欢什么，我应该怎么选择。在被这问题困扰的日子里我常跑到没人的地方向着天空、向着远方、向着看不着边界的地平线大声喊出自己的困惑。我能够体会那种迷茫的感觉，但我想，迷茫也是我们成长过程中应该经历的。

我非常认可你对未来的思考。你知道自己喜欢什么，热爱什么，也知道未来面对的选择是什么，同时我也非常欣赏你对未来追逐梦想的过程中可能会遇到的困难和挫折的态度。但是，在做出人生的重大选择之前，还是不要过早地定义自己。未来的人生有无限的可能，对音乐的喜欢和热爱或许仅仅是你生活的一部分，而音乐之外的世界对你来说可能会是一片更广阔的天地。发现自己的心之所爱不是一件容易的事，在选择要把自己人生的大部分时间投入某项事业时，这样的发现就显得意义重大。很多时候，我们往往是在真正投入一项事业，经历一段时间的沉淀后，才能够真正判断自己是否热爱这项事业。以我个人为例，中考的前一天，我的化学老师对我说，你是典型的理科型思维，当时很多人都觉得我会向着理科方面发展，我自己也对理科很感兴趣。在高一这一年，我也一直以做好一名理科生来要求自己，但在真正要分科的时候，我才发现，文科才是我的兴趣所在。选择了文科，一直想着可以在大学学到更多的有关政治方面的理论和知识，但是最后发现，经济学才是自己喜欢和热爱的。对音乐的热爱并不妨碍去开拓和尝试其他更多的方面，或许在其他方面，你会发现自己的心之所爱。我们都希望可以找到一个能够长久从事的事业，但是很多人都会经历选择—尝试—坚持—放弃的过程。对于未来事业的选择，我们可以不必着急，不妨进行更多的尝试。

尝试是一个相互认识的过程，在认识一项事物的同时也在慢慢认识自己。在进行更多的尝试之后，我想你会对自己未来的选择有更清晰的认识。如今的时代，已不是那个需要在暴风雨中苟且的时代，而是一个需要我们学会在暴风雨中跳舞的时代！时代不断地在为我们提供机遇，创造梦想，实现梦想渐渐成为我们追寻生命的意义。生命都应该活出自己的本色，小小的我们都有着大大的梦想，而追逐梦想才是青春靓丽的光彩。

无论是对未来长远的规划还是短期的目标，我们都要把握当下，努力学习，为我们以后的选择打下基础。最后，我想说，我们都是勇敢的追梦者！

——北京大学　野草

张同学：

你好！

读了你的来信，我真的很有感触。

我刚刚告别自己的高中生活，也仅仅从对未来的迷茫中走出了一点点，还在不断摸索中。所以我想写一些我的想法，希望能对你有帮助。

首先，能非常明确自己所爱，并且开始认真思考未来的方向，已经高于很多在考试中沉浮的同龄人了，千万不要妄自菲薄。记得我自己在高二的时候，每天只是简单重复着上课刷题玩闹，对未来的方向也只是想着随遇而安。

那个时候，我觉得我的后桌超级酷，就是因为他对音乐的热爱，和你一样。他可以在晚自习 3 个小时什么都不干，只是把几根橡皮筋捆在一个小盒子的两端，不断调节它们的松紧，弹出不同的音调组成一首小曲；可以花一整个寒假学 Bbox，每逢班级活动就站上讲台表演；可以凭借自己课余不断的音乐创作，在 B 站拥有 30 万粉丝。这样有音乐天赋的男生，我们都以为他将来一定会去音乐学院，继续自己的音乐之路。出乎我们的意料，他非常明确地说，自己想读医，疫情时代下他想贡献出自己一份实在的力量，音乐当然是永远的爱好，他不想让这份纯粹的喜欢染上别的东西。他在高三停更了一整年，把前两年落下的知识一点点补起来，最后考上了自己心仪的专业。他还开玩笑说在面试的时候给老师表演了一段Bbox，把老师们都逗笑了，觉得他很特别。后来，我们毕业了，毕业典礼上放了3年他为我们班老师做的鬼畜小视频，和高考完他为我们班作的歌，音乐感染了我们所有人。

不知道他的经历是否会对你有所触动。

如果想成为专业的音乐人士，不知你是否受过长时间相关方面的训练，是否经历过不间断的创作和表演生活？既然父母希望你以后可以成为老师和医生，我猜测你应该依旧在向着高考读书，和语数英打了很多很多年的交道，真的需要仔细考虑临时变道可能会带来的风险，而且吃苦是一回事，音乐同时需要那一瞬的灵感、缘分和机遇。

每个人都会往自己喜欢的方向努力，但我不想用“事业”这个词，因为我觉得事业和太多功利的东西牵连，而喜欢简单。我们无法预知未来，不知道被社会打磨棱角的时候是否会同时打磨掉情感，其实我现在已经明显察觉自己的情感不如高中时丰沛，有时候会有深深的无力感。其实我相信你的父母应该也更多的是这个顾虑，怕你由于过多投入这个方向，等发现音乐圈和你的想象不同，磨灭了现在纯粹的喜欢。当然，音乐从来不是什么稀奇古怪的职业，我更希望它能成为你的副业，成为生活的调剂品。

我知道，当父母希望你当医生或者老师的时候，我们都会有一种本能的叛逆，越发觉得自己毫无兴趣，讨厌“稳定”两个字，觉得它就是庸庸碌碌的代名词。其实越长大，越发现有很多我从未听闻过的职业，有很多可选择空间，才能给形形色色的人们安身的一隅。未来很广阔，一定要在课余的时候多向远方看看。

我自己也追星，所以我一直在努力学习跳舞。每个人都在以自己的方式向偶像靠近。我觉得当你将音乐列入未来的发展方向时，你已经很勇敢了，害怕、自卑很正常，但一定要尽量压缩这样情绪的时间，用来做任何能让自己变好的事情。还有千万要相信自己会成功，成功的定义有很多方面，人生也很长，追求没有终点，只需不断前进。迷茫会在时间中渐渐散去的，加油！

最近处于新冠肺炎疫情期间，只希望你能健康快乐，如果有负面情绪，有可能的话，就多出去走走，自然永远是最好的疗愈方法。

——复旦大学　飞行员小西

师长说

听了你的描述，让我不禁想起了几年前的自己。

我和你情况类似，稍有不同的是我从小一直喜欢画画，到了高二时也考虑通过艺考升学。那时，我的父母表示了强烈的反对，甚至打电话到班主任那里，希望老师帮忙劝说我放弃这个想法。面对着重重阻拦，我开始动摇，我喜欢画画，但怀疑自己是否真的有这个才华。我担心，我害怕，突然间开始畏惧艺考这条路上会遇到的困难和艰辛，受到这种心态的影响，我最后选择了正常升学。

上了大学后，这个梦也一直深藏我的心底，直到有一年去日本旅游我才“旧梦重提”，直白地告诉家人说大学毕业后想跨专业去画画。与高考前不同的是，这次我非常坚决地阐述了自己的想法，甚至对未来的职业发展都做了简单调查和规划，希望能获得父母的支持。感谢那时母亲对我梦想的支持，最后我跨系考研成功，考上了国外的大学。这期间，父亲虽一直持不赞同意见，却也没有再阻拦我，甚至还帮我选配了用于学习的电脑。

那是我最幸福的一段时光，我达成了过去的目标，家人也第一次真正了解了我内心的想法，我也终于在“追求艺术”这条道路上对自己有了小小的认可。

但生活的发展不会永远一帆风顺，一切的美好都在2020年初戛然而止。

新冠肺炎疫情的突然袭击打垮了我的家庭。先是出国求学受限，课程全部转为线上课，面对着在国内上网课求学，我的父亲第一个站出来反对。他认为交了高额的学费却没有去日本求学是浪费时间与金钱，我应该选择保留学籍，一年后再去日本。家人瞬间转变了立场与想法，迫于这种压力，我不得不暂缓求学之路，开始考虑找一份工作。再是家庭变故，爷爷在2021年4月离开了我。他是我唯一的支持者。我至今仍记得最后见面时老人强打精神，紧握着我的双手，一字一顿地告诉我：“去做你想做的事，爷爷支持你！”面对老人临终前对我的鼓励，我下定决心要追寻自己的理想，不辜负爷爷对我的嘱托。

但噩耗接踵而至，几个月后，我突然得知父亲进了ICU。我从外省赶回家，飞机落地前还心存希望，觉得他一定能闯过鬼门关，却在医院的现场做了最坏的打算。

我的父亲，这个一直坚决反对我的人，这个一直用“学艺没有出路”来反驳我追梦路的人，无法陪我到老了。我不太记得自己是怎么坚持过那黑暗的几天，脑海中只留下了病床上他那双混沌却依旧有神的眼睛。我看到了一个将死之人对家庭的担忧以及对子女的期望。这种期待与我的理想无疑是背道而驰的，他在离开前将家庭的责任交给了我，将母亲和奶奶托付给了我，他希望我能成为家中那个顶天立地的人，希望我能代替他照顾好他的母亲、他的妻子，他更希望我能照顾好自己，度过一个脚踏实地的人生。

在他眼中，脚踏实地是找一份老实的工作，而并非追求艺术与实现自我价值，我再次动摇了心中的信念。我是否应该为了家庭、为了责任而放弃自己的梦想，去过自己曾一度最嫌弃的“平凡的人生”？如果我为了家庭责任放弃了自己的追求，我是不是就一辈子都没有机会去追梦了？我是不是就永远不能画画了？是不是就永远不能去做自己想做的事情了？

这种观念的左右博弈在我的脑中一直持续了半年左右，直到有一天，有朋友突然问我：“要不要一起出一期合刊？你给我画个插画呗。”

“我好久没画了，家里……你应该也知道了，我现在工作也比较忙……”

“我知道啊，你别想太多，你没去学艺术，又不代表你不能继续画画了，这和你做什么工作并不冲突。”

“不冲突”这句话瞬间点醒了我。我没必要去一根筋地以“必须从事这个行业”为目标来约束自己对绘画的追求。在我心中，能画我想画的东西，能把我的想法、我的快乐传达给别人才是我真正的梦想。我一直希望可以在电影片尾的staff表中留下我的名字，作为我存在过的痕迹。但面对着如此发达的网络世界，留下痕迹的方式有很多，传递个人想法的方式有很多，实现梦想的方式有很多。即使工作了，我仍可以在闲暇时间继续学习，甚至因为实现经济自由，我可以更自由地去尝试更多新奇的绘画技巧、建模、后期等方面的知识，也不用受限于资金不足而需要和家人解释说明。虽然很可惜最后因为家庭变故我没能去上自己心仪的大学，没能将画画作为自己的职业方向，但看着母亲和奶奶能健康平安地生活，是另一种意义上的满足。

希望同学也不要为此而烦恼，如果想追梦就好好和家人谈谈，但是如果选择了找稳定的工作也不要为此而感到绝望，因为艺术梦的实现不仅仅只有一条路。

我们每个人生来平凡，却又因自己的选择而不凡，为你加油哦！

——中兴通讯　沙立尔特

专家说

张同学你好，我们一起来按实际情况分析。根据美国心理学家亚伯拉罕·马斯洛1943年在《人类激励理论》中所提出的需求层次理论，将人类需求像阶梯一样从低到高分为五种，分别是：生理需求、安全需求、社交需求、尊重需求和自我实现需求。

可以通俗地理解为：假如一个人同时缺乏食物、安全、爱和尊重，通常对食物的需求量是最强烈的，其他需要则显得不那么重要。此时人的意识几乎全被饥饿所占据，所有能量都被用来获取食物。在这种极端情况下，人生的全部意义就是吃，其他什么都不重要。只有当人从生理需要的控制下解放出来时，才可能出现更高级的、社会化程度更高的需要如安全的需要。

自我实现的需要是最高层次的需要，是指实现个人理想、抱负，发挥个人能力到最大程度。达到自我实现境界的人，接受自己也接受他人，解决问题能力增强，自觉性提高，善于独立处事，要求不受打扰地独处，完成与自己的能力相称的一切事情的需要。马斯洛提出，为满足自我实现需要所采取的途径是因人而异的。自我实现的需要是在努力实现自己的潜力，使自己越来越成为自己所期望的人物。

所以你可以根据实际情况分析，如果没有低层次需求的困扰，那勇敢去追梦吧！但如果连最底层、最基本的需求都满足不了，又如何实现梦想呢？

梦想和现实本不是非黑即白，非此即彼的关系。梦想可以随着现实调整，现实也可以随着梦想调整。梦想之所以重要，在于它是构筑你生活意义与秩序的一部分，是“超我”的一部分，因此它是人的精神生活的一部分。而现实是生活本身，是各种不确定和意外构成的混沌，是无序和恐惧，是深渊。梦想和现实的对抗是生活的底层逻辑，本质上是有序和无序的对抗。这种对抗我们无法逃脱，它成为生活常态，植根在我们的每一次行动和选择中。

——中兴公益助学团队

困惑 57

女生读理科会更吃力吗

我们高一下学期就要分文理科了。上学期我自由散漫了一个学期，成绩一直稳定在年级400名左右，文科排名都比理科排名要高。总体感觉，高一上学期念得不是很累吧，但现在面临选择了。我自认为历史、政治、地理比较好理解，而我记忆力也不错，所以政治、历史没怎么念都考得更好。我的地理、生物也都蛮好的，但物理、化学并不是特别拔尖，所以我爸建议我选文科，他说我的数学如果选了文科就是强项。可是我不喜欢念文科。我爸说我念理科会很吃力，说什么高二理科女生就会被男生甩很远，尽管如此，我还是想读理科。想听听大家的意见。

——镇雄实验中学　邓同学

学长学姐说

同学，你好，目前我是北京大学软件与微电子学院攻读与软件工程相关的一名工科女生，很荣幸能够收到你的来信，我非常高兴能够和你分享一些我的思考，同时也希望我的分享能够对你有所帮助。

你的这个问题我在高中的时候也遇到过。我想告诉你的是，女生读理科并不会很吃力，同时高二理科会被男生甩很远的描述，在某种程度上存在一定的偏见。接下来我会分析一下文理科的特性，希望可以帮到你。

首先，在现阶段，你所说的政治、历史没怎么念都考得更好，这是因为你在靠你的常识和以前积累的一些知识解题，但是等到达一定的高度，想要更上一层楼，就要付出巨大的艰辛和努力。而理科的一些科目正如你所说的物理和化学，虽然你现在的基础一般，不是特别拔尖，但是只要找到适合自己的学习方法以及一定量的练习，理综最后的总分数是可以比文科的总分数高很多的。

其次，理科在未来会有更多的可能性，而文科存在很大的局限性。比如你是一个学计算机的学生，到了大学你发现你的兴趣在人文社科类的科目上，这个时候，你可以选择转专业，去追求你的兴趣。可是反过来，文科专业跨理工科专业付出的艰辛和努力是更大的，你要花很多的时间去培养你的理性思维，这是一个漫长的过程。同时，对于就业来说，文科的就业面以社会为对象的事务性人才，从事媒体传播、金融财会、社会服务和教育等行业为主。而理科就业面以技术为对象的生产型人才，可从事的职业类型较多。同时，理工科学生从事文科性质的岗位相对来说也更加容易。

再次，文科相对于理科、工科来说，其实更难把握。因为理工科的知识积累相对比较固定，比较丰富与完备，无论是基本原理还是基本方法，都是相对稳定。无论谁都要充分尊重前人留下的那些概念、方法与原理。

如果要创造出一个新的概念，那是一件非常重大的事情，必然经过反复推理、论证，特别是要通过实验的反复验证，才有可能成立，才会获得同行的认可；否则，是不行的。然而，文科由于研究的对象是人类社会本身，而人类的复杂性远非大自然现象可比。还因为人是有思想、有价值导向与感情的动物，由于人类有不同的种族、不同的文化产物，以及不同的生活方式，因此，很难规定某一种就是唯一的，这一点与大自然界的规律的存在的唯一性不同。这一点构成了文科的复杂性与不确定性。其实优秀的文科研究人才要比优秀的理工人才更为难得，研究的成果也更难得到认可。

最后，说了这么多理科的优势和文科的局限性，但我想强调的一点是在选择文理科的时候，虽然要考虑到功利的因素，但更需要找到自己的兴趣。兴趣是最好的老师，是学习的原动力，思考一下自己真正喜欢的科目，为什么喜欢它，它能给你带来的乐趣是什么，想明白了这些之后，你要做的事情就是心无旁骛地去努力，我相信你会收获好的成绩以及快乐的。

希望我的一些看法能给你带来帮助。

——北京大学　彭婷

邓同学：

你好！

我是复旦大学药学院一名平平无奇的医学生，很荣幸能听见来自远方的你的声音和诉求。看了你的描述，我想你一定是一个坚韧、有想法、有抱负、有追求、有热爱的可爱的姑娘！我也是从高中走过来的，也面临过和你相似的困惑，想和你分享一些我的想法，希望能让你有些许释怀。

首先是关于选科的问题，我并不是很同意你的父亲关于“高二理科女生就会被男生甩很远”的看法（如有冒犯，敬请原谅），因为我自己就是一名理科女生，甚至我觉得自己真的就是纯纯理科生，从思维到行动（也许你从我的文字里也能看出来）。我高中学习时，理科成绩一直都位列年级前茅，2020 年全国一卷高考理综成绩为 274 分，在学校中排名第二，这样的成绩应该也不亚于许多男生吧。我相信只要在学习中不断思考、不断摸索，找到一套适合自己的学习方法并付诸努力，女生的理科也可以学得比男生好！如果你有需要，下一次的信我可以和你讲一讲我高中的学习方法。高一上学期我的成绩在班级排倒数第九，年级第 94 名（我们年级才 700 人），高二我的成绩就进步到了年级第一，其中也有许多方法与感悟可以分享。当然，我的高中阶段也踩过好多坑，浪费了好多时间去想一些无意义的事和有过一些无意义的焦虑，但回过头看，似乎它们的存在才让我的青春更充实和丰满。

话题扯远了，咱们继续男女同学关于理科学习的话题！刚刚是讲了一些我的故事，那接下来我想用一些数据来说明。在学术上，有这样一个词，叫作性别刻板印象，它指人们对男女“应当”具有的特定行为、特征的相对稳固的信念，是特定社会或群体按照人的男女性别规定的不同行为模式。在生活中，你是否也感受到了这种“性别刻板印象”呢？然后是史蒂文等人所做的一项实验，他们让能力相当的男女被试参与一项难度很大的数学测验。当引导参与者相信测验具有性别差异时，女性的得分会低于男性。一旦去除验证刻板印象的威胁，也就是不预期会有性别差异时，女性的表现就和男性一样。

看到这里，你是否还觉得男女生在理科学习上会存在差异呢？

诚然，记忆力不错对文科学习来说会是一个强项，理科与文科的抉择于你而言像是理想与现实的抉择，选科直接关乎高考志愿填报，也会在一定程度上影响自己未来的职业生涯与规划，因此，你得做好充分的考虑。但是，我想说，一旦选择了就不要后悔，坚定地走下去！文科与理科都有独属于它们的无法被替代的魅力！

另外，我文科的朋友说，文科的学习也不是只有记忆，记忆只是其中需要的一个东西却不是全部，文科也需要很深刻的理解，我想从这个层面上来讲，理科和文科在本质上都是一样的吧。

其次，有一个可能需要纳入你选科参考范畴的是关于志愿的填报，也许你可以思考一下自己对何种职业更感兴趣，这样便有了更充分的选科的理由啦！

我注意到你在信中说道，“上学期自由散漫了一学期”，我想说，高中 3 年真的很短，咬咬牙一眨眼就过去了！希望你可以花更多的精力在学习上，那些低头刷题的夜晚和抬头背书的清晨确实很苦，但当你离开高中回头再看时就会发现那些日子里洋溢着希望、感动和对未来的憧憬！高中 3 年是生命中难忘的 3 年，希望你可以抓住 3 年的时光去书写青春的辉煌，相信我，当你站到更高的平台上回头看，一定会感谢今天努力的自己！有时候我也会想，要是当年的我更努力一点，题再多做一点，有些问题再深入思考一点，那我今天是不是会在更好的地方，这种被遗憾和悔恨裹挟的无力感总会在一些夜晚涌上心头。我希望你可以尽力去实现自己的目标，不留遗憾！

最后，我想用西塞罗的一段话结尾：“人生的跑道是固定的。大自然只给人一条路线，而这条路线也只能够跑一次。人生的各个阶段都各自分配了适当特质：童年的软弱，青春期的鲁莽，中年的严肃，老人的阅历，都各结出自然的果实，须在它当令的时候予以储存。每个阶段都有值得人们享受爱好的事物。”诚然，人生的每个阶段都有每个阶段的美好，你现在的阶段是心无旁骛学好习读好书考好试，然后去奔赴下一站！当然，人生也不是只有一种颜色，现在的选择很重要，但未来漫长的人生路中，你依然可以有很多机会来后悔今天的选择，然后去走自己更爱的路、看更美的风景！

最后希望我的信能对你有些帮助，我只是比你多了几岁，我的想法也不能左右你的思想，更无法代表你的决定。

顺颂时祺！

——复旦大学　钟钰璇

师长说

女生读理科并不会更吃力，甚至因为女生更细心认真，在理科学习上还有一定的优势。

先说说我的经历，希望我高中时期的一些经历对你有一点儿借鉴的作用。首先，我们当时高一也是文理科一起学习，我当时文理科的成绩应该算是差不多吧。不过我在文理分科时并没有纠结，直接选择了理科，原因如下：首先是因为感觉自己背诵以及写文章的能力很一般，其次是因为周围的人基本都选理科，也有点儿从众，最后因为我们高中文科班人数很少，整个年级加起来文科人数可能也就五分之一吧，这就导致了一个问题，就是文科的竞争和教师资源可能不如理科。很多时候同学之间的良性竞争和相互学习也是高中时期很重要的一环，过于宽松的环境可能会导致你的成长较慢（当然你要是文科的天赋很好就另说了）。

在分科之后的学习就很有意思了，我发现我们班排名靠前的女生比例更高一些。我想了一下，感觉主要是以下的原因：首先女生的刻苦程度和认真程度是要超过男生的，而且女生更加细心。因为高中时期的学习除了几个年级前几一骑绝尘有天赋因素之外，其他人想要进入年级前列比的就是刻苦程度了，因为大家的聪明程度都差不多，比起刻苦来女生并没有劣势，甚至女生比男生更容易静心和投入，而且做题的时候，女生更加认真细致。

最后，就是后续的大学选择了。对于文科在大学选择专业的方向我不太清楚，因为我周围实在没有文科同学，但是理科同学在大学选专业的时候还是有人选择偏文科方向的。所以我认为高中的文理分科主要是让你在这 3 年学习中重点学习一个方向，它不会限定你将来的发展方向。

所以只要你热爱的话，选理科也不是问题。但是在选择的时候要做好充分的心理准备，因为不管选哪科，都需要付出大量的汗水和努力，以便让自己在高考中冲出重围，让自己的人生之路走得更远更稳，见到更多的风景。

预祝你学习顺利！健康快乐！人生精彩！

——中兴通讯　臧晨皓

专家说

邓同学：

你好。文理分科一般是同学们进入高中之后要面对的第一个问题。面对这个选择，只有少部分偏科严重的同学们会特别轻松自在，大部分人还是非常纠结的。以下的一些信息和建议供你参考，希望能对你有所帮助。

通常情况下，分科的关键还是看对以后专业的规划，想学文科的话就要选文科，想学理科工科就要选理科，文科和理科从知识体系、考察能力到学习方法都有很大的差别。文科更考察一个人的记忆能力、理解能力和知识面的广度、深度等综合能力，而理科更考察一个人的逻辑思维能力、推理能力和空间想象能力。

文科和理科在填报志愿的阶段差异性则更为明显。理科生相较文科生选择会更宽泛些，无论专业还是学校都是如此。文科生能够选择的专业类有文史类、财会类、语言类、法学类、教育学类等，这些专业理科生同样能够选择；但有一些热门的专业，理科生能选，文科生则没机会。选择理科还是选择文科要看未来你想从事什么职业，在这个基础上去倒推现在的选择。

我们常说兴趣是最好的老师，在选科的时候这句话也同样适用。你父亲的建议是一种稳妥的报考建议，无关对错。但看到你的描述，你内心已经有了比较明确的方向，在对家长的关心做出积极回应后，接下来要考虑的是如何为自己的选择负责，如何补上自己的短板，应对挑战，克服困难，赢取自己想要的未来。

理科追根究底就是一个个概念元素，以画点成线、画线成面的方式，形成一张又一张逻辑关系的大网，最终构筑该学科的整个学科世界观。从学习方法上，首先是做好概念等基础的理解，重点则放在“理解”二字上。对于概念、定义等基础，不是靠简单的死记硬背，而是靠真正的理解，做到内化于心、外化于行。这里有一个方法推荐，即简单陈述（又叫费曼学习法），把概念通过自己的话复述出来，讲给周围的同学听，如果他们听懂了，那表示你也很好地记住了。其次是做好逻辑关系的梳理。知识与知识之间存在着一定的逻辑关系，他们串连成线，结合成为知识板块，一块块拼在一起时，就构成了整个学科的知识体系。理科学习的过程中要做到适时、恰当地提炼与整理。许多同学题目看得懂，概念也没有问题，老师讲解也能听懂，可为什么题目一做就错呢？因为他们只关注了答案为什么是对的，而没有关注答案是怎么来的。我们要提炼与整理的，正是“答案是怎么来的”，这也就是所谓的做题思路，这是存在于题目之间的逻辑关系。而从整个理科学习的角度来说，要掌握逻辑关系的整理，可以通过分条列举、画思维导图来实现。

除了学习方法，不畏困难、坚持不懈的心态同样重要。人生的路很漫长，跟随自己的内心，踏踏实实地走好当下的每一步。预祝你选科顺利，学业节节高。

——途梦教育教研团队

困惑 58

不读书就没有出路了吗

我现在读高二，下半年就读高三。我是学艺术的，学的是音乐。但是家里没有钱,所以我总想贷款或者是找别人借钱来继续学习音乐。但是想象是美好的，现实是残酷的。而且我的爸爸妈妈也都不支持我学音乐，所以我就在想，要不然读完高三我就去打工。因为我觉得家里供不起我读书，就算供得起，我也没有心思学了。我根本没有办法专心学习。我现在只想赶快到高三，然后出去打工。可是有时候我总觉得我的选择是错的吧，所以我在想不读书就真的没有出路了吗？我的选择是对的还是错的？我应该坚持我的选择，一直走下去吗？我真的很困惑。有什么工作是不需要学历，也可以赚很多钱的吗？

——山丹一中　杨同学

学长学姐说

杨同学：

你好！如果我说读完你的来信我甚至有些羡慕的话，你大概会很震惊吧。但是从你来信中透露的信息，我读出了你对于自己所学的音乐的喜爱，能在人生的这一阶段发现自己热爱并愿意为之付出热情的活动，本身就是一件十分值得羡慕的事情了。

我理解家庭经济的负担对于你来说是一个重大的困扰，但是目前政府和各类社会组织对于家庭贫困学生的继续学习都有许多的支持与帮扶活动；此外，由于大学课业安排较为灵活，在学习的同时进行一些兼职补贴日常生活费用也并不困难。在我的大学生活中，身边也有家庭经济较为困难的同学，但他们都可以在相关的支持下顺利并快乐地完成自己的学习生活。所以，如果你确实对于继续学习音乐有着热情的话，希望你能够继续坚持这份热爱，放宽心，经济上的困难并不会成为太大的阻碍。在现阶段，与其忧心于尚未到来的经济困扰，不如将这份焦虑的时间用于学习，积累转换为未来的资本。诚然，生活中柴米油盐的干扰会让人无法静心，但转换思路来看，目前学习是你唯一能够控制且确信付出努力便能有所收获的事，不妨将其视作一个避风港，把现时的烦恼暂时隔离在外。

由此论及你的另一个问题，不读书就没有出路了吗？

首先，读书当然不是唯一的出路，甚至如果以经济上的富足论成败的话，读书可能都不会是“最佳”的出路。一方面，教育水平与个人能力是两个分立的话题，有许多未经受过高等教育的个体，由于有着丰富的实践经验和优秀的个人能力，同样可以收获成功。但是，由于他们的成功是在无法收获教育的客观现实条件下产生的，我们无法检验如果他们接受了教育到底会是什么样的结果。就我个人的感受而言，尽管教育水平的限制有突破的可能性，但在目前社会，突破的难度越来越高，而高等教育将带给我们更多的通向成功的可能性。

其次，哪怕不继续读书也会有好的出路，我仍然希望你慎重考虑自己的选择，原因在于，进入大学接受高等教育，不仅仅是为了今后的工作做准备，也是一段无可替代的人生经历。或许现在的你由于经济的重荷将赚钱视为最为关键且无可取代的任务，但我听说了太多在放弃之后追悔莫及感叹“我的青春为什么就这么过去了”的事例。我并不能完全了解你的心理状态和目前所处情境，所以也不能言之凿凿下定论你必然会为今日决定后悔，只是希望你在做出决策之时，除了目前面临的需求，同时也关注到更长远之日的感受。

最后，不管你最终的决定是什么，我都希望你可以在自己的选择下坚持积极的心态，保持对于世界的好奇和热爱，不管什么道路，都会有自己无法替代的风景。

——复旦大学　吴丽莎

师长说

不读书未必没有出路，但是不读书还想在工作上做得好（或者简单来说挣更多的钱），你就必须比读了书的人付出更多的努力。成功需要的是天时地利人和，这些条件的获取，需要自己的知识、经验、阅历和他人的帮助才能实现，赚钱的工作是留给付出努力的人的。基本没有那种不需要学历又赚钱多的岗位。赚钱的多少是你的知识、能力或者经验所带来的，这些需要通过初期学校学习来打好基础，然后进入社会中历练。

高考是现在社会上最平等的上升之路，高考不分贵贱，仅看个人的努力。有大量贫困地区学生通过高考，闯出了自己不一样的、更美好的人生。一个高中生的知识面以及学习经验，相对于大学生来说差距是很大的。大学的 4 年，不光是课程知识的学习，更是能力和人际关系的培养。大学中你能得到相当多的高层次老师的指导和帮助，也有相当多的同层次的同学共同进步，你们成为朋友，在未来工作生活中这些都是非常有利的资源，这也是当今社会最为关注的“人脉”。当今的社会是群体的社会，但是群体的划分在现实中还是以文化圈子、阅历圈子来划分的。大学圈子中成功的比例远远高于高中生的比例，身边成功的人越多，也越能给自己经验和帮助。在走出校园进入社会后，能帮助你的除了父母之外，多数是同学、朋友和同事，而这些就是在自己的学习过程中所积累的。高中后直接走向社会也不是不可以，但是你要有付出更多努力的准备，因为你没有专业的老师再教你 4 年的经验和方法，没有更高层次的交际面，只能靠社会的磨炼。

如果只是由于钱的问题无法上大学，这个完全不必担心，现在大学中有很多资助的政策，只要是真实的信息，是可以获得资助的，现在的中国不会让一个学生由于钱的问题上不了大学。比如：有政府的助学贷款，奖学金，学校补贴，勤工俭学，兼职实践，等等。同时学校也会帮助联系和申请社会上的资助、企业的资助，或者爱心人士的资助。建议坚持去参加高考，考上后按照家庭情况和政策向学校申请补助和贷款，大学的学费和合理的生活费用并不太高，这些有方法能解决，个人需要关注自己的兴趣和专业实现。关于专业方面，既然艺术是自己的爱好，可以坚持下去，比如考取师范、艺术学院等。未来的就业方向有老师、艺培人员、媒体、互联网自媒体等，同时也可以看下其他方面有没有兴趣，可以同步发展，总之不论是学校阶段还是走向社会，个人要不断学习提升，这样才能获得经济和能力的增长。

——中兴通讯　徐志林

你好。我觉得我可以理解你的想法。作为一个高三孩子的妈妈，我觉得我说的话你不一定爱听，也不是你想听的，但是我还是想告诉你一些看法。我的孩子也走过中考，现在马上面临高考，所以我面临的是学校的选择。因为选择很多，我没法举例，但是有一点我不断地告诉我孩子：读书除了学习专业知识，还有一点很重要的是培养个人素质。一个好学校的氛围、好的老师/学生群体的知识能力和素质涵养，都会对你的未来产生影响，你也会因在这个群体中生活而被潜移默化地影响着。说得直白一点儿，这个群体是好的，你会获益良多，如果是一群不思上进、习惯思维都很差的群体，那会带坏你。

所以对于我的孩子，我会建议她坚持学习，且目标要定得高一点儿，追求也要高一点儿。

所以大家把大学叫"高等"院校，是有一定道理的。能考上大学的孩子真心不容易。你再试着想想，如果你毕业后就出来打工，你接触的是什么群体？你是否真的就是想成为那些群体中的一员？这是你最后的梦想吗？还是只为了钱？还是就因为不想学习？

其实我是一个不爱读书的人，我也爱享乐，我已经40多岁了，我也希望不需要很努力就可以有很多钱。现实中的我，有时也会很后悔为什么以前不再努力读多点儿书。为啥我会这样想？因为现实的社会就是这样。读书不是唯一出路，但读书学习是一切的基础。哪怕你决定了还是要毕业就出来打工，我也要建议你以后一直要坚持学习充实自己，不然不管哪条路都是走不远的。

最后，不要因为不想读书而放弃自己，年轻是可以努力的本钱（我现在想从头来学习都做不到了），你要努力，加油！

——中兴通讯　王敏

你还年轻，现在不要把赚钱看得如此重要，现阶段你还有更重要的事去做，那就是通过校园里的锻炼，丰富自己的世界观，提升认知世界的能力。没有充分知识储备或一技之长而选择贸然进入社会，等待你的大概率是电子厂的流水线工人，终日忙忙碌碌，且岗位可替代性极强，随时可能失业，自行创业也大有可能因知识储备不足而夭折，失去了更进一步的机会。不读书也会有出路，条条大路通罗马，只不过读书才是所有出路里效率最高、最公平、也最易成功的路。如果学习压力都承受不了，那选择其他的路只会更难，并且学习一旦落下，想再捡起来就几乎不可能。如果你真的热爱音乐，家庭经济条件并不应成为阻碍你音乐梦想的阻力，而应视为你在音乐道路上的考验，如果你反而把这个当作放弃梦想的借口，那只能说明你并没有那么热爱音乐。

——中兴通讯　冯鹏朋

专家说

杨同学：

你好。看到你许多的困惑和问题，相信这些挑战给你这段时间的学习、生活带来很大的困扰，让你在迷茫中无所适从。看到许多和你年纪相仿的同学也面临过类似的问题，总结以下的一些建议供你参考，希望能帮助到你。

首先，关于学习音乐这件事，因为学费高，并且父母不支持，你觉得没有心思学，想要放弃。我希望你先不要急着判断并做出决定，先思考一下。我们常说“兴趣是人类最好的老师”，可以尝试问自己几个问题：“真的喜欢音乐吗？擅长音乐吗？学习音乐会感到快乐或满足吗？”这些问题可以帮助你倾听自己内心的声音，明确自己的兴趣。可以通过一些量表测试来帮助自己进行自我探索，明白自己还喜欢什么？适合什么？擅长什么？以此来找到自己适合的方向，及时做出调整，并在调整中努力尝试前行，赢得自己的未来。现在全社会提倡终身学习，可能现在音乐的学习遇到了现实情况的制约，但相信在未来你依然有机会继续对音乐的探索。

其次，还想和你分享一下学习和工作的意义。学校的学习不仅仅是为了掌握知识，更重要的是掌握学习的能力。社会上不乏学历很低，但依旧做出了一番成绩，或者赚了很多钱的例子。尽管他们没有高学历，但他们往往是有较强的学习能力，并且有强于常人的吃苦耐劳的品质，能够跟上这个时代前进的脚步，找到自己擅长的领域，充分发挥自己的能力。人们常说“三百六十行，行行出状元”，确实如此。但前面提到的这群人，想要做出成就，或者想要赚很多钱，是需要付出比其他人多几倍、几十倍甚至上百倍努力的，你是否已经做好了去面对挑战、吃苦的准备了呢?很多人回看学习、生活和工作的时候都不约而同地提道：学习是最容易的一件事了。随着社会的发展，有一个不争的事实：对学历要求越低的工作，越容易被替代。随着社会的高速发展，这些职业未来可能会被机器或人工智能所取代。另外，工作的意义不仅仅是为了赚钱，我们更要在工作中探索个人的价值。希望你能静心思考一下，自己是真的非常想要出去打工，想要通过打工养活自己或者证明自己，还是只想要逃避眼前学习的困难?

这个阶段存在困惑很正常，建议你想一想自己想成为什么样的人，要过什么样的生活，是否做好了面对各种挑战的准备。每一条路都布满荆棘，往往需要不停学习、不断修炼才能到达彼岸。

希望你能慢慢体会学习的乐趣和意义，回到课堂，一步步走出迷茫，为自己的目标，努力做一个终身学习的人。与你共勉。

——途梦教育教研团队

困惑 59

我们为什么要学习

您好，我是一名高二学生。在这个高中的关键时期，我依然对未来的生活感到迷茫，没有明确的学习目标和学习动力。

从高一开始，每天的学习根本不知道是为了什么，心中只有一个想法：好好学习就能在高考取得好成绩，才能考一个好大学，才能找个好工作……如此往下推而已。感觉学的这些知识在以后的生活中不知道用不用得上，每天只是埋头努力完成学习任务。不过，由于缺乏动力和方向，有时完成任务后我头脑还是一片空白，不知道自己学到了什么。缺乏动力和目标的我对未来的就业方向也感到迷茫，我没有什么特长，也没有在哪一科目十分突出，所以完全不知道以后要从事什么职业。也曾听说不知道找什么工作就考研，但我的学习能力好像也没有那么强……

这个问题在我内心困惑我好久了，每天只要想到以后不知道要干吗，头脑立马一片空白。我认为这个问题影响很大，所以借此机会倾诉出来，希望得到解决的方法，摆脱这个困惑。

——望漠民族中学　某某

学长学姐说

同学你好，我是一名大二的医学生。关于你的问题，首先我想告诉你的是，不知道学习的意义、没有明确的人生规划是大部分中学生甚至包括大学生都会面临的问题。

拿我自己为例吧，我从小就没有非常喜欢的东西，我小时候学画画那会儿幻想长大以后当画家，后来上初中高中英语学得比较好，又幻想可以当翻译，但是我发现它们都不是真正可以吸引我的东西，因为每个梦想都只是坚持了一阵子就不想了。甚至直到高考报志愿的时候，我也不知道自己以后想干什么，只是在家长、老师的劝说下稀里糊涂地选择了学医。对于学习的意义，我也一直很迷茫，我痛恨物理、数学，每次学的时候感觉世界都要崩溃。但因为我是典型的乖乖女，家长和老师让我好好学习、考上好的大学，我就硬是逼着自己学。也就是说，在高考之前，我对这个问题选择了逃避。但是，在某种程度上，这种逃避反而为我造就了一种心无旁骛的状态，那时候的我很喜欢一句话“但行好事，莫问前程”，如果不知道终点是什么，那就请先努力吧，结果一定不会辜负你！在平时的学习中，我不在意每次考试的分数、排名，不在意老师、同学们的看法，只顾自己埋头学习，认真完成自己的任务，努力解决自己不会的知识点。甚至最后高考时也没有特别紧张，因为没有一定要考上什么学校的压力，结果超常发挥，取得了不错的成绩。但是，上了大学之后，再也没有人逼着我学习了，这时我才开始真正思考努力学习的意义。

现在的我对于这个问题的答案是，努力的意义是让自己拥有选择的权利，在遇见自己喜欢的事物的时候有能力拥有它。简单以高考为例，你考的分数越高，你就可以在更多的学校、更多的专业中选择自己感兴趣的，相反，如果你考的分数很低，就很有可能只能去自己不喜欢的城市或被调剂到自己不喜欢的专业。同样的，如果上了大学之后，你才发现自己感兴趣的专业，那还可以选择转专业或者辅修双学位，但是只有年级成绩排名前几的同学才可以转到其他专业，也就是说，只有成绩好的人才有选择转到自己喜欢的专业的权利。幸运的是，上了大学之后，我发现自己对医学很有兴趣，而我已经进入了中国医学教育的最高学府，所以，我非常感谢当初拼命努力学习的自己。

此外，我还想和你分享一下同为北大校友的李雪琴关于努力与人生规划的一段话，她说在他们家乡有攒袋子的习惯，不管什么外卖袋、衣服袋都会攒到柜子里，当有一天你要装东西的时候，打开那个柜子，总有一个袋子适合你要装的东西。而她认为人生也是一个捡袋子的过程，学习、刷题、奋斗，都是在捡袋子，我们现在做的每一件事、流下的每一滴汗，都会在未来的某一天给我们巨大的惊喜。

最后，关于学习的知识在以后的生活中用不用得上，首先最直观的，高考分数是通向大学的敲门砖，是你探索以后更多人生可能的保障。其次，很多专业的大学课程都是以高中知识为基础进行延伸扩展。除了这些基础知识之外，其他的在以后能用到的确实微乎其微。但是，在我看来，九年义务教育及之后的高等教育带给我们最重要的，其实是对我们的三观与思维的形成和改变。你会发现文化水平高的人与不太高的人思考问题、面对生活的方式是完全不同的。比如我曾经最痛恨的物理与数学，它教会我科学、理性地看待这个世界，分类讨论，寻找问题的最优解。再比如历史、政治、地理，它们让我看到这个世界的更多面，看到更多的可能性。我很喜欢 B 站的一个 up 主，他是讲小国历史的，不到一年就拥有了百万粉丝。你说了解那些小国历史对我们的生活有什么帮助呢？我们来看看他的回答：“如果说我想通过这个系列表达什么思想，其实核心想表达的只有一条——要认识到世界的复杂性和合理性。人的知识水平跟情绪波动性应该是负相关的，懂得越多的人心态越平和，相反，对事物了解较少的人总容易激动，在狂喜与暴怒之间来回切换。这就像孩子一样，孩子的世界太小，所以经常有些事物是超出他们认知的，所以孩子经常会哭。无论是微博还是门户网站，我们的网民总是暴躁的，是情绪非常极端的，很少有人能够冷静地、全面地看待一件事物，辩证法在大多数人的世界观里都是不存在的。对事物的了解越全面，才越容易做出一种相对客观的判断。”所以，只有不断了解更多知识，不断提高自己的认知阈，才能更好地了解这个世界与自己。现在大学的我，也对探索更多知识有了无穷的乐趣，因为我想了解这个世界更多一点。当然，现在说这些可能有点儿抽象，还需要你在以后的学习与生活中慢慢地理解与感悟。

总之，我目前对你的问题的理解就是，努力学习的意义是以后有权利可以选择自己喜欢的职业、生活方式甚至交际圈子，而不是在熙熙攘攘的人群中被迫谋生。不断学习的意义，则是看见更广阔的世界，更客观理性地对待眼前的一切事物。现在的你要做的就是，在不断努力的过程中发现自己真正的热爱！

——北京大学　筱玉

同学你好。收到你的这封困惑信，一是让我体会到冥冥之中不可言喻的缘分，给了我看到这一封信件的机会；二是让我找回曾经高中时一种熟悉的情感，即在试探性地走向未来时我们给自己准备的包袱——里面塞满了困惑、期待等五味杂陈的体悟。

在信件中得知你最大的困惑是对当前学习以及未来的深深的迷茫。估计你自己也在困惑，究竟是何物遮挡住你看向远方的目光，让你忘记当前学习的价值，让你感到前所未有的迷茫。而我想说，那个你自己左思右想也找不出具体答案的，或许正是你自身的成长。成长是一种过程，从时间的角度而言，就是人从当前迈向未来的历程。未来在每个人的眼中都有无数种可能的样貌，而未来的独特之处就在于其不确定性和未知性。而你知道方向与目标之所以存在的前提吗？其实，我们认定的所谓的方向与目标是基于我们所偏爱的一种确定性和可预测性——我们渴望制订一个目标来明确自己的方向，让我们为当前所做的事寻求到一种内心的安稳和可持续的动力。由此可见，在某种程度上，目标的制订似乎成为我们去尽可能降低未来不确定性的方式——去尽可能地把无限的未知转化为我们可掌控的已知。这不难解释，因为我们需要过上一种自身可以控制的生活，从而最大限度地去获得人生的满足感。但是，其间所暴露的最大的问题便是，在客观现实面前，我们根本不可能完全通过人为的目标计划去消除未来所有的未知与不确定，而这种不确定性与可控性之间的斗争便诞生了我们所有人都难以避免的某种程度的迷茫——让我们陷入对未来止不住的焦虑与恐慌，陷入对当前摆不脱的怀疑与纠结。

上述这一段话也是目前的我对于迷茫的一种自我解释。而我所建议的，首先是你能够参考这种解释去正确地认识到迷茫实际就是我们每个人都会面临的一种矛盾情境，尽管每个人在每一阶段的迷茫程度都会有所不同；其次是在你认识到自身受该种情绪困扰的合理性的基础上，我更希望的是从该情绪的产生机制范畴来帮助你尽可能地降低迷茫给你带来的不良影响。

正如上文所述，未来本身具有不确定性，不能完全按照计划与目标所规制的方向发展。但从你的信件中可以看出，你总会不自觉地担心自己未来的种种，包括就业方向、考研与否……你的这种对于未来的具有前瞻性的规划意识值得肯定，但是或许你自己也意识到了，这种对于未来就业方向等发展问题的思考似乎会让你陷入一种难以按下暂停键的推论模式——正如你一想到未来，就会想到就业问题，一想到就业你就会思考自己可能就业的领域，而这又不得不让你考虑自己所擅长或感兴趣的领域是什么，因而你又反观目前自己的学习状态去回应前述问题。再次，你会怀疑自己当前的学习能力是否能够支撑起自己对于未来的设想，由此又牵连拉扯出你关于考研与否的各类问题。且不说这些推论的内在因果逻辑是否科学（不得不承认很多时候我们总是依据朴素得几乎失去严谨逻辑的感性推理来认知我们的发展过程），就论在你止不住地对未来所谓的规划与思考的过程中，你是否忽略了一点——你所一直思考的是一个不能被你完整把握的未来，而忽略了一个你能够牢靠把握的当下。这其中暴露出的便是你对一个最简单却最科学可靠的逻辑的忽视——唯有做好当前可以做的每件事，才能最大限度地将未来可能的方向放进你期待的目光之中。因而，你做好当前之事的动力并不是一定需要一个对未来清晰的目标（毕竟在高二就能准确确定自己未来发展方向的人屈指可数，并且目标也可能会在未来打水漂）。你会慢慢发现，很多时候并不是因为你的特长使得你去选择做一件事，而是因为你做事后的坚持使得这件事成为你的特长。并且，高中时期的学习是综合性的基础性学习，强调学科均衡发展。所以你所说的没有哪一科目特别突出不也另一方面证明你的不偏科吗？特长固然重要，但你更需要的是耐心与时间。你会发现，大学的专业化学习会给你在一个领域钻研的机会，至于这个专业领域是什么，时间总会为你创造探索的机会。而你更需要在意的并非只是靠爱好与兴趣去支撑你的未来发展，而是学会靠踏实与付出去坚持你的选择，去支撑自己的未来！

最后，关于学习，我想说一句自己高中时期的一位老师送给我们的话："淡化一时记得住的知识，强化一生带得走的能力。"这句话其实总括性地阐述了高中学习的目的。你也在信中道出自己不知道所学的知识对未来有何用处，但我想谈一下自己的感受，那就是：高中所学的具体知识随着时间流逝会慢慢淡忘，同时同一门类的知识在大学中的学习会让你感受到与高中学习的知识截然不同，并且在未来工作中所学的技能或许并不来自你的学生时代。所以，一方面，我建议不要抱着万事皆需有用的实用主义思想去把一切的学习工具化，因为有些知识是不能以实用度来衡量的；另一方面，如果你想要知识更多地被运用，那你要做的就是更高层次的学以致用，即通过对知识点的掌握，联系生活逻辑，找寻一套新思路。而无论如何，学习学习，所学皆为一种能力——包括为人、行事等各方面的综合能力。比如，作为高中生的你当前面临的最直接的目标便是高考，而为了这个目标的不懈奋斗、有所取舍、唯精唯一，以及你在面对大考前的冷静沉着等品质将成为你以后从事任何事业的优良品质，你在学习过程培养的逻辑思考、提问沟通理解等能力将会成为你之后学习任何事物必不可少的能力。学无止境，高中学习，看似在学具体知识点，背单词、诗歌鉴赏、三角函数……但这背后对于知识点的输入与运用将会是你一生的宝贵财富。因而，无须再消耗时间来怀疑自己学习的价值意义所在，也无须抱怨这一切似乎都像是为了考试的机械学习。你会恍然发现，只有你真正发现学习的内涵，去换一个角度看待做题与考试的意义你才会懂得，你所厌倦的那些烦琐作业会考验你对时间分配的能力、考验你对作业主次的取舍等能力；而考试考的不仅是你的科学文化素质，更有你的身体素质以及临场的心理素质——这种素质的综合并非靠机械的学习可以达到，需要你探索学习的正确方式——一种平衡生活与学习的方式。由此可见，高中这一成长阶段是以高中教学的实践模式来培养锻炼你的学习能力。

综上，建议你要学会与自己和高中学习和解。迷茫本是自身成长过程中的常态，而你所需要做的，是以一种尽可能地看向当下的平常心态去脚踏实地地完成自己每天的小任务。你的未来不该局限于就业或享乐，你应该看见更多，看见真正的生活，探寻人生的价值（“三观”的塑造是个漫长的过程，但你应该有意识去培养正确的观念，学会看见大爱）。

望你少一些焦虑，当再次遭遇负面情绪的时候不妨放空头脑，去看一本书，出去透一下气，吃自己喜欢的食物，听自己喜欢的歌……你也不妨与迷茫和解，因为你要清楚未来的未知就决定其必有的迷茫。迷茫不可怕，可怕的是你一直纠结其中而不出。你所需要知道的是，学习需要恒心与定力，天道酬勤，你的努力不会辜负潜伏在你未来深处的幸运。而对日复一日看似单调的学习的坚持就是能力的考验（ps. 当你每次都深入知识本质，你会发现每天的学习都是新鲜的，具体学习方法愿你敢于踏出舒适圈与老师沟通交流——这本身也是种能力）。

愿你心怀浪漫宇宙，也珍惜人间日常！不求永远清醒，但求不复迷醉！

——复旦大学　竹苏瓶子

师长说

学习可以改变人生、丰富人生。

学语文是为了更好的表达、避免沟通的误解；学英语是为了学习欧美的先进技术、了解世界的样子；学数学可以为小到生活规划、大至解读宇宙打基础；学物理、化学、地理和生物可以了解掌握物质世界的规律，解决日常生活与工作的问题；学历史让我们知道先祖的伟大、近代的苦难、世界的真相；学道德与法治、政治，可以帮助树立正确人生观、价值观和世界观。

当步入社会后你会发现，在学校学习是最简单的事情。即便不上大学，当工人要看得懂图纸和设备的操作手册吧？种植养殖要想成气候要懂得现代农业技术吧？从商要做大要知道盈利与周转、商业计划、会计规则、税务谋划吧？这些都是谋生手段。

当你达到一定程度想要有更高的发展，自学能力是必备的，当然不仅仅是在书本上，还有工作生活中。

——中兴通讯　乔晓峰

同学你好。我是一名普通的 ZTEr，虽然已工作，但可能我的年龄只比你大六七岁，希望我的回答能帮助到你。

很多同学都如你一般，不知道我们为什么要学习。诚然，在不了解社会是怎样运作的、大学有什么学科、未来会有什么工作或者生活等待着你的情况下，你产生迷茫是合理的，未来可能会过什么样的生活，你可能毫无头绪。如果你对历史有所了解，你会发现历史上能清晰地掌握自己未来数十年命运的人物寥寥无几，人都囿于自身所处环境和认知的局限中。

所以，作为前辈，我只能告诉你，你现在只有短期的目标，比如高考、大学、专业、未来留学等。“我们为什么要学习”，这个困惑你的问题，实际上在你高中这个阶段就只有“好好学习”这个答案。

那么好好学习以后呢？你或许是因为对“好好学习能获得什么”这个问题有困惑，作为一名“旧”高考制度下的受益者，这会让你的未来充满机会。例如，省状元拥有挑选全国任何一所大学任意专业附加奖学金，甚至挑选海内外知名高校学习等机会。作为普通人，如果你好好学习，在现在的教育体制下，你有机会进入一所“双一流”大学，或者进入拥有教育部认定的“A级”专业的学校学习。如果你不认真学习，你的未来可能是进入中专，甚至电子厂或者水泥厂，这毫不夸张。

那么更进一步的，进入一所好的高校能获得什么呢？还是机会，在条件更好的学校，在你的学费、生活费更低的情况下，你可以认识更优秀的教授，你学校的图书馆会更大，你的同学会更优秀，你会有机会在寒假参加学校的调研活动，在暑假参加更优秀的社团组织的活动，你还可能获得出国到外国学校交流学习的机会，你还有机会因为学校的关系网到大型顶尖企业实习。在条件更好的学校，你保研的比率是50%，你甚至不需要花费时间考研。

你看，在你不了解未来的情况下，如果不做好准备，那你未来将如何面对错失了机会的自己呢？如果不做好准备，你将如何面对不知道曾经有机会把握未来的自己呢？

以上都是我作为曾经的高考生给你的建议，机会是留给有准备的人，在能为了短期目标而努力的当下，请努力提升自己！

——中兴通讯　龚书凡

同学您好，我也曾有同样的困惑和经历，在此分享以下几点想法：

一、接受不确定

罗翔老师在自己的书里写道：“对人生而言，我们唯一能确定的就是不确定的人生，早日认识到人生不确定这个事实，更有助于你在生命的波涛中大胆去披荆斩浪。”作为高中生，即将面临人生中一个小的转折点，对未来产生困惑是正常的，困惑自己会干什么、会成为什么样的人。就我个人而言，即便我已经大学毕业进入职场，仍然存在对未来的不确定和困惑。所以建议您正视自己的困惑情绪，尝试与身边的人比如老师、家长、同学多多交流。

二、目标导向

在漫长的人生中，你会面临很多次重要的选择，会树立很多长期或短期目标，不要因为当前的困惑而停滞不前。与其担忧未来，不如先尝试制订一个较长期目标，再分解成多个小目标，并结合个人情况（个人毅力、学习能力等）制订适合自己的目标可达路径。举个小例子，我在高中阶段也存在对未来的迷茫，但是客观社会环境使我和大多数同学一样，将大学毕业找个好工作定为一个比较长期的目标，想实现这个目标，需要依次完成高考（考上一所理想的大学）、大学顺利毕业两个步骤，那么在高中阶段，需要做的事情就是努力保持优异的成绩，以良好的心态应对高考。为了保持稳定的成绩，我在每个学期开始的时候都会制订本学期的学习计划（月计划/周计划），然后每周末、每月末以及学期末都会检查计划执行效果，在执行过程中不断调整。当你有了明确的目标，你会发现你有许多待完成的事情需要去努力，就没有那么多时间去担忧别的事情了。

三、做行动的巨人

有了目标，就一定要坚持，努力达成自己的计划。达成小目标后，还可以适度奖励自己，这样你的成就感会不断累加，会让你更加有自信，更从容地面对更大的挑战。

最后，我想结合个人经历，与你分享关于学习的意义的一些看法。我在高中阶段也对身边人口中的好好学习、考好大学、找好工作感到困惑，感觉人生像是按照别人期望的既定轨迹在往前推进，而我并不明白为什么要这么做，直到我经历了上述的几个阶段，我认为有几点可以供你参考：

一是从小学到高中阶段的学习不只是让你学到了书本知识，它还在无形中培养了你的学习能力（自学或向他人学习的能力）、逻辑思维以及良好的习惯，这些能力和习惯会在大学、职场中继续强化，让你终身受益。三角函数或许不是你在买菜的时候会用的，但可能会是您在思考更复杂问题时有用的工具。

二是凭借自己的努力尽可能考上一所好的大学，接触到更多优秀的小伙伴，这将更有助于你减少对自我认识、对个人发展的困惑。

三是调整好心态，保持乐观自信。

——中兴通讯　罗骄桃

小同学，羚羊每天只要吃吃草就可以无忧无虑地生活了，为什么要奔跑得越来越快？是为了不被草原上的猛兽生吞活剥。

学习是为了更好更快地成长。我们回首近代的历史，一个无知、封闭的王朝是如何被外国列强所鱼肉的，一个新中国又是如何在有识之士们的努力下打开了新天地。落后就要挨打，这样的记忆被深深刻在了中国人的血液里。时至今日，我们在世界的舞台上有了越来越大的话语权，正是因为知识与技术的进步才让国家强大了起来。

对于个人来说，亦是一样。学习不光是为了让自己前进，也是为了让自己能与前进的人群一道向前，永不掉队。

而兴趣和特长，也正是在这个不断成长的过程中慢慢发现的。再想一想，若是在未来，你有了一位想要一同步入婚姻殿堂的对象，那时的你，是会因为踏实向前的自己而对未来充满信心，还是因碌碌无为而心神不宁呢？

所以，想不明白的时候，便沉下心来继续前进吧，有些答案在成长的过程中终究会慢慢孵化出来。

——中兴通讯　汪孟洲

专家说

我们来探讨一下，学习目的是否是以下几类。

第一类，为了考试而学习。

虽说目光的确不算长远，但也无可厚非。毕竟高考是大多数同学很重要的上升渠道。然而有许多同学，好不容易高考完了，心里想着终于考上大学了，没人管了，也不用二十四小时紧张兮兮地备考了，就没了干劲，每天只想放松，闹得每学期挂科。且只为了考试而学习，难免诞生只会考试的“考霸”而不是“学霸”，长远来看，未必符合社会对于创造性人才的需求。

第二类，为了别人而学习。

史铁生说，他写作是为了告慰母亲，若她未曾早逝，看到身体残疾的儿子在文坛上一举成名，必然欣慰罢？一些同学也是同样的想法，希望自己成绩好起来，父母老师不为自己担心。相比毫无目的或是功利性的想法，能为别人考虑，已然是值得称赞的。有时我们想到父母为自己操心，心中陡然生出一阵愧疚感。努力给自己和身边的人脸上贴金，也未尝不是一种生活态度。

第三类，为了达到某个目标、实现某个理想、实现自己的人生价值而学习。

无论是为中华之崛起而读书，还是为成为飞行员、警察各种职业而读书，都应归为此类。换言之，这类同学学习的目的，就是让自己的头脑中多一些积淀，为未来铺路。至于实现什么理想，是否将个人理想与国家命运紧密相连，反倒是次要的，最终都是为了实现自己人生的价值。这也是大多数人的选择。

第四类，是对于知识和真理天然的热爱。

这种热爱，每个人生来都有。只是有些人受到了填鸭式教育的“荼毒”，渐渐地淡忘了这份初心。回想一下，你有没有对着天空中变幻的云胡思乱想过？有没有好奇毛毛虫是如何破茧成蝶的？怀着十万个为什么来探索这个世界，学习就不再是枯燥乏味的事。

牛顿说，他之所以看得高，是因为他站在了巨人的肩膀上。伽利略的惯性定律和开普勒的行星运动三定律，他引申过来，诞生了万有引力定律。试想，如果他不怀着一颗探求真理的心去学习和发展前人的成就，又怎能创立经典力学？

因此，如果怀着一颗探求真理的心，用它来暂时忘却刷题的枯燥与乏味，对每个人来说未尝不是一种解脱。

无论你是哪一类，都请热爱知识，热爱真理，热爱世界。脚踏实地，仰望星空，你会发现，你的眼前会愈发明亮起来。

…………

某某同学，你属于第几类呢？

——中兴公益助学团队